Die Aimarà-sprache: Mit Einer Einleitung Über Die Frühere Verbreitung Der Diese Sprache Redenden Rasse Und Ihr Verhältnis Zu Den Inkas...

E. W. Middendorf

Nabu Public Domain Reprints:

You are holding a reproduction of an original work published before 1923 that is in the public domain in the United States of America, and possibly other countries. You may freely copy and distribute this work as no entity (individual or corporate) has a copyright on the body of the work. This book may contain prior copyright references, and library stamps (as most of these works were scanned from library copies). These have been scanned and retained as part of the historical artifact.

This book may have occasional imperfections such as missing or blurred pages, poor pictures, errant marks, etc. that were either part of the original artifact, or were introduced by the scanning process. We believe this work is culturally important, and despite the imperfections, have elected to bring it back into print as part of our continuing commitment to the preservation of printed works worldwide. We appreciate your understanding of the imperfections in the preservation process, and hope you enjoy this valuable book.

DIE

EINHEIMISCHEN SPRACHEN PERUS.

FÜNFTER BAND.

DIE
AIMARÀ-SPRACHE

MIT EINER EINLEITUNG
ÜBER DIE
FRÜHERE VERBREITUNG DER DIESE SPRACHE REDENDEN RASSE UND IHR VERHÄLTNIS ZU DEN INKAS.

Von

Dr. E. W. MIDDENDORF.

LEIPZIG:
F. A. BROCKHAUS.

1891.

gift
Prof J. D. Prince
7-1-40

Vorwort.

Dem Aimarà ist in diesem Werke der zweite Platz angewiesen worden, da dessen gegenwärtiges Verbreitungsgebiet ein weit beschränkteres ist als das des Keshua und dies auch schon bei Eroberung des Landes durch die Spanier der Fall war. Im Grunde jedoch gebührt dem Aimarà unter den peruanischen Sprachen der Vorrang, als der ursprünglichen Sprache derjenigen Rasse, welche unter den südamerikanischen Völkern die höchste Kulturstufe erreichte. In der Einleitung wird dargethan, soweit solches ohne urkundliche Beweise möglich ist, dafs die Inkas ein Zweig des Volkes waren, welches ehemals mit dem Gesamtnamen der Kollas bezeichnet wurde und dessen Überreste und Nachkommen gegenwärtig Aimaràs genannt werden, dafs daher die angestammte Sprache der Inkas eine Mundart des Aimaràs gewesen sein mufs, und dafs die von den Eingeborenen *Runa simi*, von den Spaniern Keshua genannte Inka-Sprache aus politischen Rücksichten von diesen angenommen und als Sprache ihres Hofs, sowie später als Staatssprache gepflegt und verbreitet wurde.

Wenn die in der Einleitung erörterten und begründeten Anschauungen richtig sind, so würde daraus folgen, dafs der den Inkas zuerkannte Kulturgrad nur insofern eigenes Verdienst derselben war, als sie die von ihrem Stammvolke überkommenen und mitgebrachten Errungenschaften weiter entwickelten und in ihrem Reiche verbreiteten. Weiterhin würde sich daraus ergeben, dafs der Inka-Staat, soweit wir denselben aus der Überlieferung kennen, wahrscheinlich nicht der einzige gewesen ist, der auf dem gemeinschaftlichen Kulturboden gegründet wurde, und dafs von der langen Reihe von peruanischen Monarchen, deren Namen Fernando Montesinos in seinen historischen Denkwürdigkeiten anführt, sich wenigstens so viel als glaublich annehmen läfst, dafs schon, ehe Manco Kapac die Inka-Dynastie und die Herrschaft derselben gründete, bereits viele andere Könige über peruanische Reiche geherrscht hatten, die, wenn auch weniger organisiert und ausgedehnt als das der Inkas, doch auch als Kulturstaaten betrachtet werden müssen.

Der Verfasser hatte seine Arbeiten über das Keshua zu einem gewissen Abschlufs gebracht, ehe es ihm möglich wurde, sich auch mit dem Aimarà näher bekannt zu machen, was bei dem Mangel litterarischer Hilfsmittel nur an Ort und Stelle geschehen konnte. Nachdem er zu diesem Ende längere Zeit in La Paz verweilt, besuchte er die Ruinen am Titicaca-See sowie die Grabdenkmäler von Sillustani, und begab sich darauf nach Kusko zur Vergleichung derselben mit den in dieser Stadt und deren Nachbarschaft befindlichen Inka-Bauten. Die in solcher Weise angestellten Untersuchungen nebst den Beobachtungen, die der Verfasser bereits auf früheren Reisen in Mittel- und Nordperu gesammelt hatte, führten ihn zu den ethnologischen Ergebnissen, welche auszugsweise in der Einleitung dargelegt sind. Obgleich er bei Herausgabe des ersten Bandes dieses Werkes bereits von diesem Sachverhalt überzeugt war, so hat er denselben doch in der Einleitung zu seiner Keshua-Grammatik nicht hervorgehoben, sondern diese gelassen, wie sie vor Jahren geschrieben worden war, da so die Entwickelung bezeichnet wurde, zu der seine Anschauungen bei Erweiterung seiner Studien und Vergleichung der Sprachen geführt wurden.

BERLIN, im Mai 1891.

Der Verfasser.

Inhalt.

	Seite
Vorrede	v
Einleitung	1

ERSTER TEIL.
Formenlehre.

Erstes Kapitel.	Lautlehre	45
Zweites Kapitel.	Vom Substantiv	51
Drittes Kapitel.	Vom Adjektiv	63
Viertes Kapitel.	Von den Zahlwörtern	67
Fünftes Kapitel.	Von dem Pronomen	70
Sechstes Kapitel.	Vom Verbum	76
Siebentes Kapitel.	Von den Postpositionen	103
Achtes Kapitel.	Von den Adverbien	107
Neuntes Kapitel.	Von den Konjunktionen	111
Zehntes Kapitel.	Von der Wortbildung	118

ZWEITER TEIL.
Syntax.

Erster Abschnitt.	Syntax der einzelnen Redeteile	168
Zweiter Abschnitt.	Syntax der Sätze	231

Gespräche	248
Leseproben	270
Verzeichnis der Wörter, welche im Aimarà und Keshua gleichlauten oder aus verwandten Wurzeln gebildet werden	285
Alphabetisches Namen- und Sachregister	301

Einleitung.

Das gegenwärtige Gebiet der Aimarà-Sprache umfafst die Gegenden am südöstlichen, südlichen und südwestlichen Ufer des Titicaca-Sees und einige Thäler am Ostabhange des Andes-Gebirges. Es bildet eine Insel, welche im Süden und Norden von Provinzen umschlossen wird, in denen als Volkssprache das Keshua herrscht; nach Westen grenzt es an den Westabhang der Andes und an das Küstenland, wo allenthalben die einheimischen Mundarten durch das Spanische verdrängt worden sind; nach Osten zu hat es keine bestimmte Grenze: die Aimarà sprechende Bevölkerung wird dort allmählich immer dünner, und man kann sagen, dafs so weit sie reicht, sich auch der Einflufs der europäischen Kultur erstreckt; denn wo diese verschwindet, trifft man auf Indianerstämme, die verschiedene Sprachen reden, wild und ohne Verbindung untereinander in den Wäldern leben und zu den bolivianischen Behörden in keinem Abhängigkeitsverhältnis stehen. Ein Teil des Aimarà-Sprachgebiets, und zwar der an der südwestlichen Seite des Titicaca-Sees gelegene, gehört zu Peru. Derselbe besteht aus zwei Provinzen des Departements Puno, nämlich dem Cercado de Puno und Chucuito; aufserdem sprechen die in den Departements von Arequipa und Moquehua lebenden reinen Indianer noch zum Teil ihre alte Sprache, wiewohl dieselbe daselbst in der letzten Zeit fast ganz dem Spanischen hat weichen müssen und nur in abgesondert gelegenen Ortschaften noch fortlebt.[1] Der bei weitem gröfsere

---

[1] Nach der „Guia de Forasteros de 1795" war die Aimarà-Bevölkerung in Peru auf folgende Provinzen verteilt:

	Reine Indianer:	Mischlinge:
Aimaraes	10 782	2 255
Arequipa	5 929	4 908
Camanà	1 249	1 621
Condesuyos	12 011	4 358
Cailloma	12 872	1 417
Moquehua	17 272	2 916
Arica	12 870	1 977
	72 985	19 452

Paz-Soldan, Geografía del Peru, S. 422.

Teil des Aimarà-Gebiets liegt in Bolivien. Er umfaſst das ganze Departement La Paz mit seinen Provinzen Cercado de la Paz, Pacajes, Sicasica, Omasuyu, Inquisivi, Muñecas, Larecaja, Chulumani und Apolobamba; auſserdem einen Teil des Departements Oruro, nämlich die Stadt dieses Namens und die Provinzen Paria und Carangas. Obgleich somit die Gegenden, in welchen das Aimarà geredet wird, eine ziemliche Ausdehnung besitzen, so ist die Zahl der Bewohner doch keine beträchtliche, wie ja überhaupt die Bevölkerung des südamerikanischen Hochlandes im Verhältnis zur Flächenausdehnung überall eine geringe ist. Bestimmt kann deren Zahl bei Mangel genauer statistischer Berichte nicht angegeben werden, doch läſst sich annehmen, daſs ihrer im ganzen nicht über 500000 sind.[1]

Während die Bevölkerungen, welche gegenwärtig die Keshua-Sprache reden, vielen verschiedenen Stämmen angehören und daher auch zum Teil voneinander ganz abweichende Gesichts- und Körperformen zeigen, sind die Aimarà sprechenden Indianer, wenigstens die im Hochlande lebenden, Stämme derselben Rasse, daher sie neben den allgemeinen Eigenschaften des Körperbaues, die sich bei allen einheimischen Bewohnern des südamerikanischen Hochlandes wiederfinden, doch noch einen besonderen Typus besitzen, der sie besonders von ihren Nachbarn im Norden deutlich unterscheidet. Die Körperhöhe der Aimaràs ist im ganzen unter dem Maſse, welches man in Deutschland als Mittelgröſse zu bezeichnen pflegt. Der Oberkörper ist im Verhältnis zu den Beinen lang; der Brustkorb reicht weit herunter, ist umfangreich und tief, denn

---

[1] Nach dem Census der Republik Bolivia vom Jahre 1854 betrug die Gesamtbevölkerung der elf Aimarà redenden Provinzen 519226; davon reine Indianer 431746. Diese waren verteilt wie die nachstehende Tabelle zeigt.

	Indianer:	Weiſse und Mischlinge:	Zusammen:
La Paz	60 129	29 353	89 482
Omasuyu	87 753	4 565	91 318
Ingavi	65 840	5 870	71 710
Sicasica	48 808	4 509	53 317
Muñecas	34 812	6 210	41 022
Yungas	24 723	8 802	33 525
Larecaja	20 440	6 067	26 507
Inquisivi	17 247	3 844	21 091
Oruro	19 305	6 249	25 554
Paria	43 022	1 330	44 352
Carangas	20 667	681	21 348
	442 746	77 480	519 226

die Lunge ist gröfser als bei den Bewohnern der niedriger liegenden Gegenden, da bei der Verdünnung der Luft im Hochland zur Einnahme der erforderlichen Menge von Sauerstoff tiefere Einatmungen gemacht werden müssen. Auch der Kopf ist verhältnismäfsig grofs, der Hals kurz und dick, die Beine stämmig, die Füfse klein, fleischig, die Zehen kurz, die Fersen sehr wenig hervortretend — das Gegenstück des Negerfufses, bei welchem Fufskörper und Zehen lang sind und der Hacken sich stark nach hinten vorwölbt. Fettleibigkeit ist selten, aber im allgemeinen sind die Körperformen bei beiden Geschlechtern gerundet. Die Gesichtsfarbe ist dunkel lederbraun, nicht kupferig, selten gleichmäfsig, sondern meist fleckig und unrein, auch wenn die Haut gewaschen ist, was freilich selten geschieht. Die Gesichtszüge sind unschön und grob, die Wange breit, zuweilen scheint durch das Braun der Haut etwas Rot hindurch; der Mund ist grofs, die Lippen dick, Nase plump, Augen klein, braun, das Weifse immer gelblich-schmutzig. Die Stirn ist niedrig, das Haar schwarz, dicht, dick, straff, ohne jegliche Neigung zum Kräuseln, meist in mehrere Flechten gesondert, die hinten herabhängen oder um den Kopf geschlungen sind. Die ganze Energie des Haarwuchses scheint sich auf dem Schädelteil des Kopfes erschöpft zu haben, denn der Bart fehlt beim männlichen Geschlecht fast ganz, über der Oberlippe und an den Wangen finden sich nur einzelnstehende Haare. Die Haut des Körpers ist bei den reinen Indianern ganz glatt, auch in der Scham- und Achselgegend nur sehr wenig behaart. Der Gesichtsausdruck ist dem Wesen der Indianer entsprechend, eine Mischung von Verdrossenheit, Niedergeschlagenheit und Stumpfsinn. Man hört sie selten sich lebhaft unterhalten, fast nie fröhlich lachen; auch wenn sie trinken, sitzen sie lange fast ohne zu reden zusammen, bis die berauschende Wirkung des Getränkes eintritt, worauf sie Gesänge anstimmen, die mehr einem Klagegeheul gleichen. Selbst die Kinder überlassen sich bei ihren Spielen nie lärmender Freude, aber ebenso selten hört man sie weinen.

Da die Temperatur des Hochlandes beständig, auch während der Sommermonate, eine niedrige ist, so tragen die Indianer daselbst eine warme Kleidung, und zwar in allen Jahreszeiten dieselbe. Die Männer tragen auf dem Leibe ein grobgewebtes wollenes Hemd und darüber einen dicken, meist buntgestreiften Poncho. Den Unterkörper bedecken braune, ziemlich anliegende Hosen, die bis etwas unter die Knie herabreichen; darunter grauweifse, gleichfalls wollene Unterbeinkleider, welche unter der engeren Oberhose wie eine Manschette hervortreten und das Bein bis zur Mitte der Wade bedecken. Der untere Teil des Beines bleibt nackt, die Fufssohlen werden durch Sandalen aus ungegerbtem

Leder geschützt. Die Füfse der Indianer sind gegen Kälte auffallend unempfindlich. Man sieht sie beim Ausruhen und auch oft beim Schlafen selbst bei grofser Kälte mit unbedeckten Füfsen liegen, und bei den Arbeiten der Amalgamierung der Silbererze bleiben sie stundenlang in dem sehr kalten Schlamm. Um so sorgfältiger schützen sie den Kopf. Sie tragen dicke gestrickte, enganliegende, bis zum Nacken herabreichende Mützen, wie in Mitteldeutschland die Bauern, mit weit herabhängenden Klappen zum Schutze der Ohren und Wangen; darüber einen breitkrempigen Stroh- oder Filzhut mit kleiner, flacher, lose aufsitzender Krone.

Die Weiber tragen gleichfalls ein Hemd aus Wolle — zuweilen auch aus Baumwollenzeug — darüber um die Schultern anstatt eines Mantels ein rechteckiges Stück von dickem, grobem Wollenzeug mit Streifen von lebhaften Farben, welches auf der Brust durch eine Spange zusammengehalten wird, oder statt deren auch durch einen silbernen Löffel, dessen Stiel sich zu einer Nadel verschmächtigt und zum Feststecken benutzt wird. Der Unterkörper ist mit einem Rock aus dickem, blauschwarzem Wollenzeug bekleidet, welcher oben in kleine enge Falten zusammengezogen ist. Breite Hüften gelten als eine besondere Schönheit, daher man den Umfang derselben durch untergelegte Polster oft bis zur Unförmlichkeit vermehrt. Die Frauen tragen keine Sandalen, sondern gehen barfufs. Ihre Kopftracht ist eigentümlich unschön. Sie scheint ursprünglich in einem breitkrempigen Hute bestanden zu haben, an dessen Rand ein herabhängender Streifen von schwarzem Tuch oder Samt befestigt war. Diese Krempe ist zu beiden Seiten am Kopfe hinaufgeschlagen und der Besatz fällt wie ein Vorhang bis zur Hälfte des Gesichts herab.

Die Nachbarn der Aimaràs im Hochland um den Titicaca-See werden gewöhnlich Kechuas genannt, da sie Keshua reden, wiewohl sich jetzt nicht mehr entscheiden läfst, ob sie wirklich aus den Gegenden stammen, welche früher mit diesem Namen bezeichnet wurden. Die Stadt Puno, der peruanische Hafenort des Titicaca-Sees, bildet die Sprachgrenze: die Bewohner des südlichen Teiles dieser Stadt sind Aimaràs, während im nördlichen, kleineren Teile Kechuas leben. Beide Rassen wohnen hier seit Jahrhunderten nebeneinander, ohne sich zu vermischen, ja ohne sich gegenseitig mit ihrer Sprache bekannt zu machen. Nur die gemischte Bevölkerung, d. h. die Mestizen mit spanischem Blut, sprechen gewöhnlich die drei im Orte gebräuchlichen Sprachen. Auf dem Marktplatze sieht man die Aimarà- und Kechua-Verkäuferinnen getrennt voneinander in Reihen sitzen. Sie unterscheiden sich schon von weitem durch die Form ihrer Kopfbedeckungen, die Kechuas tragen Hüte mit flacher breiter Krempe und niedriger abgerundeter Krone, die Aimarà-Weiber dagegen ihre oben beschriebene seltsame, sargartige Kopftracht. Das Sonderbarste dabei ist, dafs beide Kopftrachten nicht althergebrachte Nationalkleidungen sind, sondern aus Spanien stammen, dafs aber die zwischen Aimaràs und Kechuas bestehende Abneigung auch durch Nachahmung verschiedener Muster zum Ausdruck gekommen ist. In der übrigen Kleidung weichen beide Rassen wenig voneinander ab; auch in der Gesichtsbildung und Statur bemerkt man keine auffallenden Verschiedenheiten. In ihrem Wesen scheinen die Kechuas weniger mürrisch als die Aimaràs, auch sind sie nicht ganz so schmutzig. Die Unreinlichkeit dieser letzteren, besonders bei den Frauen, übersteigt in der That alles, was man sonst bei unkultivierten Völkern zu sehen bekommt. Am Halse, im Nacken, an den unbedeckten Stellen der Brust sieht man den Schmutz in dicken Lagen kleben. Man wäscht sich nie, schläft in den Kleidern, wechselt dieselben überhaupt nicht, sondern behält sie an, bis sie durch Abnutzung in Stücke gehen.

Die Aimarà sprechenden Indianer, welche am Ostabhange der Andes die Provinzen Yungas, Muñecas und Larecaja bewohnen, sind von den Aimaràs des Hochlandes verschiedene Stämme. Sie sind bei weitem wohlgestalteter, schlanker, das Braun der Hautfarbe ist heller und reiner. Der Gesichtsausdruck ist auch bei ihnen ernst, aber nicht so mürrisch und stumpfsinnig. Sie sind weit reinlicher, ihre Tracht ist kleidsam und zeigt Geschmack. Sie besteht aus engen, bis an das Knie reichenden Hosen und einem wollenen Hemd. Um die Schultern schlagen sie ein Stück Zeug und auf dem Kopfe sitzt ein kleines Strohhütchen, welches durch ein Band unter dem Kinn festgehalten wird. Diese Völkerschaften haben ursprünglich wahrscheinlich verschiedene Sprachen geredet und später unter der Inka-Herrschaft Keshua. Dahin deuten noch mehrere Ortsnamen, z. B. der Name der Provinz Yungas, ein Keshua-Wort, da *yunca* in dieser Sprache ein heifses Thal bedeutet. Da jedoch die Keshua-Sprache sich nicht fest bei diesen Stämmen eingebürgert hatte, so ist sie jetzt, bei der Abgeschiedenheit dieser Provinzen, von anderen die Inka-Sprache redenden Gegenden vom Aimarà verdrängt worden.

Nach Osten zu ist also das Sprachgebiet des Aimarà erweitert worden; dafs es aber in früherer Zeit ein viel ausgedehnteres gewesen ist als gegenwärtig, ganz gewifs ausgedehnter als ursprünglich das der später von den Inkas eingeführten Keshua-Sprache, davon lassen sich zahlreiche Beweise beibringen, von denen hier die hauptsächlichsten angeführt werden sollen. Dieselben stützen sich, abgesehen von einzelnen noch inmitten von Keshua redenden Gebieten gelegenen Sprachinseln, sowie von Aimarà-Wörtern, die sich in manchen Provinzialdialekten vorfinden, besonders auf Ortsnamen, die im Keshua keine Bedeutung haben, wohl aber im Aimarà und daher aus dieser Sprache abgeleitet werden müssen. Aus Ortsnamen läfst sich in der Regel mit ziemlicher Sicherheit auf die frühere Bevölkerung eines Landes schliefsen; denn wenn diese auch verdrängt oder vernichtet worden ist, so behalten deren Nachfolger im Besitze des Landes gewöhnlich die überkommenen Namen. Auch wenn neue Namen eingeführt werden, erweist sich die Macht der Gewohnheit meistens stärker als der Wille der Eroberer. Wir brauchen nicht weit umherzublicken, um Belege für das Gesagte zu finden. Alle Namen von Dörfern in Sachsen und Thüringen, welche auf -itz endigen, sind slawischen Ursprungs, und in Norddeutschland gilt dasselbe von den auf -in und -ow auslautenden Ortsnamen. In unserer Zeit haben die Nordamerikaner vielen Städten in Kalifornien ihre spanischen Namen belassen, und wenn im Gebiete der Union nur wenige Ortschaften indianische Benennungen führen, so liegt der Grund darin, dafs die Eingeborenen des Landes keine festen Wohnsitze hatten. Die Namen der Flüsse und vieler Berge des Uniongebietes sind indianisch. Auch die Spanier, die doch sonst alle von ihnen entdeckten und kolonisierten Orte mit dem Namen irgend eines Kalenderheiligen oder der Jungfrau Maria zu benennen pflegten, haben nur ausnahmsweise vermocht, diese Namen einzubürgern. In Peru stammen fast alle Ortsnamen aus der Zeit vor der Eroberung, selbst die Hauptstadt ist nur in amtlichen Schriften und auf einigen alten Büchertiteln Ciudad de los Reyes genannt worden; von Anfang an, wie auch noch jetzt, nannte man sie nach dem Namen des Dorfes, an dessen Stelle sie erbaut wurde, Lima.

Untersuchen wir also jetzt das Gebiet des ehemaligen Inka-Reichs in seiner ganzen Ausdehnung und forschen wir nach, in welchen Gegenden sich Ortsnamen finden, die sich vom Aimarà ableiten lassen. Zu diesen müssen wir zunächst alle diejenigen rechnen, welche auf das Wort *marca* endigen, denn *marca* bedeutet im Aimarà eine Ortschaft, ein Dorf, eine Stadt. Allerdings findet sich ein gleichlautendes Wort auch im Keshua, allein in dieser Sprache bezeichnet man damit im allgemeinen einen Gegenstand, der über einen anderen vorsteht oder sich darüber befindet, wie z. B. den Oberstock eines Hauses, *huasij marcan*. Ein anderes Wort, das an der Zusammensetzung vieler peruanischer Ortsnamen teilnimmt, ist *chuqui*. Im Keshua bedeutet *chuqui* einen Wurfspiefs, eine Lanze, giebt daher in dieser Bedeutung bei Ortsbenennungen keinen Sinn. Er ist daher aufzufassen als eine verdorbene Aussprache des Aimarà-Wortes *choke*, Gold. Für das Ohr der Hochländer, sowohl der Keshua als der Aimarà redenden, scheint es schwer, das *o* vom *u* sowie das *e* vom *i* zu unterscheiden, und die Verwechselungen dieser Buchstaben sind ebenso häufig als in Mitteldeutschland bei *ü* und *i*, *d* und *t*, *b* und *p*. Dafs bei den Ortsnamen, in welchen das Wort *chuqui* vorkommt, dasselbe in der That aus dem Aimarà-Wort *choke* entstanden ist, geht daraus hervor, dafs an allen solchen Orten früher Gold gefunden worden ist oder bis auf den heutigen Tag gewonnen wird. Dergleichen Orte sind: *Chuquibamba* — *Chokepampa*, Goldfeld; *Chuquicancha* — *Chokecancha*, goldner Hof; *Chuquicara* — *Chokekara*, goldnes Vlies; *Chuquimarca*, Goldort; *Chuquimayo*, Goldflufs; *Chuquipuquio*, Goldbrunnen; *Chuquisongo*, Goldtasche, Goldblase; *Chuquitanta*, Goldhaufen, und viele andere. Ein drittes Wort, auf welches in Peru und Bolivia manche Ortsnamen endigen, ist die Silbe *hua*. Diese Silbe hat allerdings weder im Keshua noch im Aimarà eine bestimmte Bedeutung, gehört aber jedenfalls der letzteren Sprache an, in welcher sie als Füllwort aufserordentlich häufig gebraucht wird. Ortsnamen, die auf *hua* endigen, lassen sich mehrere anführen, wie *Moquehua*, Stadt und Departement im Süden; *Pisahua*, Hafenort und Thal, jetzt zu Chile gehörig; *Pichihua, Andahua, Arahua, Pallahua* (Name von Bergspitzen). Wir führen diese Namen an, ohne für jetzt auf die Gegenden Rücksicht zu nehmen, wo sich die betreffenden Orte befinden, da wir dadurch den weiter unten folgenden Ausführungen vorgreifen und Wiederholungen nicht zu vermeiden sein würden.

Wenden wir uns jetzt zunächst vom gegenwärtigen Hauptsitze der Aimarà-Sprache, der Ufergegend des Titicaca, nach Süden, um uns zu überzeugen, wie weit dies Volk in dieser Richtung vorgedrungen sein mag, so finden wir bis weit über die Stadt Oruro hinaus, nämlich bis zum 18. südlichen Breitengrade, einige Spuren. Wir treffen dort zuerst auf die Provinz Chayanta, ein Wort der Aimarà-Sprache, das Zinn bedeutet, welches Metall in jener Gegend gewonnen wird. Auch den früheren Namen der bolivianischen Hauptstadt können wir als Beweis anführen, dafs die Aimaràs in jener Gegend ansässig gewesen sind, denn die Stadt, welche jetzt zu Ehren des ersten bolivianischen Präsidenten und Siegers in der Schlacht bei Ayacucho Sucre genannt wird, hiefs früher und wird noch jetzt vielfach *Chuquisaca* genannt. *Chokesaka* aber bedeutet im Aimarà eine goldführende Felsenkluft. Derselben Sprache gehört auch der Name des sumpfartigen Sees an, in welchen der Ausflufs des Titicaca-Sees, der Rio Desaguadero mündet und daselbst sich verliert. Dieser grofse, zum Teil sehr seichte See wird Aullagas genannt, welches Wort aus *aulla laca* — der grofse, weite Mund — entstanden zu sein scheint, da der See keinen Ausflufs hat und man daher annimmt, dafs das Wasser des immerhin ziemlich ansehnlichen Desaguadero dort durch Spalten des Gebirges ins Innere der Erde eingesogen und verschluckt wird.

Also im Süden waren die Aimaràs bis nach Chayanta, an den Aullagas-See und Chuquisaca vorgedrungen, auch wird ihre Sprache noch an den beiden ersteren Orten gesprochen, in Sucre oder Chuquisaca dagegen spricht die einheimische Bevölkerung Keshua, die Gebildeteren spanisch. Nach Westen zu scheint sich ehemals das Sprachgebiet des Aimarà bis an die Meeresküste erstreckt zu haben, und zwar vom 16. bis zum 23.° südlicher Breite, die Gegenden umfassend, die zu den peruanischen Departements Arequipa und Moquehua gehören, sowie gleichfalls die peruanischen und bolivianischen Provinzen, welche infolge des letzten Krieges an Chile abgetreten worden sind, nämlich Arica, Tarapacà und Cobija. Dies ergiebt sich aus dem in Lima erschienenen statistischen Jahresbuch, der „Guia del forastero" für das Jahr 1795, in welchem sämtliche in jenen Gegenden lebenden Indianer als Aimaràs aufgeführt werden. Bestätigt wird diese Angabe ferner dadurch, dafs die hauptsächlichsten Ortsnamen aus dem Aimarà stammen. Arequipa, die zweitgröfste Stadt Perus, liegt 40 Leguas von der Küste entfernt in einer Höhe von 2320 m in einer flachen Thalmulde am Fufse des Vulkans Misti. Die heutige Stadt Arequipa wurde zwar erst durch die Spanier gegründet, doch wurde schon früher die ganze Umgegend derselben mit demselben Namen benannt. Nach der gewöhnlichen Überlieferung wurde dieser aus dem Keshua hergeleitet. Als die Inkas unter Maita Kapac das Land in Besitz genommen hatten, so erzählt die Sage, behagte es einem der Heerführer so sehr, dafs er den König um die Erlaubnis bat, dort bleiben zu dürfen, und der König gewährte ihm seine Bitte mit den Worten: *Ari 'kepai!* — wohlan, so bleibe! Allein diese Erklärung ist ebenso gesucht und gezwungen wie die des Namens von Tiahuanacu, welche bereits in der Einleitung zum Ollanta-Drama erwähnt wurde. Wie das Wort Tiahuanacu, so erklärt sich der Name einfach und den Verhältnissen entsprechend aus dem Aimarà. Vom Hochland aus betrachtet liegt das Thal von Arequipa hinter dem Vulkan, welcher eine kegelförmige Gestalt hat. Nun bedeutet *ari* im Aimarà die Spitze, der Berggipfel, *'kepa, quipa* in dieser Sprache sowie auch im Keshua hinter, also *Ari-'kepa* die Gegend hinter der Bergspitze, das Land hinter dem Vulkan.[1] Wenn sich also hiernach schliefsen läfst, dafs das Thal von

---

[1] Diese Erklärung des Wortes Arequipa wird noch ferner durch den Umstand gestützt, dafs dasselbe noch einmal in der Geographie Perus als der Name eines Berges vorkommt. Im Thale des Huillcanota, unweit Ollantaitambo, sieht

Arequipa von den Aimarà-Indianern so benannt und vermutlich auch von ihnen bewohnt war, so scheinen die Namen der Ortschaften, welche in der Umgegend der Stadt liegen, zu beweisen, dafs die Inkas nach der Eroberung Einwohner von anderer Gegend hierher gebracht haben, und dafs daselbst die Inka-Sprache eingeführt und wahrscheinlich auch herrschend geworden ist, denn alle übrigen Namen im Thale sind dem Keshua entnommen: *Tingo*, der Zusammenflufs; *Tiabaya (tiaj-huailla)*, die Aue zum Wohnen; *Sabandia (sapan tiyaj)*, der Einsiedler; *Sachaca*, die Baumallee; *Socobaya (socos huailla)*, das Rohrdickicht; *Uchumayo*, der kleine Flufs; *Paucarpata*, die bunte Terrasse; *Yanahuara*, die schwarze Hose.

Auf ähnliche Weise wie das Wort Arequipa erklärt sich der Name des Hafenortes Arica. Die Bucht von Arica öffnet sich nach Norden und wird an der Südseite durch ein Vorgebirge, einen felsigen Gipfel, *morro* genannt, gegen die heftigen Südwinde geschützt. Ein solcher Berggipfel heifst im Aimarà, wie schon bemerkt, *ari*; *ca* ist entstanden aus der im Aimarà stark aspirierten Silbe *ka* oder *ja*, welche an alle Wörter des Satzes, an die Hauptwörter fast wie ein Artikel angehängt wird. Etwas nördlich von Arica liegt an der Küste ein kleiner Ort Namens Atiquipa. *Ati* heifst der Zaun, also *Atiquipa*: hinter dem Zaun. Der Name der ehemals peruanischen Provinz Tarapacà bedeutet im Aimarà einen wilden Adler, *tara-paca*. Iquique ist eine Form des Zeitwortes *iquiña*, schlafen; Cobija ist entstanden aus *cupi-ja*, rechts gelegen.

Wenden wir uns jetzt zu den nördlich vom gegenwärtigen Sprachgebiet des Aimarà gelegenen Ländern, so werden wir mehr oder minder zahlreiche und deutliche Spuren der Sprache über das ganze südamerikanische Hochland bis hinab zur Linie antreffen, ja in einem Falle bis weit jenseits derselben. Wie in den bisher besprochenen Gebieten, so bestehen auch hier die Beweise vorzugsweise im Vorhandensein von jetzt noch gebräuchlichen Ortsnamen, welche bei einer Ableitung aus der Aimarà-Sprache einen klaren und den Verhältnissen entsprechenden Sinn geben, während dies aus der Keshua-Sprache nicht möglich ist. Wir bedauern, dem Leser die Trockenheit der hier folgenden Auseinandersetzungen nicht ersparen zu können, allein für die Schlüsse, welche wir daraus ziehen zu dürfen glauben, ist eine eingehende Vorführung der Belege unerläfslich.

---

man eine steile Bergspitze hinter dem Rücken der hohen Thalberge hervorschauen. Dieser Berg heifst Arequipa, der Berg hinter dem Gipfel oder die hintere Spitze.

Zunächst dürfen wir die ganze Bodensenkung zwischen der Küstenkette und den eigentlichen Andes, deren Gewässer dem Titicaca zuströmen, als ehemaliges Gebiet des Aimarà ansprechen. Dies läfst sich schon aus den geschichtlichen Überlieferungen entnehmen, welche die alten spanischen Schriftsteller über die Zustände dieser Provinzen vor ihrer Unterwerfung durch die Inkas, sowie über die Eroberungskriege selbst, aufbewahrt haben. Die Collas, d. h. die Bewohner des Colla-Gebietes, die damals noch nicht Aimarás genannt wurden, bestanden aus verschiedenen Stämmen, welche zwei Königen gehorchten. Die beständigen Fehden dieser Häuptlinge gaben den Inkas Gelegenheit, sich in die Angelegenheiten derselben einzumischen. Sie kamen zuerst in diese Gegenden unter dem Könige Huirakocha, wie Cieza erzählt, nach Garcilaso bereits unter dem vierten Könige Maita 'Kapac. Huirakocha schlofs mit dem einen der beiden Häuptlinge der Colla, welcher vor kurzem seinen Nebenbuhler besiegt hatte, einen Freundschaftsbund. Der Sohn Huirakochas, Inka Yupanqui, zog mit einem Heere nach der Colla und zerstörte die damals ansehnliche Stadt Ayahuiri, worauf die Gegend durch Ansiedler aus anderen Teilen des Reiches bevölkert wurde. Nach dem Falle Ayahuiris zog der Inka weiter und unterwarf nach und nach sämtliche Gegenden um den See. Gegen Ende der Regierung Inka Yupanquis empörten sich die Collas, der König jedoch zog nicht mehr persönlich zu Unterwerfung derselben zu Felde, da er sich bereits zu alt und schwach fühlte, sondern überliefs diesen Kriegszug seinem tapferen Sohne 'Tupac Yupanqui. Dieser besiegte die Collas in einer äufserst blutigen Schlacht bei Pucara, behandelte sie allerdings darauf mit Milde, doch blieben fortan Inka-Besatzungen in vielen befestigten Orten, und durch Herbeiziehung neuer Ansiedler suchte man sich des künftigen Gehorsams der Eingeborenen zu versichern. Diese Mafsregeln hatten zur Folge, dafs die Colla- oder Aimarà-Sprache in den Gegenden im Norden, Nordosten und Nordwesten des Sees dem Keshua weichen mufste, indem die daselbst gegenwärtig ansässigen Bevölkerungen Nachkommen der von den Inkas ins Land gebrachten Ansiedler sind, welche Keshua reden und daher Quechuas genannt werden. Die Ortsnamen sind jedoch die alten geblieben und fast alle lassen sich aus dem Aimarà ableiten und geben im Keshua keinen Sinn. So ist Juliaca, der Teilungspunkt der Eisenbahn in der Ebene unweit des Sees, entstanden aus *Sulla-'ka*: *sulla*, feuchtes Gras, *'ka* artikelartiges Affix; Pusi, am westlichen Ufer des Sees: *pusi*, die Zahl vier; Calacoto: *kala-coto*, der Steinhaufen; Lampa: *lampa*, die Tragbahre; Arapa: *arapa*, die Bürde, die Ladung eines Tieres; Inchupalla: *'hinchu*, das Ohr, *pallaña*, aufspringen, Schrunden bekommen;

Ullama, eine kartoffelartige Wurzel; Ayahuiri, zusammengesetzt aus *hahuiri*, der Flufs, und *ai* oder *aya*, also der Flufs Ai.

Das Becken des Titicaca ist eine Senkung des Gebirgsrückens zwischen der Küsten- und Andeskette. Die Bergreihen dieser Ketten rücken einander nördlich vom See immer näher, bis sie endlich zusammenstofsen und nur eine tiefe Rinne zwischen sich lassen. Der höchste Punkt dieses Einschnittes heifst der Pafs La Raya, der Scheitelpafs. Man steigt zu demselben ganz allmählich im Thale des Pucara-Flusses hinauf bis zu einer Reihe kleiner Seen, deren Ausflufs der Pucara zu sein scheint. Doch ist dieser nicht der einzige Wasserlauf, welcher seinen Ursprung in diesen stillen Weihern nimmt. Hat der Reisende dieselben hinter sich gelassen, so bemerkt er bald, dafs der Weg sich wieder, wenn auch kaum merklich, senkt, und er reitet in der Nähe eines kleinen Baches, der anfangs ganz langsam, aber bald schneller fliefst. Dieser kleine Bach wird später zum grofsen Ucayali, welcher in seinem langen Laufe verschiedene Namen führt und hier oben an seinem Ursprung auf dem Passe der Raya Huillcanota genannt wird, nach dem hohen Schneegipfel dieses Namens, der sich östlich neben dem Passe erhebt. Der Name dieses Berges aber stammt von einem einst berühmten Tempel der Sonne her, welcher an dessen Fufse gestanden haben soll, von dem sich jedoch gegenwärtig keine Überreste mehr entdecken lassen. Das Wort Huillcanota gehört der Aimarà-Sprache an, denn im alten Aimarà bedeutete *huillca* die Sonne, bis später dafür das Keshua-Wort *inti* in allgemeinen Gebrauch kam; *huillcan* ist synkopierter Genitiv statt *huillcana*; *uta*, das Haus, also *huillcanuta*, das Haus der Sonne.

Der Pafs der Raya bildet die Wasserscheide zwischen dem Becken des Titicaca-Sees und dem Atlantischen Ozean, welchem der Huillcanota zuströmt. Das schöne Thal dieses Flusses, in welches man vom Passe aus hinabsteigt, war einst mit seinen Nebenthälern das Herz des alten Inka-Staates, wie denn die Hauptstadt Kusko selbst in einer zum Gebiete des Huillcanota gehörenden Thalmulde liegt. Den oberen Teil des Hauptthals bis zum Orte Cacha, wo der Tempel des Huirakocha stand, hatte ehemals der Stamm der Canas-Indianer inne, der weiter unten gelegene Teil bis zur Stadt Urubamba gehörte zum Gebiete der Canchis. Diese beiden Völkerschaften waren wahrscheinlich die ersten, welche den Inkas unterworfen wurden, und es scheint nicht, dafs sie sich jemals gegen ihre Herren empörten, sodafs keine Veranlassung vorlag, sie in andere Gegenden des Reiches zu versetzen und Fremde in ihrem Gebiete anzusiedeln. Es läfst sich daher annehmen, dafs die gegenwärtigen Bewohner des Thals Nachkommen der ursprünglichen seien. Diese Bevölkerung spricht Keshua, und zwar hat sich unter ihnen sowie in einigen anderen Provinzen in der Nachbarschaft von Kusko die Inka-Sprache verhältnismäfsig am reinsten erhalten. Sie werden daher gegenwärtig zu den Quechuas gerechnet, im Gegensatze zu den Bewohnern der Colla, von denen sie sich durch Körperhöhe, schlankeren Wuchs und ansprechende Gesichtsbildung vorteilhaft unterscheiden. Dennoch waren sowohl Canas als Canchis ursprünglich Stämme der Collas, denn der Pater Bertonio führt sie in den Vorreden zu seiner Grammatik und zu seinem Wörterbuch als Aimarà-Völkerschaften auf. Es läfst sich hieraus schliefsen, dafs zu Anfang des 17. Jahrhunderts die Aimarà-Sprache im Thale des Huillcanota wenn auch nicht herrschend war, doch noch gesprochen wurde, und dafs dieses ganze Thal ehemals Aimarà-Gebiet war, läfst sich nicht bezweifeln, denn vom Schneeberg Huillcanota an bis 40 Leguas thalabwärts finden sich Ortsnamen, die sich nur aus dem Aimarà ableiten lassen.

Für den Namen der ersten Ortschaft, die man berührt, wenn man der Strafse vom Passe herab folgt — Marangani —, sind wir allerdings nicht im stande, eine bestimmte Bedeutung anzugeben, allein die Endung -ni deutet an, dafs es sich um ein Aimarà-Wort handelt, denn -ni ist in dieser Sprache eine besitzanzeigende Partikel, welche dasfelbe bedeutet wie im Keshua -yoj. Das Gleiche gilt von Sicuani, dem Namen des Hauptortes der Provinz. Dieser läfst sich herleiten von chihua, Kräuter, welche gekocht genossen wurden, also *Chihuani*: ein Ort, der solche Kräuter hervorbringt. Vielleicht ist Sicuani auch von *sijhua* abzuleiten, ein Wort, das Büschel von Gras oder Wolle bedeutet. Der Name des Ortes Cacha läfst sich sowohl aus dem Keshua als aus dem Aimarà ableiten. In der ersteren Sprache bedeutet das Wort *cacha* einen Boten; im Aimarà ist der Sinn ein verschiedener, je nach der Aussprache der Konsonanten: *lacha*, die Weide, das Gras; *kacha*, der Sodomit; *kacha*, dünn, scharf, bunt. Etwas unterhalb Cacha folgt im Thale die kleine Stadt Tinta. Dieses Wort hat im Keshua keinen Sinn, im Aimarà bedeutet es Frondienst: *tinta hake*, der Fronknecht, etwa wie im Keshua *mitayoj*. Bei dem Orte Checacupi ist die Abstammung aus dem Aimarà deutlicher. Dieses Dorf liegt an der Einmündung eines rechtsseitigen Nebenflusses in den Huillcanota, und zwar an beiden Ufern desfelben, daher der Name desfelben Checacupi: rechts und links. Auf der linken Seite des Huillcanota liegt einige Leguas entfernt vom Flusse, ungefähr auf gleicher Höhe mit Checacupi, der Ort Acopia: *ako*, Sand, und *pia*, das Loch, also Sandloch. Auch der Ort Sangararà liegt nicht im Thale des Huillcanota, sondern in einiger Entfernung von demselben an dessen rechter Seite. Dieser Name ist jedoch gleich den schon aufgeführten Aimarà, denn das Wort *sancarara* bezeichnet in dieser Sprache das Knochenmehl, welches beim Schmelzen von silberhaltigen Bleierzen benutzt wird. Quiquijana wird gewöhnlich erklärt als eine Zusammenziehung des spanischen Vornamens Juana (Johanna) mit einem Keshua-Adjektiv *keke*, daher *keke Juana*, die dralle Hanne. Das Wort ist jedoch eine dem Aimarà angehörige Sprachform; denn *quiqui-ja-na* ist der Genitiv oder Lokativ von *quiqui'ha*: das Meinige, mein Eigentum. Für den Namen Pisac vermögen wir weder aus dem Aimarà, noch aus dem Keshua eine Bedeutung zu geben. Der einige Leguas weiter thalabwärts gelegene Ort Calca hat seinen Namen von den Felsengräbern, deren Eingänge man in der Gegend häufig an den steilen Thalwänden sieht. Yucay, die Gegend des Thales, in welchem die Könige von Kusko während der kalten Wintermonate zu verweilen pflegten, scheint aus *yuca*, Schüssel, entstanden zu sein. Früher wurde bereits erwähnt, daſs unterhalb dieses Ortes in der Gegend von Ollantaitambo ein hoher spitzer Berggipfel, der hinter dem Rücken der Thalwand hervorblickt, Arequipa genannt wird. In der Hauptstadt Kusko selbst finden sich noch Spuren von Aimarà. Der Sage nach baute sich Manco 'Kapac, der erste König, ein Haus in Collcampata, auf einem plattformartigen Absatz am Abhange des Sajsahuaman, wo jetzt die Kirche von S. Cristobal steht, und von wo aus man die ganze Stadt überblickt. Später stand dort ein Königspalast, der zu Garcilasos Zeiten noch einigermaſsen erhalten war, und von dem auch jetzt noch einige Mauern und Thorwege aus fein behauenen und gefügten Steinen vorhanden sind. Garcilaso bemerkt hierzu in seiner Beschreibung des alten Kusko, er wisse nicht, was das Wort *collcam* bedeute, vermutlich stamme es aus der besonderen Sprache der Inkas.[1] Nun besteht der Name Collcampata offenbar aus den Worten *kollka* und *pata*, welche beide im Keshua und Aimarà dieselbe Bedeutung haben, indem mit dem ersteren ein Speicher oder Vorratshaus, mit dem zweiten eine Stufe, Terrasse, Plattform bezeichnet wird. Was Garcilaso irre machte, war der Buchstabe *m* in *collcam*. Dieser aber ist ein synkopierter Aimarà-Genitiv — *collcana* = *collcan·* — indem das *n* vor *p* wie gewöhnlich in *m* überging. Es bedeutet also *collcana pata* die Terrasse des Speichers, wie ja die Inkas für ihre Vorratshäuser zum Aufbewahren der Feldfrüchte immer Orte an abschüssigen Abhängen

---

[1] El primer barrio que era el mas principal se llamava Collcampata. Collcam deve ser diccion de la lengua particular de los Incas, no sé qué signifique. Garcil., Coment. VII, 8.

wählten. Wenn die besondere Sprache der Inkas, welche bald nach der Eroberung verloren gegangen sein soll, das Aimarà gewesen ist, eine Annahme, zu deren Stütze später mehrfache Gründe angeführt werden sollen, so hätte Garcilaso somit recht gehabt.

Wenden wir uns jetzt nach den westlich und nördlich von Kusko gelegenen Gegenden und untersuchen wir, ob sich auch dort Aimarà-Spuren nachweisen lassen, indem wir dazu, wie bisher geschehen, uns auf das Vorhandensein von Ortsnamen stützen, welche dieser Sprache entnommen sind. In nordwestlicher Richtung treffen wir zuerst die Landschaft Aimaraes, eine der Provinzen des Departements Kusko am rechten Ufer des Flusses Apurimac. Diese grenzt gen Westen an das Departement Ayacucho, das ehemalige Gebiet des Stammes der Chancas; nach Norden an die Provinz Andahuailas, den Hauptsitz des Stammes der Keshuas, nach Süden an Provinzen der Departements von Ayacucho und Arequipa, in welchen zur Zeit die Eingeborenen noch vorzugsweise Aimarà sprechen. Wiewohl die Provinz Aimaraes denselben Namen führt, wie die Sprache und der Ursprung dieses gegenwärtigen Namens der Colla-Sprache ohne Zweifel auf diese Gegend zurückgeführt werden muſs, so wird diese doch gegenwärtig in der Provinz nicht mehr geredet, sondern hat überall bei den Eingeborenen dem Keshua weichen müssen. Manche der Ortsnamen gehören daher dieser Sprache an, dagegen finden sich viele andere, welche diese Gegend als früheren Wohnsitz der Aimaràs erkennen lassen. So z. B. bedeutet Lambrana *(lamrana)* einen unserer Erle ähnlichen Baum; Chumba *(chumpa)*, die Schüssel, das Becken; Mutca, der Mörser; Chuquibamba *(choke pampa)*, das Goldfeld, ein Name, der in Peru an mehreren Orten wiederkehrt und überall das frühere Vorhandensein von Aimarà-Bevölkerungen bekundet. Unmittelbar an die Provinz Aimaraes grenzt Kotabamba *(kota pampa)*, das Seefeld. Auch dieser Name gehört dem Aimarà an, denn in dieser Sprache heiſst ein See *kota*, während das Keshua-Wort dafür *kocha* ist, wie denn der Laut *ch (tsch)* des Keshua beim Übergang in das Aimarà auch in anderen Worten zu einem einfachen *t* abgeschwächt wird.

In den weiter nördlich gelegenen Departements von Ayacucho und Junin zwischen dem 14. und 10. Breitengrade trifft man nur vereinzelte Ortsnamen, die auf Aimarà-Ursprung hindeuten. Diese Gegenden wurden früher von den kriegerischen Stämmen der Chancas und Huancas bewohnt, über deren Mundarten nichts bekannt ist. Unter den Eingeborenen herrscht daselbst allenthalben das Keshua, welches in Ayacucho gut, wiewohl ohne scharfe Unterscheidung der Konsonanten gesprochen wird. Im Departement Junin, d. h. im Thale des Mantaro, in Jauja und

Huancayo ist die Sprache sehr verdorben. Westlich vom Departement Junin, vom Kamme der ersten Andeskette bis zur Küste des Stillen Meeres, erstreckt sich das Gebiet des Departements von Lima. In den Hochthälern desselben liegt inselartig von Keshua redenden Gegenden umgeben ein kleiner Distrikt, wo noch jetzt von den Eingeborenen eine besondere Mundart gesprochen wird, welche ein mit Keshua-Worten gemischter Aimarà-Dialekt ist. Dafs diese Sprache dort früher eine weitere Ausdehnung gehabt hat, beweisen mehrere Ortsnamen. Huarochiri, der Name des Hauptortes der gleichnamigen Provinz, ist zusammengesetzt aus *huaro*, hoch, und *chiri*, kalt, also das kalte Hochland; Omas, von *uma*, das Wasser; Ayahuiri, gleichen Namens mit der bereits erwähnten Ortschaft der Colla, der Flufs Ai. Dafs ein Aimarà-Stamm hier bis tief herab und nahe an der Küste ansässig gewesen ist, scheint der Ortsname Chosica anzudeuten. Chosica ist die erste Station der transandinischen Eisenbahn im Thale des Rimac, etwa 900 m über dem Meere und 40 km von der Küste entfernt. Das Wort *choseca* bedeutet im Aimarà eine Eule. Auf demselben geographischen Breitengrade findet sich am Ostabhang der (zweiten) Andeskette die Stadt Tarma, deren Name im Aimarà einen wilden Menschen bedeutet.

Nach Norden grenzt an das Departement Lima das Departement Ancash. Dieses besteht aus zwei Gegenden, welche durch die hier sehr hohe, schneebedeckte Hauptkette der Andes geschieden werden. Die der Küste näher liegende westliche Abteilung ist das Thal des Santa-Flusses, der andere, kleinere Teil des Departements liegt östlich von der Kette zwischen dieser und dem Marañon oder oberen Lauf des Amazonenstromes. In dieser Gegend treffen wir auf zwei Ortsnamen, die sich nur aus dem Aimarà ableiten lassen: Chavin und Huari. Huari ist die Hauptstadt der Provinz gleichen Namens und liegt 3150 m hoch unter dem 10. südlichen Breitengrade. Das Wort *huari* hat im Aimarà zwei Bedeutungen; als Adjektiv: flüssig, dünn, kraftlos; als Substantiv: eine Vicuña, und in dieser Bedeutung hat es Veranlassung zu vielen Ortsnamen gegeben in Gegenden, wo sich meist noch andere Aimarà-Spuren nachweisen lassen. Man findet kleine Ortschaften und Landgüter dieses Namens in den Departements Ancash, Junin, Huancavelica und Ayacucho; ferner die Zusammensetzungen Huaripampa (Vicuñafeld), Huaricancha (Vicuñahof), auch giebt es einen hohen Berg Huaripata (Vicuñahöhe), welcher in der Cordillera von Huillcanota auf der Grenze der Departements von Kusko und Arequipa liegt. Chavin ist eine Ortschaft der Provinz Huari, welche zum Unterschiede von anderen Orten gleichen Namens Chavin de Huantar genannt wird, nach einem ebenso genannten Flusse oder einer in der Nachbarschaft gelegenen kleinen Ortschaft. Chavin ist eine verdorbene Aussprache des Aimarà-Wortes *chapi*, das Dorngestrüpp, borniges Gebüsch, indem das *p* zu *v* abgeschwächt worden ist, wie dies bei vielen peruanischen Namen im Munde der Spanier geschieht; davon der Lokativ *chapina*, synkopiert: *chapin*, im Gebüsch. Gleich Huari kommt der Name Chavin noch in manchen anderen Gegenden der Republik vor, in den Departements von Huánuco, Lima, Huancavelica, wo sich auch andere dem Aimarà entlehnte Ortsnamen vorfinden. In Chavin befinden sich Ruinen eines grofsen Tempels und einer Burg, welche nicht die den Inkas eigentümliche Bauart zeigen und auf welche wir später noch einmal ausführlicher zurückkommen werden. Die Sprache des Departements von Ancash ist ein sehr verdorbenes Keshua, mit welchem manche Aimarà-Worte gemischt sind.

Nördlich vom Departement Ancash folgen im Hochlande die Departements von Cajamarca und Chachapoyas. Es wurde bereits bemerkt, dafs alle Ortsnamen, welche auf *marca* endigen, aus dem Aimarà abgeleitet werden müssen, da das Wort *marca* in dieser Sprache eine Ortschaft bedeutet. Ein zweiter Hauptort dieses Departements ist Chota, von *chuta*, der Markstein. Am Westabhang der Andes in der Nähe von Trujillo liegen die Minen von Chuquisongo, in welchen goldhaltige Silbererze gewonnen werden. Der Goldgehalt derselben wird durch den Namen angedeutet, denn *chuqui* ist eine verdorbene Aussprache von *choke*, Gold; *sonko* bedeutet im Aimarà den Herzbeutel der Tiere, welcher gewöhnlich zur Aufbewahrung von Salz benutzt wird, also *Choke-sonko* einen Goldbeutel, Goldtasche. Der Name Chachapoyas läfst sich ebenfalls nur aus dem Aimarà ableiten. Das Keshua hat kein Wort *chacha*, im Aimarà bedeutet es einen Mann, dafselbe wie im Keshua *kari*; also *Chachapuyu*: eine Wolke von Männern, d. h. eine zahlreiche Bevölkerung, die dort einstmals gelebt haben soll. Auf einem hohen Berge, eine Tagereise von Chachapoyas entfernt, liegt eine alte Burg, welche nach einer am Fufse des Berges befindlichen Hacienda in Peru als Festung von Cuelap bekannt ist. Bei dem Volke der Gegend jedoch wird sie nur La Malca genannt. Der Name Malca läfst sich auf zweierlei Weise deuten und in beiden Fällen auf Aimarà-Ursprung zurückführen. Entweder nämlich ist *malca* nur eine verdorbene Aussprache von *marca*, indem ein *l* an die Stelle des *r* getreten ist, was sowohl im Keshua als auch im Aimarà oft geschieht, und dann bedeutet La Malca schlechtweg: die Ortschaft; oder *malca* ist entstanden aus dem Aimarà-Wort *mallka*, der Schlund, und diese letztere Annahme ist die wahrscheinlichere. Der Name *mallka* wird erklärt durch den ganz aufsergewöhnlichen Zugang zu dieser überhaupt so seltsam gestalteten Burg. In der hohen Ringmauer öffnet sich ein Spalt, durch welchen man in einen von hohen Mauern eingeschlossenen Vorplatz gelangt. Von diesem aus führt ein Gang ins Innere, dessen Wände sich immer mehr nähern bis zum Eingang, welcher so eng ist, dafs sich nur ein Mensch in gebückter Stellung hindurchzwängen kann. Dieser ganze Zugang hat also die Gestalt eines Trichters oder Schlundes.

Im nördlichsten Teile des gegenwärtigen Perus, im Departement Piura, haben wir keine aus dem Aimarà stammenden Ortsnamen gefunden, wenn man nicht etwa den Namen des Departements und der Hauptstadt desselben dafür ansprechen will. Es bedeutet nämlich *piura* im Aimarà einen Speicher; möglicherweise jedoch ist dieses Wort durch Lautversetzung aus *pirua* oder *pirhua* entstanden, welches Wort im Keshua dieselbe Bedeutung hat wie *piura* im Aimarà. Auch im Gebiete der heutigen Republik Ecuador, dem ehemaligen Königreiche Kitu (Quito), trifft man keine Spuren, aber viel weiter nördlich, jenseits der Linie auf dem 4.—5. Breitegrade, werden wir in der Republik Colombia durch den Namen eines Staates überrascht, welcher ganz klingt, als stamme er aus dem Aimarà, nämlich Cundinamarca. Wie dieses Land zu dem Namen kam, ist allerdings nicht klar. Der Geschichtschreiber Herrera erzählt[1], dafs in Tacunga, einer südlich von Quito gelegenen Stadt der heutigen Republik Ecuador, Luis Daza, ein Soldat Belalcazars, einen fremden Indianer angetroffen habe, welcher angab, er gehöre zu einem grofsen Volke, Cundinamarca oder Cundiromarca genannt, dessen Wohnsitze zwölf Tagereisen entfernt seien. *Cunti* bedeutet eine nach Westen gelegene Gegend, es würde also *cuntinamarca* eine westlich gelegene Ortschaft bezeichnen und dieselbe Bedeutung würde *cuntiromarca* haben, denn die Deklinationspartikel -*ro* oder -*ru* bezeichnet die Richtung wohin, während -*na* als Lokativpartikel den Ort andeutet, wo sich etwas befindet. Nun war aber die jetzt Cundinamarca genannte Landschaft Wohnsitz der Muiscas und liegt nicht westlich, sondern nördlich von Tacunga, kann also nicht wohl das Land gewesen sein, welches der fremde Indianer gemeint hat. Immerhin jedoch bleibt, dafs derselbe seine Heimat mit einem Aimarà-Namen bezeichnet hat.

Aus den obigen Ausführungen ergiebt sich, dafs die gegenwärtig Aimarà genannte Sprache im Süden Perus und im nördlichen Teile Bolivias in den Gegenden um den Titicaca-See und am Ostabhange der

---

[1] Historia general de los hechos de los castellanos en las islas i Tierra firme del Mar Oceano. — Liborio Zerda, El Dorado, XI, 55.

Andes noch jetzt von einer Bevölkerung von etwa einer halben Million Seelen gesprochen wird, daſs aber diese Sprache in früheren Zeiten eine weit gröſsere Verbreitung gehabt hat, wie sowohl durch Sprachreste in einzelnen Provinzialdialekten, als auch besonders durch Ortsnamen bewiesen wird, und ferner, daſs diese Spuren sich im nördlichen und mittleren Peru vereinzelt finden, sich aber mehren, je näher man den Gegenden kommt, wo die Sprache noch jetzt fortlebt. Forschen wir nun nach einer Erklärung dieser Thatsachen, und untersuchen wir, zu welchen Schluſsfolgerungen sie berechtigen, so bieten sich folgende Fragen dar:

1) Läſst sich annehmen, daſs das Vorhandensein von Bevölkerungen, welche dieselbe Sprache redeten, in so vielen weit voneinander liegenden Gegenden auf eine Kolonisation durch die Inkas zurückzuführen sei, auf eine zwangsweise Versetzung von widerspenstigen, aufrührerischen Stämmen in verschiedene Provinzen ihres Reiches, oder hatten diese ihre Wohnsitze sich selbst gewählt? und in diesem Falle:

2) Hatten sie die Gegenden, in welchen sich Spuren ihrer Seſshaftigkeit finden, zu gleicher Zeit inne, oder waren sie ein Wandervolk, welches unter Zurücklassung von mehr oder weniger zahlreichen Nachzüglern allmählich vom Norden nach dem Süden zog und sich endlich am Titicaca-See dauernd niederlieſs?

3) Waren vielleicht die Aimaràs die Erbauer von Tiahuanaco und des Tempels von Chavin?

4) In welchem Verhältnis mochten die Inkas zu den Aimaràs gestanden haben, und war vielleicht die geheime oder besondere Sprache der Inkas das Aimarà?

Da diese Fragen für die Geschichte und den Ursprung der Kultur, welche die Europäer bei ihrer Ankunft in Südamerika vorfanden, von Interesse sind, so verdienen sie eine eingehende Erörterung und den Versuch einer Beantwortung.

Die alten spanischen Geschichtschreiber, welche die Eroberung des Inka-Reiches erzählt haben, berichten, daſs es eine oft zur Anwendung gebrachte Regel der Staatskunst der Inkas gewesen sei, zur Befestigung ihrer Macht in den eroberten Provinzen und zur Verschmelzung der unterworfenen Bevölkerungen, Kolonien von Bewohnern älterer Teile des Reiches in die neuerworbenen Gebiete zu führen, und von diesen eine entsprechende Anzahl von Familien entweder in die Wohnsitze der Fortgezogenen zu verpflanzen, oder in noch wenig oder gar nicht bevölkerten Gegenden anzusiedeln. Besonders wenn die unterjochten Stämme kriegerisch waren und sich zu Aufständen geneigt zeigten, wurden gewaltsame Versetzungen der unruhigen Elemente vorgenommen. Daſs diese Maſsregel bei einer

Bevölkerung zur Anwendung gekommen sei, die ihren hartnäckigen und verschlossenen Charakter noch bis zum heutigen Tage bewahrt hat, würde sich als selbstverständlich voraussetzen lassen, auch wenn eine solche Annahme nicht durch geschichtliche Überlieferung ausdrücklich bestätigt wäre. Nach Garcilaso[1] begann die Unterwerfung des Colla-Gebietes bereits unter dem zweiten König Lloque Yupanqui. Durch diesen wurden die Gegenden nördlich und westlich vom Titicaca Ayahuiri, Hatun Colla (die grofse Colla) und das Land Chucuito tributpflichtig gemacht. Maita 'Kapac, der dritte König, setzte auf Flöfsen über den Ausflufs des Sees, den Desaguadero, und unterwarf Tiahuanaco, Hatun Pacasa und Cacyahuiri. Unter dem fünften König, welcher eine Flofsbrücke über den Desaguadero erbauen liefs, wurden sämtliche um den See gelegenen Provinzen des Colla-Landes dem Reiche von Kusko einverleibt. Nach Garcilasos Angaben stiefsen die Inkas im ganzen auf geringen Widerstand, nur in Ayahuiri und später in Huaicha fanden blutige Zusammenstöfse statt. Die meisten Provinzen unterwarfen sich freiwillig, da sie von der Fruchtlosigkeit ihrer Anstrengungen gegenüber der Inka-Macht überzeugt waren. Nach Cieza de Leon, dessen Erzählung klarer ist und glaubwürdiger klingt, ging die Unterwerfung des ausgedehnten Colla-Landes nicht so leicht und glatt von statten. Cieza giebt an, dafs der Inka Yupanqui die grofse Stadt Ayahuiri, die sich nicht ergeben wollte, durch Überlistung genommen und alle Einwohner habe umbringen lassen. Ein gleiches Schicksal habe die Provinz Copacopa getroffen und die eroberten Gegenden seien darauf mit fremden Ansiedlern bevölkert worden. Als der König Yupanqui später zur Unterwerfung des Anti-Gebietes ausgezogen war, benutzten die Collas die Gelegenheit, sich der trotz ihrer Milde doch verhafsten Herrschaft der Inkas zu entziehen. Von Huillcanota, dem Passe der Raya an erhoben sich alle Provinzen um den Titicaca, ermordeten die Statthalter und Beamten der Inkas und vertrieben überall die neuen Ansiedler. Der Inka Yupanqui rüstete sich sofort zur Niederwerfung des Aufstandes, allein da ihm bei der Last seiner Jahre ein solches Unternehmen für seine abnehmenden Kräfte zu schwer schien, so übergab er die Führung der gesammelten Streitkräfte seinem nachmals so berühmten Sohne 'Tupac Yupanqui. Dieser besiegte die vereinigten Collas in der blutigen Schlacht bei Pucara, nördlich vom See, worauf das geschlagene Heer der Aufständischen sich auflöste und bis jenseits des Desaguadero floh. Von dort aus baten sie um Frieden, welcher ihnen auch von 'Tupac unter verhältnismäfsig milden Bedingungen gewährt wurde, doch blieben

---

[1] Coment. II, 17, 18, 19; III, 7, 10.

fortan in befestigten Orten ständige Besatzungen, militärische Kolonien wurden an vielen Orten angesiedelt und dagegen Einwohner der Colla in andere Gegenden verpflanzt.[1] Es ist nach diesen geschichtlichen Überlieferungen nicht zu bezweifeln, dafs wiederholt Scharen von Bewohnern der Colla aus ihren Wohnsitzen fortgeführt und in anderen Gegenden des Inka-Reiches angesiedelt wurden, insbesondere aus den nördlich vom See gelegenen Gegenden, in welchen seitdem auch die Keshua-Sprache eingebürgert blieb. Es fragt sich nun, ob aus solchen Zwangsversetzungen sich die oben angegebenen Spuren von Sprachresten des Aimaràs sowie die aus dieser Sprache stammenden Ortsnamen erklären lassen; gegen eine solche Annahme jedoch sprechen mehrere Erwägungen. Einmal ist es nicht wahrscheinlich, dafs man aus dem verhältnismäfsig nicht ausgedehnten Colla-Lande so viele Kolonisten hätte entnehmen können, auch wenn man sämtliche Einwohner fortgeführt hätte. Da ferner der Zweck der Übersiedelung Brechung des Widerstands bei abgeneigten Menschen, Vernichtung ihrer Sprache und Nationalität war, so läfst sich nicht annehmen, dafs die Kolonisten in grofser Zahl an demselben Ort angesiedelt wurden, sondern immer mit anderen Völkerschaften gemischt; auch hatten natürlich die Orte, wohin man sie brachte, bereits Namen und wurden nicht erst durch die Kolonisten benannt. Wenn auch die geschichtlichen Überlieferungen über die Eroberungen der Inkas, welche die alten spanischen Schriftsteller mitteilen, sagenhaft und besonders in Einzelheiten wenig zuverlässig sind, so können wir die allgemeinen Umrisse derselben als den Thatsachen entsprechend gelten lassen. Wenn wir also hören, dafs Provinzen, welche Aimaraes und Chachapoyas hiefsen, erobert wurden, so konnten deren Namen nicht von Kolonisten herrühren, die später in diese Gegenden verpflanzt wurden, sondern sie stammten von Bevölkerungen her, die entweder zur Zeit der Eroberung daselbst wohnten, oder in früheren Zeiten dort ansässig gewesen waren. Dazu kommt noch, dafs der nördlichste dem Aimarà entlehnte Ortsname, Cundinamarca, einer Gegend angehört, welche auch zuzeiten der gröfsten Ausdehnung des Inka-Reiches jenseits der Grenzen desselben lag, also nicht von den Königen von Kusko kolonisiert werden konnte. Sprachreste des Aimaràs, die sich in manchen Gegenden Perus bei Keshua redenden Bevölkerungen finden, mögen allerdings von daselbst angesiedelten Colla-Bewohnern herrühren, allein für die Ortsnamen ist eine solche Annahme nicht zulässig,

---

[1] — y luego mandó (Tupac Inka) que de otras tierras viniesen mitimaes para ello, con la orden que está dicho; y asi mismo entresacó mucha gente del Collao poniendo la de unos pueblos en otro, y entre ellos quedaron gobernadores y delegados para coger los tributos. Cieza, Crónica, II, LV.

diese mußten von größeren, längere Zeit an den Orten seßhaften Völkerschaften herstammen, welche einst unabhängig gewesen waren und später von den Inkas unterworfen wurden.

Dies führt uns zur Erörterung der zweiten Frage, die wir uns gestellt hatten. Wenn die dem Aimarà oder der Colla-Sprache entnommenen Ortsnamen von Volksstämmen herrühren, welche sich ihre Wohnsitze selbst gewählt hatten, nicht zur Niederlassung in denselben gezwungen worden waren, könnte man daraus schließen, daß einst eine diese Sprache redende Rasse einen großen Teil des südamerikanischen Hochlandes gleichzeitig innegehabt habe, oder daß einzelne Stämme derselben allmählich vordrangen und sich in verschiedenen Gegenden festsetzten? Gegen die Annahme einer allgemeinen Verbreitung der Aimaràs im peruanischen Hochland spricht der Umstand, daß sich Spuren derselben nur in gewissen Gegenden finden, während sich solche in weiten, dazwischen liegenden Strecken nicht nachweisen lassen. Auch würde das Vorhandensein eines so großen Volkes, die Kämpfe desselben mit den Inkas und seine Unterwerfung in den geschichtlichen Überlieferungen wenigstens erwähnt worden sein, wie dies bei den am Titicaca ansässigen Stämmen geschehen ist. Das vereinzelte Auftreten der Aimarà-Spuren in den nördlichen Gegenden und ihre zunehmende Vermehrung nach Süden zu in der Nachbarschaft des Landes, wo die Sprache noch jetzt fortbesteht, wird am natürlichsten so gedeutet, daß diese Rasse von Norden her im Hochland vorgedrungen ist, daß einzelne Stämme in verschiedenen Gegenden sich dauernd ansiedelten und daß endlich der Rest sich an den Ufern des großen Binnensees niederließ. — Eine solche Auffassung wird ferner gestützt durch das Vorhandensein zahlreicher Ruinen von Bauwerken, die nur von unabhängigen Völkerschaften herrühren können, denn sie waren fast alle zur Verteidigung bestimmt. Daß die Inkas nicht deren Erbauer gewesen seien, ergiebt sich aus der Verschiedenheit der Bauart, welche bei den Werken der Könige von Kusko so charakteristisch ist, daß man sie schon aus der Fügung der Steine alsbald wiedererkennt. Neben vielen Festungen und Burgen in den Gegenden des oberen Marañon sind die interessantesten dieser Bauten die bereits erwähnte Festung von Cuelap bei Chachapoyas und die Tempelruinen von Chavin de Huantar. Es wird zur Erläuterung der Frage, die uns beschäftigt, dienen, diese Bauten etwas näher zu betrachten. Der Weg von Cajamarca nach Chachapoyas führt nach Überschreitung des Marañon und des Gebirgsrückens, welcher die östliche Thalwand desselben bildet, durch das Thal des Chiri-Flusses, eines rechtseitigen Nebenflusses des Marañon, der in seinem unteren Laufe Utcubamba genannt wird. Die Stadt Chachapoyas liegt nicht im Thale selbst, sondern etwa drei Leguas entfernt vom Flusse auf einer Hochebene oder flachen Mulde, welche sich nach dem Thale zu senkt. Einige Leguas, ehe der Weg das Thal des Utcubamba verläfst, bei dem Dorfe Magdalena, sieht man auf der linken Seite des Flusses über die Höhen des Thalrandes herüberblickend auf der Spitze eines hohen Berges die Ringmauer einer alten Burg, der Festung von Cuelap, vom Volke „La Malca" genannt. Diese Burg ist der einzige befestigte Platz der Gegend, denn in Chachapoyas selbst befinden sich keine alten Baureste, weder von den Inkas herrührend, noch aus früherer Zeit. Es scheint, die Burg von Cuelap war ein allgemeiner Zufluchtsort für die Bewohner des Landes in Zeiten der Not. Auch war dieselbe für die Angriffsmittel indianischer Kriegskunst ganz uneinnehmbar und nur durch Aushungern zu bezwingen. Die Spitze eines Berges, oder vielmehr ein kurzer Bergrücken, ist mit einer 50—70 Fufs hohen Mauer umgeben, durch welche zwei lange, enge, schlund- oder trichterartige Zugänge ins Innere führen. Der von der Mauer umgebene, ungefähr 500 m lange und 150 m breite Raum ist jetzt mit dicht verwachsenem niederen Wald bedeckt, in welchem sich keine Mauerreste mehr entdecken lassen. Die Ringmauer ist gut aus behauenen Steinen gebaut, besonders die seltsamen spaltförmigen Thorwege, von denen der eine noch wohl erhalten ist. Die Steine, sowohl bei der Mauer als an dem Thore, liegen in Mörtel und sind nicht genau zusammengepafst, wie dies bei den Inka-Bauten der Fall ist.

Eine ähnliche Bauart zeigen die Ruinen von Chavin. Der Ort liegt am Ostabhange der Cordillera blanca (der weifsen Kette) im Thale des Paccha-Flusses, welcher sich nach kurzem Laufe in den Marañon ergiefst, ungefähr auf 9° 35′ südlicher Breite, also reichlich 50 geographische Meilen von Chachapoyas und Cuelap entfernt. Die Bauten, die sich einst im engen Thale von Chavin erhoben, scheinen von beträchtlicher Ausdehnung gewesen zu sein, wie sich aus Mauerresten und Trümmerhaufen schliefsen läfst. Erhalten sind nur zwei in rechtem Winkel zusammenstofsende Mauern aus grofsen Quadersteinen, welche nicht senkrecht stehen, sondern sich pyramidenartig gegeneinander neigen. Hieraus sowie aus den Umrissen der eingestürzten Mauern läfst sich erkennen, dafs diese einst eine grofse rechteckige Plattform stützten. Dieser Bau, welcher gewöhnlich als Burg — el castillo — bezeichnet wird, war offenbar ein Tempel, an den sich andere, um weite Höfe gruppierte Gebäude anschlossen, welche vermutlich dem Herrscher des Landes als Wohnsitz dienten. Es scheint in der That, dafs Chavin der Hauptsitz der Collas oder Aimaràs in dieser Gegend gewesen ist. Zwar eignete sich das Thal bei seiner Enge nicht zur Anlage einer volkreichen Stadt, aber das aufserordentlich angenehme und milde Klima des Thales bei einer Höhe von 3180 m mag das Wandervolk zu einer Niederlassung daselbst eingeladen haben. Ohne Zweifel gab man eben deshalb Chavin den Vorzug vor dem Thale des Santa-Flusses am westlichen Abhange der weifsen Kette, denn wiewohl die Stadt Huaràz, der Hauptort dieses Thales, etwas tiefer liegt als Chavin, so ist doch das Klima daselbst merklich rauher. Dafs übrigens das Santa-Thal gleichfalls zum Reiche der Collas in Mittelperu gehörte, wird durch Überreste alter Bauten an mehreren Orten, besonders in der Stadt Huaràz angedeutet, auf deren einstige Gröfse man aus der Mächtigkeit der Trümmerhaufen schliefsen kann. Diese bestehen gegenwärtig allerdings blofs aus formlosen Massen, doch sind aus denselben viele grofse und gutbehauene Steine ausgegraben worden. Die Niederlassungen der Collas scheinen sich in dieser Gegend bis nahe an die Ufer des Stillen Ozeans erstreckt zu haben, denn im Thale von Casma, von Huaràz durch die sogenannte schwarze (nicht schneebedeckte) Kette getrennt, findet sich eine Schutzfestung aus Stein, welche an Cuelap erinnert, und auf einem künstlichen Hügel Reste eines Tempels, der wie die Mauern in Chavin aus Granitquadern erbaut war, nicht wie die übrigen Bauten der Küstengegenden blofs aus an der Luft getrockneten Backsteinen.

Nach diesen allgemeinen Bemerkungen über die mutmafsliche Ausdehnung der Colla-Niederlassungen in Mittelperu kehren wir nochmals zu den Ruinen von Chavin zurück. Dafs der gewöhnlich als „castillo" bezeichnete Bau keine Burg oder Festung war, sondern ein religiösen Zwecken dienendes Gebäude, ergiebt sich nicht blofs aus der bereits hervorgehobenen pyramidenartigen Neigung der Mauern, welche sich bei allen Tempelbauten Perus wiederfindet, sondern wird auch durch zwei interessante Funde bestätigt, die man daselbst gemacht hat. Durch das Innere der aus aufgeschütteter Erde gebildeten Plattform ziehen sich lange unterirdische gemauerte Gänge, welche sich mehrfach kreuzen und verzweigen und sich bis weit jenseits der Grundmauern verfolgen lassen. Die Decke der Gänge wird durch Überkragung von Steinplatten gebildet, und an einer Kreuzung, wo die gewöhnliche Enge derselben etwas erweitert, werden diese Platten durch einen Pfeiler gestützt. Dieser Pfeiler besteht aus einem prismatischen Stück Granit, an welchem man bei näherer Betrachtung die Figur eines Götzenbildes entdeckt, dessen fratzenhafte Gestalt in sonderbar verschlungenen Linien in die Oberfläche des Steines eingegraben ist. An einer anderen gleichfalls erweiterten Stelle der Gänge fand man eine 2,20 m hohe und 0,70 m breite aufrechtstehende Granitplatte mit glattpolierter Fläche, in welcher in sorgfältig gemeifselten Linien in gleicher Weise die Umrisse einer menschlichen Figur eingezeichnet sind, die der des Pfeilers ähnlich ist. Beide stellen zwerghafte Wesen dar mit kurzem Mittelkörper und Beinen, unverhältnismäfsig grofsem Kopf mit grofsem Mund und Fangzähnen und über dem Kopfe mit einem seltsam stilisierten Aufsatz oder Kopfputz, dessen Höhe der darunter befindlichen Gestalt beinahe gleichkommt.[1] Dafs die auf dem Steine eingegrabene Figur sowie die des Pfeilers Götzenbilder darstellen, ergiebt sich aus der Ähnlichkeit dieser Figuren mit den Gesichtern, die man an vielen in Gräbern aufgefundenen Thongefäfsen bemerkt, wovon man sich leicht in jedem Museum überzeugen kann. Das Charakteristische an diesen Gesichtern ist die Gröfse des Mundes mit fangartig über die Lippen hervortretenden unteren und oberen Augenzähnen. Die aufgefundenen Götzenbilder dienten vermutlich einem geheimen, vielleicht mit grausamen Gebräuchen verbundenen Kultus des Gottes.

Was die Entdeckung dieser beiden, übrigens so häfslichen Figuren besonders interessant macht, ist der Umstand, dafs zwischen ihnen und der Mittelfigur auf dem grofsen monolithischen Portal von Tiahuanaco sich unverkennbare Ähnlichkeiten nachweisen lassen. Bei beiden sieht man auf einem zwerghaften Unterkörper einen grofsen Kopf, von welchem aus strahlenförmig stilisierte Fortsetzungen ausgehen, welche in Tiahuanaco zum Teil in Löwenköpfe, in Chavin in Schlangenköpfe endigen. Beide Figuren haben in beiden Händen szepterartige Bündel von Waffen. Die Gestalten für Bilder der Sonne zu erklären, da von den Köpfen strahlenartige Fortsetzungen ausgehen, ist eine Vermutung, die wohl nur ausgesprochen worden ist, da man dieselben für Werke der Inkas hielt und daher glaubte, sie mit deren Religion, dem Sonnendienste, in Verbindung bringen zu müssen. Die Tempel jedoch, wo man sie fand, waren nicht von den Inkas erbaut, im Gegenteil, sie wurden von ihnen zerstört, weil sie nicht der Sonne, sondern anderen Göttern oder Götzen geweiht waren. In der That scheinen die Inkas bei den von ihnen unterjochten Völkern nur wenige den einheimischen Landesgöttern geweihte Heiligtümer verschont zu haben, vielleicht nur den Tempel des Pachacamac in Lurin und den des Huirakocha in Cacha.

Südlich von Chavin und dem Thale des Santa-Flusses finden sich im Hochlande nur wenige Ruinen von Bauten aus alter Zeit, und was man antrifft, stammt meist aus der Inka-Zeit, so der Sonnentempel und Palast on Huanuco viejo, der Tempel und die Königshäuser von Huillcas Hua-

---

[1] Dieser Stein befindet sich gegenwärtig im Garten des Ausstellungspalastes zu Lima und ist in unserem Werke über Peru nach einer photographischen Aufnahme abgebildet.

man in der Nähe von Ayacucho, ferner die Bauwerke im Thale des Huillcanota, in Pisac, Ollantaitambo, Cacha und endlich die Stadt Kusko selbst. Erst jenseits des Passes der Raya, an den Ufern des Titicaca, begegnen wir wieder Bauten anderer Art, von denen die schon öfter erwähnten Ruinen von Tiahuanaco am südlichen Ufer des Sees die wichtigsten sind. Wenn wir nun die Festung von Cuelap und den Tempel von Chavin für Werke der Aimaràs oder Collas halten, da sie sich an Orten befinden, deren Namen dieser Sprache entnommen sind, wenn an einer anderen Stelle dieses Werkes[1] der Name Tiahuanaco als gleichfalls dieser Sprache angehörig erklärt worden ist; wenn wir ferner die Ähnlichkeit zwischen den in Chavin aufgefundenen Götzenbildern mit den Skulpturen auf dem grofsen Portal von Tiahuanaco hervorgehoben haben, und legen uns jetzt die Frage vor, ob wir die Bauten am Titicaca ebenfalls als Werke der Aimaràs ansprechen dürfen, so können wir nach den vorgehenden Erörterungen kaum umhin, diese Frage in bejahendem Sinne zu beantworten. Freilich mag eine solche Annahme beinahe als eine Ungereimtheit, ein Unding erscheinen. Sieht man die heutigen Aimaràs in ihrer Verkommenheit, ihrem Schmutz, ihrem Stumpfsinn, so hält man es für unmöglich, dafs eine solche Rasse fähig gewesen sein sollte, Bauwerke aufzuführen, die in mancher Hinsicht die Arbeiten der Inkas weit übertreffen. Allein die Beispiele von Kulturvölkern, die von hohen Stufen allmählich bis zur niedrigsten herabsanken, sind in der Geschichte nicht allzu vereinzelt: denken wir nur an die gegenwärtigen Bewohner von Indien, Mesopotamien, Ägypten, an Mittelamerika, an die heutigen peruanischen Eingeborenen, die doch zum Teil Nachkommen der Inkas sind und einst auch die Aimaràs beherrscht haben.

Dafs die Inkas nicht die Erbauer von Tiahuanaco gewesen sind, ergiebt sich, abgesehen von der geschichtlichen Überlieferung, welche einer solchen Annahme widerspricht, aus dem von der Inka-Bauart abweichenden Stil der noch vorhandenen Ruinen. Die Bauweise der Inkas zeigt zwei Eigentümlichkeiten, an denen jeder das Hochland bereisende aufmerksame Beobachter sie sofort erkennt, nämlich die genaue Zusammenfügung der Steine und die Form der Thüren, Fenster und Wandnischen, deren Pfosten oder Pfeiler nie senkrecht stehen, sondern sich nach oben zu etwas gegeneinander neigen, sodafs die Weite der Schwelle gröfser ist als die obere Lichtung. Diese Form der Thüren und Nischen findet sich sowohl bei den ältesten Bauten als bei den letzten. Die Genauigkeit der Steinfügung wurde allmählich immer sorgfältiger, sodafs dieselbe

---

[1] Ollanta, Einleitung, S. 7.

in der Stadt Kusko für die Schätzung des relativen Alters der noch vorhandenen Inka-Bauten als Maßstab dienen kann. Ihre größte Vervollkommnung erreichte sie an den Mauern des Sonnentempels und der letzten Königshäuser. Bei den älteren Gebäuden sind die Steine unregelmäßig und vieleckig, aber immer genau zusammengepaßt. In dem Maße, als sich die Bearbeitung der Steine verfeinerte, bestrebte man sich, die früher regellos gefügten Blöcke in Reihen zu ordnen. Vierseitige Steine traten an die Stelle der vieleckigen und die Fügung wurde so eng, daß an vielen Stellen nicht einmal die Schneide eines Messers in dieselbe einzudringen vermag. Allein bei all dieser Sorgfalt stehen die Reihen der Steine auch an den besten Gebäuden niemals in vollkommen schnurgerader Linie, sind auch nicht von ganz gleicher Form und Größe. Sie wurden nicht vorher nach Maß zugehauen und dann zusammengestellt, sondern man sieht, daß jeder Stein besonders für seinen Platz hergerichtet, wiederholt angepaßt und die Kanten gewissermaßen zugeschliffen wurden.[1]

Nach diesen Besonderheiten, welche die Bauart der Inkas kennzeichnen, sucht man in den Ruinen von Tiahuanaco vergebens. Die Öffnungen der monolithischen Thore sind keine Trapeze, sondern Rechtecke. Bei dem einen derselben bemerkt man allerdings an der Oberschwelle eine kleine Abweichung vom rechten Winkel, allein statt stumpf, wie bei den Inkas, sind dieselben eher etwas spitz, d. h. die obere Weite des Lichten ist ein klein wenig größer als die untere. Dieselben rechteckigen Formen findet man bei den Bruchstücken der umgestürzten Thore, bei den Thürnischen, sowie bei den kleinen Wandnischen, welche in viele umherliegende Steine gemeißelt sind. Die Bausteine von Tiahuanaco sind an Flächen und Kanten feiner und genauer gearbeitet, als wir dies bei irgend einem der Inka-Bauwerke finden; sie wurden nach Maßen oder Modellen gehauen, ehe man sie an die für sie bestimmten Plätze brachte, denn viele liegen noch da, ohne jemals zu Mauern zusammengefügt worden zu sein. Die Fügung der Mauern ist gut, aber nicht in der peinlichen Weise genau wie bei den Inkas, sondern etwa

---

[1] Es ist öfter gesagt worden, die Inkas hätten sich gar keines Mörtels, keiner Bindemasse bei ihren Bauten bedient, allein dies ist ein Irrtum. Der Verfasser ist bei seinem Aufenthalt in Kusko wiederholt zugegen gewesen, wenn Thüren durch alte Inka-Mauern gebrochen und die Steine derselben vorsichtig herausgenommen wurden. Zwischen den Kanten derselben war allerdings von außen kein Mörtel zu sehen, allein weiter nach innen zu waren die Quadern in eine Lage von feingeschlämmten dunkeln Thon oder Lehm gebettet. Diese Bindemasse heißt im Keshua *llanki*.

wie bei einem gut gearbeiteten Gebäude unserer Zeit oder der Griechen und Römer.

Was die von Cieza de Leon[1] mitgeteilte und bereits in der Einleitung zum Ollanta-Drama erwähnte geschichtliche Überlieferung über den Ursprung von Tiahuanaco betrifft, so stellt dieselbe zwar eine Gründung des Ortes durch die Inkas in Abrede, widerspricht aber keineswegs der Annahme einer Erbauung durch die Collas. Die Eingeborenen erzählten Cieza, daſs diese wunderbaren Bauten sehr alt und bereits vorhanden gewesen seien, als die Inkas sich in den Besitz des Landes setzten, daſs sie aber nur angefangen worden seien, aber niemals zu Ende geführt. Die am nächsten liegende Vermutung würde unter diesen Umständen sein, daſs eben die Ankunft der Inkas, welche dem selbständigen staatlichen Leben der Collas ein Ende machte, auch den Bau der Tempel und Paläste unterbrochen habe, welche deren Herrscher sich zur Wohnung und zur Verehrung ihrer Götter zu errichten im Begriffe waren. Daſs die Collas in der Bearbeitung der Steine, und auch der härtesten, Erfahrung besaſsen, zeigen die Grabmäler von Sillustani. Eine Tagereise von der Stadt Puno entfernt finden sich auf einem Hügel, welcher eine kleine Halbinsel im See von Umayo bildet, eine Anzahl sogenannter Chullpas, eine Art kleiner, runder Türme oder dicker, hohler Säulen mit oben etwas breiter, abgerundeter Kuppel, in welchen die Toten bestattet wurden. Diese Chullpas sind aus groſsen, viereckigen Trachytblöcken gebaut, deren Bearbeitung trotz der Härte der Steine sehr sorgfältig und genau ist. Sillustani liegt nahe bei Hatun Colla, einem der früheren Hauptorte des Hochlandes. Die Chullpas auf dem Hügel am Umayo-See waren die Königsgräber, denn rings auf den umliegenden Höhen sieht man ähnliche, wiewohl bescheidenere, in groſser Zahl, welche vermutlich Grabstätten der Vornehmen des Landes waren.

Vergleichen wir die drei Gruppen von Bauwerken, welche wir wegen ihres von den Arbeiten der Inkas verschiedenen Stils als Werke der Collas angesprochen haben, nämlich die Festung von Cuelap in der Nähe von Chachapoyas und die anderen Bauten am oberen Marañon, die Ruinen von Chavin de Huantar, Huaraz und Casma, und endlich die von Sillustani und Tiahuanaco, so sehen wir, daſs dieselben drei Stufen oder Grade der Baukunst darstellen. Bei den nördlichsten finden sich noch keine architektonischen Formen, sondern nur starke und gut gefügte Mauern. In Chavin sind zwar nur geringe Überreste erhalten, allein aus

---

[1] Cronica, Cap. CV.

dem Wenigen ist ersichtlich, daſs die Baukunst bereits bedeutende Fortschritte gemacht hatte, sowohl in symmetrischer Gruppierung der Gebäude, als auch in Bearbeitung und regelmäſsiger Fügung der Steine. Die Ruinen von Tiahuanaco endlich bieten, was Kunstfertigkeit in Bearbeitung des Materials betrifft, bei weitem das Vollkommenste, was in Südamerika, ja überhaupt im ganzen amerikanischen Festlande aufgefunden worden ist.[1]

Wenn nun, wie schon in der Einleitung zum Ollanta-Drama betont wurde, die Entwickelung der Baukunst als ein Maſsstab für den allgemeinen Bildungsgrad eines Volkes betrachtet werden kann, und wenn wir nach den vorgehenden Ausführungen die Collas oder Aimaràs für die Erbauer von Tiahuanaco halten, so müssen wir in den gegenwärtigen Anwohnern des Titicaca-Sees trotz ihrer Erniedrigung die Nachkommen einer Rasse erblicken, welche einst, vor vielen hundert Jahren, eine verhältnismäſsig

---

[1] Es muſs jedoch bemerkt werden, daſs nicht alle Baureste in Tiahuanaco von gleich vollkommener Arbeit sind. Die einzelnen Gruppen liegen zum Teil weit voneinander, und gegenwärtig läſst sich nicht entscheiden, ob sie einst zusammengehört haben und durch jetzt verschwundene Zwischenbauten verbunden waren. Eine nähere Betrachtung führt vielmehr zu der Ansicht, daſs sie aus verschiedenen, vielleicht durch lange Zwischenräume getrennten Zeitperioden stammten. Was über die Feinheit der Steinbearbeitung gesagt worden ist, bezieht sich eigentlich nur auf die Ruinen oder Trümmerhaufen, welche vom Volke *Puma puncu*, das Löwenthor, genannt werden, da die monolithischen Thore, die sich jetzt an verschiedenen Orten befinden, ursprünglich dort auf den groſsen Steinen des Fuſsbodens gestanden haben, wie aus der Beschreibung Ciezas deutlich hervorgeht. Der älteste Teil der Bauten ist ohne Zweifel der Hof am Fuſse des Tempelhügels, welcher an Druiden-Einfriedigungen erinnert, da er durch rohe Steinpfeiler oder in die Erde grabene Steinstücke abgegrenzt wird. Die sich vor diesem Hofe hinziehende Reihe von viereckigen behauenen, weit höheren und dickeren Pfeilern, von denen noch elf stehen, scheint schon einer späteren Zeit anzugehören. Dieser vierseitige Hof, in dessen Mitte geradlinige Bodenerhebungen die Umrisse eines früher daselbst befindlichen Gebäudes erkennen lassen, ist jetzt bebautes Feld. Als der Verfasser die Ruinen besuchte, wurde dieses Feld gerade umgepflügt, und vor seinen Augen bückte sich der Treiber des Gespanns, um zwei Pfeilspitzen von Feuerstein aufzuheben, welche ganz den in Europa aufgefundenen, aus der Steinperiode stammenden gleichen. Von demselben Manne wurden dem Verfasser später eine fein in stilisierter Form aus Stein geschnittene kleine Eule, sowie eine kleine Bronzefigur angeboten. Diese Kunsterzeugnisse, welche offenbar aus ganz verschiedenen Kulturperioden stammten, bestätigen, was eben hinsichtlich des Alters der Gebäude bemerkt wurde, und scheinen zu beweisen, daſs Tiahuanaco eine alte Kulturstätte gewesen und vielleicht nicht immer von demselben Volke innegehabt worden sei.

hohe Kulturstufe erreicht hatte. Wenn wir ferner erwägen, daſs die unvollendeten Bauten am See bereits vorhanden waren, als die Inkas das Land eroberten, also zu einer Zeit, wo die Ausbreitung derselben eben erst begann und die Entwickelung dieses Volkes noch weit von ihrer Blüteperiode entfernt war, so ergiebt sich daraus die weitere Folgerung, daſs die Kultur der Collas älter sein muſste als die der Inkas; und diese Thatsache liefert einen Ausgangspunkt bei der Betrachtung der Beziehungen, die zwischen diesen beiden Rassen bestanden haben mögen, ehe die eine der anderen unterthan wurde. Wenn sich die Inkas in den Sagen von ihrer Herkunft als Verbreiter von Bildung und Gesittung unter wilden und rohen Völkern darstellten, vom Sonnengotte gesandt, um den Menschen die Künste des Friedens, Ackerbau, weibliche Arbeiten, Bereitung von Speisen und Herrichtung von Wohnungen zu lehren, so waren solche Bemühungen bei den Collas überflüssig, denn diese besaſsen gewiſs weit früher, was die Inkas sich erst später aneigneten. Und da beide Völker Nachbarn waren, auch die Bodenbeschaffenheit dem Verkehr keine Hindernisse entgegensetzte, so lag es in der Natur dieser Verhältnisse, daſs zwischen beiden Wechselbeziehungen bestanden, und daſs die Inkas von den Collas lernten, nicht umgekehrt die Collas von den Inkas. Daſs sich dies in der That so verhalten habe, darauf scheinen die Überlieferungen über den Ursprung der Inkas hinzuweisen. Alle lieſsen die fremden Ansiedler im Thale von Kusko von Süden her kommen, eine derselben nennt sogar ausdrücklich den Namen Tiahuanaco. Auch die Huirakocha-Sage deutet darauf hin, denn der Gott, der in Cacha Feuer vom Himmel fallen und einen Berg anzünden ließ, kam vom Titicaca her. Nach alledem würde sich die Gründung des Inka-Reiches in Übereinstimmung mit der Sagengeschichte und Inbetrachtnahme aller Verhältnisse am natürlichsten als eine Kolonisierung des Thales von Kusko von den Ufern des groſsen Binnensees erklären lassen; nur die Frage über die Veranlassung einer solchen Niederlassung würde schwerer zu beantworten sein. Weshalb verließen sie, die Inkas, ihre früheren Wohnsitze, thaten sie es freiwillig oder gezwungen, waren sie Auswanderer oder vertrieben? Vielleicht waren es religiöse Beweggründe, welche die Wanderer aus der Heimat fortführten und welche möglicherweise auch die Zurückgebliebenen bestimmten, sich dem Wegzuge derselben nicht zu widersetzen. Die Collas in Mittelperu und am Südufer des Sees waren Götzendiener: das beweisen die Götzenbilder des Tempels von Chavin, die in Tiahuanaco aufgefundenen und daselbst noch stehenden Statuen, sowie die Kolossalfigur aus Diorit, welche gleichfalls dort ausgegraben und später nach La Paz geschafft wurde, wo der Kopf derselben auf der Alameda liegt. Die Bewohner des nördlichen Teiles des Titicaca-Beckens dagegen huldigten dem Sonnenkultus, denn ein diesem Gestirn geweihtes berühmtes Heiligtum war der Tempel Huillcanota am Fufse des gleichnamigen hohen Schneeberges am Passe der Raya. Die Religion der Inkas aber war gleichfalls der Sonnendienst. Es wäre demnach nicht nur möglich, sondern hätte auch viel Wahrscheinlichkeit für sich, dafs die Anhänger dieses Glaubens, oder wenigstens ein Teil derselben, ihre Heimat verliefsen, entweder freiwillig oder gedrängt von den Andersgläubigen, um sich in neuen Wohnsitzen eine unbehinderte Ausübung ihrer Gottesverehrung zu suchen.

Die Grundlage der Inka-Politik und des Inka-Staates war von Anfang an bis zu Ende eine religiöse. Wie andere religiöse Genossenschaften hatten sie den Wunsch und das Streben, ihren Glauben auszubreiten, und gleich den Christen und Mohammedanern suchten sie anfangs, als ihrer noch wenige waren, ihre Mitmenschen durch Ueberredung zu gewinnen. Nachdem sich jedoch die Zahl ihrer Anhänger vermehrt hatte und sie sich stärker fühlten, beschleunigten sie die Bekehrung durch die Waffen. Und nachdem so ihr anfangs bescheidenes Gemeinwesen zu einem mächtigen Staate emporgewachsen war, kehrten sie als Eroberer in das Heimatsland ihrer Vorfahren zurück, wie es ja öfters in der Weltgeschichte sich ereignet hat, dafs Kolonien im Laufe der Zeit ihr Mutterland überflügelten. Wie viele Jahre verflossen sein mögen, bevor die Inkas wieder als mächtige Herren in das Land kamen, das ihre Stammväter vielleicht als Flüchtlinge verlassen hatten, darüber lassen sich kaum Vermutungen aufstellen. Wahrscheinlich war der Zeitraum so grofs, dafs weder bei den Siegern noch bei den Besiegten sich Überlieferungen erhalten hatten, welche das einstige Verhältnis der Völker bekundeten. In dieser langen Zeit hatten die Inkas in selbständiger und eigenartiger Weise die Kulturerrungenschaften weiter entwickelt, die sie aus ihren ursprünglichen Wohnsitzen mitbrachten. In manchen Zweigen waren sie mit den Collas auf gleicher Stufe geblieben, wie im Ackerbau, in Verarbeitung von Wolle und Baumwolle zu Geweben, in anderen hatten sie es ihren alten Meistern zuvorgethan, nämlich in der Kriegskunst, in der Verwaltung und Rechtspflege. In der Baukunst scheinen sie in gewisser Hinsicht zurückgeblieben zu sein, und zwar in der symmetrischen Anordnung der Gebäude und im ebenmäfsigen Behauen der Steine, während sie wiederum in Wasser- und Strafsenbauten bedeutend mehr leisteten. Dafs die Collas in diesem Zweige der Baukunst geringere Fortschritte machten, mochte daher kommen, dafs die günstigen Bodenverhältnisse ihres meist ebenen Gebietes ihnen nur selten schwierigere Aufgaben stellten.

Wenn wir also nach diesen Erwägungen geneigt sind, die Inkas für Kolonisten oder eine Abzweigung der Collas zu halten, so würde damit auch die Frage hinsichtlich ihrer besonderen Sprache entschieden sein. Nach Garcilaso war diese nur der herrschenden Kaste bekannt, wurde von den Priestern gepflegt und durfte bei strenger Strafe von keinem Unterthanen erlernt werden. Stammten nun die Inkas aus der Colla, so konnte diese Sprache keine andere sein als die Sprache dieses Landes, das Aimarà, oder wenigstens eine Mundart desselben. Dafs aber unter solchen Umständen zwischen derselben als einer hieratischen, halbtoten Sprache und dem gesprochenen Aimarà allmählich so grofse Verschiedenheiten Platz griffen, dafs man sie für eine ganz fremde Sprache gehalten, läfst sich leicht denken. Der Inkas waren anfangs zu wenige, um ihre eigene Sprache den Völkerschaften aufzudrängen, über welche sie sich durch ihre überlegene Bildung zu Herren machten; nach ihrer eigenen Überlieferung war es ja nur ein Ehepaar: Manco und seine Gattin Ocllo. Sie nahmen daher die Mundart ihrer Untergebenen an, pflegten aber daneben ihre eigene Sprache weiter. Eine solche Auffassung erklärt auch auf die einfachste Weise die vielen im Aimarà und Keshua gleichlautenden Wurzeln und Worte, welche am Ende dieses Werkes in vergleichenden Verzeichnissen zusammengestellt sind.[1]

Fassen wir nun in kurzem zusammen, was wir in den vorstehenden Ausführungen zu entwickeln versucht haben, so ergeben sich folgende Antworten auf die Fragen, die wir uns stellten:

1) **Die Spuren des Aimarà in Sprachresten und Ortsnamen an vielen Punkten des südamerikanischen Hochlandes lassen sich nicht durch eine zwangsweise Ansiedelung durch die Inkas erklären.**

2) **Die Rasse, welche die gegenwärtig Aimarà genannte Sprache redete, hatte sich freiwillig in verschiedenen Gegenden dauernd niedergelassen, besonders am oberen Laufe des Marañon in Chachapoyas und in Mittelperu im Departement Ancash.**

3) **Diese Rasse war von Norden her allmählich vorgedrungen und setzte sich nach Abgabe der erwähnten Zweigniederlassungen endlich im Becken des Titicaca fest.**

---

[1] Auch D'Orbigny (L'homme Américain, S. 292) spricht die Vermutung aus, dafs die besondere Sprache der Inkas das Aimarà gewesen sei. Derselben Ansicht ist David Forbes (Journal of the Ethnological Society, new series, II, 1869/70).

4) Die Aimaràs waren die Erbauer der Grabdenkmäler von Sillustani und Gründer von Tiahuanaco, dessen Bauwerke wahrscheinlich wegen der Unterwerfung des Landes durch die Inkas nicht vollendet wurden.

5) Die Inkas selbst hatten von den frühesten Zeiten an in naher Beziehung zu den Aimaràs oder Collas gestanden, waren vielleicht ein Stamm derselben, der sich aus religiösen Beweggründen zur Auswanderung entschlofs oder dazu gezwungen wurde, da die Mehrzahl der Collas Götzendiener waren, während die Inkas die Sonne verehrten.

6) Viele Jahre nach ihrer Trennung kehrten sie als Eroberer zurück, unterjochten die Collas und führten ihren Glauben ein.

7) Da die Inkas nur gering an Zahl waren, so vermochten sie nicht, ihre Sprache bei ihren Unterthanen einzuführen, sondern nahmen die Mundart derselben an, ihre eigene Sprache wurde als hieratische von den Priestern gepflegt, und aus diesem Umstande erklärt sich das Vorhandensein vieler gleichlautenden Wurzeln im Keshua und Aimarà, während im Grunde beide Sprachen ganz verschieden sind.

Diese Ergebnisse stehen nicht ganz im Einklang mit den Ansichten, die der Verfasser in der Einleitung zu seiner Grammatik der Keshua-Sprache entwickelt hat. Zur Zeit, da diese geschrieben wurde, hatte der Verfasser noch nicht Gelegenheit gehabt, das südamerikanische Hochland zu besuchen, sondern kannte dasselbe nur aus Reisewerken und mündlichen Mitteilungen, und was er in solcher Weise über die Aimaràs gelesen und gehört, lautete so wenig günstig, dafs er weit entfernt war, die einstige Bedeutung und Wichtigkeit dieser Rasse zu vermuten. Er glaubte daher die Bauten von Tiahuanaco, den Ursprung der Inkas und ihre besondere Sprache einem jetzt vollständig und spurlos verschwundenen Volke zuschreiben zu müssen. Erst mehrere Jahre später auf seinen Reisen im Innern von Peru und Bolivien überzeugte er sich ganz allmählich durch das Studium der Sprachen und die Vergleichung der Bauwerke von dem Sachverhalt, den er jetzt für den richtigen hält und welcher in den vorstehenden Bemerkungen dargelegt worden ist. Der Nachweis des Vordringens der Aimaràs von Norden her, das Auffinden ihrer ersten Spuren jenseits des Äquators auf dem 5.—6. Grade nördlicher Breite bestätigen im übrigen die schon früher betonte Vermutung, dafs die Kulturkeime in Südamerika von Norden her, wahrscheinlich aus Mittelamerika, stammen.

Welches der Name der von Norden her vordringenden Stämme gewesen sei, wie sie sich selbst genannt haben oder von ihren Gegnern genannt worden seien, darüber ist uns keine Überlieferung aufbewahrt. Die gegenwärtige Bezeichnung der Colla-Indianer und ihrer Sprache als Aimarà rührt wie der Name der Keshua-Sprache von den Spaniern her, und zwar scheinen beide Namen etwa zur selben Zeit in Gebrauch gekommen zu sein. Bei keinem der alten Schriftsteller werden die Bewohner des Colla-Gebietes, also insbesondere der Gegenden um den Titicaca-See, Aimaràes genannt, sondern entweder mit den Namen der einzelnen Stämme als Pacases, Lupacas, Carangas unterschieden, oder in ihrer Gesamtheit als Collas bezeichnet. Auch Garcilaso, dessen Werk im Jahre 1609 erschien, als die Missionäre bereits in ihren Grammatiken und Katechismen den Namen Aimarà eingeführt hatten, kennt denselben noch nicht, da er zur Zeit, da Garcilaso sein Vaterland verliefs (1560), noch nicht gebräuchlich war. Die Bezeichnung der Colla-Sprache als Aimarà scheint zuerst von den Jesuiten der Mission zu Juli gebraucht worden zu sein (1570) und erscheint einige Jahre später in einem Dekrete des Vicekönigs von Peru, Francisco de Toledo, durch welches der Pater Diego Gonzalez Holguin, der Verfasser des Keshua-Wörterbuches, als amtlicher Dolmetscher in der Quichua-, Puquina- und Aimarà-Sprache mit einem Gehalt von 500 Pesos angestellt wurde (Arequipa, 10. Sept. 1575). Was die Veranlassung zur Benennung der Collas als Aimaràs gewesen sei, darüber findet sich in den alten Schriftstellern keine Andeutung, so wenig wie über den Ursprung des Namens der Quechua- oder Keshua-Sprache, doch scheint dieselbe für beide Namen eine ähnliche gewesen zu sein. Die Spanier fanden bei ihren Eroberungszügen und Wanderungen im Hochlande, dafs allerdings die grofse Mehrzahl der ehemaligen Unterthanen der Inkas die von diesen eingeführte Sprache redeten, dafs aber daneben eine gewisse Anzahl von Stämmen an ihrer eigenen Sprache festgehalten hatten, und zwar stiefsen beide Sprachgebiete nicht weit von der Hauptstadt des Reiches aneinander. Da nun die Inka-Sprache in der Region der Hochthäler, in welcher die Stadt Kusko liegt, allgemein herrschend war, und die Hochthäler sowie deren Bewohner von alters her Quechua oder Keshua genannt wurden, so bezeichneten sie die allgemeine Landes- oder Inka-Sprache mit diesem Namen. Der Colla-Sprache, die in verschiedenen Dialekten um den Titicaca-See, in Arequipa und bis in die Gegend von Kusko gesprochen wurde, gaben sie zum Unterschiede den Namen der Provinz, in welcher die beiden Sprachgebiete aneinander stiefsen, nämlich Aimarà. Der Stamm der Aimaràes lebte zu beiden Seiten des oberen Laufes des Amancai-Flusses

(Abancai), welcher jetzt Pachachaca genannt wird. Sie wurden nach Garcilaso durch den fünften König von Kusko, ꞌKapac Yupanqui, durch Einschliefsung und Aushungerung auf dem Berge Mucansa unterworfen. Ihre unmittelbaren Nachbarn am unteren Laufe des Pachachaca waren die Quechuas. Noch heute führt diese Gegend den Namen Aimaràes und bildet eine Provinz des Departements Kusko. Zwar hat daselbst gegenwärtig die ursprüngliche Sprache dem Keshua weichen müssen, doch erkennt man, wie bereits früher bemerkt wurde, aus den Ortsnamen, dafs in der Gegend die Colla-Sprache geherrscht hat, und dafs dies noch zur Zeit der Eroberung des Landes durch die Spanier der Fall war, hat eben die Bezeichnung der Colla-Sprache als Aimarà veranlafst. In diesem Falle hat alo die Verdrängung der ursprünglichen Landessprache durch die Sprache der Inkas oder das Keshua unter dem Einflusse der Missionäre stattgefunden, da es ihnen ohne Zweifel bei der Bekehrung der Eingeborenen zum Christentum bequemer war, in einem vom Sprachgebiete der Colla so abgelegenen Distrikte die Sprache einzuführen, die in den umliegenden Gegenden geredet wurde. Dafs auch in anderen Provinzen die Ausbreitung und Einbürgerung der Inka-Sprache durch die Missionäre aus demselben Grunde begünstigt worden sei, ist bereits in der Einleitung zur Grammatik erwähnt worden.[1]

Aus dem bisher Gesagten geht also hervor, dafs zu allen Zeiten zwischen den Stämmen, welche die Colla-Sprache redeten, und den übrigen Unterthanen des Inka-Reiches, bei welchen die allgemeine Landessprache herrschte, Wechselbeziehungen bestanden, und dafs diese früher, bei zahlreicheren Berührungspunkten, weit lebhafter gewesen sein mufsten als heute, wo das Sprachgebiet des Aimaràs auf enge Grenzen beschränkt ist. Am innigsten mufsten sie natürlich dort sein, wo die ursprünglichen Sprachgebiete aneinander stiefsen, in der Gegend, welche später der Mittelpunkt des Reiches wurde und wo sich die Hauptstadt befand. Dafs

---

[1] Clementz R. Markham (Journal of the R. G. Society, XLI, London 1871) hält die Aimaràs für einen Stamm der Quechuas, daher sie deren Sprache redeten. Kolonisten dieses Stammes seien in der Mission zu Juli gewesen, hätten dort die Colla-Sprache angenommen, und so sei ihr Name auf diese übertragen worden. Gegen die Ansicht, die Aimaràs seien ein zu den Quechuas gehöriger Stamm gewesen, spricht aber sowohl die Tradition, als auch das schon erwähnte Vorkommen von der Colla-Sprache entnommenen Ortsnamen in ihrem Gebiete. Man findet die Aimaràs nirgends unter den Stämmen der Quechuas aufgeführt. Diese scheinen mit den Inkas von Anfang an in freundschaftlichem Verhältnis gestanden zu haben, sie unterwarfen sich nach Garcilasos Angabe denselben freiwillig, während Aimarà und Umasuyu Widerstand leisteten.

die Stadt Kusko innerhalb des ehemaligen Quechua-Gebietes gegründet worden sei, ist nicht wahrscheinlich, da die Ortsnamen im Thale des Huillcanota zum grofsen Teile der Colla-Sprache entlehnt sind und sich deren Spuren auch in den alten Benennungen der Stadtgegenden nachweisen lassen; jedenfalls lag sie nahe an der Grenze. Unter dem Namen Quechua verstand man nach Garcilaso die Völkerschaften, welche am linken Ufer des Apurimac zwischen diesem Flusse und den Pampas wohnten, in den Hochthälern, die noch jetzt Keshua genannt werden. Der Quechua-Stämme sollen viele gewesen sein, Garcilaso jedoch macht davon nur zwei namhaft, nämlich Cotabamba und Cotanera, deren Gebiet am linken Ufer des oberen Apurimac lag. Was die Quechuas bewog, sich schon früh an die Inkas anzuschliefsen und ihren Schutz zu suchen, waren ihre Fehden mit den Chancas, ihren bösen Nachbarn, deren ursprüngliche Sitze in der Gegend von Huamanga, dem heutigen Ayacucho, lagen. Die Chancas hatten den Quechuas einen wertvollen Teil ihres Gebietes, die Provinz Andahuailas, entrissen, dafür aber kamen die Quechuas bei dem grofsen Aufstande der Chancas unter Hankohuallu dem damaligen Thronprinzen Huirakocha rechtzeitig zu Hilfe und retteten die Hauptstadt.

Die Quechua-Stämme scheinen eine gemeinschaftliche Sprache geredet zu haben, wahrscheinlich in verschiedenen Dialekten, wie ja auch die Bewohner der Colla, und eine dieser Mundarten nahmen die Inkas als Umgangssprache an und erhoben sie später zur allgemeinen Sprache ihres Staates. Wenn die oben ausgesprochene Ansicht, dafs die Inkas ein Zweig der Collas gewesen seien, die richtige ist, so fragt man sich, was sie wohl veranlafst haben könne, ihrer angestammten Sprache für den Umgang zu entsagen und sie nur als hieratische weiter zu pflegen. Es bieten sich darauf zwei Antworten. Entweder war die Zahl der Inkas anfangs nur gering, so gering, dafs sie ihre Sprache inmitten der sie umgebenden andersredenden Bevölkerungen nicht aufrecht zu erhalten vermochten; indessen war dies wohl nicht der Hauptgrund, denn die Stadt Kusko lag ebenso nahe an Colla-Distrikten als an den Keshua-Gegenden. Dafs sie der Sprache dieser letzteren den Vorzug vor ihrer eigenen einräumten, scheint vielmehr ein Akt der Staatsklugheit gewesen zu sein; denn das Keshua ist weich, dem Ohr angenehm und verhältnismäfsig leicht zu erlernen, das Aimarà dagegen ist hart und rauh, sehr schwer auszusprechen und zur Einführung bei den eroberten Stämmen weit weniger geeignet. Wie grofs die Schwierigkeiten sind, welche die Zunge beim Aussprechen vieler Aimarà-Worte zu überwinden hat, davon wird sich der Leser später im Kapitel der Konjugation überzeugen. Ist nun die ursprüngliche Sprache der Inkas das Aimarà gewesen, so würde dies auch erklären, wie es gekommen, daſs dieser Sprache überhaupt noch fortzuleben erlaubt wurde, daſs man sie nicht auch unterdrückte wie die übrigen Sprachen des Reiches. Es scheint in der That, daſs die Inkas ihre alte eigene Sprache mit einer gewissen Schonung behandelten, sie nur dort verdrängten, wo das Band der Zusammengehörigkeit durch lange Trennung und Entfremdung bereits verschwunden war, wie in Chachapoyas, in Chavin und im Santa-Thal, oder wo die Widerspenstigkeit der Bewohner eine gewaltsame Versetzung derselben nötig machte, wie in Ayahuiri und den Gegenden nördlich vom Titicaca. Denn was hätte die Inkas hindern können, auch die übrigen Anwohner des Sees in ähnlicher Weise zu behandeln, sie in entfernte Gegenden zu verpflanzen und fremde Ansiedler in die Wohnsitze der Vertriebenen zu führen?

Daſs bei solchem Sachverhalt beide Sprachen sich gegenseitig viele Worte entlehnten, konnte nicht ausbleiben, und man darf sich billigerweise wundern, daſs die Vermischung beider nicht weiter gegangen ist. Wie sich nach der Stellung, in welcher beide Sprachen zueinander standen, voraussetzen läſst, sind weit mehr Worte aus dem Keshua, als der herrschenden Sprache, in das Aimarà übergegangen, als umgekehrt. Bei der Mehrzahl derselben ist man über ihre Zugehörigkeit nicht im Zweifel, bei manchen Wurzeln jedoch ist es schwer zu sagen, aus welcher von beiden Sprachen sie stammen, und unter diesen scheinen in der That einige von Anfang an beiden gemeinschaftlich gewesen zu sein. Bei sehr vielen Zeitwörtern, die aus dem Keshua ins Aimarà übergegangen sind, finden sich in dieser Sprache zur Bezeichnung derselben Thätigkeit noch eigene. Wo sich solche nicht nachweisen lassen, darf man wohl annehmen, daſs sie früher vorhanden gewesen, aber auſser Gebrauch gekommen und vergessen worden sind, wie dies ja gegenwärtig bei so vielen Keshua-Worten der Fall ist, welche durch spanische Ausdrücke verdrängt worden sind. Um an einem Beispiele zu zeigen, wie viele Elemente in dieser Weise aus dem Keshua in das Aimarà aufgenommen worden sind, wählen wir die Zahlwörter. Diese lauten

im Aimarà:		im Keshua:
maya	1	huj
paya	2	iscai
quimsa	3	quimsa
pusi	4	tahua
piska	5	piska
sojta	6	sojta
pakallko	7	kunchis

im Aimarà:		im Keshua:
quimsakallko	8	*pusaj*
lla tunca	9	*eseon*
tunca	10	*chunca*
pataca	100	*pachaj*
'hachu	1000	*huaranka*.

Aus dieser Reihe ist ersichtlich, dafs die Bezeichnungen für die Zahlen drei, fünf, sechs, zehn und hundert gleich oder ähnlich lauten. Nur für die Zahl fünf läfst sich als gewifs annehmen, dafs diese im Aimarà früher eine andere eigene Bezeichnung gehabt habe, welche „*kallko*" gewesen sein mufs, wie sich aus den Worten *pa-kallko*, sieben, und *quimsa-kallko*, acht, ergiebt. Das Wort *kallko* jedoch ist vollständig in Vergessenheit geraten. Ferner lehrt das Zahlwort für hundert — *pataca*, eine Regel, welche auch sonst beim Übergang von Keshua-Worten ins Aimarà befolgt wird. Obgleich diese letztere Sprache von den beiden die härtere ist, so erlaubt sie doch nicht, dafs ein Substantivum auf einen Konsonanten endigt, daher macht sie aus *pachaj pataca*, aus *konkor* (Knie) *konkora*, aus *cuntur* (Geier) *cunturi*. Auch wird das *ch* (tsch) öfters zu einem einfachen *t* abgeschwächt, wie bei *tunca* (zehn) statt *chunca*, *pataca* statt *pachaj*, *kota* (See) statt *kocha*.

Wie beträchtlich nun auch die Zahl der Worte sein mag, welche das Keshua und Aimarà sich gegenseitig entlehnt haben, so ist die so entstandene Vermischung beider Sprachen doch keineswegs eine innige und ein verwandtschaftliches Verhältnis derselben läfst sich daraus nicht herleiten, denn sowohl die Mehrzahl der Wurzeln als auch die grammatischen Formen sind bei beiden durchaus verschieden. Dagegen läfst sich eine Zusammengehörigkeit derselben hinsichtlich ihres phonetischen Charakters und inneren Baues nicht verkennen. Wir begegnen im Aimarà denselben eigenartigen Unterschieden in der Aussprache der Konsonanten wie im Keshua, dasfelbe Vorwiegen der harten Elemente unter denselben, besonders der Kehllaute, und das Fehlen der weichen Laute wie *b, d, f, w, g*. Auch was über die Aussprache der Vokale *o* und *u*, sowie *e* und *i* im Keshua bemerkt wurde, gilt ebenfalls im Aimarà, das Ohr der Colla-Indianer scheint in der Unterscheidung dieser Laute nicht geübter als das der übrigen peruanischen und bolivianischen Eingeborenen. In seiner Konjugation und Deklination, in der Wortbildung, dem Gebrauch von Partikeln, in seinem gesamten inneren Bau, zeigt das Aimarà den Charakter der agglutinierenden Sprachen und besonders mit dem Keshua so viele Ähnlichkeiten, dafs man beide Sprachen füglich als eine Gruppe auffassen kann. Wie im Keshua so werden auch im Aimarà die Beziehungen der

Hauptwörter zueinander und zu anderen Redeteilen durch Anfügung von Partikeln an den Stamm ausgedrückt, welcher stets unverändert bleibt, die Possessivpronomina werden an das Substantiv angehängt, bilden mit demselben ein Wort und werden so dekliniert. Ebenso erleidet die Verbalwurzel keine Beugung, sondern die Personalformen in Zeit und Art werden durch Anfügung der Endung an den Stamm ausgedrückt. Ganz so unverändert wie im Keshua bleibt dieser Stamm jedoch nicht überall, wie bei den Paradigmen der Konjugation gezeigt werden wird. Ferner finden wir im Aimarà auch den doppelten Plural, indem bei der einen Form der Angeredete ausgeschlossen wird, bei der anderen nicht. Das pronominale Objekt wird wie im Keshua in die Konjugationsformen mit eingeschlossen, nur werden diese sogenannten Transitivformen nicht mit derselben Regelmäfsigkeit gebildet wie in der Inka-Sprache. Zusammengesetzte Substantive und Adjektive werden in beiden Sprachen in gleicher Weise gebildet, ebenso wird die Bedeutung der Zeitwörter durch Partikeln, welche zwischen den Verbalstamm und die Personalendungen eingeschaltet werden, in ähnlicher Weise modifiziert. Auch die Wortstellung, sowohl die der einzelnen Redeteile zueinander, als die Satzbildung ist im ganzen die nämliche.

Für ein an das Keshua gewöhntes Ohr klingt das Aimarà ganz fremd, und vor allem fällt es durch viel gröfsere Härte auf, welche durch zweierlei Ursachen bedingt ist, nämlich durch die sehr kräftige Aussprache der Kehllaute und das Vorherrschen der rauhesten unter denselben, sodann durch eine Besonderheit des Aimaràs, von welcher das Keshua glücklicherweise frei geblieben ist: die Synkope. Obgleich ursprünglich die Worte im Aimarà ebenso vokalreich sind als im Keshua, so werden doch in der Umgangssprache in der Deklination, Konjugation, sowie in den mit Partikeln zusammengesetzten Zeitwörtern, ganz gewöhnlich Vokale ausgestofsen, und zwar am häufigsten der am vollsten lautende, das a. In der gegenwärtigen Sprache scheint die Synkope mehr angewendet zu werden als früher, wie ja überhaupt auch in anderen Sprachen diese Unsitte mit dem Alter zunimmt, z. B. in unserer eigenen, in welcher man besonders den Vokalen der Pronomina zum Nachteil des Wohllauts so oft ihr Existenzrecht verkümmert und statt „hat es, giebt es" „hats, giebts" sagt, und mitunter sogar statt „haben wir es" „hamers". Im Aimarà entstehen durch Auslassen der Vokale besonders in Worten, deren Konsonanten Kehllaute sind, Härten, welche Ohr und Zunge gleich unangenehm empfinden; z. B.

'hirp'tapiña statt 'hirpatapiña, zusammenbringen.

'haich'jasiña (spr. 'haitschchasiña), sich aufhängen.

Ganz gewöhnlich wird das *a* in der Genitiv- und Lokativpartikel *na* synkopiert, sowie das *a* des Imperativ: z. B. statt *lurama*, *luram·*; statt *apanima*, *apanim*. Ursprünglich wurde der Plural der Konjugationsformen durch das Wort *piska*, fünf, bezeichnet, welches zwischen den Verbalstamm und die Endung trat. Dieses Wort wird gegenwärtig zu den Konsonanten *pj*, also nach deutscher Aussprache *pch*, zusammengezogen. Der Optativ des Zeitwortes *churaña*, geben, lautet z. B. im Plural:

in alter Form:	in neuer Form:
chura-piska-sna, wir	*chura-pj-sna*
chura-piska-sma, ihr	*chura-pj-sma*
chura-piska-spa, sie	*chura-pj-spa*.

Versucht man diese Formen bei Zeitwörtern zu bilden, in deren Verbalstamm schon die Konsonanten gehäuft sind, wie in den beiden oben angeführten *'hirp·tapiña* und *'haich·jasiña*, so erhält man krächzende Härten, die niemand aufser einem Eingeborenen auszusprechen vermag:

'hirp·tapi-pj-sna	*'haich·jasi-pjsna*
'hirp·tapi-pj-sma	*'haich·jasi-pjsma*
'hirp·tapi-pj-spa	*'haich·jasi-pjspa*.

Wenn somit in Beziehung auf Weichheit und Wohlklang, sowie auch in der regelmäfsigen Bildung der Formen das Aimarà dem Keshua nachsteht, so ist es der Schwestersprache in anderer Hinsicht auch wieder überlegen. Es verfügt, ganz abgesehen von der dem Keshua entlehnten Bereicherung, über einen gröfseren Vorrat eigener Worte. Besonders auffällig ist dieses bei den Zeitwörtern, die eine Fortbewegung ausdrücken, sowohl des Subjekts selbst oder eines anderen Gegenstandes, also das besagen, was im Deutschen gehen und bringen. Für alle Arten, auf welche lebende Wesen den Ort verändern können, sowie für die verschiedensten Gegenstände, die sich tragen oder bringen lassen, hat das Aimarà besondere Ausdrücke.

Unser Zeitwort tragen oder bringen im allgemeinen wird durch *apaña* wiedergegeben, ein Wurzelwort, welches entweder aus dem Keshua (*apay*) stammt, oder zu den beiden Sprachen gemeinschaftlich gehört. Nebst diesen finden sich aber im Aimarà noch folgende andere:

aa-ña, lange Gegenstände tragen.
asa-ña, irdene Geschirre tragen.
eca-ña, Kleider, gewebte Stoffe tragen.
calla-ña, in der Sänfte, auf der Bahre tragen.

ʼhachi-ña, in der Faust tragen.
ʼhaʼho-ña, um den Hals geschlungen tragen.
ʼharpi-ña, im Schofs, in der Schürze tragen.
ʼhista-ña, tragen im allgemeinen, wenig gebräuchlich.
huayu-ña, in der Hand hängend tragen.
ichu-ña, in den Armen tragen.
iraña, leichte Gegenstände tragen.
iru-ña, schwere Sachen tragen.
irpa-ña, Personen tragen, führen.
ǩara-ña, glühende Kohlen tragen.
laka-ña, einen Sack im Arm tragen.
laǩu-ña, Kartoffeln in einem Tuche tragen.
muǩi-ña, im Mantel tragen.
ʼpuqui-ña, auf dem Rücken tragen.

Als besondere Eigentümlichkeit des Aimarà und Keshua verdient noch erwähnt zu werden, dafs es in diesen Sprachen eine Anzahl vollkommen gleichlautender Worte giebt, deren Bedeutung jedoch in beiden eine verschiedene ist. Ein Verzeichnis dieser Worte findet sich am Ende dieses Werkes, während ein anderes die dem Keshua und Aimarà gemeinschaftlichen Wurzeln enthält.

Die Hilfsmittel, die dem Liebhaber amerikanischer Sprachen für das Studium des Aimaràs zu Gebote stehen, sind Werke der Missionäre, stammen aus der Zeit der Bekehrung und sind also sämtlich sehr alt. Auch giebt es deren nur wenige im Vergleich mit den in der Keshua-Sprache und über dieselbe veröffentlichten Büchern, wie sich das bei der verschiedenen Wichtigkeit der beiden Sprachen und der soviel gröfseren Verbreitung des Keshuas von selbst versteht. Dafs überhaupt bei der so beschränkten Zahl der Aimaràs in ihrer Sprache so viel gearbeitet worden ist, zeugt von dem Eifer und der rastlosen Thätigkeit der Geistlichen, die mit der Bekehrung der Eingeborenen beauftragt waren, und unter diesen standen wie überall in Amerika die Jesuiten obenan. Das älteste dem Verfasser bekannte Werk ist ein Katechismus vom Jahre 1583, welcher durch eine Verfügung des Provinzialkonzils zu Lima gedruckt wurde.[1] Markham erwähnt ein Confessionario von Diego de Alcobaza, eines Mestizen, Altersgenossen und Schulkameraden Garcilasos. Alcobaza war ein

---

[1] Catecismo en la lengua Española y Aymarà del Peru. Ordenado por autoridad del concilio provincial de Lima e impreso en la dicha ciudad el año de 1583. — En Sevilla por Bartolomé Gomez, Año de 1604.

Mitglied des Jesuitenordens und alle übrigen Werke in der Aimarà-Sprache sind von Vätern der Gesellschaft Jesu verfafst worden. Die Hauptmission der Jesuiten befand sich zu Juli am westlichen Ufer des Titicaca, und dort stehen noch vier grofse Kirchen, obgleich gegenwärtig in dem aus niedrigen, ärmlichen Häusern bestehenden Orte kaum 2000 Menschen wohnen. Dort lebte und wirkte zu Ende des 16. und zu Anfang des 17. Jahrhunderts der würdige Vater Ludovico Bertonio, ein Italiener, dessem Fleifse wir fast alles verdanken, was in der Aimarà-Sprache geschrieben worden ist. Das erste seiner Werke ist eine Grammatik, welche 1603 in Rom gedruckt und 1612 in Juli wieder aufgelegt wurde.[1] Zur selben Zeit, da Holguin mit der Abfassung seines Wörterbuches der Keshua-Sprache beschäftigt war, sammelte auch Bertonio die Materialien zu seinem Lexikon des Aimaràs, welches 1612 im Kloster oder Ordenshause zu Juli gedruckt wurde.[2] Um die Korrekturen zu erleichtern, hatten die Jesuiten eigens den Buchdrucker Francisco del Canto mit seiner Druckerei von Lima kommen lassen und behielten ihn zwei Jahre in ihrem Ordenshause. Ein Jahr nach der Herausgabe des Wörterbuches wurde das letzte gröfsere Werk Bertonios ebenfalls von Francisco del Canto in Juli gedruckt, nämlich eine Aimarà-Bearbeitung des Lebens Jesu von Alonzo de Villegas.[3] Dieses sehr seltene Buch sah der Verfasser im Barfüfser-Kloster zu La Paz, in dessen Bibliothek jedoch die übrigen von Bertonio verfafsten Bücher fehlten. Nach Mendiburu (Diccionario biográfico del Peru) schrieb Bertonio aufser den angegebenen Werken schon im Jahre 1599 eine Abhandlung, enthaltend „Nachrichten über die Völkerschaften, welche die Aimarà-Sprache reden, sowie auch über andere, welche ihre eigenen Mundarten beibehielten, trotz der Be-

---

[1] Arte y Gramatica muy copiosa de la lengua Aymarà compuesta por el P. Ludovico Bertonio Romano de la compañia de Jesus en la Provincia del Piru, de la India Occidental. En Roma por Luis Zannetti Año de 1603.

[2] Vocabulario de la Lengua Aimarà compuesto por el P. Ludovico Bertonio, Italiano de la Compañia de Jesus en la Provincia del Piru de las Indias Occidentales, Natural de la Roca contrada de la Marca de Ancona. Impreso en casa de la Compañia de Jesus de Juli, pueblo de la Provincia de Chucuito Por Francisco del Canto 1612.

[3] De la vida hechos y milagros de nuestro redentor Jesu Cristo en dos lenguas, Aymarà y Romance, traducido de el que recopiló el licenciado Alonso de Villegas, quitadas y añadidas algunas cosas y acomodadas á la capacidad de los Indios, por el Padre Ludovico Bertonio, Italiano, de la Compañia de Jesus. Impreso en la casa de la compañia de Jesus de Juli, pueblo de la Provincia de Chucuito por Francisco del Canto 1613. Kl. 4° in zwei Kolonnen, 560 Seiten.

mühungen der Inkas, das Keshua einzuführen." Diese Schrift, welche vielleicht über manche der in dieser Einleitung erörterten Fragen hätte Aufschluſs geben können, hat der Verfasser bis jetzt vergeblich gesucht. Wie lange der Vater Bertonio nach dem Druck seiner Werke noch zu Juli verweilte, ist nicht bekannt. Er starb, 73 Jahre alt, in Lima im Jahre 1628. Neben den Schriften Bertonios ist noch eine kleine Grammatik des Jesuiten Torres Rubio zu erwähnen, desselben, der auch eine Grammatik und ein Wörterbuch der Keshua-Sprache verfaſst hat. Sie wurden etwas später als seines Ordensbruders Werke in Lima gedruckt und zwar gleichfalls durch Francisco del Canto, welcher nach Erledigung seiner Geschäfte in Juli alsbald nach Lima zurückgekehrt zu sein scheint.[1]

Wie Bertonio in der Vorrede zu seiner Grammatik dem Leser mitteilt, hat er bei seinen Werken über die Aimarà-Sprache den Dialekt der Provinz zu Grunde gelegt, in welcher er als Missionär und Priester viele Jahre gewirkt hatte. Der Stamm, welcher das südwestliche Ufer des Titicaca bis zum Desaguadero bewohnte, hieſs Lupaca. Nach Bertonio stand der Dialekt dieser Indianer dem der Pacases nicht nach, obgleich deren Sprache gewöhnlich als die eleganteste der Colla-Mundarten gerühmt wurde. Die Pacases hatten ihre Wohnsitze den Lupacas gegenüber am östlichen Ufer des Sees. Bei Bearbeitung seiner Grammatik und seines Wörterbuchs verfuhr Bertonio in der Weise, daſs er durch junge und geweckte Indianer, welche in der Aimarà-Sprache geboren und aufgewachsen, aber unter Leitung der Missionäre erzogen und im Spanischen unterrichtet worden waren, Predigten, Gebete und Legenden ins Aimarà übersetzen lieſs, und darauf aus diesen Schriften die grammatischen Regeln ableitete und die Bedeutung der Worte notierte. Wahrscheinlich war auch die Übersetzung des Lebens Jesu, die Bertonio herausgegeben hat, in ähnlicher Weise entstanden, indem die Arbeit unter seiner Leitung und Aufsicht durch Eingeborene ausgeführt wurde. Da Bertonio sich viele Jahre lang mit dem Studium des Aimaràs beschäftigte, so dürfen wir annehmen, daſs er die Formen der Sprache, so wie sie damals waren, getreu wiedergegeben hat und der Verfasser der vorliegenden Arbeit hat daher in manchen Abschnitten die Grammatik Bertonios der seinigen zu Grunde gelegt. Wie in früheren Zeiten so wird das Aimarà auch jetzt noch an den verschiedenen Orten mit mancherlei Abweichungen gesprochen, was ja bei den Provinzialdialekten aller Sprachen der Fall ist; allein die

---

[1] Arte de la lengua Aymarà por el P. Diego Torres Rubio, de la Compañia de Jesus.
En Lima por Francisco del Canto, 1616.

Stammesunterschiede, wie sie vor dreihundert Jahren bestanden, scheinen sich unter den Bewohnern der Colla sehr verwischt zu haben. In dieser Arbeit wird die Sprache so dargestellt, wie sie gegenwärtig in La Paz, der Hauptstadt von Bolivien gesprochen wird. Ob diese Gegend ursprünglich zum Gebiet der Pacases gehört habe, ist dem Verfasser unbekannt, doch ist dies bei der Lage der Stadt in der Nähe des südöstlichen Ufers des Sees sehr wahrscheinlich. Vor der Gründung der spanischen Niederlassung hieſs das Thal und ein daselbst gelegener Ort Choke-yapu — in der spanischen verdorbenen Aussprache Chuquiabo — von den daselbst befindlichen Goldwäschereien, von denen eine in einem benachbarten Nebenthale noch jetzt in Betrieb steht.[1] Die meisten der goldführenden Lager sind seit lange erschöpft, aber die Stadt, welche deren früherem Vorhandensein ihre Gründung verdankt, ist nun einmal da und ist trotz ihres rauhen Klimas und ihrer für den Handelsverkehr ungünstigen Lage Hauptstadt des Landes geblieben. Es leben dort Indianer aus allen Teilen des bolivianischen Hochlandes, von denen die meisten in die Stadt kommen, um als Hausdiener oder Handwerker ihren Lebensunterhalt zu erwerben. Unter solchen Umständen sollte man meinen, daſs La Paz zur Erlernung des Aimaràs der geeignetste Ort sei, und für die gewöhnliche Umgangssprache mag dies auch wirklich zutreffen. Demungeachtet stieſs der Verfasser auf groſse Schwierigkeiten, als er sich den für seine Zwecke erforderlichen mündlichen Unterricht zu verschaffen suchte. Wie in Kusko, so sprechen auch in La Paz alle daselbst geborenen Weiſsen und Mischlinge die einheimische Landessprache, da ja die Kinder überall sich die Sprache ihrer Diener und Pfleger am ersten zu eigen machen; allein sie erlernen eben auch nur so viel, als zum Umgang mit ihren Untergebenen, zum Erteilen von Befehlen und Aufträgen für den Haushalt und Markt unentbehrlich ist. Zum Lehren der Sprache würden daher nur ganz wenige die nötigen Kenntnisse besitzen. Den Indianern dagegen mangelt nicht nur die Kenntnis des Spanischen, sondern auch der allgemeine Bildungsgrad, der sie befähigen würde, die an sie gestellten grammatikalischen Fragen zu beantworten. Nun besteht allerdings in La Paz eine Gesellschaft, welche sich Sociedad de Aimaristas nennt und sich die Pflege der einheimischen Sprache zur Aufgabe gestellt hat; allein in

---

[1] *Yapu* bedeutet im Aimarà was *chacra* im Keshua: ein bebautes Feld, ein Landgut, in Verbindung mit dem Namen von Metallen Gruben, wo diese gewonnen werden, oder gewerbliche Anlagen, wo die Erze von dem tauben Gestein gesondert und rein dargestellt werden. Also *Choke-yapu*: Goldmine, Goldwäsche.

welcher Weise sie ihre Bestrebungen bethätigt, ist dem Verfasser nicht klar geworden, und es mußte ihn billigerweise wundernehmen, daß weder der Präsident noch eines der Mitglieder die Werke von Bertonio besaß, von denen überhaupt, soviel er sich auch erkundigt hat, mit Ausnahme des schon erwähnten Lebens Jesu im Kloster der Descalzos, kein Exemplar in ganz La Paz zu existieren schien, wie auch daselbst die Herausgabe von Platzmanns faksimilarischem Abdruck der Grammatik und des Wörterbuchs noch nicht bekannt geworden war (Sommer 1887/88). Nachdem der Verfasser sich eine Zeitlang mit Zöglingen des Priesterseminars beholfen hatte, welche vorwiegend indianischer Abkunft waren und sich ihrer Sprache noch einigermaßen aus ihrer Knabenzeit erinnerten, gelang es ihm endlich, eine seinen Wünschen entsprechende Persönlichkeit zu finden, eine Art von Rechtsgelehrten oder Advokaten, der vermutlich ohne Klienten geblieben war und sich daher als Richter in verschiedenen Provinzen hatte anstellen lassen, in welchen Ämtern er viele Jahre unter indianischen Bevölkerungen gelebt hatte. Mit diesem Aimaristen nahm der Verfasser die Grammatik Bertonios durch, verglich die jetzt üblichen Formen mit den früheren und notierte beide; zur Erläuterung der Syntax ließ er über alle Redeteile eine Reihe von Sätzen bilden, aus denen sodann die Regeln festgestellt worden sind.

An litterarischen Werken hat das Aimarà fast nichts aufzuweisen. Die einzige größere Arbeit ist das bereits erwähnte Leben Jesu von Bertonio; auch soll die Bibel übersetzt worden sein und wird im Katalog der königlichen Bibliothek in Berlin unter den nicht vorhandenen Werken aufgeführt. Wahrscheinlich sind unter Leitung der Jesuiten zu Juli Bruchstücke übertragen worden, doch scheint das Buch nicht im Ordenshause gedruckt worden zu sein. In früheren Zeiten soll es auch Schauspiele gegeben haben, sowohl religiösen als weltlichen Inhalts. Jetzt ist von denselben nichts mehr übrig, sie sind vergessen und verschollen.

Um dem Leser wenigstens einige Sprachproben vorzuführen, haben wir einige Stücke aus Katechismen und Erbauungsbüchern, von denen auch in den letzten Jahren wieder mehrere erschienen sind, ausgewählt und übersetzt.

Erster Teil.
Formenlehre.

ERSTES KAPITEL.
Lautlehre.

§ 1. Bei Vergleichung des Aimarà mit dem Keshua wurde in der Einleitung bereits bemerkt, dafs bei aller Verschiedenheit der grammatischen Formen doch der phonetische Charakter beider Sprachen derselbe sei, und dafs dieselben Besonderheiten in der Aussprache der Konsonanten sowie auch einiger Vokale sich in beiden wiederfinden. Unter diesen Umständen war es natürlich, dafs wir die für das Keshua angenommenen schriftlichen Bezeichnungen auch beim Aimarà zur Anwendung brachten, schon um dem Leser, der sich an sie gewöhnt hat, die Mühe des Erlernens neuer Zeichen zu ersparen. Aus demselben Grunde würden wir, wenn wir nur ein Werk über die Aimarà-Sprache verfafst hätten, einem der schon vorhandenen Alphabete den Vorzug eingeräumt haben, wenn wir auch das unserige für bequemer und handlicher halten. Bertonio hat in seinem Wörterbuche die Konsonanten schon ziemlich deutlich unterschieden; in seiner Grammatik, welche fünfzehn Jahre früher verfafst worden war, allerdings noch nicht. In Bolivien hat man in den letzten Jahren mehrfach versucht, unter Benutzung der lateinischen Buchstaben die von der gewöhnlichen abweichende Aussprache der Konsonanten durch Beifügung besonderer Zeichen auszudrücken. Die gemachten Vorschläge gingen von Geistlichen aus, welche dieselben zur Anwendung in Katechismen, Gebet- und Erbauungsbüchern empfahlen, und eine leicht zu handhabende, auch sehr vollständige Bezeichnungsweise ist die des Dr. Don Isaac Escobari, daher wir dieselbe nebst der von Bertonio angewendeten später in einer vergleichenden Übersicht mit der unserigen zusammenstellen werden.

Die Unterscheidung der Lippen- und Zahnlaute ist leicht, auch die der Zischlaute wird nach unserer Schreibweise bequem ausgedrückt; Schwierigkeiten bieten nur die Kehllaute, die aber auch die am meisten eigenartigen und charakteristischen im Alphabete beider Sprachen sind. Wir haben in unserer Lautlehre vier Kehl- oder *K*-Laute aufgeführt, der Dr. Escobari und Pacheco Zegarra in seiner Bearbeitung des Ollanta-Dramas unterschieden deren sechs. Von dem wirklichen Vorhandensein der in den betreffenden Alphabeten bezeichneten Besonderheiten in der Aussprache haben wir uns allerdings sowohl im Keshua als im Aimarà überzeugt, allein wir halten dieselben für nicht so erheblich, daſs sie die Einführung besonderer Zeichen erheischen, da durch die Vermehrung derselben auch die ohnehin groſsen Schwierigkeiten vermehrt und der Leser verwirrt und verdrieſslich gemacht werden würde. Auch betreffen die Unterschiede nicht den Grundcharakter der Konsonanten, sondern die Modifikationen der Aussprache werden bedingt durch die Verbindung derselben mit verschiedenen Vokalen. Als Erläuterung des hier Gesagten nehmen wir ein Beispiel aus unserer Sprache, und zwar die Aussprache des *ch* nach *a, o, u* und nach *e* und *i*, also in den Worten „noch, machen, auch" und „mich, sprechen". In beiden Fällen ist *ch* ein gehauchter Gaumenlaut, der nach *o, a* und *u* durch Andrücken der Zungenwurzel an den hinteren, weichen Teil des Gaumens erzeugt wird, nach *e* und *i* jedoch durch Anlegen des vorderen Zungenteils an den harten Gaumen entsteht. Trotz dieser Verschiedenheiten werden beide Laute durch dasselbe Schriftzeichen ausgedrückt, und wie uns dünkt mit Recht; denn daſs sie im Grunde dieselben sind, beweist die Aussprache der Südwestdeutschen und besonders der Schweizer, bei denen das *ch* nach *e* und *i* ganz ebenso klingt, wie nach *a* und *o*.

Wir geben nachstehend eine kurze Übersicht der Sprachlaute des Aimaràs und der zur Unterscheidung der eigenartigen angewendeten Bezeichnungsweise, indem wir den Leser für die nähere Beschreibung der Aussprache auf die Lautlehre in unserer Keshua-Grammatik verweisen. Wir benutzen dazu die gewöhnlichen lateinischen Buchstaben in ihrer spanischen Aussprache. Diese weicht für die Konsonanten von der deutschen in folgenden Punkten ab:

y wird ausgesprochen wie das deutsche *j*
j wie *ch*
ch wie *tsch*
qu vor *e* und *i* wie *k*
ll wie *lj*
ñ wie *nj*.

Die für die Aimarà- und Keshua-Sprache eingeführte Bezeichnung beläfst allen Konsonanten ihre gewöhnliche Aussprache und deutet die eigenartigen Modifikationen derselben vermittelst zweier Zeichen an, nämlich zweier Häkchen, eines Spiritus asper ʽ und eines dem Spiritus lenis oder Apostroph ähnlichen ʼ.

§ 2. Die fünf Vokale des Aimarà, *a, o, u, e, i,* werden im allgemeinen wie im Deutschen ausgesprochen, nur ist von *o* und *u*, sowie von *e* und *i* zu erwähnen, dafs diese Vokale öfters nicht deutlich voneinander unterschieden werden. Die Gewohnheit sie zu verwechseln ist bei den Aimaràs ebenso eingewurzelt, als bei den Keshua sprechenden Bewohnern des Hochlandes, und geht auch in ihre Aussprache des Spanischen über.

Die Diphthonge sind *au, ai, oi, ei, ui, ua*. Die Doppellaute werden im Aimarà weniger oft gebraucht als im Keshua. Hinsichtlich der letzteren beiden, *ui* und *ua* ist zu bemerken, dafs sie öfters nicht eigentliche Diphthonge sind, indem das *u* etwas gehaucht und daher zu einem sanften Lippenlaute wird.

§ 3. Die Konsonanten zerfallen in mehrere Gruppen, je nach den Organen des Mundes und Halses, die bei der Aussprache thätig sind. Es werden demnach sechs Klassen unterschieden:

1) Halbvokale, bestehend aus den Zungenlauten oder Lingualen *r, l, ll* und *y*, und den Nasenlauten oder Nasalen *m, n, ñ*.
2) Gehauchte oder aspirierte: *h, ʽh, j, ʼj*.
3) Kehllaute oder Gutturale: *c, k, ʽk, ʼk*.
4) Zahnlaute oder Dentale: *t, ʽt, ʼt*.
5) Lippenlaute oder Labiale: *p, ʽp, ʼp*.
6) Zischlaute oder Sibilanten: *s, ch, ʽch, ʼch*.

Aus dieser Übersicht ergiebt sich, dafs auch dem Aimarà wie dem Keshua mehrere Konsonanten der europäischen Sprachen fehlen, nämlich von den Kehllauten das *g*, von den Lippenlauten *b, f, v, w*, und von den Zahnlauten *d* und *z*. Die eigenartigen Konsonanten bestehen in Modifikationen der Aussprache, welche sich bei drei Gruppen in derselben Weise wiederholen. Bei den Zahn-, Lippen- und Zischlauten unterscheidet man eine einfache, mit der deutschen übereinstimmende, sodann eine gehauchte oder aspirierte und endlich eine starke, von eigentümlich schnalzendem Klang, die wir als explosiv bezeichnet haben. Bei den Kehllauten tritt zu diesen drei Aussprachen noch eine vierte, die in unserem Alphabete durch den einfachen Buchstaben *k* bezeichnet worden ist.

§ 4. Halbvokale werden die Konsonanten genannt, deren Aussprache auch ohne Verbindung mit einem Vokale einen hörbaren Laut hervorbringt. Das *r* wird ausgesprochen durch Zittern der Zungenspitze am vorderen Teil des Gaumens, niemals wie im Deutschen durch zitterndes Andrücken der Zungenwurzel an den Gaumen. Über *l*, *m* und *n* ist nichts Besonderes zu erwähnen, *ñ* lautet wie *nj*, *ll* wie *lj*, und zwar ist der gequetschte Laut auch bei nachfolgendem Konsonanten vernehmbar: *illka*, die Schläfe, *sullka*, der Jüngere, lauten wie *iljka*, *suljka*. Das *y* vor einem oder zwischen zwei Vokalen wird ausgesprochen wie das deutsche *j*.

§ 5. Die erste Gruppe der eigentlichen Konsonanten ist die der gehauchten oder aspirierten: *h*, *ʽh*, *j*, *ʽj*. Das *h* ist ein sanfter Hauch und steht gewöhnlich vor den Diphthongen *ua*, *ue*, *ui* zu Anfang und auch nicht selten in der Mitte der Worte: *huahua*, das Kind; *ahuatiri*, der Hirt; *tahuaco*, die Jungfrau. Dieses sanfte *h* findet sich im Aimarà seltener als im Keshua und zumeist in Worten, die dieser letzteren Sprache entlehnt sind. Das *ʽh* ist ein starker Hauch, kräftiger als im Deutschen, aber bei richtiger Aussprache ohne gutturalen Beilaut. Es steht in der Regel am Anfang der Worte: *ʽhaca*, das Leben; *ʽhucu*, der Uhu; *ʽhispi*, die Lippe. Nur selten sieht man es in der Mitte eines Wortes, wie in *aʽhano*, das Gesicht. Da der spanischen Sprache dieser Laut fehlt, so wird er von Weifsen und Mischlingen fast wie das spanische *j* oder unser *ch* ausgesprochen, was aber eigentlich nicht richtig ist. Das *j* gleicht dem spanischen und entspricht dem deutschen *ch*. Das mit einem Spiritus asper bezeichnete *ʽj* bedeutet eine dem Aimarà eigentümliche Aussprache desselben Lautes, welcher tief im Halse gebildet wird. Man trifft dieses *ʽj* selten in Substantiven, desto häufiger aber im Zeitwort, in den Pluralformen der Konjugation und in den Partikeln, mit denen die zusammengesetzten Verben gebildet werden; aufserdem noch in der Partikel *-ja* (*ʽka*), welche freilich zumeist keine besondere Bedeutung hat, aber an alle Satzteile — an die Substantive fast wie ein Artikel — angehängt wird, und besonders dazu beiträgt, dem Aimarà den rauhen, gutturalen Klang zu geben. Dem Keshua fehlt dieser stark aspirierte Guttural.

§ 6. Bei den eigentlichen Kehllauten werden vier Aussprachen unterschieden: *c* (vor e und i *qu*), *k*, *ʽk* und *k̓*. Das *c* entspricht unserem *k*; die etwas weichere, dem *g* ähnliche Aussprache dieses Buchstabens im Keshua bemerkt man im Aimarà nicht. Das *k* ist der erste der dem Aimarà und Keshua eigentümlichen Kehllaute. Er entsteht, indem die Wurzel der Zunge tief an die hintere Wand des Schlundkopfes angedrückt und mit schwachem Hauch entfernt wird, wodurch er einen etwas nasalen Charakter bekommt. Das *k* findet sich sowohl zu Anfang als in der Mitte der Worte: *tollka*, der Schwiegersohn; *p̓ekc*, der Kopf; *karhua*, das Lama; *koka*, der Baum; *kala*, der Stein. Das *ʽk* ist ein stärker gehauchtes *k* und klingt ungefähr, als ob man unserem *k* noch ein *ch* nachfolgen liefse. Zuweilen klingt es dem mit *j* bezeichneten Laute so ähnlich, dafs man in der That nicht weifs, mit welchem von beiden man das Wort schreiben soll: *ḱiḱani*, der Rücken; *ḱunu*, der Schnee; *ḱochu*, der Brei; *ḱea*, Baumwolle. Das *ḱ* wird erzeugt, indem die Zunge fest an den Gaumen oder den Schlund angedrückt und sodann mit einer raschen Bewegung davon entfernt wird. Durch diese plötzliche Entfernung entsteht ein klackender, schnalzender Laut, den wir explosiv genannt haben. Dieser sehr harte Laut ist im Aimarà noch häufiger als im Keshua und trägt neben dem *j* am meisten dazu bei, die Sprache dem Ohre so rauh erscheinen zu lassen: *ḱajo*, junge Dirne; *ḱuti*, der Floh; *ḱiri*, die Wunde; *ḱaillhua*, die Möve; *ñeḱe*, der Lehm.

Bei den letzteren beiden Kehllauten *k* und *ḱ* sind die oben erwähnten, von einigen Aimaristen gemachten Unterscheidungen eingeführt worden. Je nachdem nämlich der vordere oder hintere Teil der Zunge bei der Aussprache angedrückt wird, erfährt der Laut eine kleine Modifikation, indem sich die hellere (vordere) Artikulation gewöhnlich bei nachfolgendem *e* oder *i*, die dumpfere (hintere) vor *a, o, u, au, ai* findet.

§ 7. Die Gruppen der Zahn-, Lippen- und Zischlaute haben je dreierlei Aussprache: die einfache, aspirierte und die schnalzende oder explosive.

t lautet wie im Deutschen; *t̔* ist ein deutlich gehauchtes *t*: *t̔ujtuca*, die Brust; *t̔aqui*, der Weg; *lunt̔ata*, der Dieb. *t̓* ist unter den Zahnlauten, was das *ḱ* unter den Gutturalen. Es entsteht durch Andrücken der Zungenspitze an die geschlossenen Zähne und plötzliches Öffnen derselben mit Ausstofsen des Atems. Es findet sich sowohl am Anfang als auch in der Mitte der Worte: *t̓arhua*, die Wolle; *t̓una*, der Schmutz; *hait̓uña*, das Ruder.

Bei den Lippenlauten entspricht *p* unserer Aussprache dieses Buchstabens; *p̔* ist ein gehauchtes *p* und klingt ungefähr wie *pw*: *p̔ullchu*, die Runzeln; *p̔ipilla*, der Darm; *sap̔i*, die Wurzel. Der Charakter des *p̓* ist dem des *t̓* und *ḱ* ähnlich. Die Lippen werden zusammengepresst und sodann rasch unter Ausstofsen des Atems geöffnet, wodurch ein leicht knallender Laut entsteht: *p̓ia*, das Loch; *hamp̓atu*, die Kröte; *sillp̓i*, die Schale; *haip̓u*, der Abend.

Bei den Zischlauten wird das *s* stets scharf ausgesprochen, etwa wie unser *sz*. Das einfache *ch* lautet wie im Spanischen, also wie *tsch*; das aspirierte *c̔h* findet sich im Aimarà etwas öfter als im Keshua: *c̔heka*, der Flügel; *c̔huru*, der Schnabel; *alc̔hi*, der Enkel. Häufiger jedoch ist das *c̓h*, bei dessen Aussprache die Zunge an die geschlossenen Zähne angedrückt und sodann schnell mit starker Exspiration der Mund geöffnet wird: čama, die Kraft; čhujchu, der Fieberfrost; čhaca, der Knochen; mičhi, der Pfeil.

Zur Vergleichung unserer Konsonantenbezeichnung mit den früher erwähnten möge die nachstehende Übersicht dienen.

	Bertonio:	Escobari:
t, ť, ƚ	t, th, tt	t, t̄, t̿
p, p̌, ṗ	p, ph, pp	p, p̄, p̿
ch, čh, c̄h	ch, chh, cch	ch, c̄h, c̿h
c, k, ǩ, ƙ	c, cc, kh, k	k, k̄, k̿, k̂, k', k''
j, ɉ	j	j, ϑ.

§ 8. Es wurde bereits in der Einleitung bemerkt, daſs im Aimarà sehr häufig sowohl in den Formen der Deklination und Konjugation als auch bei der Wortbildung Zusammenziehungen durch Ausstoſsen von Vokalen stattfinden, und daſs der ausgeschlossene Laut meistens ein *a* ist. Das Nähere hierüber wird jedesmal in den betreffenden Kapiteln erklärt werden und bemerken wir hier nur, daſs wir als Zeichen der Synkope einen Punkt anwenden, welcher an die Stelle des fehlenden Vokals hinter den vorhergehenden Konsonanten auf die obere Schriftlinie gesetzt wird: *huillcan·uta* statt *huillcana uta*; *lar·ťhua*, ich lache, statt *laruťahua* vom Zeitwort *laruña*. Der Punkt ist statt des gewöhnlich zur Bezeichnung der Synkope angewendeten Apostrophs gewählt worden, da das Zeichen desselben in unserem Alphabet bereits zur Unterscheidung von Konsonanten dient, nämlich bei ť, ṗ, čh, ǩ. Der Apostroph würde daher bei manchen Formen zu Unklarheiten geführt haben, z. B. bei dem Zeitwort *laƚaña*, kriechen, dessen erste Person im Präsens *laƚ·ťhua* lautet statt *laƚaťahua*.

Um das Verständnis längerer Ausdrücke zu erleichtern, werden Konjunktionen und andere Partikeln, welche an das Ende der Konjugations- und Deklinationsformen angehängt sind, von diesen durch Teilstriche getrennt.

§ 9. Der Accent ruht im Aimarà meist auf der vorletzten Silbe; doch sind die Ausnahmen von dieser Regel etwas zahlreicher als im Keshua und werden in jedem Falle bemerkt werden. Alle Worte, bei denen kein Accent hinzugefügt ist, werden so gelesen, als liege derselbe auf der vorletzten Silbe.

ZWEITES KAPITEL.
Vom Substantiv.

§ 10. Die Hauptwörter des Aimarà sind meist zweisilbig und endigen alle mit einem Vokal, am häufigsten auf *a*. Wörter der Keshua-Sprache oder des Spanischen, welche auf einen Konsonanten endigen, nehmen beim Übergang in das Aimarà einen Vokal an, z. B. wird *cuntur*, der Geier, zu *cunturi*; *tonkor*, die Luftröhre, zu *tonkoro*; *konkor*, das Knie, zu *koncuru*; *gobernador*, der Gouverneur, zu *copernatoro*.

§ 11. Ein Geschlecht wird bei den Hauptwörtern nicht durch besondere Endungen angedeutet, sondern nur insofern unterschieden, als durch die betreffenden Substantive männliche oder weibliche Personen bezeichnet werden. Wenn dasselbe Wort auf beide Geschlechter bezogen werden kann, so wird ein erläuternder Zusatz beigefügt, indem männliche Tiere durch das Wort *urco*, weibliche durch *cachu* unterschieden werden: *urco puma*, der Löwe; *cachu puma*, die Löwin. Daſs auch männliche Individuen durch Vorsetzen des Wortes *chacha*, Mann, und *huarmi*, Weib, unterschieden werden, kommt seltener vor, da in allen Verwandtschaftsverhältnissen die Geschlechter durch besondere Benennungen bezeichnet werden: *huahua*, das Kind; *chacha huahua*, der Knabe; *huarmi huahua*, das Mädchen. Soll bei Berufsarbeiten, die gewöhnlich von Männern verrichtet werden, betont werden, daſs dies im gegebenen Fall von Frauen geschieht, so wird das Wort *huarmi* nachgesetzt: *kolliri*, der Feldarbeiter; *kolliri huarmi*, die Feldarbeiterin; *k̓epiri*, der Lastträger; *k̓epiri huarmi*, die Lastträgerin.

Der bestimmte Artikel fehlt; als unbestimmter dient zuweilen das Zahlwort *maya*, eins, welches wie ein Adjektiv vor das Hauptwort tritt.

Von der Deklination.

§ 12. Wie im Keshua, so fehlt auch im Aimarà eine eigentliche Deklination, indem die Beziehungen der Substantive untereinander und zu den übrigen Redeteilen durch Partikeln ausgedrückt werden, die an die unveränderte Wurzel treten. Viele in europäischen Sprachen durch Präpositionen ausgedrückte Verhältnisse werden im Aimarà wie im Keshua durch Kasusendungen bestimmt. Es giebt deren zwölf:

1) Nominativ, die Wurzel.
2) Genitiv, Endung -*na*.
3) Dativ, Endung -*taqui*.
4) Accusativ, gleich dem Nominativ.
5) Illativ, Endung -*ro*, -*ru*.
6) Ablativ, Endung -*ta*.

7) Terminativ, Endung *-cama*. 10) Sozial, Endung *-mpi*.
8) Lokativ, Endung *-na*. 11) Kausal, Endung *-laicu*.
9) Instrumental, Endung *-na*. 12) Vokativ, Endung *-i*.

Aus dieser Übersicht ergiebt sich, daſs das Aimarà eigentlich nur fünf eigene Kasusendungen besitzt, nämlich *-na*, *-taqui*, *-ro*, *-ta*, *-mpi*. Der Accusativ hat gleich dem Nominativ kein besonderes grammatikalisches Unterscheidungszeichen, die Endungen *-cama* und *-laicu* sind offenbar dem Keshua entlehnt, und dasselbe läſst sich auch von der Vokativendung *-i* annehmen. Wir haben im Keshua den Vokativ nicht unter den Kasus aufgeführt, da wir die Endung *-i* als Possessivpronomen ansehen: *taita*, der Vater; *taitai* oder *taitay*, mein Vater; *mama*, die Mutter; *mamai*, *mamay*, meine Mutter. Im Aimarà dagegen, wo die Possessivsilbe der ersten Person *ha (ja)* ist, kann die Endung *-i* nicht anders denn als Kasuspartikel aufgefaſst werden. Der Vokativ wird nur selten bei Substantiven gebildet, die nicht Personen bedeuten. Der Transitiv fehlt im Aimarà.

§ 13. Die Partikel *-na* drückt drei Verhältnisse aus: den Ursprung, die Ortsbestimmung und das Werkzeug oder Mittel, durch welches eine Thätigkeit ausgeübt wird. Die Endung *-taqui* entspricht der Keshua-Partikel *-paj*, indem sie gleich dieser nicht eigentlich unseren Dativ ausdrückt, sondern besser durch die Präposition „für" übersetzt wird. Drei Kasus (5—7) drücken Bewegung aus. Die Endung des Illativs *-ro* oder *-ru* entspricht dem *-man* des Keshua und bezeichnet die Richtung nach einer Gegend hin; der Ablativ *-ta* (im Keshua *-manta*) die Richtung von einem Gegenstande her, und der Terminativ *-cama* die Grenze einer Thätigkeit oder eines Gegenstandes. Die Sozialendung *-mpi* (im Keshua *-ntin*) drückt Begleitung aus, der Kausal *-laicu* den Beweggrund, aus welchem, um dessentwillen etwas geschieht.

Der Plural wird durch Anfügung der Endung *-naca* gebildet, an welchen die Kasuspartikeln wie im Singular angefügt werden.

Singular.

1) Nominativ: *taica*, die Mutter   7) Terminativ: *taicá-cáma*
2) Genitiv: *taicá-na*   8) Lokativ: *taicá-na*
3) Dativ: *taica-táqui*   9) Instrumental: *taicá-na*
4) Accusativ: *taica*   10) Sozial: *taicá-mpi*
5) Illativ: *taicá-ro*, *taicá-ru*   11) Kausal: *taica-laicu*
6) Ablativ: *taicá-ta*   12) Vokativ: *taicá-i*.

Zweites Kapitel. Vom Substantiv.

Plural. (*Kala*, der Stein.)

1) Nominativ: *kala-naca*, die Steine
2) Genitiv: *kala-nacá-na*
3) Dativ: *kala-naca-táqui*
4) Accusativ: *kala-náca*
5) Illativ: *kala-nacá-ro*
6) Ablativ: *kala-nacá-ta*
7) Terminativ: *kala-naca-cáma*
8) Lokativ: *kala-nacá-na*
9) Instrumental: *kala-nacá-na*
10) Sozial: *kala-nacá-mpi*
11) Kausal: *kala-naca-laicu*
12) Vokativ: *kala-nacá-i*.

§ 14. Synkopiert wird unter den Deklinationsendungen besonders die Partikel *na* in ihrer Genitivbedeutung: *utan·puncupa*, die Thür des Hauses; *marcan·utanaca*, die Häuser des Ortes. Seltener wird das *a* des Genitivs im Plural weggelassen. Auch der Ablativ wird oft synkopiert: *uca pachat·hua*, von der Zeit an; *huahuat·pacha*, von Kindheit an. Bei der Pluralendung -*naca* fällt das *a* am Ende selten weg. Auch die Endungen -*ro*, -*taqui* werden zuweilen synkopiert, -*mpi*, -*cama*, -*laicu* aber nicht. Die Synkope findet nur statt in der Mitte des Satzes, nicht am Ende.

§ 15. Wir lassen hier ein Verzeichnis der gebräuchlichsten Substantive folgen.

Substantive männlichen Geschlechts.

Hake, der Mensch.
chacha, der Mann.
chajlla, Knabe bis zehn Jahre.
majta, Jüngling bis 18.
yacana, junger Mann bis 29.
chacha, Mann bis 40.
auqui, Mann bis 60.
achachi, Greis über 70.
achachila, der Grofsvater.
tata, auqui, der Vater.
yoca, der Sohn.
lari, der Onkel.
huahua (chacha), das Kind.
alchi (chacha), der Enkel.
chinqui 'hila, der Vetter.
'hila, der ältere Bruder.
sullka, der jüngere Bruder.
taina, der Erstgeborene.
ipasari, der Neffe.

isualla, der Bastard.
(*kututa*, uneheliches Kind.)
'hacha auqui, der Schwiegervater.
auc·chi, der Schwiegervater.
tollka, der Schwiegersohn.
'hacha tata, der Stiefvater.
kututa, der Stiefsohn.
chupa, der Witwer.
iñu, der Waisenknabe.
yana, der Diener, Begleiter.
mallko, der Häuptling.
'hilacata, der Vormann.
uta-masi, der Hausgenosse.
marca-masi, der Ortsnachbar.
korpa, der Gast.
irnaqueri, der Arbeiter.
yanapiri, Gehilfe, Knecht.
taca-taca, der Schmied.
llajlliri, der Zimmermann.

pirkiri, der Maurer.
ahuatiri, der Hirt.
challhuiri, der Fischer.
huampuri, der Schiffer.
kepiri, der Lastträger.
apiri, Träger in den Minen.
ponco, der Thürhüter.
apu, der Herr.
huallpani, der Hauptmann.
yapuni, der Landbesitzer.
utani, der Hausherr.
taripiri, der Richter.
hiliri, der Vorstand.
lanti, der Stellvertreter.
tacaquipa, der Aufkäufer.

katuquipa, der Wiederverkäufer.
aljiri, der Kaufmann.
sariri, der Wanderer.
sauri, der Weber.
chilchiri, der Tänzer.
manu, der Schuldner.
mujamucu, der Verschwender.
chasqui, der Bote.
luntata, der Dieb.
apaqueri, der Räuber.
lluchuri, der Schinder, Betrüger.
huallpasua, der Ausrufer.
laika, der Zauberer.
chapa, der Spion.

Substantive weiblichen Geschlechts.

huarmi, die Frau im allgemeinen, verheiratete Frau bis zu 40 Jahren.
huahua (huarmi), Kind, ganz junges Mädchen.
imilla, Mädchen bis zu 10 J.
kajo, Dirne bis zu 18 J.
tahuaco, Jungfrau bis zu 25 J.
mamanaca, ältere Frau bis zu 60 J.
apachi, Greisin über 70 J., zugleich Grofsmutter.
taica, die Mutter.
pucha, die Tochter.
cullaca, die ältere Schwester.
chinqui, die jüngere Schwester.

chinqui cullaca, die Cousine.
ipa, die Tante.
taic·chi, die Schwiegermutter.
yojcha, die Schwiegertochter.
hacha taica, die Stiefmutter.
kutut·huahua, die Stieftochter.
alchi (huahua), die Enkelin.
ijma, die Witwe.
luru, die Waise.
china, die Dienerin.
apa, die Verwandte.
hata, die Familie.
aillu, die Sippschaft.
talla, eine Frau von Stande.

Geschlechtslose Substantive.

hanchi, der menschliche Körper.
peke, pekeña, der Kopf, das Kopfende.
chunchu, der Kopf.
chijna, der Kopf, Scheitel.
para, die Stirn.

ati, der Hinterkopf.
caulla, der Nacken.
illpa, die Schläfe.
hinchu, die Ohren.
naira, die Augen.
naira chipoco, die Augenbrauen.

naira lipichi, die Augenlider.
naira pichu, die Wimpern.
naira mami, die Pupille.
'*hacha*, die Thränen.
nasa, die Nase.
nasa pia, das Nasenloch.
nasa kollo, die Nasenspitze.
nauna, die Wange.
laca, der Mund.
'*hispi*, die Lippe.
kachi, der Zahn.
quinu, der Augenzahn.
ako laca, die Backzähne.
laca china, das Zahnfleisch.
lajra, die Zunge.
naca, der Gaumen.
mallka, der Schlund.
sunka, das Kinn.
tirancaya, die Kinnlade.
nuku sunka, der Bart.
'*hiska sunka*, der Schnurrbart.
cunca, der Hals.
tonkoro, die Luftröhre.
tullu, der Kehlkopf.
tujtuca, die Brust.
'*harapi*, die Rippen.
ñuñu, die Brüste.
checancara, die Achselgrube.
callachi, das Schulterblatt.
'*hikani*, der Rücken.
kili, das Rückgrat.
kapa, der Knorpel.
chaka, die Knochen.
peke chaka, der Schädel.
parpa, das Mark.
lejhui, das Gehirn.
cururu, der Nabel.
china nauna, das Gesäfs.
chara llilli, die Weichen.
lloko-lloko, das Herz.

sonko, der Herzbeutel.
chuima, die Lunge, das Herz, der Verstand.
puraca, der Bauch.
mairuru, die Nieren.
kiucha, die Leber.
kachacara, die Milz.
huiku huahua, der Magen.
'*hipilla*, der Darm.
'*haru hipilla*, der Dünndarm.
liki hipilla, der Dickdarm.
murka, der Mastdarm.
lleje-lleje, das Netz.
china pia, der After.
yaka llachi, die Harnblase.
'*hacaña*, die Gebärmutter.
chihua, die Nachgeburt.
korota, der Hoden.
allu, das männliche Glied.
chenke, das weibliche Glied.
chara, das Bein.
chara pujsa, das Dickbein.
picuru, der Schenkelknochen.
konkuru, das Knie.
chuncara, die Kniescheibe.
cayu kata, die Kniebeuge.
cayu nasa, das Schienbein.
cayu huichu, dasselbe.
tusu, die Wade.
cayu, der Fufs, das Bein.
cayu moko, die Knöchel.
cayu huintu, der Hacken.
cayu mamani, die Spanne.
lukana, die Zehen.
taica lukana, die grofse Zehe.
'*hiska lukana*, die kleine Zehe.
cayu papalli, die Fufssohle.
callachi, die Schulter.
ampara, der Arm, die Hand.
mujlli, der Ellbogen.

ampara moko, das Handgelenk.
ampara kota, die Hohlhand.
lukana, die Finger.
hila lukana, der Daumen.
hilajaru lukana, der Zeigefinger.
taipi lukana, der Mittelfinger.
sihuilaña lukana, der Ringfinger.
sullka lukana, der kleine Finger.
ajano, das Gesicht.
pullchu, die Runzeln.
sipu, die Falten.
kupi, die Gesichtsfarbe.
ñikuta, ñakota, das Haar.
kaka, die grauen Haare.
lipichi, die Haut.
sillu, der Nagel.
mati, die Schwiele.
huila, das Blut.
sirka, die Ader.
chillca, die Galle.
chojo, der Harn.
yaka, Harn der Männer.
hiska, Harn der Weiber.
humpi, der Schweifs.
tusuncaya, der Speichel.
hama, die Exkremente.
llausa, der Schleim.
hurma, der Rotz.
hillkc, die Augenbutter.
cunca, die Stimme.
aru, das Wort, die Sprache.
uju, der Husten.
humichi, der Schnupfen.
pke usu, der Kopfschmerz.
chuima usu, Lungenentzündung.
chaka usu, Gliederschmerzen.
chuju usu, die Blattern.
katjaña usu, Fieber.
chujchu, Fieberfrost.
tucu usu, die Fallsucht.

yaka taka, der Harnzwang.
huichu, Durchfall.
huila huichu, die Ruhr.
huila apiri, Blutflufs.
takartaña, die Ohnmacht.
llilli, der Hautausschlag.
carachi, die Krätze.
chupu, Blutschwären.
amañaque, Drüsengeschwulst.
huanti, die Syphilis.
huscu usu, der Krebs.
tuca, der Abscefs.
kiri, die Wunde.
toco, der Kropf.
chuti usu, die Kropfkrankheit.
laca chejta, die Hasenscharte.
haca, das Leben.
hihua, der Tod.
iqui, der Schlaf.
samca, der Traum.
usu, die Krankheit, der Schmerz.
kumaraña, die Gesundheit.
chama, die Kraft.

huihua, das Haustier.
pusicayuni, der Vierfüfsler.
karhua, das Lama.
huanacu, das wilde Lama.
huari, die Vicuña.
paco, das Alpakaschaf.
taruka, das Reh.
cui, huancu, das Meerschwein.
huiskacha, der Berghase.
anokaro, ano, der Hund.
misi, pisi, die Katze.
achaco, die Maus.
puma, der Löwe.
uturuncu, der Tiger.
titi, die wilde Katze.
ucumari, der Bär.

kamaque, der Fuchs.
hamachi, der Vogel.
cunturi, der Kondor.
suri, der Strauſs.
sihuikara, der Geier.
mamani, der Falke.
yanachucu, der Adler.
parihuana, der Flamingo.
tuyuri, pili, die Ente.
choca, die schwarze Ente.
huallata, die schwarze Gans.
huaihua, die Punagans.
kaillhua, die Möve.
huallpa, die Henne.
urco huallpa, der Hahn.
urpi, die Taube.
cullcutaya, die Turteltaube.
pisaka, das Rebhuhn.
kullu, kleines Rebhuhn.
hucu, der Uhu.
choseka, die Eule.
titi, der Kauz.
silu-silu, die Schwalbe.
chaiña, der Zeisig.
chihuaco, die Drossel.
luli, der Kolibri.
chirijaña, der Sperling.
tapa, das Nest.
kauna, das Ei.
chiuchi, das junge Vögelchen.
puu, die Federn.
llaca, die Schwungfedern.
huaita, der Federbusch.
cheka, der Flügel.
huichinka, der Schwanz.
kara-kara, der Kamm.
churu, der Schnabel.
enke, der Kropf.
asiro, die Schlange.
catari, die Viper.

sutuhuailla, die Eidechse.
kaira, der Frosch.
hampatu, die Kröte.
hokollo, die Kaulquappe.
churu, die Schnecke.
lloke, die Muschel.
challhua, der Fisch.
pillpintu, der Schmetterling.
chichillanca, die Fliege.
hajo, die Stechfliege, Bremse.
huachillaya, die Schnake.
ipa pupa, die Wespe.
ipa, die Biene.
pupa uta, das Bienennest.
mapa, das Wachs.
miski, der Honig.
chiñi, die Fledermaus.
apancaraya, die Krabbe.
pancataya, der Käfer.
chichi, die Kantharide.
titi-titi, die Grille.
nina-nina, der Leuchtkäfer.
sikimari, die Ameise.
kisimari, dasſelbe.
cusi-cusi, die Spinne.
uru-uru, dasſelbe.
lapa, die Laus.
chiñi, die Nisse.
kuti, der Floh.
suti, der Erdfloh.
lako, Wurm, Raupe.
koika, Eingeweidewurm.
muchi, die Made.

koka, der Baum.
koka-koka, Wald, Gebüsch.
ali, das Gewächs, der Strauch.
mallqui, Pflanze.
kora, Kraut.
kachu, Gras.

ʼhichu, Punagras, Stroh.
ǩullu, tunu, Stamm.
pallka, Zweig.
laʼpi, Blatt.
llaja, frisches Laub.
lipʼichi, Rinde.
sillpʼi, Bast.
amu, Blütenknospe.
pancara, Blume.
huaita, Blumen in Büscheln.
ṯuṯumpi, Blüte.
cȟillpa, Reis.
panraya, Ähre.
ʼhati, Samen.
acȟu, Frucht.
lahua, Holz.
cȟapi, Dorn.
ǩealla, langer Stachel.
cupi, hartes Holz.
ǩapa, Stengel.
uma, Saft (Wasser).
koka ʼhacha, Harz.
koka ʼhurma, Gummi.
saʼpi, Wurzel.
tonco, Mais.
chojllo, Maiskolben.
ʼhupa, huira, Quinoa.
puruti, Bohne.
amka, Kartoffel.
cȟoke, dasselbe.
kochi, Frühkartoffeln.
aʼparu, wilde Kartoffel.
cȟuñu, gefrorene und dann getrocknete Kartoffeln.
apilla, Okawurzel.
mati, Kürbis.
cachuma, Gurke.
huaiǩa, spanischer Pfeffer, Aji.
locoto, großer Aji.
chinchi, kleiner Aji.

ǩellu huaiǩa, gelber Aji.
ulupica, scharfer Aji.
chulu, Ananas.
apincoya, Granadille.
lamrana, Ulme.
tojo, Algarobo.
itapallo, Nessel.
champi, Schwamm.
lako, Wasserpflanze.
sairi, Tabak.

suyu, das Land, die Provinz.
uraque, die Gegend, das Erdreich.
laǩa, die Erde.
cȟalla, der Sand.
cȟata-cȟata, Geröll.
cȟekolla, Kies.
kollo, der Berg.
kollo ajano, die Bergwand.
uma-kata, das Thal.
irhuaca, die Thalwand.
ǩeura, ǩerhua, warmes Thal.
yunca, heißes Thal.
huaiǩu, enges Thal.
karka, Felsen.
pampa, Ebene.
yapu, Landgut.
korpa, Grenze.
saihua, Markstein.
ʼhaima, Zaun.
suca, Furche.
ǩula, Erdscholle.
arcu, Haufen (Stroh, Backsteine).
chajhua (kala), Steinhaufen.
cȟampa, Rasen.
ṯaqui, der Weg.
saraña, der Fußpfad.
ʼhacȟa tupu, die Hauptstraße.

Zweites Kapitel. Vom Substantiv.

uma, das Wasser.
uma ’puju, die Quelle.
’pututuri uma, die heifse Quelle.
’hahuira, der Flufs.
tacapi, ein Teich.
kota, der See.
mama kota, das Meer.
’pajcha, Brunnen, Wasserstrahl.
’halancha, Wasserfall.
’pincha, Wasserröhre.
irpa, Kanal.
larka, Wassergraben.
laka, das Ufer, der Rand.
uma piura, der Wasserbehälter.
molloko, der Wirbel.
oje-oje, die Wellen.
ojlli, die Brandung.
kolltu-kolltu, das Brausen.
’kollto-’kollto, der Sumpf.
huampu, das Schiff.
’hacha yampu, der Mast.
achihua, das Segel.
’haituña, das Ruder.
ñokeña, dasselbe.
’haituri, der Ruderer.

kala, Stein.
umiña, Edelstein.
quespi, Glas.
quespi kala, Krystall.
mama sirka, Metallader.
choke, kori, Gold.
kollke, Silber.
yauri, Kupfer.
kellaya, Eisen.
titi, malla, Blei.
kausi, chayanta, Zinn.
sirsuquena, Schwefel.
’hisma sama, Quecksilber.
kollpa, Salpeter.

’hayu, Salz.
koya, Grube, Bergwerk, Stollen.
’pujru, Schacht.
chacaña, Leiter.
pata-pata, Treppe.
huiri, Brecheisen.
kutaña, Hacke.
p’iaña, Bohrer.
p’ia, toko, Loch.
mama, Gangart.
ñeke, Lehm.
p’arp’a, roter Lehm, Thon.
’pasa, die Kreide.
pacha, das Wetter.
lacampu, der Himmel.
kenaya, Wolken.
urpu, Nebel.
’pupu, feiner Nebel, Dunst.
’huura, huumi, Ausdünstung der Erde.
’hajuru, Dampf.
’hallu, der Regen.
chijchi, der Hagel.
sulla, der Tau.
huipi, der Reif.
acarapi, der lose Schnee.
’kunu, der feste Schnee, das Gletschereis.
chulluncaya, der Eiszapfen.
llojlla, der Regenbach.
chaca, der Tropfen.
’huri kota, die Wasserpfütze.
huaira, die Luft.
taya, der Wind.
’hiskc, der Sturm.
tutuca, der Wirbelwind.
illapu, der Blitz, Donner.
lliju-lliju, Wetterleuchten.
inti, die Sonne.
inti-’halsu, Sonnenaufgang.
inti-’halanta, Sonnenuntergang.

antalupi, das Abendrot.
cuurma, der Regenbogen.
kallta, der Morgen.
tami-tami, die Dämmerung.
pacha kajta, der Tagesanbruch.
uru, der Tag.
taipi uru, Mittag.
ʽ*haipu*, der Abend.
aruma, die Nacht.
taipi aruma, Mitternacht.
ʽ*pajsi*, der Mond.
ʽ*pajsi halsu*, der Mondaufgang.
huahua ʽ*pajsi*, der zunehmende Mond.
ur·ta (uruta) kepa misturi ʽ*pajsi*, der abnehmende Mond.
ur·ta ʽ*pajsi*, der Vollmond.
ʽ*hacha pajsi*, dasselbe.
ʽ*hairi*, der Neumond.
canauiri ʽ*pajsi*, dasselbe.
huara-huara, die Sterne.
ururi, der Morgenstern.
laja ʽ*hahuira*, die Milchstraße.
ʽ*pajsi*, der Monat.
mara, das Jahr.
pacha, die Zeit, Jahreszeit.
ʽ*hallu pacha*, die Regenzeit.
lupi pacha, der Sommer.
sata pacha, die Saatzeit.
llamayu, die Erntezeit.
nina, das Feuer.
ʽ*heuke*, der Rauch.
nina huara, die Funken.
killima, Kohlen.
sansa, glühende Kohlen.
ʽ*pusaña*, das Blasrohr.
kella, die Asche.
kana, das Licht.

marca, die Ortschaft.
uta, das Haus.

kollka, der Speicher.
piura, Speicher anderer Art.
korpa uta, die Herberge.
pirka, die Wand.
puncu, die Thür.
chillca, die Schwelle.
kullu, der Pfosten.
keru, der Balken.
chajlla, die Schindel.
ʽ*hichu*, das Stroh.
challa, das Maisstroh.
ʽ*hichu uta*, das Dach.
tojo, das Fenster.
ʽ*keri*, der Herd.
putu, die Feuerstelle.
chaca putu, Kochstelle aus drei Steinen.
kuchu, der Winkel.
uta kuchu, die Hausecke.
maja, Haken.
kistuña, Schürstange.
ʽ*pucu*, der Topf.
chullpa, die Schüssel.
huaculla, der Krug.
tacho, die Kanne.
lacacha, ein großer Krug.
majma, faßartiges Thongeschirr.
aquilla, der Becher (von Silber).
kero, gewöhnliches Trinkgefäß.
uta ʽ*hacaña*, das Hausgerät.
utjaña, der Sessel.
tiapu, der Schemel.
ʽ*hantacu*, die Lehmbank.
iquiña, das Bett, die Schlafstelle.
chusi, die Decke.
tira, die Wiege.
callapu, die Tragbahre.
chipa, der Strohkorb.
pichaña, der Besen.
lekeña, der Hammer.

Zweites Kapitel. Vom Substantiv. 61

sanu, der Kamm.
champi, die Axt.
llanchi, das Beil.
susuña, das Sieb.
'huluña, der Trichter.
huislla, der Löffel.
tumi, das Messer.
k̂otuña, die Zange.
chacuru, der Pfahl.
yauri chacuña, der Nagel.
c̆hua, der Teller.
t́ica, der Strohteller.
put́i, der Koffer, die Lade.
cutama, der Sack.
pata, die Stufe.
chacaña, die Sprosse.

t́arhua, die Wolle.
'kea, Baumwolle.
capu, die Spindel.
c̆hanca, der Faden.
chino, der Knoten.
sau, das Gewebe.
sau lahuanaca, die Webehölzer.
kora, gefärbte Gewebe.
isi, isinaca, die Kleider.
llakota, der Mantel.
allmilla, das wollene Hemd.
llijlla, das Umschlagetuch.
ajsu, der Frauenrock.
sullko, sillko, der Saum.
c̆hucaña, die Naht.
chimpu, die wollene Schnur.
'huñi, das Knäuel.
llim̂pi, der Gürtel.
k̂empi, die Falte.
ṕitu, die Stecknadel.
ṕichi, dasselbe.
chipana, das Armband.

huallka, das Halsband.
sihui, der Ring.
callucha, die Haarflechte.
lirpu, der Spiegel.
huallquepo, die Tasche der Männer.
istalla, Tasche der Frauen.
huayaca, eine grofse Tasche.
k̂epi, ein Bündel, Ballen.
huaicara, die Hosen.
'hisku, die Schuhe.
huatu, der Riemen.
carpa, das Zelt.
huiska, der wollene Strick.
pala, das Strohseil.
simpa, das geflochtene Tau.

'hañira, die Dreschtenne.
pekaña, der Mahlstein.
parara, der Stöfsel.
mutca, der Mörser.
'hak̂u, das Mehl.
tica, der Backstein.
'hornu, der Ofen.
t́anta, das Brot.
chochoka, das Maismehl.
'hamṕi, der geröstete Mais.
mut́i, der gekochte Mais.
manka, das Essen.
canca, der Braten.
apilla, Okawurzel.
kusa, das Maisbier (Chicha).
'hamc̆hi, die Kleie.
lipiña, Kleister.
koc̆hu, der Brei.
'hamillu, der Leim.
pusco, die Hefen.
'hamṕi, die Arznei.
kolla, Gift, Medizin.
'hopoco, Schaum.

chuqui, die Lanze.
micki, der Pfeil.
'*hitu*, der Bogen.
korahua, die Steinschleuder.
chahua, die Keule.
'*kerari*, der Schild.
huipala, die Fahne.
sullkoña, der Angelhaken.
cayana, Fischnetz.
sacapa, ein anderes Netz.
llucu, Netz zum Tragen.
paka, die Falle.
huankara, Trommel.
pinquillo, die Pfeife.
kena-kena, die Flöte.
achihua, der Sonnenschirm.
nina huayuna, die Laterne.
huajra, das Horn.
sekeña, das Lineal.
topuña, der Maſsstab.
llujta, die Quinoaasche, welche zum Cocakauen benutzt wird.
amaya, der Leichnam.
amaya uyu, der Begräbnisplatz.
pancara uyu, der Blumengarten.
manka, die Höhle.
paya pampa, eine Wüste.
suni, die Hochebene.
tuna, der Staub.
'*hichu pampa*, Grasflur.
ari, die Spitze, der Gipfel.
inti halsu, der Osten.
inti halanta, der Westen.

'*hutari*, der Ursprung.
tajsi, die Grundlage.
iyausaña, der Glaube.
inqui, das Geschick.
sami, das Glück.
chiji, das Unglück.
llaqui, der Kummer.
cusisiña, die Freude.
cheka, die Wahrheit.
kari aru, die Lüge.
hucha, die Sünde.
ñanka cancaña, die Schlechtigkeit.
kalltaña, der Anfang.
sapa, der Nutzen.
'*hahuari*, Fabel, Gedicht.
'*hajayu*, eine Erscheinung.
ipi haqui, ein Gespenst.
mulla, das Erstaunen.
chajhua, der Lärm.
alaña, der Gewinn.
chani, der Preis.
taquicaña, die Entschuldigung.
'*haku*, die Ehrenbezeigung.
autji, der Hunger.
parji, der Durst.
macha, der Mangel.
yaanaca, das Eigentum.
'*huquirinaca*, die Güter.
suti, der Name.
kellka, die Schrift.
apta, das Geschenk.
chihui, der Schatten.

DRITTES KAPITEL.
Vom Adjektiv.

§ 16. Fast alle primitiven Adjektive sind zweisilbig und endigen auf einen Vokal gleich den Substantiven, von denen sie sich überhaupt nur durch ihre Stellung im Satze unterscheiden. Wie den letzteren, so fehlt auch bei ihnen eine grammatische Unterscheidung des Geschlechts. Das Adjektiv steht vor dem Hauptwort und nimmt, solange es dieses begleitet, nicht an der Deklination teil, sondern bleibt im Singular und Plural unverändert. Steht es allein, indem es sich auf einen früher erwähnten oder gedachten Gegenstand bezieht, so wird es deklinierbar wie das Substantiv.

choco, klar, rein; *uma*, Wasser.

Singular:

1) Nom.:	*choco uma*	7) Termin.:	*choco umacama*
2) Gen.:	*choco umana*	8) Lokativ:	*choco umana*
3) Dativ:	*choco umataqui*	9) Instrum.:	*choco umana*
4) Accus.:	*choco uma*	10) Sozial:	*choco umampi*
5) Illativ:	*choco umaro*	11) Kausal:	*choco umalaicu*
6) Ablativ:	*choco umata*	12) Vokativ:	*choco umai.*

hacha, groſs; *koka*, Baum.

Plural:

1) Nom.:	*hacha kokanaca*	7) Termin.:	*hacha kokanacacama*
2) Gen.:	*hacha kokanacana*	8) Lokativ:	*hacha kokanacana*
3) Dativ:	*hacha kokanacataqui*	9) Instrum.:	*hacha kokanacana*
4) Accus.:	*hacha kokanaca*	10) Sozial:	*hacha kokanacampi*
5) Illativ:	*hacha kokanacaro*	11) Kausal:	*hacha kokanacalaicu*
6) Ablativ:	*hacha kokanacata*	12) Vokativ:	*hacha kokanacái.*

§ 17. Der höhere oder geringere Grad einer Eigenschaft wird bei der Vergleichung nicht durch eine besondere Form des Adjektivs ausgedrückt, sondern durch Vorsetzen der Adverbien *hukampi*, *mayampi (maampi) pisi* und *ancha*, also:

hukampi hacha, gröſser.
mayampi choco, reiner.

'hukampi ist zusammengesetzt aus dem Adjektiv und Adverbium 'huka, wenig, bedeutet demnach ursprünglich: „mit wenig, noch ein wenig mehr," ganz wie im Keshua *ashuan*. *Mayampi* besteht aus *maya*, eins, und der Partikel *mpi* und bedeutet somit: mit einem, noch eins mehr. Die Adverbien *ancha*, sehr, und *pisi*, wenig, sind dem Keshua entlehnt und werden zu Ausdrücken unbestimmter oder allgemeiner Vergleichung gebraucht: *ancha 'hacha*, sehr grofs; *pisi choco*, wenig rein, etwas trübe.

§ 18. Das hier folgende Verzeichnis enthält die gebräuchlichsten adjektivischen Wurzelwörter:

'hacha, grofs.
'hiska, klein, kurz.
amputa, hoch.
teke, niedrig.
suma, schön.
llutama, häfslich (im allgemeinen).
parojra, häfslich (von Gesicht).
asqui, 'hisqui, gut.
huali, gut, kräftig.
yanka, ñanka, schlecht, gemein.
ñajo, schlecht.
lanko, dick.
turu, stämmig.
'huchusa, dünn, schmächtig.
ñaño, dünn (Gewebe).
sillpi, dünn (Platten).
yaja, hart, fest.
amaro, hart.
chullque, hart, hartköpfig.
chayu, unlenksam.
aña, hartnäckig.
llampu, weich (im allgemeinen).
lapa, weich (Erde und Steine).
'hasa, weich (Lehm).
huari, breiweich, dickflüssig.
aka, sanft.
kacha, hübsch, schmuck.
tuki, tuji, stolz, störrisch.
ñojo, grob.
llullu, zart.

koma, rein.
kañu, schmutzig.
koncho, trübe, schlammig.
tircu, trübe.
chua, klar, rein.
liki, fett.
tucari, mager.
puka, voll.
pullchu, voll.
'hullpu, voll.
chuchu, aufgehäuft.
chusa, unbewohnt, leer.
'hapalla, leer.
'hati, schwer.
pisna, leicht.
hanka, schnell.
chajmi, plump.
'hankara, schwerfällig.
kapa, flink.
'haira, faul.
eka, lose.
pisa, locker.
turi, fest.
choque, roh.
payata, gekocht.
katita, gar.
mojsa, süfs.
kallku, karku, sauer.
kaska, herb.
'haro, bitter.

Drittes Kapitel. Vom Adjektiv.

ḣayu, salzig.
cata, scharf, pikant.
chapaca, fade.
malli, schmackhaft.
machi, würzig, süfs.
koli, froh.
kuchi, lebhaft.
cusini, cusita, freudig.
inquini, glücklich.
koya, elend.
llaquini, llaquita, traurig.
machaca, neu, frisch.
merke, abgenutzt.
tanta, zerlumpt.
poko, gereift an Jahren.
achachi, alt.
huaina, jung.
camiri, reich.
ḣuquirini, begütert.
kapaca, reich, mächtig.
huajcha, arm.
chikini, unglücklich.
molloko, rund.
kuchuni, eckig.
ḣuru, rauh.
kanka, holperig.
chapi-chapi, dornig.
llunkuta, geglättet.
lluska, glatt.
sullka, schlüpfrig.
chekapa, gerade.
kenko, krumm.
kehuita, gebogen.
saitasa, aufrecht.
kumu, gebückt.
saitu, lang.
sinti, stark, tapfer.
suti, wacker, gut.
chamani, kräftig.
chamahuisa, kraftlos.

yeka, steif.
kempi-kempi, biegsam.
kechu, schief.
huaña, trocken.
para, dürr.
ḣoko, nafs.
ñaka, nafs.
ḣuri, feucht.
koña, weich.
tallami, wild, wütend.
ḣaucha, grausam.
uri, scheu.
sillqui, schneidend.
kacha, spitz.
ari, arini, spitz, gespitzt.
turu, stumpf.
muru, gestutzt.
ḣunku, heifs.
taya, taa, kalt.
llapi, lauwarm.
cheka, wahr, wahrhaft.
llulla, betrügerisch.
tullpa, verstellt.
kari, lügenhaft.
kullko, eng.
yuraca, weit.
allpi, dickflüssig.
ḣusu, breiig.
llaha, dünnflüssig.
aiti, flüssig.
micha, geizig.
take, armselig.
pampa ampara, freigebig.
kiku, lebhaft, gescheit.
chiqui, fein, schlau.
amauta, weise.
tucucu, dumm.
kaka, albern.
tajmara, schwerfällig.
pallalla, platt.

miḱaya, tief.
manḱa, tief.
kanchara, uneben.
cḣulla-cḣulla, ungleich.
cusca, eben.
kaska, geschickt.
sallca, schlau.
yajana, einfältig.
ṗuru, kraus.
ḱara (ṗeke), kahl.
ṗaqui-ṗaqui, zerbrechlich.
saṗa, fein, gut.
llaḣa, locker, lose.
ṗaṭu, dicht.
ḱisqui, gedrängt.
pisi, wenig.
kata, gering.
huallḱa, ganz wenig.
ḣuka, soviel.
alloja, viel.
ḱumara, gesund.
usuri, krank.
kelo, lahm.
huistu, hinkend.
ḱuquillo, handlahm.
ḱonḱo, paralytisch.
cḣulla nairani, einäugig.
ḱisu, schielend.
lcrḱo, scheelsehend.
chaiṗu naira, einäugig.
huicu, blind.
sarṗu, kurzsichtig.
ḣaja, schwerhörig.
okara, taub.
ḣajllu, stotternd.
amu, stumm.
chachac·ti, mutig.
llajlla, feig.
ḱochalla, triefäugig.
ḱacha, hübsch.

ina, gewöhnlich.
pualla, stolz, hochmütig.
ṭiscuri, mutwillig.
ḱuyapayiri, mitleidig.
sallḱa, unbändig.
ḱita, vagabundierend.
tumaicu, umherschweifend.
cḣaja, heiser.
laya, eitel.
ḱenu, frisch, üppig.
onko, gewellt.
sacari, müſsig.
maja, ähnlich.
ḣaku, schätzbar.
murmu, mittelgroſs.
ḱausu, gebogen.
parco, krumm.
ṭausu, geworfen (von Brettern).
kana, deutlich.
pako, rot.
cancolla, hellrot.
chupica, dunkelrot.
kana chupica, hellrot.
ḱellu, gelb.
churi ḱellu, goldgelb.
larama, blau.
kana larama, hellblau.
cḣojña, grün.
kota cḣojna, hell(meer)grün
ḱinto, dunkelgrün.
kota, dunkelblau, violett.
cḣiar·larama, schwarzblau.
huapa, braun.
cuipa, hellbraun.
cḣumpi, dunkelbraun.
oke, cḣeje, grau.
ḱellaja, aschgrau.
ḣanḱo, weiſs.
cḣiara, schwarz.
cḣamaka, dunkel.

ǩellurata, blaſs.
chuchi, schwärzlich.
cȟajchi, scheckig.
kalla, bunt.

ǩoñi, heiſs.
ȟojsa, warm.
llaȟpi, lauwarm.
ȟaa, ȟaya, kalt.

VIERTES KAPITEL.
Von den Zahlwörtern.

§ 19. Die Zahlwörter zerfallen in Hauptzahlen, Ordnungszahlen, Vervielfältigungs- und Verteilungszahlen. Die Haupt- oder Kardinalzahlen sind wie in allen Sprachen einfache und zusammengesetzte. Die Bildung der letzteren geschieht im allgemeinen in derselben Weise wie im Keshua. Während jedoch in dieser Sprache die Zahlen von 1—10 nur mit einfachen Worten bezeichnet werden, finden sich im Aimarà bereits Zusammensetzungen. Sie lauten:

maya, maini, eins.
paya, paini, zwei.
quimsa, drei.
pusi, vier.
ȟpiska, fünf.

sojta, chojta, sechs.
pakallko, sieben.
quimsakallko, acht.
llalla, tunca, neun.
tunca, zehn.

Bei *maya* wird öfters das *y* ausgestoſsen und bloſs *maa* gesagt, wobei die beiden *a* ausgesprochen werden oder auch bloſs *mā*, mit einem gedehnten *a*; ebenso statt *paya paa, pā*; statt *llalla tunca llātunca*. *Llalla* oder *ñaña* bedeutet: beinahe, mithin *llalla tunca*, beinahe, nicht ganz zehn.

Die anderen einfachen Zahlen sind: *pataka*, hundert; *ȟachu*, tausend; *ȟunu*, zehntausend.

Die zusammengesetzten Zahlen werden gebildet, indem hinter die Zahl zehn oder die Zehner die einfachen gesetzt werden mit Anfügung der Partikel *-ni*, welche dem *-yoj* des Keshua entspricht.

11, *tunca mayani.*
12, *tunca payani.*
13, *tunca quimsani.*
14, *tunca pusini.*
15, *tunca ȟpiskani.*

16, *tunca sojtani.*
17, *tunca pakallconi.*
18, *tunca quimsakallconi.*
19, *tunca llātuncani.*
20, *paa tunca.*

30, *quimsa tunca*.
40, *pusi tunca*.
50, *piska tunca*.
60, *sojta tunca*.
70, *pakallko tunca*.
80, *quimsakallko tunca*.

90, *llätunca tunca*.

100, *pataka*.
101, *pataka maani*.
111, *pataka tuncani maani*.
112, *pataka tuncani paani*.
200, *paa pataka*.
202, *paa pataka paani*.
300, *quimsa pataka*.
400, *pusi pataka*.
500, *piska pataka*.

32, *quimsa tunca paani*.
43, *pusi tunca quimsani*.
54, *piska tunca pusini*.
65, *sojta tunca piskani*.
76, *pakallko tunca sojtani*.
87, *quimsakallko tunca pakallkoni*.
98, *llätunca tunca quimsakallkoni*.

900, *lla tunca pataka*.
1000, *hachu*.
1012, *hachu tuncani paani*.
2000, *paa hachu*.
2110, *paa hachu patakani chuncani*.
10 000, *hunu*.
20 000, *paya hunu*.
50 000, *piska hunu*.

66 660, *sojta hunu, sojta hachuni, sojta patakani, sojta tuncani*.
1891, *hachu, quimsakallko patakani, llätuncani maani*.

Die Kardinalzahlen werden als Adjektive der Menge betrachtet und als solche behandelt. Sie sind unveränderlich vor einem Substantiv, aber deklinierbar, wenn'sie von demselben getrennt stehen, oder sich auf keinen bestimmten Gegenstand beziehen.

Maini und *pani* wird blofs in Beziehung auf Personen gebraucht, *maya* und *paya* bei Tieren und leblosen Gegenständen: *maini hake*, ein Mensch; *pani huarmi*, zwei Frauen; *maya tonco*, ein Maiskorn; *paya kala*, zwei Steine.

§ 20. Von den Ordnungszahlen sind die einen Adjektive, die anderen Adverbien. Die ersteren bestimmen den Platz, den ein Gegenstand in einer Reihe einnimmt und können auf dreierlei Weise ausgedrückt werden durch die Partikeln *karu* oder *jaru*, *quipa* oder *kepa* und *pi*, welche an die Hauptzahlwörter angehängt werden. Wie in vielen anderen Sprachen giebt es für „erster, erstes" ein eigenes nicht der Zahlenreihe entnommenes Wort, nämlich *naira* (als Substantiv das Auge). Die übrigen Ordnungszahlen werden gebildet, indem die Partikel *karu, jaru* mit der vorhergehenden Zahl verbunden wird. Diese Partikel, welcher wir auch bei der Bildung zusammengesetzter Zeitwörter wieder begegnen werden, be-

Viertes Kapitel. Von den Zahlwörtern.

deutet: auf, über einem Gegenstande, also in Verbindung mit Zahlwörtern eine Einheit mehr.

naira, der erste.
naira-jaru, der zweite.
pani-jaru, der dritte.
quimsa-jaru, der vierte.
pusi-jaru, der fünfte.
p̓iska-jaru, der sechste.

sojta-jaru, der siebente.
pakallko-jaru, der achte.
quimsakallko-jaru, der neunte.
lla tunca-jaru, der zehnte.
tunca-jaru, der elfte.
tunca mayani-jaru, der zwölfte.

Hinsichtlich des Ausdrucks *pani-jaru* ist zu bemerken, daſs derselbe sich nur auf Personen bezieht, bei Tieren und leblosen Gegenständen muſs statt dessen *paya, paa-jaru* gesagt werden.

In der Umgangssprache werden in der Regel die Endvokale der Zahlwörter synkopiert:

naira, der erste.
nair· jaru, der zweite.
pan· jaru, der dritte.
quims· jaru, der vierte.
pus· jaru, der fünfte.

p̓isk· jaru, der sechste.
sojt· jaru, der siebente.
pakallk· jaru, der achte.
quimsakallk· jaru, der neunte.
lla tunc· jaru, der zehnte.

§ 21. Anstatt mit der Partikel *jaru* können die Ordnungszahlen auch mit der Postposition *quipa* oder *k̓epa* gebildet werden. Dieses Wort, welches aus dem Keshua stammt, bedeutet „nach, hinter".

naira, der erste.
naira-k̓epa, der zweite.
pani-k̓epa, der dritte.
quimsa-k̓epa, der vierte.
pusi-k̓epa, der fünfte.

p̓iska-k̓epa, der sechste.
sojta-k̓epa, der siebente.
pakallko-k̓epa, der achte.
quimsakallko-k̓epa, der neunte.
lla tunca-k̓epa, der zehnte.

Auch diese Ausdrücke können synkopiert werden:

nair· quipa, pan· quipa, quims· quipa u. s. w.

§ 22. Wie die adjektivischen Ordnungszahlen, so werden auch die adverbialen auf zweierlei Weise ausgedrückt durch Anfügung der Partikeln *pi* und *na*.

nairapi, erstens.
payapi, zweitens.
quimsapi, drittens.
pusipi, viertens.
p̓iskapi, fünftens.

sojtapi, sechstens.
pakallkopi, siebentens.
quimsakallkopi, achtens.
lla tuncapi, neuntens.
tuncapi, zehntens.

Die Partikel *na* steht bei der Bildung der Ordnungszahlen in ihrer Lokativbedeutung: *nairana*, an erster Stelle. Die mit *na* gebildeten Zahlwörter werden stets synkopiert:

nairan·, payan·, quimsan·, pusin·, piskan·.

§ 23. Die Distributivzahlen werden gebildet durch Verdoppelung des Hauptzahlwortes und Anfügung der Partikel *ta* oder *taqui*.

maini mainita, je einer.
pani panita, je zwei.
maini mainitaqui, pani panitaqui.

Sehr oft wird die Endung an beiden Zahlwörtern angefügt und am ersten synkopiert:

quimsat· quimsata, je drei.
pusit· pusita, je vier.
piskat· piskata, je fünf.
sojtat· sojtata, je sechs.

§ 24. Die Vervielfältigung wird ausgedrückt durch die Worte *huasa, chuta: maa huasa*, einmal; *paa huasa*, zweimal; oder *maa chuta, pau chuta*. Die letztere Bezeichnung wird jedoch selten gebraucht.

Auch die dem Keshua entlehnten gleichbedeutenden Worte *cuti* und *mita* werden in gleicher Weise benutzt:

maa cuti, maa mita; paa cuti, paa mita.

FÜNFTES KAPITEL.
Von dem Pronomen.

§ 25. Man unterscheidet selbständige und angehängte Fürwörter. Zu den ersteren gehören die persönlichen, hinweisenden, fragenden, zurückbezüglichen und unbestimmten; die letzteren sind die besitzanzeigenden, welche an das Hauptwort angefügt werden und mit demselben **einen** Ausdruck bilden. Nur die persönlichen stehen stets der Bedeutung des Wortes Pronomen oder Fürwort entsprechend in Vertretung des Hauptwortes; die übrigen stehen entweder allein unter Beziehung auf ein gedachtes Substantiv, oder sie begleiten ein solches in der Weise von Adjektiven.

Fünftes Kapitel. Von dem Pronomen.

§ 26. **Die persönlichen Fürwörter sind drei:**

naya (naa, na) ich; *ʰuma*, du; *ʰupa*, er, sie, es.

Die Deklination dieser Fürwörter gleicht der des Substantivs.

1) Nom.:	*naya*	*ʰuma*	*ʰupa*
2) Gen.:	*nayana*	*ʰumana*	*ʰupana*
3) Dativ:	*nayataqui*	*ʰumataqui*	*ʰupataqui*
4) Accus.:	*naya*	*ʰuma*	*ʰupa*
5) Illativ:	*nayaro*	*ʰumaro*	*ʰuparo*
6) Ablativ:	*nayata*	*ʰumata*	*ʰuputa*
7) Termin.:	*nayacama*	*ʰumacama*	*ʰupacama*
8) Lokativ:	*nayana*	*ʰumana*	*ʰupana*
9) Instrum.:	*nayana*	*ʰumana*	*ʰupana*
10) Sozial:	*nayampi*	*ʰumampi*	*ʰupampi*
11) Kausal:	*nayalaicu*	*ʰumalaicu*	*ʰupalaicu*
12) Vokat.:	fehlt	fehlt	fehlt.

§ 27. Für den Plural der ersten Person hat das Aimarà wie das Keshua zwei Formen, von denen die eine, regelmäfsig gebildete, gebraucht wird, wenn die Person des Angeredeten oder auch andere Personen in dem „wir" nicht mit einbegriffen sind. Die zweite, unregelmäfsige Form, heifst *ʰihuassa* oder *ʰiussa* und wird angewendet, wenn keine Ausschliefsung irgend einer Art beabsichtigt wird. Diese Form wird daher als **inklusive** bezeichnet, während die regelmäfsige die **exklusive** genannt wird. *Hiussa* und *ʰihuassa* sind an sich Pluralformen und bedürfen keines weiteren grammatischen Zeichens; doch wird ihnen zuweilen die Pluralendung *-naca* angefügt: *ʰiussanaca, ʰihuassanaca*. Die Form *nayanaca* wird nur selten gebraucht, in der Regel steht dafür *nanaca*.

1) Nom.:	*nanaca*	*ʰiussa*
2) Gen.:	*nanacana*	*ʰiussana*
3) Dativ:	*nanacataqui*	*ʰiussataqui*
4) Accus.:	*nanaca*	*ʰiussa*
5) Illativ:	*nanacaro*	*ʰiussaro*
6) Ablativ:	*nanacata*	*ʰiussata*
7) Termin.:	*nanacacama*	*ʰiussacama*
8) Lokativ:	*nanacana*	*ʰiussana*
9) Instrum.:	*nanacana*	*ʰiussana*
10) Sozial:	*nanacampi*	*ʰiussampi*
11) Kausal:	*nanacalaicu*	*ʰiussalaicu*
12) Vokat.:	fehlt	fehlt.

Die persönlichen Fürwörter der zweiten und dritten Person bilden ihre Plurale wie die Substantive:

ḱuma-naca, ihr; *ḱupa-naca*, sie.
ḱuma-naca-na; *ḱupa-naca-na* u. s. w.

Von den hinweisenden Fürwörtern.

§ 28. Die demonstrativen Fürwörter sind: *aca*, dieser; *uca*, der dort; *ḱuyu, ḱaya*, jener; *ḱuri*, jener dort. Über ihre Deklination ist nichts zu bemerken, da dieselbe sich nicht von der der Substantive unterscheidet, doch geben wir nachstehend einige Kasusformen, um den Leser damit vertraut zu machen, da wir sie später unter den Ortsadverbien wiederfinden werden.

1) Nom.:	*aca*, dieser	*uca*, der da	*ḱaya*, jener
5) Illativ:	*aca-ro*	*uca-ro*	*ḱaya-ro*
6) Ablativ:	*aca-ta*	*uca-ta*	*ḱaya-ta*
7) Termin.:	*aca-cama*	*uca-cama*	*ḱaya-cama*
8) Lokativ:	*aca-na*	*uca-na*	*ḱaya-na*
11) Kausal:	*aca-laicu*	*uca-laicu*	*ḱaya-laicu*.

Die Plurale werden durch die Endung *naca* gebildet

aca-naca   *uca-naca*   *ḱaya-naca*.

Die Ablative und Lokative werden oft synkopiert:

acat·, ucat·, ḱayat·
acan·, ucan·, ḱayan·.

§ 29. Das auf den Grad, die Gröfse oder Menge bezügliche hinweisende Fürwort ist *ḱuḱa*, so viel, so wenig, welches sowohl als Adjektiv als auch als Adverbium gebraucht wird: *ḱuḱa huaru*, so tief, so hoch. Auch sagt man *ḱuḱaqui, ḱuḱaquihua*, nur so viel.

Von den fragenden oder interrogativen Fürwörtern.

§ 30. Diese sind: *ḱiti, ḱitisa*, wer?
cuna, cunasa, was?
ḱauqui, ḱauquisa, ḱauquiri, welcher?
ḱaucasa, welcher?
camisasa, wie?
cun· hamasa, welcher Art?
ḱauca, ḱaica, wieviel? wie viele?
ḱaucanisa, ḱaicanisa, wie viele Personen?

Fünftes Kapitel. Von dem Pronomen.

Bei der Deklination dieser Fragwörter werden die Endungen zwischen den Stamm und die Endsilbe -sa gesetzt; also Genitiv, Lokativ und Instrumental:

              ḱitina-sa, cunana-sa, ḱauquina-sa
              ḱauquirina-sa, ḱaucanina-sa
Dativ: *ḱititaqui-sa, cunataqui-sa, ḱauquitaqui-sa*
Ablativ: *ḱitita-sa, cunata-sa, ḱauquita-sa*
Sozial: *ḱitimpi-sa, cunampi-sa, ḱauquimpi-sa.*

Beim Nominativ und Accusativ wird die Partikel *sa* synkopiert: *ḱitis·, cunas·, ḱauquis·.*

Bei den anderen Kasus werden sowohl die Partikel *sa* als auch einige der Deklinationsendungen synkopiert:

    Genitiv, Lokativ: *ḱitin·s·, cunan·s·, ḱauquin·s·*
    Ablativ: *ḱitit·s·, cunat·s·, ḱauquit·s·.*

Begleiten diese Fragwörter ein Substantiv, so wird die Partikel *-sa* an dieses angefügt:

    ḱiti ḱake-sa, wer von den Männern?
    cuna koka-sa, was für ein Baum?

Von den unbestimmten Fürwörtern.

§ 31. Diese sind folgende:

take (auch *tápa*), alles.
takena, takemana, tak·pacha, tak·pachani, alle, jeder.
cunamana, ḱauquimana, jeder Art, allerlei.
maya, mayaqui, mainiqui, einer, blofs einer.
mainiraqui, ein anderer.
maïka, maija, etwas anderes.
yaḱepa, yaḱ·pa, einige.
maa quimsaraqui, einige (bis drei).
ḱitinquirisa, irgend jemand.
ḱiti-ḱitisa, dieser und jener.
ḱitinacasa, etliche.
alloja, viele.
sapa (dem Keshua entlehnt), jeder.
ḱuka,
hualïka,   } wenig, wenige.
kata,
pisi,

74　　　　　　　　Erster Teil. Formenlehre.

Die negativen unbestimmten Fürwörter werden aus den interrogativen durch Vorsetzung des Negativ-Adverbiums ʰani gebildet:

ʰani ʰkitisa, niemand.
ʰani cunasa, nichts, oder besser synkopiert.
ʰani ʰkitis·, ʰan· ʰkitis·, ʰan· cunas·, ʰani cun·s·.

Von den besitzanzeigenden Fürwörtern.

§ 32. Diese bestehen wie im Keshua blofs aus Endungen, welche an das Substantiv angefügt werden, mit demselben ein Wort bilden und so dekliniert werden.

Die Endungen sind -ʰa für die erste Person, -ma für die zweite, -pa für die dritte. Das ʰa wird sehr aspiriert und klingt im Munde der Mestizen wie ja.

1) Nom.:	ʰilá-ʰa, mein Bruder;	ʰilá-ma, dein B.;	ʰilá-pa, sein B.
2) Genitiv:	ʰila-ʰá-na	ʰila-má-na	ʰila-pá-na
3) Dativ:	ʰila-ʰa-táqui	ʰila-ma-táqui	ʰila-pa-táqui
4) Accus.:	ʰilá-ʰa	ʰilá-ma	ʰilá-pa
5) Illativ:	ʰila-ʰá-ro	ʰila-má-ro	ʰila-pá-ro
6) Ablativ:	ʰila-ʰá-ta	ʰila-má-ta	ʰila-pá-ta
7) Termin.:	ʰila-ʰa-cáma	ʰila-ma-cáma	ʰila-pa-cáma
8) Lokativ:	ʰila-ʰá-na	ʰila-má-na	ʰila-pá-na
9) Instrum.:	ʰila-ʰá-na	ʰila-má-na	ʰila-pá-na
10) Sozial:	ʰila-ʰá-mpi	ʰila-má-mpi	ʰila-pá-mpi
11) Kausal:	ʰila-ʰa-laicu	ʰila-ma-laicu	ʰila-pa-laicu
12) Vokat.:	ʰila-ʰá-i	fehlt	fehlt.

§ 33. Der Plural des Possessivpronomens der ersten Person hat wie das persönliche Fürwort zwei Formen. Soll der Angeredete mit eingeschlossen werden, so wird die Endung ssa an das Substantiv angefügt:

uta, das Haus; uta-ssa, unser Haus.

Soll jedoch der Angeredete oder andere Personen, die erwähnt oder gedacht worden waren, ausgeschlossen werden, so giebt es dafür keine eigene Pluralform, sondern der Genitiv des persönlichen Fürwortes mit dem mit der Possessivpartikel verbundenen Substantiv wird vorgesetzt:

nanacana uta-ʰa, unser Haus im exklusiven Sinne.

Der inklusive Plural wird wie gewöhnlich dekliniert:

Gen.: utassana,　　Dativ: utassataqui,　　Illativ: utassaro,
Ablativ: utassata,　　Sozial: utassampi,　　Kausal: utassalaicu.

Soll der besessene Gegenstand in den Plural treten, so wird bei dem inklusiven die Partikel *naca* an die Possessivendung angefügt: *utassa-naca;* bei dem exklusiven jedoch steht die Pluralendung vor der Possessivpartikel: *nanacana uta-naca-ʼha*.[1]

Neben der Weglassung des *a* im Genitiv, Lokativ und Ablativ wird bei den Possessivformen auch der Endvokal des Substantivs synkopiert. So sagt man *ut·ma*, dein Haus; *ut·pa*, sein Haus; *ut·sa*, unser Haus, aber nicht *ut·ʼha*.

Die Plurale der zweiten und dritten Person werden gebildet wie bei der exklusiven Form der ersten:

ʼhuma-naca-na uta-ma, ʼhupa-naca-na uta-pa.

Vom zurückbezüglichen Fürwort.

§ 34. Dieses Fürwort, *quiqui*, ist dem Keshua entlehnt. Ob das Aimarà dafür ursprünglich noch ein anderes Wort besessen hat, läfst sich gegenwärtig aus anderweitig zusammengesetzten Ausdrücken nicht mehr nachweisen. Das zurückbezügliche Fürwort, welches sich eigentlich an die demonstrativen anschliefst, indem es auf das Hauptwort zurückweist, konnte erst nach den possessiven abgehandelt werden, da es mit diesen stets verbunden wird.

naya oder *na quiqui-ʼha*, ich selbst.
ʼhuma quiqui-ma, du selbst.
ʼhupa quiqui-pa, er selbst (sie, es).
ʼhiussa quiqui-ssa, wir selbst (inklusiv).
nanaca quiqui-ʼha, wir selbst (exklusiv).
ʼhumanaca quiqui-ma, ihr selbst.
ʼhupanaca quiqui-pa, sie selbst.

Die Pluralendung *naca* kann auch zwischen *quiqui* und die Possessivendung gesetzt werden:

naya quiqui-naca-ʼha, wir selbst.
ʼhuma quiqui-naca-ma, ihr selbst.
ʼhupa quiqui-naca-pa, sie selbst.

---

[1] Diese Form wird somit in eine vom Keshua verschiedene Weise gebildet, denn in dieser Sprache steht die Pluralendung ohne Ausnahme nach der Possessivsilbe.

SECHSTES KAPITEL.
Vom Verbum.

§ 35. In Beziehung auf den Ursprung werden drei Klassen von Zeitwörtern unterschieden:

1) **Primitive**, welche nur aus einer einfachen Verbalwurzel bestehen, an welche die Flexionsendungen angefügt werden: *luraña*, machen; *laruña*, lachen.

2) **Abgeleitete**, deren Wurzel nicht verbal, sondern ein anderer Redeteil ist, von welchem das aus ihm gebildete Zeitwort etwas aussagt. Sie zerfallen in

    a) **denominative**, welche von Gegenstandswörtern abgeleitet werden, so von *isi*, Kleid: *isi-chaña*, bekleiden; von *uma* Wasser: *uma-ptaña*, zu Wasser werden.

    b) **adjektivische**, welche aus Eigenschaftswörtern gebildet sind. So von *merk'e*, abgenutzt: *merk'e-taña*, abgenutzt sein; von *huicu*, blind: *huicu-ptaña*, blind werden.

    c) **adverbiale**, denen ein Beiwort als Basis dient; von 'hisqui, gut: 'hisquipt·jaña, besser werden; von 'hama, so: 'hamachaña, so machen.

3) **Zusammengesetzte Zeitwörter**, welche sowohl die primitiven als auch die abgeleiteten als Basis benutzen, um die durch dieselben ausgedrückten Thätigkeiten oder Zustände in mannigfacher Weise durch Anfügung von Partikeln an den Verbalstamm zu modifizieren. In welcher Weise dies geschieht, wird im Kapitel über die Wortbildung näher angegeben werden. Für die Konjugation sind die obigen Unterscheidungen der Zeitwörter von keiner Bedeutung, denn die Formen derselben sind bei allen dieselben.

Die Wurzel der primitiven Zeitwörter und der Verbalstamm der abgeleiteten endigt stets auf einen Vokal, am häufigsten auf *a*, *u* oder *i*; fast alle primitiven Verbalwurzeln sind zweisilbig.

Die primitiven Zeitwörter sind mit Ausnahme des unbestimmten Verbums *cancaña*, sein, sämtlich aktive, welche in transitive und intransitive zerfallen. Die reflexiven und reziproken Zeitwörter gehören im Aimarà nicht zu den primitiven, da die Zurückwendung der Thätigkeit auf das Subjekt, oder die Wechselwirkung derselben durch Partikeln ausgedrückt wird.

Sechstes Kapitel. Vom Verbum.

Von der Konjugation.

§ 36. Im allgemeinen gilt die Regel, dafs die Wurzel oder der Verbalstamm des Zeitwortes an der Abwandlung nicht Teil nimmt, indem die Flexionsendungen der Zeiten und Arten an dieselben angefügt werden wie die Kasusendungen an das Hauptwort. Doch ist diese Regel nicht so ausnahmslos wie im Keshua. Bei Zeitwörtern, deren Wurzel auf *a* endigt, wird dieser Vokal in einigen Formen in *i* umgewandelt, nämlich in der dritten Person des Indikativs, im Konditional und im aktiven Participium. Das auch im übrigen die Formen der Konjugation weder für das Ohr noch für das Auge bei der Schrift die Regelmäfsigkeit des Keshua aufweisen, rührt von der Synkope her, indem sowohl die Flexionsendungen als auch die Wurzeln und bei zusammengesetzten Zeitwörtern der Verbalstamm durch Ausstofsung von Vokalen gekürzt werden.

§ 37. Bei der Konjugation der Zeitwörter werden sechs Arten der Aussage oder Modi unterschieden:

1) Die anzeigende Art, der Indikativ, welcher die Thätigkeit des Verbums als in der Gegenwart, Vergangenheit oder Zukunft wirklich ausgeführt darstellt.

2) Die verbindende Art, der Konjunktiv, stellt die Handlung nicht als ausgeführt, sondern nur als vorgestellt, von einem anderen Zeitwort abhängig dar. Dieser Modus wird nicht ganz in denselben Satzverhältnissen gebraucht wie im Deutschen.

3) Der Optativ drückt die Thätigkeit des Zeitwortes als Wunsch aus.

4) Der Konditional stellt die Ausführung der Handlung als an eine Bedingung geknüpft dar.

5) Die gebietende Art, der Imperativ, drückt Befehl, Rat, Einladung, Bitte aus.

6) Die unbestimmte Art oder Infinitiv, welcher drei Formen hat:
    a) eine substantivische, den Infinitiv im engeren Sinne;
    b) eine adjektivische, die Participien;
    c) eine adverbiale, das Gerundium.

§ 38. Der Indikativ unterscheidet nur drei Zeiten: das Präsens, das Präteritum perfectum und das Futurum. Das Imperfektum, Plusquamperfektum und Futurum exactum haben keine besonderen Formen.

Der Konjunktiv hat nur eine Form für alle Zeiten. Der Optativ und Konditional bilden je zwei Formen, für die gegenwärtige und vergangene Zeit.

§ 39. Die erste Person des Präsens wird gebildet, indem die Endung *ia* an die Wurzel oder den Verbalstamm angehängt wird. Die Endung der zweiten Person ist gleichfalls *ta*, jedoch ist in dieser das *t* nicht aspiriert. Die dritte Person besteht bei Zeitwörtern, deren Stamm aus *u, o, e* und *i* auslautet, aus der Wurzel. Bei den Zeitwörtern, deren Wurzel oder Stamm mit einem *a* endigt, wird dieser Vokal gewöhnlich in *i* umgewandelt; bei zusammengesetzten Zeitwörtern, bei denen der Stamm mit den Partikeln *ja, naca, noca* endigt, tritt jedoch nicht *i* an die Stelle des *a*, sondern *e*.

Bei den Formen des Plurals wird zwischen die Endungen des Singulars und den Verbalstamm das Wort *piska* eingeschaltet, wahrscheinlich das Zahlwort für fünf. Für die erste Person giebt es zwei Pluralformen wie bei den persönlichen Fürwörtern, eine inklusive und eine exklusive.

Um dem Leser die Formen der Konjugation leichter verständlich zu machen, setzen wir die ursprünglichen, nicht synkopierten an die Seite der gegenwärtigen. Hinsichtlich der ersten Person des Präsens ist vorweg zu bemerken, daſs dieselbe jetzt fast immer mit Zuhilfenahme der euphonischen Endpartikel *hua* gebildet wird, welche gleich der Partikel *pi* keine besondere Bedeutung hat, sondern nur des Wohlklanges halber oder als Füllwort an alle Redeteile angehängt werden kann.

Churaña, geben.

Präsens des Indikativs.

Alte Formen:	Gegenwärtige Formen:
Sing.: *naya chura-ta*, ich gebe.	*naya (na) chur·t'hua*
'huma chura-ta	'hum· chur·ta
'hupa churi	'hup· churi
Plur.: 'hihuassa chura-piska-tana	'hihuassa chur·tan· (inklusiv)
nanaca chura-piska-ta	nanaca chura-pj-ta (exklusiv)
'humanaca chura-piska-ta	'humanaca chura-pj-ta
hupanaca chura-piski.	'hupanaca chura-pje.

Aus dem vorstehenden Paradigma ist ersichtlich, daſs die Pluralpartikel *piska* zu den Konsonanten *pj* zusammengezogen worden ist. In seiner Grammatik bemerkt Bertonio im Kapitel über die Synkope, daſs in den Pluralformen bei *piska* das *a* synkopiert, also statt *yaticha-piskatana*, *yaticha-pisk·tana* gesagt werde. Jetzt ist die Pluralpartikel *piska* vollkommen auſser Gebrauch gekommen und scheint sogar vergessen zu sein, denn keiner der sogenannten Aimaristen, die der Verfasser in La Paz über den Ursprung der Pluralformen befragte, wuſste ihm denselben zu erklären.

Sechstes Kapitel. Vom Verbum.

§ 40. Die Endungen des Präteritums scheinen ursprünglich *ata*, *ata*, *ana* oder *yata*, *yata*, *yana* gewesen zu sein, deren erste Silbe sich mit der letzten des Stammes verschmolzen hat. Dadurch ist ein gedehnter Vokal entstanden, durch welchen sich das Präteritum von dem im übrigen gleichlautenden Präsens unterscheidet. Beim Plural tritt dies noch deutlicher hervor, besonders in den gegenwärtigen Formen.

Präteritum.

Alte Formen:	Gegenwärtige Formen:
Sing.: *naya-chura-ata*, ich gab.	*chura-ata*, *chura-yata*
'*huma churā-ta*	*churā-ta*
'*hupa churā-na*	*churā-na*
Plur.: '*hihuassa chura-piska-tana*	*chura-pj-ata*
nanaca chura-piska-ta	*chura-pj-ata*
'*humanaca chura-piska-ta*	*chura-pj-ata*
'*hupanaca chura-piska-na*.	*chura-pj-ataina*.

§ 41. Die Endungen des Futurums sind '*hā*, '*hata*, *ni*, deren erster Vokal bei der ersten und zweiten Person mit dem letzten des Stammes verschmolzen wird, wie dies im Präteritum geschieht.

Futurum.

Alte Formen:	Gegenwärtige Formen:
Sing.: *naya chura-'hā*, ich werde geben.	*churā*
'*huma chura-'hata*	*churāta*
'*hupa chura-ni*	*churāni*
Plur.: '*hihuassa chura-piska-tana*	*chura-ñani*
nanaca chura-piska-'hā	fehlt
'*humanaca chura-piska-'hata*	*chura-pj-ata*
'*hupanaca chura-piska-ni*.	*chura-pj-ani*.

§ 42. Neben diesem Futurum ist gegenwärtig noch ein zweites gebräuchlich:

Sing.: *naya chur·chi*, ich werde geben, könnte wohl geben.   Plur.: '*hihuassa chur·chiñani*

'*huma chur·chita*   '*humanaca chura-pj-chita*
'*hupa chur·chini*   '*hupanaca chur·chini*.

Zu dieser Form ist zu bemerken, dafs ihre Futurbedeutung nicht die ursprüngliche ist. Die Partikel *chi* drückt eine Vermutung, einen Zweifel aus und kann auch mit anderen Redeteilen verbunden werden, z. B. mit fragenden Fürwörtern: '*kiti-chi-ja*, wer mag es wohl sein, ich

80 Erster Teil. Formenlehre.

weifs nicht wer es ist; *cuna-chi-ja*, was mag es sein; *camisa-chi-ja*, ich weifs nicht, wie sich das verhält. Es scheint daher, dafs auch die im obigen Paradigma vorgeführten Formen aus dem gewöhnlichen Futurum mit Einschaltung der Partikel *chi* entstanden sind:

chur·chi-ʰa
chur·chi-ʰata
chur·chi-ni,

und dafs sie bei der ersten und zweiten Person zu den jetzt gebräuchlichen zusammengezogen worden sind.

Vom Konjunktiv.

§ 43. Die Endungen dieses Modus sind *ʰana, mana, pana*. Der Plural wird durch Einschaltung der Partikel *pisqui*, statt wie im Indikativ *piska* gebildet. Bei den Formen des Konjunktivs ist ein Zusammenhang mit den Possessivpronomen bemerklich, welchen der Indikativ nicht zeigt.

Alte Formen:	Gegenwärtige Formen:
Sing.: *naya churi-ʰana*, wenn ich gebe.	*chur·hana,* *chur·mana,* } sehr selten.
ʰuma churi-mana	
ʰupa churi-pana	*churi-pana*
Plur.: *ʰihuassa chura-pisqui-pana*	*chura-pje-pana* (inklusiv).
nanaca chura-pisqui-ʰana	*chura-pje-ʰana* (exklusiv).
ʰumanaca chura-pisqui-mana	*chura-pje-mana*
ʰupanaca chura-pisqui-pana.	*chura-pje-pana*.

Vom Optativ.

§ 44. Der Optativ hat zwei Formen, eine für die gegenwärtige und eine andere für die vergangene Zeit. Die Endungen für die erstere sind: *-sna, -sma, -spa*; die Endungen für die zweite: *-saʰana, -samana, -sapana*. Auch diese Formen sind offenbar von den Possessivpartikeln abgeleitet.

Präsens des Optativs.

Alte Formen:	Gegenwärtige Formen:
Sing.: *naya chura-sna*, möchte ich geben.	1. Pers. fehlt.
ʰuma chura-sma	*chura-sma*
ʰupa chura-spa	*chura-spa*

Sechstes Kapitel. Vom Verbum.

Plur.: hihuassa chura-piska-sna   chura-pj-sna
'humanaca chura-piska-sma   chura-pj-sma
hupanaca chura-piska-spa.   chura-pj-spa.

Es fällt auf, dafs unter den neueren Formen die zweite Person im Singular *chura-sma* nicht synkopiert wird. Dies ist in diesem Falle nicht zulässig, da *chur·sma* eine andere Bedeutung hat, nämlich: ich gebe dir.

Präteritum des Optativs.

Alte Formen: Gegenwärtige Formen:

Sing.: *naya chura-sahana*, möchte   *chura-sāna*
      ich gegeben haben.
      'huma chura-samana   chura-samana
      'hupa chura-sapana   chura-sapana
Plur.: 'hihuassa chura-piska-sahana   chura-pja-sāna
      'humanaca chura-piska-sa-   chura-pja-samana
      mana
      'hupanaca chura-piska-sa-   chura-pja-sapana.
      pana.

Vom Konditional.

§ 45. Auf den ersten Blick könnte es scheinen, als seien die Formen dieses Modus vom aktiven Participium abgeleitet, allein die Plurale, bei denen die Partikel *piska* hinter den Verbalstamm gesetzt wird, sprechen dagegen.

Erste Form des Konditional.

Alte Formen: Gegenwärtige Formen:

Sing.: *naya churi-ricta*, ich würde   *churi-rista*
      geben.
      'huma churi-ricta   churi-rista, chur·sta
      'hupa churi-riqui   churi-riqui
Plur.: chura-pisqui-rictana   chura-pje-rista
      chura-pisqui-ricta   chura-pje-rista
      chura-pisqui-ricta   chura-pje-rista
      chura-pisqui-riqui.   chura-pje-riqui.

Zweite Form des Konditional.

Alte Formen: Gegenwärtige Formen:

Sing.: *churi-ricata*, ich würde ge-   *churi-riscāta*
    churi-ricata [geben haben.   *churi-riscāta*
    churi-ricana   *churi-riscāna*

Plur.: *chura-pisqui-ricatana*   fehlt
chura-pisqui-ricata   *chura-pje-riscata*
chura-pisqui-ricata   *chura-pje-riscata*
chura-pisqui-ricana.   *chura-pje-riscana*.

Vom Imperativ.

§ 46. Auch die Formen dieses Modus sind von den Possessivpartikeln abgeleitet.

Alte Formen:	Gegenwärtige Formen:
chura-ma, gieb.	*churam·*
chura-pa, er gebe.	*chur·pa*
chura-piska-tana, laſst uns geben.	*chura-pja-ñani*, *chura-ñani*
chura-piska-ma, gebt.	*chura-pj-am·*
chura-piska-pa, sie sollen geben.	*chura-pj-pan*.

Vom Infinitiv.

§ 47. Die unbestimmte Art der Aussage bietet drei Formen dar:

1) Die substantivische oder der gewöhnliche Infinitiv, welcher die Thätigkeit des Zeitwortes in abstrakter Weise auffaſst und durch Anhängung der Silbe *ña* an die Wurzel gebildet wird: *chura-ña*. Diese Form bezieht sich auf die gegenwärtige und zukünftige Zeit, wird wie ein Substantiv dekliniert, nimmt Possessivpartikeln an und behält von ihrem verbalen Charakter nur die Fähigkeit, das Objekt zu regieren.

luraña-ʽha, meine Arbeit.
luraña-ma, deine Arbeit.
luraña-pa, seine Arbeit.
luraña-ssa, unsere Arbeit.

Die intransitiven Zeitwörter bilden durch Anfügung der Endung *ta* an den Stamm einen mit dem Participium passivum der transitiven Zeitwörter gleichlautenden Infinitiv der vergangenen Zeit, welcher gleichfalls mit Possessivpartikeln verbunden werden kann, so von

iquiña, schlafen, *iqui-ta*, der (vergangene) Schlaf; von
hacaña, leben, *ʽhaca-ta*, das frühere Leben.

§ 48. 2) Die adjektivische Form des unbestimmten Modus bilden die Participien. Man unterscheidet ein aktives und ein passives Participium. Die Endung des aktiven ist *-ri*, bei Verbalstämmen, die auf *a* auslauten, eigentlich *-iri*, denn das *a* am Ende derselben wird wie bei der dritten Person des Präsens in *i* umgewandelt. Das passive Participium hat zwei Formen, von denen die eine auf -*ta*, die andere auf -*ui* oder -*hui* endigt. Die Infinitivform des Präsens und Futurums -*ña* hat gleichfalls öfters passive Participialbedeutung:

Participium activum: *luriri*, machend.
Part. passivum: *lura-ta*, gemacht.
Zweites Part. passivum: *lura-hui*, gemacht.
Part. passivum des Futurums: *lura-ña*, etwas zu machendes, gemacht werden sollendes.

§ 49. 3) Die adverbiale Form des Infinitivs ist das Gerundium: *lura-sina* oder *lura-sa*, welches nicht ganz unveränderlich ist, da seine Formen durch Einschaltung des synkopierten *piska* — *pj* — pluralisiert werden können.

Das von Bertonio als eigene Konjugationsform aufgeführte Supinum ist das aktive Participium.

Vom Passivum.

§ 50. Streng genommen bilden die transitiven Zeitwörter nur drei passive Formen aus der Wurzel, nämlich die beiden Participien der vergangenen Zeit und das mit dem Infinitiv gleichlautende der zukünftigen. Wir werden jedoch sogleich sehen, dafs durch Synkopierung das Aimarà über eine vollständig passive Konjugation zu verfügen scheint. Von den beiden passiven Participien, deren eines auf -*ta*, das andere auf -*ui*, -*hui* endigt, wird das erstere vorzugsweise zur Bildung der übrigen passiven Formen verwendet, durch Verbindung mit dem Verbum substantivum *canca-ña*, sein. Nehmen wir zur Erläuterung dieser Konjugation das Zeitwort *nuaña*, schlagen, so erhalten wir für das Präsens folgende ursprüngliche Formen:

naya nuata cancata, ich werde geschlagen,
'*huma nuata cancata*, du wirst geschlagen,
'*hupa nuata canqui*, er, sie, es wird geschlagen,

oder wie man jetzt sagt:

nahua nuata canc·t·hua
'*humahua nuata canc·ta*
'*hupahua nuata canqui*
'*hihuassa nuata canca-pj-tana*
nanaca nuata canca-pj-ta
'*humanaca nuata canca-pj-ta*
'*hupanaca nuata canca-pj-e*.

Präteritum.

nayahua nuata cancāta oder *cancayata.*

Futurum.

naya nuata cancā.

Konjunktiv.

naya nuata canc'hana.

Optativ.

1) *naya nuata canca-sna*
2) *naya nuata canca-sa'hana.*

Konditional.

1) *naya nuata canquirista*
2) *naya nuata canquiriscata.*

Infinitiv.

nuata cancaña.

Gerundium.

nuata cancasina oder *cancasa.*

§ 51. Die vorstehenden Formen werden jedoch nur selten und ausnahmsweise angewendet. Da sie zu lang für die Umgangssprache sind, so werden sie gekürzt, und zwar beschränkt sich die Synkope in diesem Falle nicht auf einzelne Vokale, sondern die ganze Wurzel des Verbum substantivum, *canca*, wird weggelassen und die Flexionsendungen werden unmittelbar an das Participium angehängt. Nebenbei wird sogar zuweilen noch der Endvokal desselben synkopiert.

Sing.: *naya nuata-ta, nuat·t·hua*, ich   Plur.: *'hihuassa nuata-pj·t·hua*
    werde geschlagen.
'huma nuat·ta   *'humanaca nuata-pj-ta*
'hupa nuata-hua.   *'hupanaca nuata-pj-e.*

Bei diesem Paradigma fällt auf, daſs die dritte Person des Singulars nicht regelmäſsig wie die übrigen gebildet ist, denn würde das Participium *nuata* ganz wie eine Wurzel behandelt, so müſste die dritte Person *nuati* lauten, wie von *churaña churi*. Statt dessen bleibt das *a* und es wird die Schluſspartikel *hua* angefügt, welche in diesem Falle das Verbum substantivum vertritt und dieselbe Bedeutung hat wie im Keshua die Affirmativpartikel *mi*. Statt *hua* könnte auch die Partikel *pi* gesetzt werden, welche jedoch jetzt ziemlich auſser Gebrauch gekommen

Sechstes Kapitel. Vom Verbum.

ist. Die übrigen Formen der synkopierten passiven Konjugation lauten wie folgt:

Präteritum.

Sing.: *naya nuata-yat·hua*, ich wurde geschlagen.
'huma nuata-yata
'hupa nuata-taina.

Plur.: *'hihuassa nuata-pj-at·hua*
'humanaca nuata-pja-ta
'hupanaca nuata-pja-tana.

Futurum.

Sing.: *nuata-yähua*, ich werde geschlagen werden.
nuata-yata-hua
nuata-ni-hua.

Plur.: *nuata-pjä-hua*
nuata-pja-ta-hua
nuata-pj-ani.

Optativ.

Sing.: *naya nuata-sna*, möchte ich geschlagen werden.
nuata-sma
nuata-spa.

Plur.: *nuata-pj-sna*
nuata-pja-sma
nuata-pja-spa.

Optativ (praeteritum).

Sing.: *naya nuata-sana*, wäre ich doch geschlagen worden.
nuata-samana
nuata-sapana.

Plur.: *nuata-pja-sana*
nuata-pja-samana
nuata-pja-sapana.

Konjunktiv.

Sing.: *naya nuata-'hana*, wenn ich geschlagen werde.
nuata-mana
nuata-pana.

Plur.: *nuata-pje-pana*
nuata-pje-'hana
nuata-pje-mana
nuata-pje-pana.

Konditional.

Sing.: *naya nuata-rista*, ich würde geschlagen werden.
nuata-rista
nuata-riqui.

Plur.: *nuata-pje-rista*
nuata-pje-rista
nuata-pje-riqui.

Konditional (praeteritum).

Sing.: *naya nuata-riscata*
nuata-riscata
nuata-riscana.

Plur.: *nuata-pje-riscata*
nuata-pje-riscata
nuata-pje-riscana.

Von der Konjugation mit Einschlufs des pronominalen Objekts.

§ 52. Die Richtung der Handlung eines transitiven Zeitwortes auf die erste oder zweite Person wird nicht durch einen Kasus des betreffenden Fürwortes ausgedrückt, sondern durch Partikeln, welche in die Flexionsformen des Verbums aufgenommen werden, sodafs die handelnde und leidende Person in einem Ausdruck vereinigt sind. Die Richtung der Thätigkeit auf die dritte Person wird nicht durch besondere Formen bezeichnet, sondern durch die gewöhnlichen, indem zur Erläuterung entweder ein Kasus des Pronomens der dritten Person beigefügt, oder dasselbe als stillschweigend in der Flexionsform mit eingeschlossen gedacht wird. Die Konjugationsformen mit Einschlufs des pronominalen Objekts beschränken sich also auf vier Verhältnisse:

1) von der ersten zur zweiten Person: ich dich,
2) von der dritten zur zweiten Person: er dich,
3) von der zweiten zur ersten Person: du mich,
4) von der dritten zur ersten Person: er mich.

Wir nennen diese zusammengesetzten Formen kombinierte, oder nach der Weise der alten Grammatiker transitive.

Wenn wir schon bei den Formen der einfachen Konjugation des Aimaràs die Klarheit und Regelmäfsigkeit vermissen, welche das Keshua auszeichnet, so wird dieser Mangel bei den kombinierten noch fühlbarer und macht das Aneignen derselben zu einer sauren Arbeit, sodafs selbst Leute, die im Aimarà aufgewachsen sind und sich der Sprache alle Tage bedienen, manche dieser Formen nicht immer gegenwärtig haben. Denn nicht nur werden dieselben keineswegs in allen Zeiten und Aussagearten nach einer und derselben festen Regel gebildet, sondern durch die übliche Synkopation wird diese noch weiter verwischt. Im Konjunktiv und Optativ scheinen einzelne Formen, zu deren Anwendung sich selten Gelegenheit bietet, ganz zu fehlen.

§ 53. Wir setzen zum leichteren Verständnis die ursprünglichen alten Formen, wie sie Bertonio giebt, an die Seite der neuen.

irpaña, führen, begleiten.

Präsens.

Alte Formen:	Gegenwärtige Formen:
Ich dich: *irpa-sma*	Ich dich: *irp'-sma*
er dich: *irpa-tama*	er dich: *irp'-tam*
du mich: *irp-ita*	du mich: *irp-ita, irpista*
er mich: *irp-ito.*	er mich: *irp-ito.*

Sechstes Kapitel. Vom Verbum.

***irpaña*, führen, begleiten.**

Präsens.

Alte Formen:
Wir euch: *irpa-piska-sma*
sie euch: *irpa-piska-tama*
ihr uns: *irpa-pisqui-ta*
sie uns: *irpa-pisqui-to.*

Gegenwärtige Formen:
Wir euch: *irpa-pj-sma*
sie euch: *irpa-pj-tam*
ihr uns: *irpa-pj-esta*
sie uns: *irpa-pj-eto.*

Präteritum.

Alte Formen:
Ich dich: *irpa-smana*
er dich: *irpa-tamana*
du mich: *irp-itata*
er mich: *irp-itana.*

Gegenwärtige Formen:
Ich dich: *irp·-smana*
er dich: *irp·-t·man*
du mich: *irp-ista*
er mich: *irp-ito.*

Futurum.

Alte Formen:
Ich dich: *irpa-mama*
er dich: *irpa-ʿhatpa*
du mich: *irp-itahata*
er mich: *irp-itani.*

Gegenwärtige Formen:
Ich dich: *irpā-ma*
er dich: *irpā-tam*
du mich: *irp-itata*
er mich: *irp-itani.*

Optativ-Präsens.

Alte Formen:
Er dich: *irpa-ʿhaspa*
du mich: *irpa-tasma*
er mich: *irpa-taspa.*

Gegenwärtige Formen:
Er dich: *irpa-spa*
du mich: *irpi-tasma*
er mich: *irpi-taspa.*

Optativ-Präteritum.

Alte Formen:
Er dich: *irpa-ʿhasapana*
du mich: *irpa-samana*
er mich: *irpa-sapana.*

Gegenwärtige Formen:
Er dich: *irpa-ʿhasapana*
du mich: *irp·-samana*
er mich: *irp·-sapana.*

Konditional-Präsens.

Alte Formen:
Ich dich: *irp-iricsma*
er dich: *irp-iricsama.*

Gegenwärtige Formen:
Ich dich: *irp-irisma*
er dich: *irp-iristam.*

Konditional-Präteritum.

Alte Formen:
Ich dich: *irpi-ricasma*
er dich: *irpi-ricsamana.*

Gegenwärtige Formen:
fehlen.

irpaña, führen, begleiten.
Imperativ.

Alte Formen:	Gegenwärtige Formen:
Du mich: *irp-ita*	Du mich: *irp-ita*
er mich: *irp-itpa*	er mich: *irp-itpa*
er dich: *irpa-ʼhatpa*.	er dich: *irp-atpa*.

§ 54. Die passiven Formen der kombinierten oder transitiven Konjugation werden wie die der einfachen durch die Participien der vergangenen Zeit mit Zuhilfenahme der Passivendungen gebildet wie folgt:

irpaña, führen, begleiten.

irpata, geführt.
irpata-ʼha (irpata-ja), mein Geführter, von mir geführt.
irpata-ma, von dir geführt.
irpata-pa, von ihm geführt.
irpata-ssa, von uns geführt.

Werden diese Formen mit dem Verbum substantivum verbunden, so erhält man:

nahua irpatama canc·t·hua, ich werde von dir geführt.
nahua irpatapa canc·t·hua, ich werde von ihm geführt.
ʼhum· irpataʼha (irpat·ja) cancta, du wirst von mir geführt.
ʼhum· irpatapa cancta, du wirst von ihm geführt.
ʼhup· irpat-ja canqui, er wird von mir geführt.
ʼhup· irpatama canqui, er wird von dir geführt.

nanaca irpatama canc·pj·ta, wir werden von dir geführt.
nanaca irpatapa canc·pj·ta, wir werden von ihm geführt.
ʼhumanaca irpataʼha cancapj·ta, ihr werdet von mir geführt.
ʼhumanaca irpatapa cancapj·ta, ihr werdet von ihm geführt.
ʼhupanaca irpataʼha cancapje, sie werden von mir geführt.
ʼhupanaca irpatama cancapje, sie werden von dir geführt.
ʼhupanaca irpatapa cancapje, sie werden von ihm geführt.

Soll bei diesen Formen auch die Person, von der die Handlung ausgeht, in den Plural gesetzt werden, so muſs der Plural der betreffenden Person im Genitiv beigefügt werden:

nahua ʼhumanacan· irpatama canc·t·hua, ich werde von euch geführt.
ʼhum· nanacan· irpat·ja cancta, du wirst von uns geführt.
nanaca ʼhumanacan· irpatama canc·pj·ta, wir werden von euch geführt.
ʼhumanaca nanacan· irpat·ja cancapj·ta, ihr werdet von uns geführt.

Sechstes Kapitel. Vom Verbum.

§ 55. Bei allen diesen Formen wird öfters das zweite passive **Participium**, welches auf *ui* endigt, vorgezogen; zugleich wird wie bei der einfachen passiven Konjugation die ganze Wurzel des Verbum substantivum — *canca* — synkopiert und die Flexionsendungen direkt an die Possessivsilben angefügt. Von dem Zeitwort *armajaña*, vergessen, lautet das zweite **Participium**

arm·jaui, vergessen,

da das zweite *a* in der Wurzel *arma* bei der Zusammensetzung mit der **Partikel** *ja* (*ka*) synkopiert wird. Davon:

arm·jaui-ha, von mir vergessen,
arm·jaui-ma, von dir vergessen,
arm·jaui-pa, von ihm vergessen,

welche Formen mit den Endungen der Konjugation verbunden werden:

1) *arm·jauima-t·hua*, ich bin von dir vergessen.
2) *arm·jauipa-t·hua*, ich bin von ihm vergessen.
3) *arm·jauiha-ta*, du bist von mir vergessen.
4) *arm·jauipa-ta*, du bist von ihm vergessen.
5) *arm·jauiha-hua*, er ist von mir vergessen.
6) *arm·jauipa-hua*, er ist von ihm vergessen.
7) *arm·jauissa-ta*, du bist von uns vergessen.
8) *arm·jauissa-hua*, er ist von uns vergessen.

Wir erinnern hier noch einmal daran, dafs bei den Formen, deren Subjekt die dritte Person ist (5 und 6), die Partikel *hua* das Verbum substantivum vertritt, während sie bei 1 und 2 nur euphonisch statt der Endung *ta* steht:

1) *arm·jauima-pj·ta*, wir von dir oder euch.
2) *arm·jauipa-pj·ta*, wir von ihm oder ihnen.
3) *arm·jauiha-pj·ta*, ihr von mir.
4) *arm·jauipa-pj·ta*, ihr von ihm oder ihnen.
5) *arm·jauiha-pje*, sie von mir.
6) *arm·jauima-pje*, sie von dir oder euch.
7) *arm·jauipa-pje*, sie von ihm oder ihnen.
8) *arm·jauissapj-ta*, ihr von uns.
9) *arm·jauissapje*, sie von uns.

Aus den beiden letzten Formen (8 und 9) ist ersichtlich, dafs hier die inklusive Possessivendung *ssa* bei einem exklusiven Verhältnis angewendet worden ist.

In derselben Weise wie die vorstehenden könnten Formen für sämtliche Zeiten und Arten gebildet werden, doch geschieht solches nur sehr selten, da ja überhaupt im Aimarà wie auch im Keshua das Passivum wenig angewendet und statt dessen lieber aktive Formen gebraucht werden, also z. B. statt

arm·jauima-riscata, ich würde von dir vergessen worden sein,

lieber gesagt wird:

arm·je-rictamana, du würdest mich vergessen haben,

oder noch kürzer:

arm·je-ristam, du würdest mich vergessen.

§ 56. Manche unpersönliche Zeitwörter, welche physische oder moralische Empfindungen ausdrücken, werden in der kombinierten Form konjugiert. Dergleichen Zeitwörter werden vielfach auch in unserer Sprache als unpersönlich aufgefafst:

taajito, es friert mich.   *lupijito*, es ist mir heifs.
usuto, es thut mir weh.   *ḱaḱaputo*, mich drückt der Alp.
autjito, mich hungert.   *carijito*, ich bin müde.
huanjito, mich dürstet.

§ 57. Die Neigung, eine durch ein Zeitwort ausgedrückte Thätigkeit auszuüben, wird durch die Partikel *hacha* angedeutet, welche zwischen Wurzel und Flexionsendungen tritt:

mankaña, essen; *manka-hacha-ña*, Lust zu essen haben.

iquiña, schlafen; *iqui-hacha-ña*, schläfrig sein.

Diese Zeitwörter werden gleichfalls als unpersönliche betrachtet und auf kombinierte Weise konjugiert:

mankaḣachito, ich habe Lust zu essen.

iquiḣachito, ich bin schläfrig.

iquiḣachatam, du bist schläfrig.

Sehr oft wird an die Endung *-ito* noch die Partikel *hua* gefügt:

iquiḣachitohua, ich bin schläfrig.

§ 58. Die Zurückbeziehung der Handlung auf die ausübende Person bei den Zeitwörtern, die in den europäischen Sprachen als reflexive oder reziproke bezeichnet werden, wird im Aimarà durch die Partikel *si* angedeutet, welche an den Verbalstamm tritt. Die Flexionsendungen bleiben dabei unverändert.

nuaña, schlagen; *nuasiña*, sich schlagen.

maillaña, waschen; *maillasiña*, sich waschen.

Von der Verneinung in der Konjugation.

§ 59. Im Aimarà wird wie im Keshua, und unter den europäischen Sprachen im Französischen, die Negation ausgedrückt durch ein Adverbium, welches vor dem Verbum steht, und eine Verneinungspartikel, welche im Satze nach dem Verbum gesetzt wird, entweder unmittelbar mit diesem verbunden oder an ein anderes Wort angefügt, welches betont werden soll. In letzterem Falle ist es nicht immer erforderlich, daſs dieser Ausdruck hinter dem Zeitwort seinen Platz habe, sondern beide Elemente der Negation, Adverbium und Partikel, können vor dem Zeitwort stehen. Das Adverbium der Verneinung ist *hani*, in welchem Worte das *i* am Ende oft synkopiert wird: *han·*. Die negative Affixpartikel ist *-ti*, welche dem Keshua-*chu* entspricht.

luraña, machen; *naya lur·ta* oder *lur·t·hua*, ich mache.

hani lur·ta-ti, ich mache nicht. *hani lur·tan-ti*, wir (inkl.).
hani lur·ta-ti, du machst nicht. *hani lurapſta-ti*, wir (exkl.).
hani luri-ti, er macht nicht. *hani lurapſta-ti*, ihr.
 hani lurapſe-ti, sie.

Von der Frage.

§ 60. Der fragende Sinn eines Satzes wird entweder durch ein interrogatives Pronomen, Adverbium oder Verbum angedeutet oder, wo ein solches fehlt, durch Anfügung der Partikel *ti* an das Zeitwort des Satzes, zuweilen auch an ein anderes Wort, welches hervorgehoben werden soll.

kitis· utan·ja utji, wer wohnt in dem Hause?
kauquin·s· utj·ta, wo wohnst du?
acan· utj·ta-ti, wohnst du hier?

Soll der Ort besonders betont werden, so sagt man:

acan·ti utj·ta, hier wohnst du?

Bei negativen Fragen wird *ti* mit *hani* verbunden und oft synkopiert:

haniti huti, kommt er nicht?
hanit· iqu·ta, schläfst du nicht?

Vom unregelmäſsigen Zeitwort *saña*, sagen.

§ 61. Dieses Zeitwort ist gegenwärtig das einzige mit einsilbiger Wurzel. Früher gab es noch ein zweites, *maña*, gehen, welches jetzt aber nur noch in Zusammensetzungen mit einigen Partikeln gebräuchlich ist. Die Unregelmäſsigkeiten in der Konjugation von *saña* sind nicht erheblich und beschränken sich auf das Präsens des Indikativs, den Imperativ und einige kombinierte Formen. Da jedoch dieses Zeitwort viel gebraucht wird und die regelmäfsig gebildeten Formen wegen der Einsilbigkeit der Wurzel fremdartig klingen, so geben wir dieselben gleichfalls.

saña, sagen.

Präsens.
Sing.: 'hist·hua, ich sage.
'hista
si-hua
Plur.: sapj·t·hua
sapj·ta
sapje.

Präteritum.
Sing.: sät·hua, ich sagte.
säta
san·hua
Plur.: sapjat·hua
sapjat·hua
san·hua oder
sapjataina.

Futurum.
Sing.: sähua, ich werde sagen.
sätahua
säni
Plur.: sapjähua
sapjatahua
sanihua.

Konjunktiv.
Sing.: sa'hana
samana
sapana
Plur.: sapjepana (inkl.)
sapjehana (exkl.)
sapj·pata
sapjepana.

Optativ, Präsens.
Sing.: sasma, möchtest du sagen.
saspa
Plur.: sapjsna
sapjsma
sapjaspa.

Optativ, Präteritum.
Sing.: sasamana, hättest du doch gesagt.
sasapana
Plur.: sapjasana
sapjasamana
sapjasapana.

Konditional, Präsens.
sirista, ich würde sagen.

Konditional, Präteritum.
siriscata, ich würde gesagt haben.

Imperativ.
sama, supa.

Gerundium.
sasina.

Participium activum.
siri.

Participium passivum.
sata.

Sechstes Kapitel. Vom Verbum.

saña, sagen.
Kombinierte Formen.

Präsens.
Ich dir: 'hisma
er dir: 'histam
du mir: sista
er mir: sito.

Du uns: sapjesta, sista
er uns: sapjesto, sisto.

Wir euch: sapj·sma
sie euch: sapj·tam
ihr uns: sapjesta, sista
sie uns: sapjeto, sito.

Präteritum.
Ich dir: samana
er dir: sat·mana
du mir: 'histista
er mir: 'histito.

Du uns: sap·tapjesta
   'histapjesta, 'histista
er uns: saptapjeto, 'histapjeto.

Wir euch: sapj·sma
sie euch: sapj·tam
   'histapj·tam
ihr uns: sapjesta, sistapjesta
sie uns: 'histapjeto, sistapjeto.

Futurum.
Ich dir: sama
er dir: satam
du mir: sitata
er mir: sitani.

Du uns: sapjetata
er uns: sistani.

Futurum.
Wir euch: sapjama
sie euch: sapjatam
ihr uns: sapjetata
sie uns: sapjestani.

Optativ, Präsens.
Du mir: sitasma
er mir: sitaspa
er dir: sitaspa.

Optativ, Präteritum.
Du mir: sitasamana
er mir: sitasapana
er dir: sitasapana.

Konditional.
Ich dir: sirisma
er dir: siristam
du mir: 'hisquitasma
er mir: 'hisquitaspa.

Konditional, Präteritum.
Ich dir: siriscasamana
er dir: siriscatapana
du mir: sistitasamana
er mir: sistitasapana.

Imperativ.
Du mir: sita
er mir: sit·pan
er dir: 'histpan.

Du uns: sapjeta
er uns: sapjet·pan
sie dir oder euch: sistpan.

§ 62. Zum Schlusse dieses Kapitels lassen wir ein Verzeichnis der Zeitwörter folgen, deren Wurzeln als Basis der mit Partikeln zusammengesetzten dienen, von denen später im Kapitel über die Wortbildung ausführlich gehandelt wird.

Dieses Verzeichnis enthält die primitiven Zeitwörter, die sich in Bertonios Wörterbuch finden. Neben der Infinitivendung ist bei allen die der ersten Person des Präsens bemerkt, da deren Synkopierung für die übrigen Konjugationsformen mafsgebend ist. Diejenigen Zeitwörter, welche gegenwärtig in La Paz nicht mehr gebräuchlich sind, sind mit einem Sternchen bezeichnet.

Aya-ña, ai·t·hua, tragen (lange Gegenstände).
aka-ña, ak·t·hua, wachsen, sich vermehren.
achu-ña, ach·t·hua, im Munde haben.
achuña, ach·t·hua, niefsen.
ajaña, aj·t·hua, zanken, schelten.
ahuatiña, aut·t·hua, das Vieh weiden.
alaña, al·t·hua, kaufen.
aliña, al·t·hua, wachsen (Pflanzen).
allkaña, allk·t·hua, fehlen, auslassen.
alliña, allit·hua, umrühren.
allpiña, allp·t·hua, nafs werden.
amjasiña, amjast·hua, sich erinnern.
*amahuaña, lieben.
amjaña, amj·t·hua, Ekel, Verdrufs empfinden.
amutaña, amt·t·hua, an etwas denken.
anaña, an·t·hua, führen, treiben.
anataña, anat·t·hua, spielen.
aniña, an·t·hua, den Beischlaf ausüben.
*ansaña, abfordern, mahnen.
*antiña, lieben, heftig begehren.
apaña, ap·t·hua, tragen, bringen.
ariña, ar·t·hua, zum erstenmal brauchen.
aruña, ar·t·hua, tönen, singen.
(*arusiña, arust·hua,* sprechen.)

arcaña, arc·t·hua, folgen.
*arcuña, aufhäufen.
armaña, arm·t·hua, vergessen.
*arpťaña, sich beugen, demütigen.
asaña, as·t·hua, tragen (irdene Gefäfse).
atamaña, atamt·hua, berichten.
atiña, at·t·hua, schliefsen (die Thür mit Steinen).
atiña, at·t·hua, bezwingen.
aihuiña, aint·hua, zu Vielen gehen.
*aicuña, klagen.
*aimaña, nach alter Weise tanzen.
ainiña, aint·hua, murren.
*airaña, falsch weben.
aitiña, ait·t·hua, spülen.
ccaña, cc·t·hua, tragen (gewebte Stoffe).
*ckaña, blühen.
cujaña, cuj·t·hua, auftragen.
iaña, it·hua, mahlen, zerreiben.
iquiña, ic·t·hua, schlafen.
ichiña, icht·hua, sich mit etwas beschäftigen.
ichuña, icht·hua, tragen (auf den Armen).
imaña, im·t·hua, verbergen.
inaña, in·t·hua, müfsig sein.
*inocaña, hineinlegen, schütten.

*incaña, anfassen, betasten.
intuña, int·t·hua, inständig bitten, fordern.
*intuña, kämpfen, streiten.
iñaña, iñ·t·hua, durchwaten.
ipiña, ip·t·hua, im Traume sehen.
iraña, irt·hua, tragen (kleine Gegenstände in den Händen).
iraña, arbeiten, rasch gehen.
irpaña, irp·t·hua, führen.
isapaña, isp·t·hua, hören.
ituña, it·t·hua, tragen (grofse Gegenstände).
okoña, ok·t·hua, mit vollem Munde essen.
oje-ña, Wellen schlagen.
ujoña, uj·t·hua, husten.
*ullaña, sehen.
uñaña, uñj·t·hua, sehen.
umaña, um·t·hua, trinken.
umcaña, umc·t·hua, Speisen im Munde haben.
umchiña, umch·t·hua, den Schnupfen haben.
umpiña, ump·t·hua, sich verlieren.
uñiña, uñisiña, uñist·hua, hassen.
usaña, ust·hua, sich bemühen.
usuña, ust·hua, krank sein.
utjaña, ut·t·hua, sich befinden, sitzen.
*yacaña, einen Zauberer befragen.
yakaña, yak·t·hua, pissen.
yahuiña, yau·t·hua, schneiden, mähen.
*yaquiña, strecken.
yayuña, yai·t·hua, wegwerfen.
*yampaña, zurichten.
yanaña, yan·t·hua, versuchen.
yapiña, yap·t·hua, anbinden.
yatiña, yat·t·hua, wissen.
*yupaña, fackeln, Feuer bringen.

yuriña, yur·t·hua, geboren werden.
*caichuña, schleppen.
caihuiña, cayut·hua, umrühren.
callaña (callaraña), call·t·hua, der erste sein, anfangen (kallaña).
callaña, tragen (mehrere zusammen).
*callcaña, Schwielen an den Füfsen bekommen.
callchaña, callch·t·hua, den Mais ernten.
camaña, cam·t·hua, sich beschäftigen, erschaffen, messen.
cancaña, canc·t·hua, sein.
cancaña, canc·t·hua, braten.
*canqueña, sich hervorthun.
carcuña, carc·t·hua, verbannen.
catuña, cat·t·hua, nehmen.
cuchuña, cuch·t·hua, schneiden.
*culaña, bohren.
*cumpaña, säumen.
cumpuña, cump·t·hua, sich bücken.
cusiña, cusisiña, cusist·hua, sich freuen.
cutiña, cut·t·hua, umwenden, zurückkommen.
*quicuña, singen, musizieren.
*quichuña, traurig sein.
quillpiña, quillp·t·hua, niederknien.
quirquiña, quirc·t·hua, springen, tanzen.
*quirpaña, zudecken.
kaaña, kayaña, kai·t·hua, Wolle zupfen.
kaihuiña, kayu·t·hua, umrühren.
kachaña, kach·t·hua, lange Schritte machen.
kachuña, kach·t·hua, schleppen, schleifen.
kallaña, kalltaña, kall·t·hua, anfangen.

kamiaña, kami·t·hua, beobachten, spionieren.
kapaña, kap·t·hua, langsam gehen (von Kindern).
kapuña, kap·t·hua, spinnen.
kariña, kar·t·hua, müde sein.
karpaña, karp·t·hua, bewässern.
katatiña, schleppen.
kataña, kat·t·hua, schweben.
katiña, gar sein (das Essen).
*kausaña, zusammen gehen.
kellkaña, kellk·t·hua, zeichnen, schreiben.
koikoña, koik·t·hua, seufzen, sich sehnen.
kollaña, koll·t·hua, kurieren.
kollmuña, kollm·t·hua, kauen.
kolluña, koll·t·hua, aufhören.
kompiña, komp·t·hua, fein weben.
konuña, kon·t·hua, sich setzen.
*kootaña, donnern.
*kotuña, Vieh treiben.
kokoña, kok·t·hua, einreifsen.
kolltuña, kollt·t·hua, brüllen.
komaña, komt·hua, unter dem Arme tragen.
*korpaña, ächzen.
*hoskoña, schmelzen.
*kuruña, gierig essen.
kuscuña, kusc·t·hua, malen.
ƙakuña, ƙaj·t·hua, raspeln.
ƙahuaña, ƙaw·t·hua, tanzen.
ƙahuiña, ƙaw·t·hua, Früchte essen.
ƙariña, ƙar·t·hua, zerschneiden.
ƙespiña, ƙesp·t·hua, sich retten.
*ƙesuña, zurückweisen.
ƙetiña, ƙet·t·hua, stofsen.
ƙihuiña, ƙiw·t·hua, umdrehen (den Kopf, die Spindel).
ƙisƙuña, ƙist·t·hua, kauen.

kitaña, kit·t·hua, schicken.
kolliña, koll·t·hua, das Feld bearbeiten.
konaña, kon·t·hua, mahlen.
kopaña, kop·t·hua, waschen (den Kopf).
*kosmiña, sich ärgern.
*kuitaña, pfeifen.
kuyuña, kuit·hua, das Korn werfeln.
kuyaña, kuit·hua, wohlthätig sein.
*ƙaihuiña, denken, überlegen.
*ƙaitaña, trübe werden.
*ƙajaña, Löcher graben.
*ƙakiña, murmeln.
*ƙakoña, belästigen.
ƙajraña, ƙajr·t·hua, zerren.
ƙajroña, ƙajro·t·hua, zerbrechen.
*ƙajtaña, drängen, drücken.
*ƙaliña, glänzen.
ƙamiña, ƙamito, wehe thun.
ƙanaña, ƙan·t·hua, das Haar flechten.
ƙanchaña, ƙanch·t·hua, leuchten.
ƙantiña, ƙant·hua, drehen.
ƙapuña, ƙap·t·hua, mit einem Stocke schlagen.
ƙapiña, ƙap·t·hua, befühlen, drücken. (*ƙapisiña, ƙapist·hua*, sich erzürnen.)
*ƙapuña, abbrechen (die Spitze).
ƙaraña, ƙar·t·hua, tragen (glühende Kohlen).
ƙariña, ƙar·t·hua, lügen.
*ƙasaña, klagen, ächzen.
*ƙaskiña, vollstopfen.
ƙaspaña, ƙasp·t·hua, sengen.
*ƙelliña, wenden (den Kopf).
ƙemiña, ƙemt·hua, sich stützen.
ƙehuiña, ƙew·t·hua, drehen.
ƙechiña, ƙech·t·hua, schöpfen.
*ƙikuña, flechten (das Haar).
ƙichiña, ƙich·t·hua, zwicken.

ḱiruña, ḱir·t·hua, mit einem Stricke anbinden.
ḱilaña, ḱil·t·hua, pflücken.
ḱisuña, ḱis·t·hua, glätten.
ḱisḱuña, ḱisḱ·t·hua, schüren.
ḱochuña, ḱoch·t·hua, singen.
*ḱolltaña, ausschlagen (Tiere).
ḱootaña, prasseln (das Feuer).
*ḱoslluña, murmeln, murren.
*ḱoluña, ausraufen (Haare).
ḱumiña, ḱum·t·hua, murren.
ḱumuña, ḱum·t·hua, sich bücken.
ḱupaña, ḱup·t·hua, hauen, schlagen.
*ḱutiña, achtgeben, sorgen.
chacaña, chac·t·hua, kreuzen.
*chamuña, kauen.
*chancuña, zurückwerfen.
*chapaña, Wasser stauen.
*chapuña, auslöschen.
*chariña, leihen.
*chellkeña, schreiten.
chillaña, chill·t·hua, zustopfen.
chinoña, chin·t·hua, knüpfen.
chucuña, chuc·t·hua, kochen.
chuchaña, chuch·t·hua, ohne Überlegung schwatzen.
chujuña, chuj·t·hua, schaukeln.
chulluña, chull·t·hua, schmelzen.
*chuncaña, stoſsen (mit den Ellbogen).
churaña, chur·t·hua, geben.
čhakaña, čhak·t·hua, sich verlieren.
čhajchaña, čhajch·t·hua, plätschern, rauschen.
čhajmaña, čhajm·t·hua, durchsuchen.
čhajraña, čhajr·t·hua, zerren.
*čhallacaña, wechseln, tauschen.
čhallmaña, čhallm·t·hua, Erdklumpen zerschlagen.
čhamcaña, čhamc·t·hua, zerkleinern.

čhejniña, hassen.
čhichiña, einreiſsen.
čhijchiña, hageln.
čhillchiña, tanzen.
čhillquiña, keimen.
čhipiña, čhip·t·hua, blinzeln.
čhunkiña, in Haufen zusammengehen.
čhujchuña, wimmeln.
čhayaña, čhai·t·hua, spalten.
čhakaña čhak·t·hua, tropfen.
čhakuña, čhak·t·hua, klopfen.
čhahuaña, čhau·t·hua, nicken.
čhajeña, čhaj·t·hua, prügeln.
čhajchuña, čhajch·t·hua, benetzen.
čhajmiña, čhajm·t·hua, Kummer machen.
čhajruña, čhajr·t·hua, mischen.
čhallaña, čhall·t·hua, bespritzen.
čhallchaña; čhallch·t·hua, fettig sein.
čhamuña, čham·t·hua, saugen.
čhataña, čhat·t·hua, anklagen, verleumden.
čhejeña, čhej·t·hua, sich zerstreuen.
čhejtaña, čhej·t·hua, Steine behauen.
čhiaña, spalten.
čhihuiña, einen Schatten werfen.
čhijchiña, sich entfärben.
čhisiña, čhisito, ein brennendes Gefühl haben.
čhislliña, čhisll·t·hua, schwitzen.
čhocaña, čhoc·t·hua, binden (den Kopf).
čhuchuña, čhuch·t·hua, tränken, säugen.
čhuñuña, saugen.
čhuiña, einwickeln.
čhusaña, čhus·t·hua, abwesend sein.
čhusuña, čhus·t·hua, summen, auslaufen (Wasser).

*huakaña, zerzupfen, entwirren.
huakuña, huak·t·hua, umwälzen.
huachiña, huach·t·hua, anhaken.
huajlliña, huajll·t·hua, verderben.
*huakiña, erwärmen.
*hualaña, zusammenlaufen.
huallakeña, sieden, wallen.
huallpaña, huallp·t·hua, rüsten, bereiten.
huankaña, huank·t·hua, Gesänge anstimmen.
huaniña, huan·t·hua, sich bessern.
*huanqueña, erwarten.
*huanuña, versäumen.
*huantuña, auf einer Bahre tragen.
huaquiña, huac·t·hua, übereinkommen, passen.
huaracuña, huarac·t·hua, erschrecken.
huaraña, huar·t·hua, ausschütten.
huarariña, schreien, laut weinen.
huarcuña, huarc·t·hua, aufhängen.
*huarpuña, einzäunen.
*huasuña, versäumen.
hualaña, hual·t·hua, ausgestreckt liegen.
huataña, huat·t·hua, ausbessern.
huatecaña, huatec·t·hua, beobachten, verführen.
*huaihuaña, sich vermindern.
huaicaña, huaic·t·hua, fortreifsen.
huaicuña, huaic·t·hua, färben.
*huaikuña, kochen.
huayuña, huait·t·hua, hängen.
*huainaña, Almosen geben.
*huaitiña, aufhängen.
huicaña, huic·t·hua, kratzen.
huichiña, huich·t·hua, ausgraben, auskratzen.
huichuña, huich·t·hua, Durchfall haben.

huilliña, huill·t·hua, ausschütten.
huincuña, huinc·t·hua, liegen.
*huiscaña, Almosen geben.
huisiña, huis·t·hua, ausgiefsen.
huitiña, huit·t·hua, eilig gehen.
ʼhaichaña, ʼhaick·t·hua, streiten, prügeln.
ʼhailliña, ʼhaill·t·hua, frohlocken.
ʼhaimaña, ʼhaim·t·hua, das Feld bearbeiten.
ʼhaitaña, ʼhait·t·hua, lassen.
ʼhaituña, ʼhait·t·hua, rudern.
ʼhauiña, fliefsen.
*ʼhaukaña, geiseln, peitschen.
ʼhauraña, ʼhaur·t·hua, fliehen.
ʼhauriña, ʼhaur·t·hua, rösten.
ʼhacaña, ʼhac·t·hua, leben.
*ʼhakaña, ausspucken.
ʼhakoña, ʼhak·t·hua, wegwerfen.
ʼhakuña, ʼhak·t·hua, zählen.
ʼhakiña, ʼhaj·t·hua, finden.
ʼhachaña, ʼhach·t·hua, weinen.
ʼhajhuaña, ʼhajw·t·hua, im Topfe kochen.
ʼhajllaña, ʼhajll·t·hua, wählen.
ʼhajpuña, ʼhajp·t·hua, erstaunen.
ʼhajruña, ʼhajr·t·hua, sich erbrechen.
ʼhajsaraña, ʼhajsar·t·hua, sich fürchten.
*ʼhajsuña, sich verwandeln.
ʼhalaña, ʼhal·t·hua, fliegen, laufen.
ʼhaljaña, ʼhalj·t·hua, teilen.
*ʼhalliña, Nahrung suchen.
ʼhalluña, regnen.
ʼhallkaña, ʼhallk·t·hua, lecken.
ʼhallchiña, ʼhallch·t·hua, Coca kauen.
ʼhallpaña, ʼhallp·t·hua, lecken.
ʼhamaña, misten.
*ʼhamana, versäumen.
ʼhamuña, ʼham·t·hua, überlegen, erfinden.

Sechstes Kapitel. Vom Verbum.

ʻhampatiña, beten.
ʻhampiña, heilen.
ʻhampiña, ʻhamp·t·hua, rösten.
ʻhanaña, ʻhan·t·hua, zudecken.
hankiña, ʻhank·t·hua, nagen.
hapaña, ʻhap·t·hua, eine Schuld tilgen.
haraña, ʻhar·t·hua, binden.
hariña, ʻhar·t·hua, waschen.
harkaña, ʻhark·t·hua, hindern.
hasaña, ʻhas·t·hua, laufen.
hasiña, ʻhas·t·hua, jucken.
hatiña, ʻhat·t·hua, graben.
hatiña, ʻhat·t·hua, schwer sein.
hatuña, ʻhat·t·hua, sich beschäftigen, verstehen.
hatuña, säumen.
*ʻheukaña, verschlingen.
hekeña, ʻhek·t·hua, duften.
ʻhiukeña, rauchen, nach Rauch riechen.
ʻhikaña, ʻhik·t·hua, treiben.
ʻhikiña, ʻhik·t·hua, ausrupfen.
hihuaña, ʻhiu·t·hua, sterben.
hilaña, ʻhil·t·hua, wachsen.
*ʻhilluña, naschen.
hipiña, ʻhip·t·hua, auf dem Bauche liegen.
hiruña, ʻhir·t·hua, umrühren.
hiskaña, ʻhisk·t·hua, tragen (in der Hand).
hiskiña, hisk·t·hua, fragen.
hismaña, rot färben.
hispiña, erschöpft sein.
hitiña, ʻhit·t·hua, schleppen.
hitiña, ʻhit·t·hua, tragen, etwas Schweres.
ʻhokoña, ʻhok·t·hua, naſs machen.
*ʻhucaña, dasein, haben.
ʻhuchaña, ʻhuch·t·hua, schlürfen.
ʻhuchuña, ʻhuch·t·hua, zittern.

ʻhuluña, ʻhul·t·hua, rieseln.
ʻhullpuña, ʻhullp·t·hua, füllen.
*ʻhumchiña, im Munde tragen.
ʻhumpiña, ʻhump·t·hua, schwitzen.
*ʻhuncuña, im Tuche tragen.
*ʻhuniña, Vieh weiden.
ʻhunuña, stechen.
ʻhupiña, ʻhup·t·hua, lärmen.
*ʻhuaraña, zerbeiſsen.
ʻhurcuña, ʻhurc·t·hua, durchlöchern.
ʻhurkeña, ʻhurk·t·hua, ausgraben.
*ʻhusaña, zusammengehen.
*ʻhuskoña, springen.
ʻhutaña, ʻhut·t·hua, kommen.
ʻhutiña, ʻhut·t·hua, trennen.
*ʻhutuña, Ursprung nehmen.
lakuña, lak·t·hua, Sack tragen.
lajmaña, llajm·t·hua, durchsuchen.
*lampaña, auf der Bahre tragen.
lankaña, lank·t·hua, stolpern.
lantiña, aufwühlen, mit der Schnauze.
*lapaña, verbrennen.
laquiña, lac·t·hua, verteilen.
laruña, lar·t·hua, lachen.
*lasaña, besiegen.
*lascaña, folgen.
lataña, lat·t·hua, kriechen.
*lauriña, schwimmen.
lauhuiña, lau·t·hua, schwatzen.
laicuña, laic·t·hua, verwickeln.
lekeña, lek·t·hua, klopfen, schlagen.
lihuaña, liu·t·hua, verteilen.
*lijriña, wach sein.
lijuña, schimmern, glänzen.
limiña, lim·t·hua, drücken, mit der Hand.
locaña, loc·t·hua, messen.
luraña, lur·t·hua, machen.
llalliña, llall·t·hua, übertreffen.
llamcaña, llamc·t·hua, berühren.

*llamchiña, mischen.
llaquiña, llac·t·hua, betrübt sein.
llahuña, llau·t·hua, aufrollen.
llauchiña, llauch·t·hua, anmengen (Lehm).
llaulliña, llaul·t·hua, sich auf den Bauch legen.
llaichuña, llaich·t·hua, verwickeln, verwirren.
llimpiña, llimp·t·hua, erleuchten.
llojeña, lloj·t·hua, einreifsen, umstürzen.
lluchiña, lluch·t·hua, anstreichen.
lluckuña, lluch·t·hua, schinden.
lluchuña, lluch·t·hua, lassen.
llujuña, lluj·t·hua, fliegen.
llullaña, llull·t·hua, betrügen.
llumchiña, llumch·t·hua, überschwemmen.
*llumiña, fortreifsen.
llunkuña, llunk·t·hua, polieren.
llupaña, llup·t·hua, zustopfen.
*llupuña, bestechen.
llutaña, llut·t·hua, beschmieren (mit Lehm).
machaña, mach·t·hua, sich betrinken.
*makeña, rund tanzen.
majuña, maj·t·hua, düngen.
mala-ña, verwelken.
*maluña, hineingehen.
malliña, mall·t·hua, kosten.
mallquiña, malle·t·hua, pflanzen.
mankaña, mank·t·hua, essen.
manuña, man·t·hua, borgen.
*mapuña, Unzucht treiben.
markaña, mark·t·hua, auf den Armen tragen.
*mariña, fliehen.
*maña, gehen.
*maihuaña, wohl thun.

maijtaña, maij·t·hua, mifstrauen.
maillaña, maill·t·hua, waschen.
maiña, mai·t·hua, fordern.
maituña, mait·t·hua, aufwickeln.
michiña, mick·t·hua, Pfeile schiefsen.
millkuña, millk·t·hua, drehen, zwicken.
minkaña, mink·t·hua, mieten.
miraña, mir·t·hua, sich vermehren.
*mirmaña, wegnehmen.
mistuña, mist·t·hua, herausgehen.
mitaña, mit·t·hua, entwirren.
*miticaña, fliehen.
mukaña, muk·t·hua, mit der Faust schlagen.
mukuña, muk·t·hua, Mais kauen.
*mullmaña, reinigen.
mulliña, mull·t·hua, kriechen.
munaña, mun·t·hua, wollen, lieben.
mukiña, muj·t·hua, riechen.
mujuña, muj·t·hua, düngen.
muspaña, musp·t·hua, betäubt sein.
mutaña, mut·t·hua, gerade richten.
nakaña, nac·t·hua, brennen.
nuaña, nu·t·hua, schlagen.
nukuña, nuj·t·hua, stofsen.
ñacaña, ñac·t·hua, verfluchen.
ñachaña, ñach·t·hua, anbinden.
*ñataña, klagen, ächzen.
*ñatuña, anmengen.
ñokeña, ñok·t·hua, herausreifsen.
ñujnuña, leise gehen.
ñuñuña, ñuñ·t·hua, säugen.
ñusaña, ñus·t·hua, stinken.
ñuskuña, festwurzeln.
pakariña, pakar·t·hua, entstehen, geboren werden.
pallaña, pall·t·hua, auflesen, sammeln.
pallkaña, pallk·t·hua, sich teilen.

palltaña, pallt·t·hua, obenauf legen.
*pancuña, umwerfen.
panquiña, sich zusammenziehen.
pantaña, pant·t·hua, irren.
paquiña, pac·t·hua, zerbrechen.
pariña, par·t·hua, erwärmen.
pasaña, zu Asche verbrennen.
*pasuña, versäumen.
pataña, anstauen (Wasser).
*paullaña, beendigen.
pauiña, pau·t·hua, abwickeln.
paulaña, paut·t·hua, sich brüsten.
pekaña, pek·t·hua, mahlen.
pichaña, pich·t·hua, wischen.
pichuña, pich·t·hua, eine Öffnung zubinden.
pituña, pit·t·hua, umrühren.
pulchiña, im Wasser waten.
pumpiña, an der Sonne trocknen.
puriña, pur·t·hua, ankommen.
*putaña, endigen.
p'ayaña, p'ai·t·hua, kochen.
p'ahuaña, p'au·t·hua, Samen ausstreuen.
p'ajsaña, trocknen, abtrocknen.
p'ajtaña, sprudeln, brausen.
p'alaña, p'al·t·hua, bohren.
p'allaña, p'all·t·hua, platzen.
*p'ancaña, kennen.
*p'ancuña, Fleisch kochen.
p'ankaña, p'ank·t·hua, zerbrechen.
p'aptaña, versinken.
p'asaña, p'as·t·hua, lockern.
p'ataña, p'at·t·hua, schneiden.
*p'atiña, fliehen.
p'ichaña, Holz auf das Feuer werfen.
*p'illmiña, Blutfluss haben.
p'inchaña, Erdklumpen umwenden.
p'iscuña, p'isc·t·hua, salben.
*p'ituña, Holz zerbrechen.

p'okeña, p'ok·t·hua, nass werden.
p'ojoña, p'ojosqui, stark regnen.
p'utuña, p'ut·t·hua, quetschen.
p'ukaña, aufschwellen.
p'ukiña, p'uk·t·hua, auf dem Rücken tragen.
p'urcaña, p'urc·t·hua, Fleisch braten.
p'usaña, p'us·t·hua, blasen.
p'utiña, p'ut·hua, kochen.
*p'achuaña, nachdenken.
*p'ajchaña, umstürzen.
p'ajtaña, erschrecken.
*p'allchaña, glänzen.
p'ampaña, p'amp·t·hua, mit Erde bedecken, begraben.
*p'arpaña, stampfen.
p'aspaña, aufplatzen, die Haut von der Kälte.
p'iaña, bohren.
p'itaña, Streifen weben.
p'itjaña, bersten.
p'ituiña, p'itu·t·hua, sorgen.
p'uiruña, die Schultern beladen.
saña, hist·hua, sagen.
*sainaña, auf dem Rücken tragen.
saitaña, sait·t·hua, stehen.
sakana, sak·t·hua, schlagen.
*sakuña, stark trinken.
samaña, atmen, ausruhen.
samcaña, träumen.
*sampana, niederbeugen.
sanuña, san·t·hua, kämmen.
saraña, sar·t·hua, gehen.
sasiña, fasten.
sataña, säen.
satiña, untergehen, zerstören.
sekeña, Linien ziehen.
sikaña, zerzupfen.
sichiña, sich bemühen.
sichiña, entblättern.

*sihuaña, Kartoffeln ausziehen.
sillḱuña, einfädeln.
siraña, nähen.
sisaña, sich vollstopfen.
sokaña, tanzen (der Vornehmen).
suaña, verwelken.
*sucaña, Furchen ziehen.
suchuña, zittern (Furcht, Kälte).
suḱaña, suḱ·t·hua, falten.
*sulaña, anstreichen.
sullaña, sull·t·hua, fortschleppen.
*sullpaña, röcheln.
*sullḱaña, ausgleiten.
sullḱuña, sullḱ·t·hua, einfädeln.
sulluña, sull·t·hua, eine Fehlgeburt haben.
*suntuña, aufhäufen.
sunḱiña, geboren werden.
*susiña, sich vertraulich behandeln.
susuña, sus·t·hua, durchseihen.
*tainaña, zum erstenmale thun.
tahuiña, tau·t·hua, schwatzen.
talliña, tall·t·hua, ausschütten, Körner.
tancaña, tanc·t·hua, stofsen.
tantaña, zusammen kommen.
taquiña, tac·t·hua, treten.
tapiña, tap·t·hua, auf dem Wege zurücklassen.
*tarsaña, gespannt sein.
tauña, tau·t·hua, schwimmen.
tilaña, til·t·hua, in Reihen stellen.
tincuña, tinc·t·hua, fallen.
tucuña, zu Ende gehen.
*tuliña, zu machen verstehen.
tumaña, tumt·hua, umkreisen.
tupuña, tup·t·hua, messen.
tusuña, tus·t·hua, aufhören.
ḱayaña, kalt sein, windig sein.
ḱauiña, ḱau·t·hua, einwickeln.

ḱautiña, ḱaut·t·hua, beschimpfen.
ḱajtaña, ḱajt·t·hua, schelten.
ḱajmaña, suchen.
ḱajsiña, gründen.
ḱakaña, ḱak·t·hua, suchen.
ḱalaña, ḱal·t·hua, rütteln.
ḱalmaña, durchsuchen.
ḱalliña, ausschütten (Wasser).
ḱallmiña, hinten ausschlagen.
ḱamaña, umhertasten.
ḱaniña, aufhören.
*ḱapaña, ausbessern.
ḱauiña, ḱau·t·hua, umrühren, kleine Sachen.
*ḱailliña, treten, den Staub aufwühlen.
ḱejeña, ḱej·t·hua, ausfüttern (Koffer).
*ḱijmiña, bestreichen.
ḱokuña, tanzen, springen.
ḱokeña, verschlingen.
ḱojriña, einreifsen.
ḱuju-ña, das Feuer auslöschen.
ḱumiña, ḱum·t·hua, jäten.
ḱuniña, einstürzen.
ḱuncuña, hüpfen.
*ḱupaña, feilen, glätten.
*ḱuriña, feststehen.
ḱusaña, ḱus·t·hua, ausspucken.
ḱujsaña, ḱujs·t·hua, stinken.
ḱakaña, abreifsen (eine Feder).
ḱakeña, ḱak·t·hua, sich beklagen.
ḱacuña, unterlassen.
ḱajraña, schleifen.
ḱajsaña, ḱajs·t·hua, waschen.
ḱajtaña, aufgeregt sein.
ḱamaña, sauer werden.
*ḱarpuña, aufhören (Wind).
ḱikiña, die Haare zusammenbinden.
ḱillmiña, schaben, glätten.
*ḱimuña, gleich machen.

linkaña, Nasenstüber geben.
liriña, feststecken (Nadel).
*liluña, wegnehmen.
lisaña, Wolle reinigen.
lisnuña, auf Fäden reihen.
lojeña, *toj·t·hua*, schimpfen.

lokeña, *lok·t·hua*, sich zerstreuen.
lucuña, ohnmächtig werden.
lunaña, zerkleinern.
luruña, nagen.
*luluña, zögern.

SIEBENTES KAPITEL.
Von den Postpositionen.

§ 63. Die adverbialen Wörter, welche zur Erläuterung der Handlung eines Zeitwortes in Beziehung auf Gegenstände, oder zur Erklärung der Verhältnisse von Gegenständen untereinander dienen, werden in den europäischen Sprachen dem Hauptworte vorgesetzt und daher Präpositionen oder Vorwörter genannt. Im Aimarà stehen diese Verhältniswörter wie in anderen amerikanischen Sprachen hinter dem Hauptwort, heißen deshalb Postpositionen und könnten mit einem deutschen Ausdruck Nachwörter genannt werden. Dieselben unterscheiden sich jedoch nicht bloß durch ihre Stellung im Satze von unseren Vorwörtern, sondern auch durch die Art ihrer Verbindung mit dem Substantiv, dessen Verhältnisse sie näher bestimmen. In unserer Sprache steht das mit einem Vorwort verbundene Hauptwort in einem gewissen Kasus, oder wie man zu sagen pflegt: die Präposition regiert einen Kasus. Die Postpositionen des Aimarà dagegen dienen eigentlich nur dazu, gewisse Kasus der Deklination noch näher zu bestimmen. Sie treten daher zwischen das Substantiv und dessen Deklinationsendungen, oder vielmehr, diese letzteren werden an die Postpositionen angefügt.

Die als Postpositionen gebrauchten Wörter sind teils Adverbien, teils ihrer ursprünglichen Bedeutung nach Substantive.

Substantive sind:

naira, die Augen.
muyu, *muita*, der Kreis.
pata, die Tafel, Oberfläche.

toque, der Ort, die Gegend.
taipi, die Mitte.
lanti, der Stellvertreter.

Adverbien sind:

čhina, hinter. manka, unter, gegen.
kepa, hinter. anka, aufserhalb.
ʼhaka, nebenbei. ʼhalaya, unter.
ʼhaya, fern. kata, jata, über, gegen.
łia, fern. cata, gegen.

§ 64. Die Postpositionen können mit den Substantiven auf dreierlei Weise verbunden werden.

1) Sie werden für sich allein hinter das Substantiv gesetzt, was nur bei den adverbialen zulässig ist:

marca ʼhaka (marca-ja ʼhaka-hua), nahe beim Ort.
čhunchunac·jata, gegen die Wilden.

2) Die Postpositionen werden mit Deklinationsendungen verbunden und zwar mit den Kasus der Bewegung *ro, ta, cama* und mit dem Kasus der Ruhe *na*:

kota muita-na, um den See herum.
uta patan·hua, auf dem Hause.

3) Die Postpositionen werden als Substantive behandelt, welche Possessiv- und Deklinationsendungen annehmen, während das Hauptwort selbst in den Genitiv tritt:

nayan· kepaʼhana, hinter mir.
ʼhupan· nairaparo, vor ihn hin.

Wie mit Deklinationsendungen können auch die Postpositionen untereinander verbunden werden, wie sogleich bei Anführung der einzelnen angegeben werden wird.

§ 65. 1) ʼhaka, neben, bei, nahebei; mit Possessivpartikeln verbunden:

ʼhaka-ʼha, ʼhak·ja, bei mir, in meiner Nähe.
ʼhaka-ma, bei dir.
ʼhaka-pa, bei ihm.
ʼhaka-ssa, bei uns.
ʼhakaʼha-ro, ʼhakama-ro, ʼhakapa-ro, ʼhakassa-ro, nach meiner, deiner, seiner, unserer Gegend hin.
ʼhakaʼha-ta, aus meiner Nähe.
ʼhakaʼha-cama, bis in meine Nähe.
ʼhakaʼhu-na, in meiner Nähe.
marka ʼhaka-na, nahe beim Ort.
uta ʼhaka-ro, nach der Nähe des Hauses hin.

kota 'haka-cama, bis nahe an den See.

'hahuira 'haka-ta, aus der Nähe des Flusses.

2) *'haya*, fern:

acat· 'hayan· utji, er wohnt weit von hier.

chachaja marcapat· 'hayaru-hua sarje utjiri, der Mann ließ sich fern von seinem Orte nieder.

3) *naira*, vor, in Beziehung auf Ort und Zeit, wird oft mit Possessiven verbunden:

laqui ja mà 'hiska kollo nairapan· sari, der Weg führt an einem kleinen Hügel vorbei.

luntata apuna nairaparu irpapjataina, sie brachten den Dieb vor den Richter.

Das Substantiv, mit welchem eine substantivische Postposition verbunden wird, sollte der Regel gemäß eigentlich stets in den Genitiv treten, wie dies bei *apuna* geschehen ist, allein oft läßt man es unverändert wie im ersten Satze *kollo*.

Gleiche Bedeutung mit *naira* haben die Postpositionen *taya* oder *tia*, welche aber jetzt außer Gebrauch gekommen sind.

4) *china*, nach, hinter, in Beziehung auf leblose Gegenstände und Tiere, ursprünglich auch bei Personen, bei welchen jedoch gegenwärtig nur die folgende Postposition (*'kepa*) gebraucht wird:

pirka chinaru apantam, lege es hinter die Wand.

Zuweilen wird auch *'hikani*, der Rücken, als Postposition statt *china* benutzt:

kollo 'hikani-cama, bis hinter den Berg.

5) *'kepa*, nach, hinter, in Beziehung auf Ort und Zeit; dem Keshua entlehnt, jetzt viel häufiger gebraucht als *china*, besonders in Beziehung auf Personen:

'hilaha nayan· 'kepahan· utjascana, mein Bruder saß hinter mir.

puncu 'keparu; puncun· 'kepaparu, hinter der Thür.

6) *manka*, unter, unterhalb:

mankaro, nach unten; *mankana*, unten; *mankata*, von unten.

7) *halai, alai*, oben, oberhalb, selten allein gebraucht, meist in Verbindung mit *toque* und *pata*.

8) *anka, 'hanka*, außerhalb:

uta ankana, außerhalb des Hauses.

'haniu 'kitisa uyu anka mist·can·ti, niemand ging aus dem Hofe hinaus.

9) *toke*, nach, in der Richtung hin:
   aca toke, diesseits.
   curi toke, jenseits.
   naira toke, gegenüber.
   alai toke, nach obenhin.
   ʻhahuiran· aca tokena, diesseits des Flusses.
   ʻhahuiran· aca tokeru, von diesseits des Flusses her.
   kollonacan curi tokena, jenseits der Berge.
   ʻkunu kollo aca toke-ja uraque ancha ʻayahua, diesseits der Schneeberge ist das Land sehr kalt.

10) *cata*, bedeutet dasselbe wie *toke*: nach, hin.
    chokeyapu cata, nach La Paz zu.
    aca cata, diesseits; *cur·cata*, jenseits.
    naira cata, gegenüber.
Bedeutet *cata* gegen im feindlichen Sinne, so wird das *c* aspiriert, also zu *jata*:
    chunchunac·jata, gegen die Wilden.

11) *taipi*, mitten, zwischen:
    pallkanaca taipina, inmitten der Zweige.
    kokonac· taipina maa nina un·s·tana, inmitten der Bäume sah man ein Feuer.
    ʻhakenaca taipina maa huainaja mistuna, aus der Mitte der Leute trat ein Jüngling.

12) *pura*, zwischen, unter:
    marcani-puraja, unter Nachbarn.
    huilamas· puraja chajhuanaca utjiri-hua, zwischen Verwandten pflegt immer Streit zu sein.

13) *ja (ʻka)*, über:
    jaru (ʻkaru), darüber hin.
    jana (ʻkana), oben darauf.
    jata (ʻkata), von obenher.
    ʻkunu kollo jat·ja maa ʻhahuiraja mantasqui, oben von den Schneebergen herab kommt ein Fluss.

14) *pata*, obenauf:
    uta patan·hua, auf dem Hause.
    pirka pataru, oben auf die Wand.
pata wird sehr oft mit *ja* verbunden:
    pat·ja, pat·jana, pat·jaru, pat·jata;

auch mit *alai*, *ʼhalai*, oben:

alai patanˑ, alai pataru, alui patata.

15) *muita, muyu*, ringsum:
kota muitanˑju totorahua ali, rings um den See wächst Schilf.
uyu muyru ʼhalana, er lief um den Hof herum.

16) *pacha*, anstatt:
choke pachanˑ yauri churito, statt Gold gab er mir Kupfer.
yancanaca ʼhackˑpachanˑja larupje, die bösen Menschen lachen statt zu weinen.

17) *lanti* (das dem Keshua entlehnte *ranti*) wird wie *pacha* gebraucht.

ACHTES KAPITEL.
Von den Adverbien.

§ 66. Durch die Adverbien wird entweder Ort und Zeit der Handlung angegeben, oder die Art der Thätigkeit des Verbums näher bestimmt; ferner kann durch sie angedeutet werden, ob der Inhalt des Satzes bejahend oder verneinend, unbestimmt, zweifelhaft oder fragend ist; endlich dienen die Adverbien, um den Grad der Adjektive zu bezeichnen. Man unterscheidet demnach Adverbien des Ortes, der Zeit und der Art; ferner affirmative, negative, dubitative und interrogative. Nur einige Adverbien sind einfache Wurzeln, die meisten sind zusammengesetzte Ausdrücke.

Adverbien des Ortes.

§ 67. Viele derselben haben wir bereits in dem Kapitel über die Postpositionen kennen gelernt. Die Wurzelwörter sind folgende:

ʼhaka, nahe.   *ʼkepa*, hinten.
ʼhaya, fern.   *manka*, unten.
naira, vorn.   *alai*, oben.
ʼaya, vorn.   *anʼka*, aufsen.
china, hinten.

Diese Adverbien werden nur selten in dieser einfachen Form gebraucht, sondern fast immer zu ihrer näheren Bestimmung mit den Deklinationsendungen des Lokativs, Ablativs, Illativs und Terminativs versehen. Da der Accusativ gleich dem Illativ die Richtung anzeigen kann und dieser im Aimarà keine besondere Endung hat, so stehen sie in diesem Falle allein oder mit *toke* (auch *cata*) verbunden:

'haya sarana, er ging weit weg.
naira uñanim, blicke gerade aus (naira toke).
nairacat· saram, gehe voraus.
'haka-ru, nahehin.
'haka-ta, von naheher.
'haka-cama, bis nahehin.
'haka-na, nahebei.

In gleicher Weise können die anderen adverbialen Wurzeln mit Deklinationsendungen verbunden werden.

§ 68. Die übrigen Ortsadverbien werden aus den demonstrativen Fürwörtern gebildet, entweder blofs mit Deklinationsendungen oder in Verbindung mit *toke, cata*, zuweilen auch *pata*:

aca, hierhin; uca, dorthin.
acana, hier; ucana, dort.
acaro, hierher; ucaro, dorthin.
acata, von hier; ucata, von dort.
aca toke (na, ro, ta), in dieser Gegend.
aca cata (na, ro, ta), diesseits.
curi (na, ro, ta), dort, weiter weg.
cur·cata (na, ro, ta), jenseits.

curi toke, jenseits.
toke tokena, überall.
toke tokero, überallhin.
toke toketa, überallher.
ni ('hani) 'kauquin·sa, nirgends.
ni ('hani) 'kauquit·sa, von keiner Seite.
ni 'kauquirusa, nirgends hin.

Adverbien der Zeit.

§ 69. Unter den Adverbien der Zeit giebt es noch weniger einfache Wurzeln als bei der Ortsbestimmung:

'hicha, jetzt; 'hichaqui, jetzt gleich.
maqui, gleich, bald.
'hanka, rasch, bald.
ñahua, schon, bald.
'hurpi, übermorgen.

Sehr viele Zeitadverbien werden durch Zusammensetzungen mit dem Substantiv *uru*, der Tag, gebildet:

'hichuru, heute.
masuru, gestern.
hualuru, vorgestern.
'karuru, jaruru, morgen.

'hurpuru, übermorgen.
quimsuru, in drei Tagen.
pusuru, in vier Tagen.
sapuru, alle Tage.

Achtes Kapitel. Von den Adverbien.

mojsuru, beizeiten.
anchuru, spät am Tage.
ʼhaya uru, spät am Tage.
chicʼ uru, mittags.
ḱalta, morgens.
ancha ḱalta, frühmorgens.
ĩami-ĩami, im Dämmerlicht.
inti ʼhalsu, bei Sonnenaufgang.
inti ʼhalsʼkepana, nach Sonnenaufgang.
inti sunacanʼkepana, nach Mittag.
inti ʼhalanta, bei Sonnenuntergang.
chaipo-chaipo, in der Abenddämmerung.
chipo-chipo, dasselbe.
ʼhaipu, abends.
jaru ʼhaipu, morgen Abend.
huasaipu, gestern Abend.
masaipu, dasselbe.
hualaipu, vorgestern Abend.
sapa ʼhaipunaca, alle Abend.
ʼhaya aruma, spät nachts.
anchʼarumʼ, dasselbe.
chica huiña, um Mitternacht.
taipi huiña, dasselbe.
chica llallipaña, nach Mitternacht.
jaru arumarjita, gegen Morgen.
sapa ʼpajsi, alle Monat.
sapa mara, alle Jahre.
maimara, voriges Jahr.
najasa, im folgenden Jahre.
auti pachanʼ, im Sommer.
ʼhallu pachanʼ, in der Regenzeit.
ʼhickʼpacha, sogleich.
hanḱaqui, augenblicklich.
naira, vorher.

nairaqui, früher.
nairapacha, ehemals.
ninkara, vor kurzem.
ninchaqui, binnen kurzem.
ñaqui, ñapi, plötzlich.
maampita, auf einmal.
ñajaru, bald nachher.
ʼkepata, darauf, nachher.
ʼhayata, später.
ʼhuḱata, binnen kurzem.
huiñaya, immer.
ʼhani pini, niemals.
ʼhanirara, bevor.
huachu, oft.
maanacata, bisweilen.
ʼhaḱpantata, dasselbe.
maiquipata, abwechselnd.
maiquipanaqui, dasselbe.
sapa cuti, jedesmal.
take cuti, allemal.
yakepʼcuti, zuweilen.
huasitata, ein anderes Mal.
acatʼhuḱampiro, bis bald.
aca pacha, gegenwärtig.
uca pacha, damals.
catapacha, einst.
ḱitisʼpacha, zur Abendzeit (zur Zeit, wo man einen Fremden fragt, wer er sei).
aucʼsʼapta, vormittags um 10 Uhr. (aus auquissa, unser Vater oder Herr, und apta, zur Zeit des Emporhebens des Sakraments bei der Messe.)

§ 70. Adverbien der Art.

ʼHuali, gut.
ʼhani ʼhualʼ, schlecht.
ñanka, schlecht.

ñajo, schlecht.
sinti, viel, sehr.
ancha, viel, sehr.

ꞌkauqui, sehr viel.
ña, beinahe.
casiqui, umsonst.
inaqui, vergebens.
inamaya, dasselbe.
chama, kaum.
chamana, mit Mühe.
acatꞌhamata, unversehens.
pachˑjata, langsam.
ꞌhanka, rasch.
akama (aca ꞌhama), so.
ukama (uca ꞌhama), so.
ucasa, so.
ucamraquipi, ebenso.
yani, gleich.

ꞌhaku, ähnlich.
pisi, wenig.
luti, umsonst.
kanaqui, offenbar.
kanˑpacha, deutlich.
chekana, wirklich.
chekansa, besonders.
chica, zugleich.
chicˑpacha, zugleich.
ꞌhamasata, insgeheim.
ꞌharita, schwerlich.
ꞌhukatˑ ꞌhukata, bei kleinem, nach und nach.
kisuta, über die Achsel, scheel.
ñaatjaqui, plötzlich.

§ 71. Affirmative Adverbien.

iya, huā, ja.
ampi, so ist es.
chekana, wirklich.

ucˑsa, ucˑsahua, so, so ist es.
-pinihua, durchaus so.

Der letzte Ausdruck *-pinihua* gehört eigentlich nicht zu den Adverbien, sondern ist Schlußpartikel, da es nicht für sich allein stehen kann, sondern an andere Redeteile angehängt wird: *ꞌhupa-pinihua*, gewiß er ist es; *chekapinihua*, ganz sicher. Eine einfache Affirmation in Beantwortung einer Frage, wie sie im Deutschen durch „ja" ausgedrückt wird, ist im Aimarà nicht gebräuchlich, indem gewöhnlich das Zeitwort bei Bejahung einer Frage wiederholt wird:

lurˑta-ti, hast du es gethan?
lurˑtꞌhua, ich habe es gethan.

§ 72. Die negativen Adverbialausdrücke werden alle aus dem Wort *ꞌhani*, nein, gebildet. Dieses wird oft mit der Finalpartikel *-hua* verbunden, wobei man nicht selten das *a* des *-hua* synkopiert und auch das schwach aspirierte *h* nicht ausspricht, sodaß aus *ꞌhanihua ꞌhaniu* wird. Andere Male kommt auch das *i* in *ꞌhani* in Wegfall und es bleibt nur *ꞌhanˑ*, oder die erste Silbe wird synkopiert und man sagt bloß *ˑni*.

ꞌhani pampa, offenbar nicht, ohne Zweifel.
ꞌhani pini, ꞌhani puni, durchaus nicht.
ꞌhanirˑhanipa, keineswegs.

ʼhanira, ʼhanirara, noch nicht.
ʼhanimana, wahrscheinlich nicht.

Prohibitive Adverbien wie das *ama* und seine Zusammensetzungen im Keshua giebt es im Aimarà nicht; auch von dubitativen läfst sich nur *inaja*, vielleicht, anführen. Der ungewisse oder zweifelhafte Sinn der Rede wird vielfach durch die Partikel *-chi* ausgedrückt, welche in Zeitwörter eingeschaltet und mit Fürwörtern verbunden werden kann.

§ 73. Zahlreicher sind die fragenden Adverbien, welche aus den betreffenden Fürwörtern gebildet werden:

ʼkauquisa, wo?
ʼkauquin·sa, wo?
ʼkauquirusa, wohin?
ʼkauquit·sa, woher?
ʼkauquicamasa, bis wohin?
ʼkauqui catasa, nach welcher Seite?
ʼkauqui tokesa, dasselbe.
ʼkauqui pachasa, wann?
ʼkauqui pachat·sa, seit wann?
ʼkauquʼhayasa, wie lange?
ʼkauqui pach·camasa, bis wann?

cuna pachat·sa, seit wann?
cuna pach·camasa, bis wann?
cuna pachataquisa, für wann?
cuna pachataqui-ʼhama, ungefähr für wann?
cuna pacharu, für wie lange?
camisasa, wie?
cunalaicu, warum?
camachipana, weshalb?
camachiri, wofür?

NEUNTES KAPITEL.
Von den Konjunktionen.

§ 74. Die Bindewörter beziehen sich teils auf einzelne Redeteile, teils verknüpfen oder trennen sie ganze Sätze. Sie sind entweder:

1) unselbständige Partikeln, welche an die Worte gleich den Deklinationsendungen angefügt werden, wie

-*mpi* (Sozialendung), und.
-*raqui*, auch.
-*sca*, *squi*, aber.
-*sti*, aber, hingegen, und.
-*sa*, und, oder.
-*pi*, aber.
-*cha*, oder.

2) selbständige Konjunktionen, welche bald vor, bald nach dem Zeitwort stehen:

112　　　　Erster Teil.　Formenlehre.

ñahua—ñahua, bald—bald; teils—
　teils.
pilla, piya, denn, weil.
ucaja, so, in dem Falle.
ucat·sa, doch, dennoch.
paña, obgleich, trotzdem.

michca, oder.
pajta, daſs nicht, daſs doch nicht.
hanisti, wo nicht, sonst.
hanucasti, dasselbe.
ucat·sti, und darauf.

Die gewöhnlichen Unterscheidungen der Konjunktionen in kopulative, disjunktive, adversative, konditionale, konzessive, kausale und konklusive lassen sich bei den beschränkten Sprachmitteln, über welche das Aimarà verfügt, nur zum Teil durchführen. Dieselben Partikeln haben je nach dem Sinne des Satzes verschiedene, zuweilen entgegengesetzte Bedeutung.

Kopulative Konjunktionen.

§ 75. *-mpi, -sa, -raqui* werden gebraucht, um einzelne Ausdrücke zu verbinden, *-sca* und *-sti* zur Verknüpfung von Sätzen.

-mpi und *-sa* werden gewöhnlich an beide der zu verbindenden Worte angehängt:

auquimpi yokampi, Vater und Sohn.
hallus· lupisa maiquipjan·hua, Regen und Sonnenschein wechselten ab.
auquin·s· yokan·sa sutipana, im Namen des Vaters und des Sohnes.
manka churan· kollkeraqui churana, er gab ihm zu essen und auch Geld.
maa hila cullacaha utji, maa sullkaraqui utji, ich habe eine ältere und
　eine jüngere Schwester.
utahana cullacahan· chachapa apachihampi utjapje, in meinem Hause
　wohnt der Mann meiner Schwester und auch meine Groſsmutter.

§. 76. Zur kopulativen Verbindung der Sätze wird *-sti* mehr gebraucht als *-sca*, und kann je nach dem Inhalt derselben bald durch „und", bald durch „oder" übersetzt werden:

Illampu-ja tak·pacha kollonacata | Der Illampu ist von allen Bergen
hukampi hachahua, Ilimanisti | der höchste und der Ilimani der
hupa kep·jata. | zweite.
Huasaipuja ancha halluna, hichu- | Gestern Abend hat es stark ge-
rusti hahuiraja pokon·hua. | regnet und heute ist der Fluſs
　| angeschwollen.
Luntatanaca-ja huihuanaca pam- | Die Diebe stehlen das Vieh auf den
panja luntatapje, ac·marcarusti | Feldern, aber hierher in das Dorf
hanin· mantapje-ti. | kommen sie nicht.

Neuntes Kapitel. Von den Konjunktionen.

'Huntu kerhuanacan-ja tonc-huirunacapa-ja 'hachahua chojllopasti 'hacharaqui-chica.	In den heifsen Thälern wächst der Mais hoch, und auch die Kolben werden grofs.
Marca'hakenaca maini lun'tataja 'hihuayapjana, maininac-sti huatautarochapjan-hua.	Die Ortsbewohner töteten einen der Diebe und brachten die anderen ins Gefängnis.

Disjunktive Partikeln.

§ 77. *michca*, oder; *ñahua—ñahua*, teils—teils; *-sa*, oder, entweder; *-cha*, oder.

Die Konjunktionen *michca* und *-cha* stehen gewöhnlich in Fragsätzen, doch wird *michca* gegenwärtig wenig mehr gebraucht.

'Huma-hua aca marca maiko canc-ta-ti, michca maikona sullkapa canc-ta? (Bertonio.)	Bist du der Vorsteher dieses Ortes, oder bist du dessen Bruder?
'Huma-ja uca cahuallu alasichita, michca lun'tataracachita? (Bertonio.)	Du hast das Pferd wohl gekauft, oder hast du es etwa gestohlen?
'Hilama 'huti-ti, 'hanicha?	Ist dein Bruder gekommen, oder nicht?
Cun-s' aca chacha-j' muni, sam'taña sarañ-cha?	Was will der Mann thun, ausruhen oder weitergehen?
Aca huarmi-ja 'hani piniw inaqui-ti, 'payasquisa, capusquisa, huahunacapasa 'har-casqui, sanusqui, huihuanacaparus' mankayasqui.	Diese Frau ist nie müfsig, entweder kocht sie, oder spinnt sie, oder sie wäscht und kämmt ihre Kinder, oder füttert ihr Vieh.
Chachapasti 'haniwinactiri-ti, ñahua huarmipa huahuanacapampi toquesqui, ñahua marcamasipampi ainisisqui.	Ihr Mann jedoch kann nicht ruhig leben, bald schilt er seine Frau und seine Kinder, bald streitet er sich mit seinen Nachbarn.

§ 78. **Adversative Konjunktionen.**

ucat-sa, aber, jedoch.
'*hanucasti* ('*hani uca sti*), wo nicht, sonst.
'*hanisti*, dasselbe.
-pi, aber, allein.
-sca (squi), aber.
-sti, und, aber, jedoch.

Die Affixkonjunktionen *-sca (squi)* und *-sti* haben wir bereits unter den kopulativen angetroffen. Dieselben können jedoch je nach dem Sinne des Satzes auch eine adversative Bedeutung haben.

Urpi-ja anch' hali, mamani sti atipi.	Die Taube fliegt rasch, aber der Falke übertrifft sie.
Choseca-j· chamacan· uñji, urun· kanapa sti huikuchi.	Die Eule sieht im Dunkeln, aber das Tageslicht blendet sie.
Anocaranaca taruja alisnac·taina, 'hupa pi 'kespitaina.	Die Hunde verfolgten das Reh, aber dieses entschlüpfte.
Yapu alinaca-ja hual·pack· hilaratan·hua, 'hahuirapi apaskataina.	Die Saaten waren schon hochgewachsen, allein der Fluß riß sie mit weg.
Nina tucuyam·, 'hanucasti uta nakani.	Lösche das Feuer aus, sonst brennt das Haus an.
Huma-j· nanacampi saräta, 'hanisti sapa 'keparäta.	Du wirst mit uns gehen, wo nicht, so bleibst du allein.

Kausale Konjunktionen.

§ 79. Als solche können *pilla* oder *piya* betrachtet werden, welche öfters unser „denn, weil" bedeuten, andere Male aber auch ohne bestimmte Veranlassung als bloßes Füllwort gesetzt werden.

Tahuaco-ja 'haniu· lokori (chillchiri) sarcan·-ti, 'hani pilla machaca isi uljatapata.	Das Mädchen ging nicht zum Tanz, weil sie kein neues Kleid hatte.
Hahuira-ja 'hanihua macatañ· 'hamaqui-ti, chacan· piyahua tinquintatapata.	Er konnte den Fluß nicht passieren, denn die Brücke war eingestürzt.

Konzessive Konjunktionen.

§ 80. Unsere Konjunktionen „obgleich, wiewohl, wenn auch" werden im Aimarà entweder durch die Partikel *-sa* ausgedrückt, welche an ein Wort des Vordersatzes angehängt wird, oder sie wird mit dem demonstrativen Fürwort *uca* verbunden — *uca-sa*, und dieses Wort steht dann am Ende des Vordersatzes.

Iquiscasin·sa arusitanacapa isłana.	Wiewohl er schlief, so hörte er doch, was sie sagten.
Usuri cancañapampi-sa iquinat· sartana.	Obgleich er krank war, stand er doch vom Bette auf.

Wörtlich übersetzt besagt dieser letztere Satz: „Mit seinem, d. h. trotz seinem Kranksein". Statt des Infinitivs könnte auch der Konjunktiv stehen, wird aber in diesem Falle statt blofs mit -sa mit ucasa verbunden:

Usuripana ucasa mistuñ muntana.	Obwohl er krank war, wollte er ausgehen.
Suma uru caspa ucasa, hani hichuru kotacata sarquerist'-ti.	Auch wenn das Wetter schön wäre, würde ich heute nicht auf den See fahren.
Hila quiquiha sitasapana ucasa, hanihua taripquiriscat'-ti.	Auch wenn mein eigener Bruder es mir gesagt hätte, würde ich es nicht glauben.

Bertonio führt in seiner Grammatik als konzessive Konjunktion auch *paña* an, welche frei zu Anfang des Vordersatzes steht. Diese Partikel ist jetzt nicht mehr gebräuchlich, ebensowenig wie im Keshua, aus welchem sie ins Aimarà übergegangen zu sein scheint.

Konditionale Konjunktionen.

§ 81. Die Bedingung wird ausgedrückt durch die Partikel *ka* oder *ja*, welche an das Ende des Vordersatzes oder wenigstens an das Verbum angefügt wird. Wie bei den Konzessivsätzen die Partikel -sa, so kann auch *ka* oder *ja* mit *uca* zu *uca-ja* verbunden werden, welches Wort frei am Ende des Vordersatzes steht.

'Karuru-ti halluni-ja hanihua mistca-ti laqui sarañataqui.	Wenn es morgen regnet, so werde ich mich nicht auf den Weg machen.
Hilaha hutasp ucaja ullascam sasin sam.	Wenn mein Bruder kommt, so sage ihm, er möge warten.
Aca huarmiro hani kuyapayapjan ucaja, mankat hihuani.	Wenn man sich dieser Frau nicht erbarmt, so wird sie Hungers sterben.
Naro uñjiri hutañama yatiriscat-ja, haniu mistquiscat-ti.	Hätte ich gewufst, dafs du kommen würdest, mich zu besuchen, so wäre ich nicht ausgegangen.

Von den Finalpartikeln.

§ 82. Final- oder Schlufspartikeln werden im allgemeinen alle diejenigen genannt, welche am Ende der Worte stehen, im Gegensatze zu den Verbalpartikeln, die in die Worte eingeschaltet werden, und die wir im Abschnitt von der Wortbildung kennen lernen werden. Die Finalpartikeln haben verschiedene Bedeutung und von mehreren derselben ist bereits in früheren, besonders im letzten Kapitel gehandelt worden. Wir lassen hier eine Übersicht derselben folgen, damit der Leser sie in den später anzuführenden Beispielen leichter erkennt.

1) *-ti*, ist bei vorhergehendem *'hani* Verneinungswort; ohne *'hani* ist *-ti* entweder Frage- oder Relativpartikel.

2) *-sa*, ist je nach dem Sinne des Satzes und seine Stellung bald kopulativ, bald disjunktiv; bei Anfügung an das Verbum (Konjunktiv oder Gerundium) ist es Konzessivpartikel.

3) *-sca* und *-squi* sind kopulative Konjunktionen, ebenso

4) *-raqui*, welches „auch, zugleich, mit" bedeutet.

5) *-mpi*, die Sozialendung, hat als Konjunktion gleichfalls kopulative Bedeutung.

6) *-'ka* oder *-ja* steht am Ende des Vordersatzes in Konditionalsätzen und bedeutet dann wenn, falls.

7) *-sti*, adversativ, auch öfters in kopulativem Sinne gebraucht. Eine besondere Anwendung findet *-sti* in manchen kurzen Fragen. Wird *-sti* an ein Substantiv in fragendem Tone angehängt, so drückt man damit aus, daſs man zu wissen wünscht, wo sich der Gegenstand befindet, wie es sich mit ihm verhält, z. B.: *'hilamasti?* und dein Bruder? *ucmarcasti?* und jenes Dorf? Beides sind elliptische Fragen, bei welchen zu ergänzen ist: *'kanquinquisa?* wo befindet sich?

8) *-cha* steht in negativen Fragen, auch zuweilen, um einen Zweifel auszudrücken: *'kiti-cha 'huti*, wer mag wohl kommen?

Finalpartikeln im engeren Sinne sind *hua*, *pi* und *ja*, welche alle keine bestimmte Bedeutung haben, sondern nur als Füllwörter dienen und an alle Redeteile angehängt werden können. Sie werden auſserordentlich häufig gebraucht, und diese Besonderheit der Aimarà-Sprache ist um so auffälliger, als in derselben sonst das Streben vorherrscht, durch Synkopierung die Worte zu kürzen.

9) *-ja* (*'ka*) ist das am häufigsten angewendete Füllwort, welches als solches ebenso ausgesprochen wird, als wenn es als Konditionalpartikel dient. Es bedeutete ursprünglich, und bedeutet auch jetzt noch dasselbe wie unser „vielleicht" *(ina-ja)*, wird aber gewöhnlich ganz ohne Rücksicht auf diese Bedeutung an alle Redeteile angefügt, am meisten an die Substantive und kann hier gewissermaſsen als ein Artikel betrachtet werden. Es wird auch öfters synkopiert:

anonaca-ja huajasin·hua, die Hunde bellten.
llauinaca-j· chakayas·la, ich habe die Schlüssel verloren.

Neuntes Kapitel. Von den Konjunktionen.

haka utanja ojopjaraquina, im Nachbarhause war grofser Lärm.
iquiña-ja ancha lahua-hua, das Bett ist sehr hart.

10) *-hua*. Während *-ja* vorzugsweise an Substantive angefügt wird, verbindet man *-hua* ebenso oft mit anderen Redeteilen. Wie bereits im Verzeichnis der primitiven Zeitwörter bemerkt wurde, dient es ganz gewöhnlich zur Bildung der ersten Person des Präsens, indem der Endvokal des Stammes und das *a* der Endung *ta* synkopiert werden, also statt *cancata canc·t·hua*, statt *mistuta mist·t·hua* gesagt wird. Auch wird *-hua* nicht selten synkopiert, verliert dabei nicht nur das *a*, sondern auch die Aspiration und wird zu einem einfachen *u*. So wird z. B. aus *ʼhanihua ʼhaniu·*, aus *ʼhichahua* (jetzt) *ʼhichau·*.

Schon früher wurde erwähnt, dafs die Partikel *-hua* nicht überall blofs Füllwort ohne Bedeutung ist, denn in der passiven Konjugation und verbunden mit Adjektiven oder Participien vertritt sie die dritte Person des Präsens des Verbum substantivum *cancaña*, steht also statt *canqui*:

aca uma sumahua, dieses Wasser ist rein.
aujan· nairapaja ancha ʼhiskahua, das Öhr der Nadel ist sehr fein.
ʼhihuata-hua, er ist tot.
ʼhihuayata-hua, er ist ermordet.

11) *-pi*, wurde früher ebenso gebraucht wie *-hua*, wird aber gegenwärtig selten mehr benutzt. Es ist gleich *-hua* nicht immer blofses Füllwort, sondern dient zuweilen als Konjunktion mit adversativer Bedeutung.

12) *-poja*, hat wie *pilla, piya* eine kausale Bedeutung; wie unser „denn" wird es auch gebraucht, um Fragen etwas dringender darzustellen:

cuna-poja, was ist es denn?

Zuweilen werden die beiden Silben der Partikel getrennt, indem z. B. die erste dem Zeitwort vor, die zweite nachgesetzt wird; statt

pamparo-poja sari, er geht also aufs Land,
pamparu po-sari-ja.

Von den Interjektionen.

§ 83. Die Ausrufe, durch welche die Aimaràs ihren verschiedenen Empfindungen Ausdruck geben, sind folgende:

Freude: *añai! ñañai!* ei wie schön! prächtig!
  -qui an Adjektive angefügt bedeutet Freudiges.
Erstaunen: *kachaqui*, wie hübsch! *ʼhihuaqui!* wundervoll!

Beifall: ʼhálla! ʼhálla-ʼhálla! recht so, gut!
Zustimmung: ampi! so ist es!
Erstaunen, Verwunderung: huá! huai!
Ermahnung, Aufmunterung: ʼháui!
Verdrufs: atáj! achtaì! ʼhaì-ʼhaì!
Schmerz: ananaì! ataìaì!

Die Silbe *i* an den Namen eines Körperteils angefügt bedeutet, dafs man Schmerz in demselben empfindet: *amparaì*, Schmerz in der Hand; *cayuì*, Schmerz im Fufse. Dieses *i* scheint die Possessivendung der ersten Person des Keshua zu sein, die in das Aimarà übergegangen ist, also bedeutet: *amparaì*! o, meine Hand! *cayuì*! o, mein Fufs!

Frostempfindung: *alalā! alalaā!*
Hitzeempfindung: *ututā!*
Trauer: *huì-huì!*
Bitte: *cari! ati!*
Anerbieten: *ca!* da, nimm es!
Aufforderung zur Aufmerksamkeit: *chá!*
     zum Schweigen: *chui!*
Erinnerung an etwas Vergessenes: *achkara! achkaramanta!*
Ekel, Widerwillen, Verachtung: *ititì!*
Belästigung: *llaqui!*

ZEHNTES KAPITEL.

Von der Wortbildung.

§ 84. Die Hauptwörter sind entweder einfache Wurzeln oder sie werden aus Zeitwörtern gebildet. Andere sind zusammengesetzt, entweder aus zwei Substantiven oder aus einem substantivischen Wurzelwort, welches mit gewissen Partikeln verbunden wird.

1) Viele von Zeitwörtern abgeleitete Hauptwörter bestehen aus der einfachen Wurzel, jedoch ohne Synkopierung des Endvokals, wie dieses bei der ersten Person des Präsens zu geschehen pflegt, sondern wie sie sich im Infinitiv darstellt.

ʼhaca, das Leben.   ʼhaku, Kostbarkeit.
ʼhihua, der Tod.   chinu, der Knoten.
iqui, der Schlaf.   chaka, der Tropfen.

Zehntes Kapitel. Von der Wortbildung.

kuri, die Lüge.
cuti, das Mahl.
canca, der Braten.
parca, Blutgerinnsel.
samca, der Traum.
usu, die Krankheit.
sau, das Gewebe.
pia, das Loch.
putu, die Grube.
tokesi, der Zank.
haichasi, die Prügelei.
kempi, die Falte.
sa, das Gesagte, die Rede.
manka, die Speise.
kuya, das Mitleid.
sarta, der Schritt.

lura, die Arbeit.
kespi, die Rettung.
hala, der Flug.
sama, die Ruhe.
utja, der Sitz.
uñta, das Sehen, Gesicht.
pintu, der Schleier.
laru, das Lachen.
hacha, das Weinen.
hucha, die Sünde.
saya, das Stehen.
korpa, die Herberge.
amta, die Erinnerung.
susu, das Sieb.
charcu, die Mischung.

§ 85. 2) Das Participium activum liefert auch eine ziemliche Anzahl von Substantiven.

kolliri, der Arzt.
yatiri, der Wahrsager.
yatichiri, der Lehrer.
kutiri, der Aufseher.
ahuatiri, der Hirt.
luriri, der Arbeiter.
kepiri, der Lastträger.
yanapiri, der Gehilfe.
sauri, der Weber.
usuri, der Kranke.
fajsiri, der Wäscher.
kariri, der Schlächter.
aliri, der Käufer.

aljiri, der Verkäufer.
sariri, der Wanderer.
churiri, der Geber.
payri, der Koch.
mantiri, der Darleiher.
tokori, der Tänzer.
chillchiri, dasselbe.
capuri, die Spinnerin.
imantiri, der Totengräber.
llunkuri, der Schmeichler.
machiri, der Betrunkene.
tumaicuri, der Bettler.
apiri, der Träger.

§ 86. 3) Durch die zweite Endung des passiven Participiums — *hui* — werden Substantive gebildet, welche gewöhnlich den Ort oder die Zeit bezeichnen, an welchem oder zu welcher die Thätigkeit des Verbums ausgeübt wird.

kollihui, Bestellzeit der Äcker.
kollahui, Arbeitsplatz.
sahui, Entschluss.
satahui, Saatzeit.

mankahui, Speisezimmer.
umahui, Tränke.
lurahui, Werkstatt.
iquihui, Schlafzimmer.

tantahui, Versammlungsplatz.   *utjahui*, Wohnung.
cuchuhui, Schneiderei.   *uñahui*, Aussichtsort.
pallahui, Platz zum Auflesen.   *yurihui*, Geburtsort.
chojrasihui, Pißwinkel.   *yatichahui*, Schule.

§ 87. 4) Die Infinitivendung *ña* bezeichnet zugleich Werkzeuge, durch welche die Thätigkeit des Zeitwortes ausgeführt wird.

pusaña, das Blasrohr.   *payana*, der Kochtopf.
sipitaña, die Falle.   *pataña*, die Hacke.
pitasiña, der Zahnstocher.   *pekaña*, der Mahlstein.
susuña, das Sieb.   *pichaña*, der Besen.
tiriña, die Brustnadel.   *sauña*, der Webstuhl.
cuchuña, die Schere.   *lekeña*, der Hammer.
kutuña, dasselbe.   *piaña*, der Bohrer.
huluña, der Trichter.   *haituña*, das Ruder.
alaña, der Gewinn.   *koraña*, die Sichel.
chacaña, die Stufe.   *llajllaña*, der Hobel.
luraña, das Werkzeug.

§ 88. 5) Werden Hauptwörter aus zwei substantivischen Wurzeln zusammengesetzt, so drückt das zweite den Hauptbegriff aus, welcher durch das erste nach Art eines Genitivs erläutert wird.

marca-hake, Dorfbewohner.   *naira-chipoco*, Augenbrauen.
choke-yapu, Goldmine.   *naira-lipichi*, Augenlider.
uta-puncu, Hausthür.   *cayu-nasa*, Schienbein.
cayu-moko, Fußgelenk.   *taika-lukana*, Daumen.
chuju-usu, die Pocken.   *pupa-uta*, Bienennest.
koka-hacha, das Harz.   *lupi-pacha*, Sommer.
uma-cata, das Thal.   *hallu-pacha*, Regenzeit.
inti-halsu, Sonnenaufgang.

Bei anderen zusammengesetzten Substantiven drückt das erste das Material aus, aus welchem das zweite besteht, hat also Adjektivbedeutung.

kollke-aquilla, Silbergefäß.   *hichu-uta*, Strohdach.
sañu-huakolla, irdener Krug.   *kea-chanka*, Baumwollenfaden.
kespi-keru, gläserner Becher.   *taura-isi*, wollene Kleider.
kori-sihui, goldener Ring.   *choke-tica*, Goldbarre.
kala-koto, Steinhaufen.   *simpa-chaca*, Seilbrücke.
tica-pirka, Lehmwand.   *laka-utjaña*, Lehmbank.

Zehntes Kapitel. Von der Wortbildung.

§ 89. 6) Mit dem Worte *masi*, der Genosse, Gefährte (welches wahrscheinlich dem Keshua entlehnt ist), werden eine kleine Reihe zusammengesetzter Substantive gebildet:

marca-masi, der Ortsnachbar.
uta-masi, der Hausgenosse.
ḱake-masi, der Mitmensch.
sariri-masi, der Reisegefährte.

iquiri-masi, der Schlafgenosse.
ḱihuiri-masi, der Mittote auf dem Grabfeld.

§ 90. 7) Auch mit dem Worte *camana* werden einige Zusammensetzungen gebildet. *Camana* ist aus dem Keshua-Wort *camayoj* entstanden: einer, der ein Amt, eine Beschäftigung hat. Es sollte daher eigentlich *camani* lauten, da die Partikel -*ni* dem Keshua-*yoj* entspricht.

kolla-camana, der Arzt, einer, der sich mit Arzneien (*kolla*) beschäftigt.
isi-camana, der Kleiderbewahrer, und einige andere.

§ 91. 8) Durch Wiederholung eines Substantivs wird entweder ein Gegenstand bezeichnet, der aus vielen gleichartigen Teilen besteht, oder ein Ort, wo sich viele Gegenstände derselben Art befinden, oder auch blofs ein Plural statt der gewöhnlichen Pluralendung *naca*.

pata-pata, die Treppe.
lliju-lliju, der Blitz.
ḱejo-ḱejo, der Donner.
huara-huara, die Sterne.
łami-łami, die Dämmerung.
titi-titi, die Grille.

muyu-muyu, der Wirbel.
cusi-cusi, die Spinne.
llica-llica, das Spinngewebe.
lloco-lloco, das Herz.
llip̓i-llip̓i, das Frauenglas.
llipu-llipu, das Flaumhaar.

§ 92. 9) Die Partikeln, mit denen zusammengesetzte Substantive gebildet werden, sind: *catati, ncalla, pura, pacha*.

Die Partikel *catati* wird an Worte angefügt, welche Teile des Körpers bezeichnen, und deutet an, dafs diese Teile sehr entwickelt sind. Alle diese Ausdrücke haben einen scherzhaften oder verächtlichen Nebenbegriff.

ḱinchu-catati, Langohr.
p̓eke-catati, Dickkopf.
cayu-catati, Plattfufs.
ampara-catati, Grofshand.
chara-catati, Dickbein.
puraca-catati, Dickbauch.
chin-catati, Dickarsch.
nauna-catati, pausbäckig.

para-catati, die Glatze.
sunka-catati, Grofskinn.
laca-catati, Grofsmaul.
ñuñu-catati, vollbrüstig.
naira-catati, Glotzauge.
nasa-catati, Dicknase.
ḱurm-catati, Rotznase.
łusu-catati, Dickwade.

§ 93. 10) Die Partikeln -ncalla und -ncati werden mit einigen Substantiven zu Ausdrücken verbunden, welche einen tadelnden oder verächtlichen Sinn haben:

aru, das Wort; davon: aru-ncalla, aru-ncati, der Schwätzer.
'hacha, die Thräne; davon: 'hacha-ncalla, 'hacha-ncati, der Heuler.
usu, die Krankheit; davon: usu-ncalla, usu-ncati, der Kränkliche.

§ 94. 11) Die dem Keshua entlehnte Partikel -pura hat im Aimarà bei der Verbindung mit Substantiven dieselbe Bedeutung, nämlich die der Wechselseitigkeit und des Paarweisen. So bedeutet:

chacha-pura, unter Männern.   naira-pura, beide Augen.
huarmi-pura, unter Frauen.   'hinchu-pura, beide Ohren.
'hila-pura, unter Brüdern.   ampara-pura, die Hände.
huilamasi-pura, unter Verwandten.   cayu-pura, die Füfse.

§ 95. 12) Wie in allen wenig ausgebildeten Sprachen ist der Gebrauch von Abstrakten sowie die Mittel zu ihrer Bildung beschränkt. Die meisten der im § 84 angeführten Substantive, welche aus Verbalwurzeln bestehen, lassen sich als abstrakte Bezeichnungen der Verbalthätigkeit betrachten. Dasselbe gilt vom Infinitiv der Zeitwörter, welcher wie ein Substantiv Possessivendungen annimmt und dekliniert wird:

'hacaña, leben; 'hacañaha, 'hacañama, 'hacañapa
'hacañaha-na, in meinem Leben.
'hacañama-taqui, für dein Leben.
'hacañapa-mpi, mit seinem Leben.

§ 96. Aus Substantiven, Adjektiven und Participien können Abstrakte durch Verbindung mit dem Verbum substantivum gebildet werden und kahn dazu statt des Infinitivs cancaña auch das Participium cancahui benutzt werden.

'hake, der Mensch; 'hake cancaña, 'hake cancahui, die Menschlichkeit, die Menschheit.
huajcha, der Arme; huajcha cancaña, die Armut; huajcha-cancahui, das Armgewesensein, die frühere Armut;
suma, schön; suma cancaña, die Schönheit.
yatiri, wissend; yatiri cancaña, die Weisheit.
chuimani, verständig; chuimani cancaña, der Verstand.

Um diese etwas langen Ausdrücke abzukürzen, kann auch die Wurzel des Verbum substantivum — canca — weggelassen und die Infinitivendung ña unmittelbar an die betreffenden Wörter angefügt werden:

'hake-ña, huajcha-ña, suma-ña, yatiri-ña, chuimani-ña.

Zehntes Kapitel. Von der Wortbildung.

§ 97. Zusammengesetzte Adjektive werden gebildet durch die Partikeln -*ni*, -*huisa*, -*jta*, -*jtara*, -*maa*, -*mtua*, -*nahui*, -*ña*, welche meist mit Substantiven, einige auch mit Verbalstämmen verbunden werden. Alle diese Adjektive können unter Umständen auch als Substantive gebraucht werden.

Die Partikel -*ni*, welche wir auch unter den Verbalpartikeln wieder antreffen werden, bedeutet bei Anfügung an Substantive Besitz, dasselbe wie -*yoj* im Keshua, und die damit gebildeten Worte sind je nach ihrer Stellung im Satze Haupt- oder Nebenwörter.

kollke-ni, reich an Silber.
suti-ni, benannt.
kala-ni, steinreich, steinig.
uyu-ni uta, ein Haus mit einem Hof.

uta-ni, der Hausherr.
yapu-ni, Gutsbesitzer.
ʼhampu-ni, der Schiffer.

§ 98. Die Partikel -*huisa* besagt das Gegenteil von -*ni*: den Mangel des Gegenstandes, an dessen Namen sie angehängt ist; sie entspricht daher dem -*nac* oder -*naj* des Keshua.

auqui-huisa, vaterlos.
taika-huisa, mutterlos.
uta-huisa, obdachlos.
isi-huisa, unbekleidet.
huila-huisa, blutlos.
manka-huisa, nahrungslos.

kachu-huisa pampa, eine graslose Ebene.
kauna-huisa tapa, ein Nest ohne Eier.
pallka-huisa koka, ein zweigloser Baum.

§ 99. Wird die Partikel -*jta* an adjektivische Wurzeln angefügt, so wird damit gesagt, daſs alle Personen oder Gegenstände, von denen die Rede ist, dieselben Eigenschaften besitzen:

sumajta, alle schön.
sintijta, alle stark.
asquijta oder *ʼhisquijta*, alle gut.

Die Partikel -*jtara* wird mit Substantiven verbunden und bildet Haupt- oder Nebenwörter, welche Menge oder Fülle bedeuten.

chuima-jtara, voll Einsicht, sehr verständig.
ʼhucha-jtara, mit Sünden beladen.
aru-jtara, wortreich.
ʼhisqui-jtara, begütert.

Durch die Anfügung der Partikel -*ja* an Substantive wird angedeutet, daſs ein anderer Gegenstand demselben ähnlich ist.

inti-ja, sonnenähnlich.
uru-uru-ja, spinnenähnlich.
auquipa-ja, seinem Vater ähnlich.
amka-ja, wie eine Kartoffel.

§ 100. Die Partikel -*maa*, *mā* bildet mit Verbalstämmen adjektivische Ausdrücke, welche in Abrede stellen, was das Zeitwort besagt.

sataña, säen; *sata-maa*, unbesäet.
uñana, sehen; *uña-maa*, ungesehen.
churaña, geben; *chura-maa*, nicht gegeben.
luraña, machen; *lura-maa*, nicht gethan.

Dasselbe wie -*maa* bedeutet -*nahui*.

ustaña, sich erzürnen; *usta-nahui*, ohne Verdruſs.
sataña, säen; *sata-nahui*, unbesäet.
mankaña, essen; *manka-nahui*, ungenossen.
umaña, trinken; *uma-nahui*, ungetrunken.

Die Partikel -*mtaa* wird ebenfalls an Verbalstämmen angehängt und besagt, daſs die Thätigkeit des Zeitwortes nur unvollkommen ausgeführt worden ist.

iquiña, schlafen; *iqui-mtaa*, halb eingeschlafen.
armaña, sich erinnern; *arma-mtaa*, halb vergessen.
mankaña, essen; *manka-mtaa*, ungesättigt.
umaña, trinken; *uma-mtaa*, wenig getrunken.

§ 101. Die Partikel -*ña* hat eine ähnliche Bedeutung wie -*catati*. Mit Hauptwörtern verbunden, welche Teile des Körpers bedeuten, besagt sie, daſs diese Teile sehr entwickelt sind. Die Zusammensetzungen mit -*catati* werden öfter als Substantive, die mit -*ña* öfter adjektivisch gebraucht.

para, die Stirn; *para-ña*, mit hoher Stirn.
cunca, der Hals; *cunca-ña*, mit dickem oder langem Hals.

Mit anderen Substantiven drückt die Partikel -*ña* aus, daſs die Gegenstände in Menge vorhanden sind und haben solche Worte stets den Nebenbegriff des Verächtlichen.

lapa, die Laus; *lapa-ña*, voll Läuse.
kuti, der Floh; *kuti-ña*, voll Flöhe.
carachi, die Krätze; *carachi-ña*, krätzig.

Zehntes Kapitel. Von der Wortbildung.

§ 102. Die **Wiederholung des Substantivs**, welche bei manchen Hauptwörtern den Plural vertritt oder einen Sammelbegriff bezeichnet, hat bei anderen adjektivische Bedeutung.

pia, das Loch; *pia-pia*, löcherig, voll Löcher.
kollto, der Sumpf; *kollto-kollto*, sumpfig.
fiu, der Sand; *fiu-fiu*, sandig.
faka, ein Abschnitt; *faka-faka*, truppweis, reihenweis.
taru, das Viertel; *taru-taru*, geviertelt.
tama, die Herde; *tama-tama*, herdenweis.
sullfa, weiche Erde; *sullfa-sullfa*, glatt, schlüpfrig.
suko, der Saum; *suko-suko*, gestreift.

§ 103. Die Mehrzahl der **Adverbien** ist bereits früher angegeben worden (§§ 66—72). Aufser den daselbst aufgeführten Beiwörtern der Art und Weise können auch viele Adjektive als Adverbien gebraucht werden, ganz wie im Keshua, wo sie mit der Accusativendung versehen werden. Da im Aimarà der Accusativ gleich dem Nominativ keine besondere Endung hat, so lauten auch die Adverbien gleich den Adjektiven und unterscheiden sich voneinander nur durch ihre Stellung im Satze. Soll jedoch durch das Adverbium hervorgehoben werden, in welcher Weise die Thätigkeit ausgeführt werden soll oder worden ist, so wird das betreffende Adjektiv mit der Endung *hama* oder *jama*, die Art und Weise, verbunden:

sinti mapjataina, sie schlugen ihn sehr.
sinti-'hama chinopjataina, sie banden ihn fest.
yatiri-'hama, yatirjama, weise.
chuimani 'hama, chuiman·jama, verständig.

Zur Erläuterung des Unterschiedes dieser beiden Arten von Adverbien mögen noch die folgenden Beispiele dienen:

llampu arusi, er hat angenehm, sanft gesprochen, d. h. sanfte, angenehme Worte.
llamp'hama arusi, er hat in angenehmer, sanfter Weise, in sanftem Tone geredet.
chuimani luri, er handelt verständig, thut etwas Verständiges.
chuimani 'hama luri, er handelt in kluger Weise.

§ 104. Die **Gerundien** vieler Zeitwörter werden als Adverbien gebraucht.

pantjasina, irrtümlicherweise. *karkatisina*, zitternd.
lafasina, kriechend. *'haifasina*, schluchzend.

amucasina, schweigend.
kapisina, zornig.
llunkusina, schmeichelnd.
carisina, müde.

patisina, flüchtend.
larusina, lachend.
samcasina, träumend.

Von den zusammengesetzten Zeitwörtern.

§ 105. Man unterscheidet deren vier Arten: aus Substantiven, Adjektiven und Adverbien gebildete und solche, bei denen die Bedeutung der primitiven Zeitwörter durch Einschaltung von Partikeln modifiziert wird.

1) Von Substantiven abgeleitete Verben.

Diese werden gebildet durch Anfügung der Partikeln *-cha, -ncha, -rocha, -quipta, -pta* an das betreffende Hauptwort.

§ 106. Die aus einem Hauptworte mit der Partikel *-cha* gebildeten bedeuten: machen, was das erstere besagt.

tanta-chaña, Brot backen.
isi-chaña, Kleider machen.
uta-chaña, Haus bauen.
huahua-chaña, gebären.
lahua-chaña, Holz hacken.

kepi-chaña, Bündel machen.
suti-chaña, Namen geben.
carpa-chaña, Zelt aufschlagen.
tapa-chaña, Nest bauen.

Die Partikel *-cha* kann auch mit dem Instrumental der Substantive verbunden werden, welcher in diesem Falle synkopiert wird. Die an die Wurzel des Substantivs tretende Partikel lautet daher *-ncha*. Die so gebildeten Zeitwörter bedeuten, daß andere Gegenstände mit dem durch das Hauptwort bezeichneten in Berührung gebracht werden.

uma, Wasser, *umana*, mit Wasser; davon:
uman-chaña, mit Wasser benetzen; andere sind:
kellan-chaña, mit Asche bestreuen.
korin-chaña, vergolden.
kollken-chaña, versilbern.
challan-chaña, mit Sand bestreuen.
hayun-chaña, salzen.
ñeken-chaña, mit Kot bespritzen.

Die Partikel *-ncha* bildet auch im Keshua Zeitwörter von gleicher Bedeutung, da sie aber aus der Partikel *-cha* mit der synkopierten Instrumentalendung *-na* zusammengesetzt ist, so ist klar, daß das Keshua diese Form dem Aimarà entlehnt hat.

Auch an den Illativ kann die Partikel *-cha* angefügt und Zeitwörter gebildet werden, die eine Bewegung nach dem Gegenstande hin ausdrücken, welchen das Substantiv bezeichnet.

umaru-chaña, ins Wasser tauchen.
ñekeru-chaña, in den Kot werfen.
piuraru-chaña, in den Speicher bringen, aufspeichern.
farhuaru-chaña, in Wolle stecken.
lacaru-chaña, in den Mund nehmen.
pukuru-chaña, in einen Topf thun.

§ 107. Die Partikel -*quipta* oder blofs -*pta* mit Hauptwörtern verbunden bildet Zeitwörter, welche bedeuten: **anfangen zu sein, zu werden, was das Hauptwort besagt.** Es sind deren nur wenige, die meisten mit -*quipta* und -*pta* zusammengesetzten haben Adjektive zur Basis.

uma-ptaña, zu Wasser werden.
huihua-quiptaña, zum Vieh werden.
puma-quiptaña, wild, tapfer wie ein Löwe werden.
kala-quiptaña, zu Stein, halsstarrig werden.
kullu-quiptaña, zum Klotz werden.

2) Von Adjektiven abgeleitete Zeitwörter.

Die zur Zusammensetzung adjektivischer Zeitwörter benutzten Partikeln sind: -*ta*, -*tata*, -*tatja*, -*quipta*, -*pta*, -*cha*.

§ 108. Zeitwörter aus Adjektiven mit der Partikel -*ta* bedeuten: **sein, was das Eigenschaftswort besagt.**

usuri-taña, krank sein.	*suata-taña*, welk sein.
merke-taña, abgenutzt sein.	*hati-taña*, schwer sein.
hojsa-taña, heifs sein.	*kañu-taña*, schmutzig sein.
konko-taña, gelähmt sein.	*liki-taña*, fettig sein.
huiku-taña, blind sein.	*lucu-taña*, mager sein.

§ 109. Wird die Partikel wiederholt, -*tata*, so wird dadurch ausgedrückt, dafs das Subjekt anfängt zu sein, was das Adjektiv besagt.

usuri-tataña, anfangen kränklich zu werden.
huiku-tataña, anfangen zu erblinden.
kallcu-tataña, anfangen sauer zu werden.
huri-tataña, anfangen feucht zu werden.
para-tataña, anfangen trocken zu werden.

§ 110. Wird zu der Partikel -*tata* noch -*ka* oder -*ja* hinzugefügt, wobei *tataja* zu *tatja* zusammengezogen wird, so drücken solche Zeitwörter aus, dafs das Subjekt von neuem die Eigenschaft annimmt, welche das Adjektiv besagt.

usuri-tat·jaña, von neuem kränklich werden.
huiku-tat·jaña, wieder anfangen zu erblinden.

Eine ähnliche Bedeutung wie *-tat·ja* hat auch *-ja* allein, nur dafs dabei der Begriff des Anfangens fehlt. Man kann also auch sagen:

usuri-jaña, wieder erkranken.
camiri-jaña, wieder reich werden.

§ 111. Auch die Partikel *-quipta* (zusammengezogen aus *quipa-ta*) und die Synkopierung derselben, *pta*, bilden mit Adjektiven Zeitwörter. deren Bedeutung ist: werden, was das Eigenschaftswort besagt.

llampu-ptaña, erweichen.	*kaima-ptaña*, fade werden.
chua-ptaña, sich klären.	*chihua-ptaña*, welken.
kañu-ptaña, schmutzig werden.	*huri-ptaña*, sich trüben.
mojsa-ptaña, süfs werden.	*tucari-ptaña*, abmagern.

chamaca-quiptaña, dunkel werden.
kaira-quiptaña, faul, träge werden.
achachi-quiptaña, alt werden (von Männern).
apachi-quiptaña, altern (von Frauen).
sarpu-quiptaña, kurzsichtig werden.
chupica-quiptaña, rot werden.
kollkeni-quiptaña, reich werden.
micha-quiptaña, geizig werden.

§ 112. Die durch Anfügen der Partikel *-cha* an Adjektive gebildeten Zeitwörter bedeuten: die Eigenschaft verleihen, die das Adjektiv ausdrückt.

suma-chaña, verschönern.	*okaro-chaña*, taub machen.
llampu-chaña, weich machen.	*huiku-chaña*, blenden.
hacha-chaña, vergröfsern.	*hayu-chaña*, falzen.
hunpu-chaña, erwärmen.	*llapi-chaña*, lau machen.
mojsa-chaña, versüfsen.	*hiska-chaña*, verkleinern.

3) Von Adverbien abgeleitete Zeitwörter.

§ 113. Aus Adverbien werden nur wenige Zeitwörter gebildet und diese alle durch Zusammensetzung mit der Partikel *-cha*.

hanka-chaña, sich beeilen.
hanka-cha-yaña, zur Eile antreiben.
hayapachaña, zögern.
ñachaña oder auch *nia-chaña*, beinahe vollenden.

Zehntes Kapitel. Von der Wortbildung.

Mit den Ortsadverbien, welche Deklinationsformen der demonstrativen Fürwörter sind, läfst sich die Partikel -*cha* auch verbinden, also von

acaro, hierher: *acaro-chaña*, hierher stellen.
ucaro, dorthin: *ucaro-chaña*, dorthin bringen.
'haya, fern: *'hayaro-chaña*, entfernen.
anka, draufsen: *ankaro-chaña*, hinausstellen.

Das wichtigste der aus Adverbien gebildeten Zeitwörter ist *hama-chaña*, so machen, über welches ausführlich in der Syntax gehandelt werden wird.

4) **Von den zusammengesetzten, aus primitiven mit Hilfe von Partikeln gebildeten Zeitwörtern.**

§ 114. Bei diesen Zeitwörtern wird in derselben Weise, wie dies in der Keshua-Sprache geschieht, die ursprüngliche Bedeutung durch Einschaltung von Partikeln zwischen den Verbalstamm und die Flexionsendungen verändert. Als Basis bei der grofsen Mehrzahl dieser zusammengesetzten Zeitwörter dienen die primitiven, deren Verzeichnis früher gegeben worden ist, doch können auch aus Substantiven und Adjektiven abgeleitete Verben, obwohl sie schon durch Partikeln gebildet sind, noch mit anderen Partikeln verbunden werden. Wie die Zahl der primitiven Zeitwörter im Aimarà beträchtlicher ist als im Keshua, so auch die Menge der Partikeln; auch werden im Aimarà im allgemeinen zusammengesetzte Verben häufiger gebraucht als in der Schwestersprache, daher das Kapitel derselben den mühseligsten Abschnitt der Grammatik bildet, dessen Studium noch überdies dadurch erschwert wird, dafs die überall eintretende Synkopierung die Art der Zusammensetzung nicht sofort erkennen läfst.

Um die Darstellung dieser Verhältnisse übersichtlicher zu machen und die dem Gedächtnis zugemutete Arbeit einigermafsen zu erleichtern, haben wir die Partikeln in Gruppen geteilt.

Erste Gruppe: Partikeln, welche mit Zeitwörtern der Bewegung verbunden werden und die Richtung der Thätigkeit in verschiedenem Sinne näher bestimmen.

1) *ca*: drückt aus Richtung nach unten oder zur Seite.
2) *nta*: Richtung von aufsen nach innen.
3) *su*: Richtung nach oben und aufsen, nebst anderen Nebenbedeutungen.
4) *mucu*: Richtung in die Ferne, an ungewöhnliche Orte.

5) *noca*: Richtung nach unten; Nebenbedeutung: Wiederholung der Handlung.
6) *naca*: Richtung nach verschiedenen Seiten oder Wiederholung der Handlung mehrere Male.
7) *jara*: Handlung vieler nach verschiedenen Seiten.
8) *jata*: Richtung der Thätigkeit auf oder über etwas hin.
9) *quipa*: Richtung der Thätigkeit um etwas herum, Umkreisung, nebst manchen Nebenbedeutungen.
10) *cata*: Richtung in die Nähe, zur Seite, nach drüben; Anlehnen an einen Gegenstand.
11) *tsu*: dieselbe Bedeutung wie *su*: Richtung nach oben oder aufsen; aufserdem Isolierung.

Zweite Gruppe: Partikeln, welche sich auf den Anfang und die Dauer der Handlung beziehen.

12) *ni*: sich anschicken, gehen, um die Handlung auszuführen.
13) *ja*: im Begriff sein, die Handlung zu beginnen.
14) *jaru*: dieselbe Bedeutung wie *ja*; bei Zeitwörtern, welche „tragen" bedeuten: den zu tragenden Gegenstand auf sich, auf seine Schultern nehmen.
15) *tata*: Anfang der Handlung; Nebenbedeutung: am Boden ausbreiten, die Handlung inmitten von anderen ausführen.
16) *scu*: in der Ausführung der Handlung begriffen sein.
17) *'ka*: Wiederholung der Handlung, Beendigung der Handlung.

Dritte Gruppe: Partikeln, welche auf die Energie der Handlung Bezug haben.

18) *chuqui*: Wiederholung und kräftige Ausführung der Handlung.
19) *rpaya*: Lebhaftigkeit der Handlung, um sie rasch zu beendigen; Nebenbedeutung: Ausführung der Handlung durch viele.
20) *ta*: kurze Dauer der Handlung, plötzliches Beginnen und geringe Energie.
21) *pini*: festes Bestehen und Beharren in der Handlung; Bestätigung.

Vierte Gruppe: Partikeln, welche die Beziehung der Handlung zum Subjekt und zu anderen Personen bestimmen.

22) *si*: Zurückbeziehung der Handlung auf das Subjekt, Gegenseitigkeit oder Handlung zu Gunsten, zum Vorteil des Subjekts.
23) *rapi*: Handlung zu Gunsten eines anderen.
24) *raca*: Handlung zum Nachteil oder gegen den Willen eines anderen.

Zehntes Kapitel. Von der Wortbildung.

25) *tasi*: in Verbindung mit Wörtern, die ein Kleidungsstück bedeuten: dieses Kleidungsstück anziehen.
26) *tapi, tapta*: Personen und Gegenstände zusammenbringen.

Fünfte Gruppe: Partikeln von verschiedener Bedeutung.

27) *ra*: Umwandlung der Handlung ins Gegenteil; Beschränkung der Handlung; Ausführung an vielen Orten.
28) *jaa ('kaa, 'kaya)*: Hilfe bei der Ausführung der Handlung.
29) *'hacha (nacha)*: Neigung, Bedürfnis, die Handlung auszuüben.
30) *paya*: längere Dauer eines Zustandes.
31) *ya (aa)*: Befehl, Veranlassung, die Handlung auszuführen.
32) *ruru-quipa*: verschiedene Richtungen der Handlung.
33) *qui*: Partikel der Beschränkung: nur.
34) *raqui*: wird mit derselben Bedeutung wie als Kopulativkonjunktion — auch — in die Zeitwörter eingeschaltet.
35) *chi*: Ungewißheit, Zweifel.
36) *tahui*: Partikel, welche bei der Mitteilung einer Nachricht oder Erzählung angewendet wird.

Erste Gruppe.

Nähere Bestimmung der Bewegung: *ca, nta, su, mucu, noca, naca, jata, jara, quipa, cata, tsu.*

§ 115. 1) *ca.*

Bedeutung: Richtung nach unten oder seitlich.

sara-ca-ña, heruntergehen, weggehen.
apa-ca-ña, heruntertragen, beiseite bringen.
suchu-ca-ña, herabrutschen.
'hala-ca-ña, herunterfallen.
fiscu-ca-ña, herabspringen.
kepi-ca-ña, herab, zur Seite schleppen.
irpa-ca-ña, hinabführen, hinabbegleiten.
ana-ca-ña, hinuntertreiben.
ita-ca-ña, schwere Sachen hinuntertragen.

asa-ca-ña, in der Hand hinuntertragen.
huayu-ca-ña, am Arme hängend hinabtragen.
'harpi-ca-ña, im Schoße tragen.
'hisca-ca-ña, die Schuhe ausziehen.
'hista-ca-ña, halb aufmachen.
'hako-ca-ña, von oben herab werfen.
lata-ca-ña, hinabklettern.
chellke-ca-ña, Schritt vor Schritt herabsteigen.
uña-ca-ña, hinabblicken.
'hausa-ca-ña, von oben hinabrufen.

9*

§ 116. 2) *nta.*

Bedeutung: Richtung von aufsen nach innen.

Diese Partikel steht vor *ni, si, rapi, raca, ja, sca.*

apa-nta-ña, hineintragen.
ma-nta-ña, hineingehen, eintreten.
uña-nta-ña, hineinblicken.
tincu-nta-ña, hineinfallen.
sara-nta-ña, hineingehen.
ʼhala-nta-ña, hineinfliegen, laufen.
ťiscu-nta-ña, hineinspringen, hüpfen.
ima-nta-ña, eingraben, begraben, verbergen.
uscu-nta-ña, hineinlegen, stellen.
ʼpusa-nta-ña, hineinblasen.
aru-nta-ña, begrüfsen.
ʼhako-nta-ña, hineinwerfen.
cuti-nta-ña, ins Innere zurückgehen, sich zurückziehen.
ʼkespi-nta-ña, sich ins Innere flüchten.
ʼhusa-nta-ña, hineinspucken.
laťa-nta-ña, hineinkriechen.

puri-nta-ña, hereinkommen.
ʼhausa-nta-ña, hineinrufen.
ʼhallu-nta-ña, hinein (ins Haus) regnen.
taqui-nta-ña, in etwas hineintreten.
ʼhunu-nta-ña, hineinstechen.
ʼkita-nta-ña, hineinschicken.
itu-nta-ña, schwere Gegenstände hineintragen.
aya-nta-ña, lange Gegenstände hineintragen.
eka-nta-ña, Zeuge, Gewebe hineintragen.
ichu-nta-ña, auf den Armen hineintragen.
ira-nta-ña, leichte Sachen hineintragen.
irpa-nta-ña, hineinführen.

§ 117. 3) *su.*

Bedeutung: Richtung nach oben und aufsen, nebst anderen Nebenbedeutungen.

su steht vor *si, ni, rapi, raca, mucu, noca, naca, tata, ja, sca.*

Richtung nach oben:

uñ·su-ña, hinaufsehen.
ʼhak·su-ña, hinaufwerfen (hinaus).
ťaj·su-ña, oben suchen.
ʼhal·su-ña, auffliegen, hinauf(hinaus)fliegen, aufgehen (die Sonne).
laʼp·su-ña, hinauffliegen.
pus·su-ña, hinaufblasen.
laťs·u-ña, hinaufkriechen.
ʼkep·su-ña, hinaufschleppen (Lasten).
irp·su-ña, hinaufführen.
kit·su-ña, hinaufschicken.
ir·su-ña, hinauftragen (leichte Sachen).
it·su-ña, hinauftragen (schwere Sachen).
ai·su-ña, hinauftragen (lange Gegenstände).

Zehntes Kapitel. Von der Wortbildung.

ek·su-ña, hinauftragen (Gewebe).
as·su-ña, in der Hand hinauftragen.
ʰisk·su-ña, an der Hand führen.

Richtung nach aufsen:

mist·su-ña, hinausgehen.
ʰik·su-ña, herausreifsen.
all·su-ña, ausgraben.
kich·su-ña, herauszwicken.
lck·su-ña, mit dem Hammer ausziehen.
kesp·su-ña, hinausfliehen.
such·su-ña, hinausrutschen.

ap·su-ña, herausholen.
chur·su-ña, mit dem Schnabel aushacken.
lok·su-ña, den Arm herausstrecken.
ʰit·su-ña, hinauseilen.
huar·su-ña, ausgiefsen.
iqui-su-ña, draufsen schlafen.

Verschiedene Nebenbedeutungen:

mank·su-ña, fremdes Gras abweiden.
um·su-ña, an fremder Tränke trinken.
nac·su-ña, unversehens anbrennen.
kap·su-ña, in der Hand drücken.
ʰaur·su-ña, halb rösten.
ʰamp·su-ña, ganz rösten.

kar·su-ña, den Hals abschneiden.
lur·su-ña, auf einmal thun.
llunk·su-ña, wie ein Hund lecken.
ʰump·su-ña, stark schwitzen.
lluj·su-ña, mit der Hand aufheben.
sam·su-ña, stark aufatmen.

Beziehung der Handlung auf viele Personen oder Gegenstände:

kist·su-ña, alles kauen.
cham·su-ña, alles aufsaugen.
ťaj·su-ña, alles waschen.
ʰokoch·su-ña, alles nafs machen.
huanach·su-ña, alles trocknen.
huaquich·su-ña, alles ausbessern.
pai-su-ña, vielerlei kochen.
nu·su-ña, viele schlagen.
laq·su-ña, alles verteilen.
chus·su-ña, alles ausleeren.
mall-su-ña, alles probieren, kosten.
cuch·su-ña, alles zerschneiden.

tok·su-ña, alles beschimpfen.
kemp·su-ña, vielerlei Sachen zusammenfalten.
pak·su-ña, alles zerbrechen.
tuc·su-ña, alles aufzehren.
pich·su-ña, alles reinigen.
luntat·su-ña, alles stehlen.
karp·su-ña, alle Felder bewässern.
ʰar·su-ña, alles losbinden.
taqu·su-ña, alles zertreten.
pek·su-ña, alles zu Mehl mahlen.

§ 118. 4) *mucu.*

Bedeutung: Richtung in die Ferne, an ungewöhnliche Orte.

mucu steht vor *ni, si, rapi, raca, tata, rpaya, ja, sca.*

ʰaca-mucu-ña, auswärts leben.
ʰihua-mucu-ña, in der Fremde sterben.

kepar-mucu-ña, fernbleiben.
iqui-mucu-ña, aufser dem Hause schlafen.

chaka-mucu-ña, sich verirren.
sara-mucu-ña, weit weggehen.
ʼhala-mucu-ña, wegfliegen.
mistu-mucu-ña, weit hinausgehen.
ima-mucu-ña, an abgelegenem Orte verbergen.
usca-mucu-ña, wegelagern.
ʼhako-mucu-ña, weit von sich werfen.
laqui-mucu-ña, überall verteilen.

arusˑmucu-ña, lange sprechen.
ʼkita-mucu-ña, fortschicken.
antatˑmucu-ña, loslassen.
nuka-mucu-ña, wegstoſsen.
huara-mucu-ña, weggieſsen.
ʼkespi-mucu-ña, weit wegfliehen, ausreiſsen.
apa-mucu-ña, wegtragen,

sowie alle übrigen Zeitwörter, welche „tragen" bedeuten.

§ 119. 5) *noca*.

Bedeutung: Richtung nach unten; Nebenbedeutung: Wiederholung der Handlung.

noca steht vor *ni, si, rapi, raca, naca, tata, ja, sca*.

ʼkeparˑnoca-ña, unten bleiben.
utja-noca-ña, unten wohnen.
iqui-noca-ña, unten schlafen.
chaka-noca-ña, sich unten verirren.
uña-noca-ña, unten nachsehen.
manka-noca-ña, hinunterschlucken.

uma-noca-ña, gierig hinuntertrinken.
uscu-noca-ña, darunter legen.
huara-noca-ña, hinuntergieſsen.
taqui-noca-ña, hinuntertreten.
paqui-noca-ña, in Stücke zerbrechen.

saracˑ-noca-ña, öfters verreisen.
challa-noca-ña, wiederholt benetzen.
ʼkita-noca-ña, oft hinschicken.
lekˈe-noca-ña, oft schlagen.
lura-noca-ña, viel thun.
chura-noca-ña, oft geben.
ʼkepˑnoca-ña, vielerlei tragen, oft tragen.
catˑnoca-ña, viel nehmen.

Die Zeitwörter des Tragens: *apa, iru, aya, itu, ichu, asa, irpa, cka* verbinden sich alle mit *noca* mit der Bedeutung der Richtung nach unten.

§ 120. 6) *naca*.

Bedeutung: Richtung nach verschiedenen Seiten und Wiederholung der Handlung mehrere Male.

naca steht vor *ni, si, rapi, raca, tata, ja, sca*.

uña-naca-ña, nach allen Seiten blicken.
ʼhalˑ-naca-ña, überallhin laufen, fliegen.

ima-naca-ña, an verschiedenen Orten verstecken.
lamk̓a-naca-ña, allenthalben umhertasten.
p̓usa-naca-ña, von allen Seiten blasen.
k̓ita-naca-ña, überallhin schicken.
nuk̓u-naca-ña, hin und her stoſsen.
k̓espi-naca-ña, nach allen Seiten fliehen.
ṭus‛-naca-ña, überallhin spucken.
chur‛-naca-ña, jedem etwas geben.
c̓hat‛-naca-ña, bei allen verleumden.
lat‛-naca-ña, umherkriechen.
lanka-naca-ña, umherstolpern.
c̓haka-naca-ña, sich überall verirren.
nuas‛-naca-ña, sich allenthalben streiten.
anat‛-naca-ña, umherspielen.
picha-naca-ña, alles rein fegen.
panta-naca-ña, umherirren.
tumaicu-naca-ña, umherbetteln.
olloṣ‛-naca-ña, allenthalben lärmen.
sar‛-naca-ña, hierhin und dorthin gehen.

manta-naca-ña, oft hereinkommen.
ḣak̓u-naca-ña, wiederholt zählen.
ut‛-naca-ña, sich oft setzen.
ḣallu-naca-ña, regnerisches Wetter sein.
ḣacha-naca-ña, öfters weinen.
mank̓a-naca-ña, oft und viel umheressen.
uma-naca-ña, oft und viel trinken.
arus‛-naca-ña, viel herumreden.
huarar-naca-ña, viel umherschreien.
apa-naca-ña, oft herumtragen.
ir‛-naca-ña, wiederholt tragen, arbeiten.
apsu-naca-ña, wiederholt herausholen.
k̓aihui-naca-ña, beständig umrühren.

§ 121. 7) *jara*.

Bedeutung: Handlung vieler nach verschiedenen Seiten.
jara steht vor *ca, naca, rapi, si, ni, quipa, su, ta, tata, ja, sca*.
sar‛-jara-ña, viele nach vielen Seiten gehen.
mist‛-jara-ña, viele nach vielen Seiten ausgehen.
sait‛-jara-ña, viele nach vielen Seiten stehen.

chur̆·-jara-ña, viele nach vielen Seiten geben.
arus·-jara-ña, viele nach vielen Seiten sprechen.
uñ·-jara-ña, viele nach vielen Seiten sehen.
ťajs·-jara-ña, viele nach vielen Seiten waschen.
ǩiru-jara-ña, viele nach vielen Seiten umwickeln, binden.
sat·-jara-ña, viele nach vielen Seiten säen.
ǩit·-jara-ña, viele nach vielen Seiten schicken.
ȟisťar·-jara-ña, viele nach vielen Seiten öffnen.
antut·-jara-ña, viele nach vielen Seiten loslassen.
ȟaus·-jara-ña, viele nach vielen Seiten rufen.
ȟut·-jara-ña, viele nach vielen Seiten kommen.
ut·-jara-ña, viele nach vielen Seiten sich setzen.
lur·-jara-ña, viele nach vielen Seiten machen.
ȟach·-jara-ña, viele nach vielen Seiten weinen.
larus·-jara-ña, viele nach vielen Seiten lachen.
irp·-jara-ña, viele nach vielen Seiten führen.
ap·-jara-ña, viele nach vielen Seiten tragen,
und die übrigen Zeitwörter für die verschiedenen Arten des Tragens.

§ 122. 8) *jata*.

Bedeutung: Richtung der Handlung auf oder über etwas.

jata steht vor *ni, rapi, raca, si, tata, ja*.

ȟall·-jata-ña, auf etwas regnen.
ǩep·-jata-ña, aufladen.
čhall·-jata-ña, darüber spritzen.
iqu·-jata-ña, auf etwas schlafen.
uñ·-jata-ña, herabsehen.
finc·-jata-ña, darauf fallen.
huinc·-jata-ña, sich darauf legen.
ut·-jata-ña, auf etwas sitzen.
palt·-jata-ña, darauf legen, hinzufügen.
laťk·-jata-ña, hinauf klettern, darüber klettern.

lluj·-jata-ña, darüber fliegen.
anat·-jata-ña, auf etwas spielen.
ȟus·-jata-ña, darauf spucken.
ṕus·-jata-ña, darauf blasen (Kohlen).
ťall·-jata-ña, darauf, darüber giefsen.
leǩ·-jata-ña, darauf schlagen.
lank·-jata-ña, darüber stolpern.
ǩep·-jata-ña, darauf bleiben.
irp·-jata-ña, darüber führen.
ȟal·-jata-ña, darüber laufen.
sar·-jata-ña, einholen (im Gehen).

§ 123. 9) *quipa*.

Bedeutung: Richtung der Handlung um etwas herum, Umkreisung und mancherlei Nebenbedeutungen.

quipa steht vor *ni, si, rapi, raca, tata, rpaya, ja, sca, naca, mucu*.

sara-quipa-ña, herumgehen.
uña-quipa-ña, umherblicken.

ḱala-quipa-ña, herumfliegen.
laqui-quipa-ña, absondern, herumverteilen.
cuti-quipa-ña, auf Umwegen zurückkehren.
ḱehui-quipa-ña, herumdrehen.
nuku-quipa-ña, umherstoſsen.
toko-quipa-ña, zur Seite springen.
ḱaku-quipa-ña, in Rechnung bringen.
arus·-quipa-ña, über etwas unterhandeln.
usu-quipa-ña, beinahe krank werden.
tincu-quipa-ña, beinahe fallen.
irpa-quipa-ña, herumführen.
apa-quipa-ña, herumtragen.
ira-quipa-ña, herumtragen (leichte Sachen).
itu-quipa-ña, herumtragen (schwere Sachen).
asa-quipa-ña, herumtragen (Geschirre).
eka-quipa-ña, herumtragen (Kleider, Zeuge).
ichu-quipa-ña, herumtragen (im Arme).

§ 124. 10) *cata*.

Bedeutung: Richtung der Handlung in die Nähe, zur Seite, nach drüben, Anlehnen an einen Gegenstand.

cata steht vor *ni, si, ta, ja, rapi, raca*.

sara-cata-ña, hinübergehen.
ma-cata-ña, dasſelbe.
mist·-cata-ña, hinübersteigen.
lat·-cata-ña, hinüberkriechen.
pus·-cata-ña, hinblasen.
nuku-cata-ña, hinüberschuppen.
ḱaus·-cata-ña, hinüberrufen.
uñ·-cata-ña, nahe hinsehen, hinüberblicken.

ap·-cata-ña, hintragen, hinübertragen.
irp·-cata-ña, hinführen.
ir·-cata-ña, hintragen (leichte Sachen).
it·-cata-ña, hintragen (schwere Sachen).
ai-cata-ña, hintragen (lange Sachen).
as·-cata-ña, hintragen (Geschirre).

ḱemi-cata-ña, sich anlehnen.
ut·-cata-ña, sich an etwas setzen.
lip·-cata-ña, ankleben.
cat·-cata-ña, festhalten.
sai-cata-ña, sich nahe hinstellen.
quillp·-cata-ña, vor jemandem niederknien.
puri-cata-ña, nahe herbeikommen.

§ 125. 11) *tsu*.

Diese Partikel scheint aus *ta-su* zusammengesetzt.
Bedeutung: Dieselbe wie *su*: Richtung der Handlung nach aufsen, weniger nach oben; Nebenbedeutung: Isolierung.

tsu steht vor *ni, sca.*

misťtsu-ña, hinausgehen.
ˈkesp·tsu-ña, hinausfliehen.
uñ·tsu-ña, über jemanden hinblicken.
ˈkep·tsu-ña, sich absondern.
kepar·tsu-ña, zurückbleiben.
chak·tsu-ña, beiseite bleiben.
manˈk·tsu-ña, allein essen.

um·tsu-ña, für sich trinken.
ˈhut·tsu-ña, allein kommen.
sar·tsu-ña, allein gehen.
anat·tsu-ña, allein für sich spielen.
ayat·tsu-ña, aus der Wand hervorragen.

Zweite Gruppe.

Anfang und Dauer der Handlung: *ni, ja, jaru, tata, sca, ja.*

§ 126. 12) *ni*.

Bedeutung: Gehen, sich anschicken, die Handlung auszuführen.

ni steht vor *rapi, raca, ja, sca*; nach *si, rapi, raca, mucu, tata, noca, naca, su.*

manta-ni-ña, hineingehen.
misťu-ni-ña, hinausgehen.
saita-ni-ña, aufstehen.
iqui-ni-ña, schlafen gehen.
usu-ni-ña, krank werden.
hualipta-ni-ña, gesund werden.
chaka-ni-ña, sich verirren.
uña-ni-ña, gehen, um zu sehen.
isťa-ni-ña, gehen, um zu hören.
manka-ni-ña, essen gehen.
uma-ni-ña, trinken gehen.
ťuyusi-ni-ña, baden, schwimmen gehen.
sarta-ni-ña, weggehen.
ˈhala-ni-ña, gelaufen kommen.
ťiscu-ni-ña, gesprungen kommen.
saraca-ni-ña, herunterkommen.
ala-ni-ña, gehen, um zu kaufen.
alja-ni-ña, gehen, um zu verkaufen.
ˈhisťa-ni-ña, gehen, um zu verschliefsen.

ˈhisťara-ni-ña, gehen, um zu öffnen.
imata-ni-ña, gehen, um zu verbergen.
ťaka-ni-ña, gehen, um zu suchen.
ˈharka-ni-ña, gehen, um aufzuhalten, zu hindern.
ˈkita-ni-ña, schicken.
chura-ni-ña, geben.
apara-ni-ña, wegnehmen.
uscu-ni-ña, legen.
arusi-ni-ña, reden.
maita-ni-ña, leihen.
ajlla-ni-ña, auswählen.
laqui-ni-ña, verteilen.
nuasi-ni-ña, sich prügeln.
yanapa-ni-ña, helfen.
malli-ni-ña, kosten.
ˈkallta-ni-ña, anfangen.
toke-ni-ña, beschimpfen.
picha-ni-ña, abwischen, reinigen.
antuta-ni-ña, spielen gehen.

Zehntes Kapitel. Von der Wortbildung.

iquintasi-ni-ña, sich zu Bette legen.
apsu-ni-ña, herausholen.
ʼ*haku-ni-ña*, zählen, nachrechnen.
ʼ*hausa-ni-ña*, rufen gehen.
kistu-ni-ña, anschüren.

ʼ*hara-ni-ña*, lösen.
apa-ni-ña, bringen.
lura-ni-ña, machen.
pokaya-ni-ña, anfüllen.

§ 127. 13) *ja.*

Bedeutung: Im Begriffe sein, die Handlung zu beginnen.

ja steht vor *rapi, raca, si, ta, ni, ra, tasi.*

ʼ*hiu·ja-ña*, dem Tode nahe sein.
misť·ja-ña, im Begriffe sein auszugehen.
mank·ja-ña, im Begriffe sein zu essen.
tinc·ja-ña, im Begriffe sein zu fallen.
larus·ja-ña, im Begriffe sein zu lachen.
ʼ*hach·ja-ña*, im Begriffe sein zu weinen.
kallť·ja-ña, im Begriffe sein anzufangen.
ap·ja-ña, im Begriffe sein zu bringen.
sar·ja-ña, im Begriffe sein zu gehen.
ʼ*hal·ja-ña*, im Begriffe sein zu fliegen.

§ 128. 14) *jaru.*

Bedeutung dieselbe wie die vorige: Auf dem Punkte stehen, die Handlung zu beginnen; Nebenbedeutung: bei Zeitwörtern, welche „tragen" bedeuten, den Gegenstand auf sich, auf seine Schultern zu nehmen.

jaru steht vor *ni, rapi, raca, si, tata, sca.*

sar·jaru-ña, im Begriffe sein zu gehen.
misť·jaru-ña, im Begriffe sein auszugehen.
suck·jaru-ña, im Begriffe sein auszugleiten.
ʼ*hal·jaru-ña*, im Begriffe sein zu fliegen.
lať·jaru-ña, im Begriffe sein zu klettern.
ṯak·jaru-ña, im Begriffe sein zu suchen.
tok·jaru-ña, im Begriffe sein zu tanzen.
lluj·jaru-ña, im Begriffe sein zu fliegen.
irp·jaru-ña, im Begriffe sein zu führen.
ap·jaru-ña, auf seine Schultern nehmen.
it·jaru-ña, auf seine Schultern nehmen (schwere Gegenstände).
ai·jaru-ña, auf seine Schultern nehmen (lange Gegenstände).
as·jaru-ña, einen Krug auf dem Kopfe tragen.

§ 129. 15) *tata*.

Bedeutung: Anfang der Handlung; Nebenbedeutung: am Boden ausbreiten, die Handlung inmitten von anderen ausführen.

tata steht vor *ni, rapi, raca, noca, naca, ja, sca*.

usu-tata-ña, anfangen zu erkranken.
hualipta-tata-ña, anfangen wieder wohl zu werden.
ḣaca-tata-ña, wieder aufleben.
manka-tata-ña, anfangen zu essen.
uma-tata-ña, anfangen zu trinken.
sara-tata-ña, anfangen zu gehen.
ḣal·-tata-ña, anfangen zu laufen, fliegen.
t́ak·-tata-ña, anfangen zu suchen.
lip·-tata-ña, anfangen zu kleben.
t́impu-tata-ña, anfangen zu sieden.
ḣacha-tata-ña, anfangen zu weinen.
laru-tata-ña, anfangen zu lachen.
naca-tata-ña, anfangen zu brennen.
k̑ehui-tata-ña, anfangen sich zu drehen.
yati-tata-ña, anfangen zu lernen.

k̑all·-tata-ña, anfangen, etwas beginnen.
p̑alla-tata-ña, anfangen zu platzen.
cari-tata-ña, anfangen müde zu werden.
ali-tata-ña, anfangen zu wachsen.
ḣila-tata-ña, anfangen grofs zu werden.
ḣallu-tata-ña, anfangen zu regnen.
k̑apis·-tata-ña, anfangen sich zu erzürnen.
p̑ok·-tata-ña, anfangen sich zu füllen.
uñi-tata-ña, anfangen jemanden zu hassen.
arus·-tata-ña, anfangen zu sprechen.
k̑umar·-tata-ña, anfangen wohl zu sein.

iqui-tata-ña, sich im Bett ausstrecken.
uñ·-tata-ña, hinausblicken, sich erinnern.
alja-tata-ña, im Grofsen verkaufen.

§ 130. 16) *sca*.

Bedeutung: In der Ausführung der Handlung begriffen sein.

sca steht immer am Ende aller zusammengesetzten Zeitwörter.

ḣaca-sca-ña, lebend sein.
ḣihua-sca-ña, im Sterben liegen.
manta-sca-ña, hineingehen.
saita-sca-ña, stehen.
iqui-sca-ña, schlafen.
samca-sca-ña, träumen.
uña-sca-ña, sehen.
ist́a-sca-ña, hören.

manka-sca-ña, beim Essen sein.
uma-sca-ña, trinken.
naca-sca-ña, brennen.
larusi-sca-ña, lachen.
tanta-sca-ña, sich versammeln.
ḣacha-sca-ña, weinen.
sara-sca-ña, gehen.

Zehntes Kapitel. Von der Wortbildung.

§ 131. 17) 'ka (ja).

Bedeutung: Wiederholung der Handlung, Beendigung der Handlung.

'ka steht vor si, ni, rapi, raca, quipa, ta, tata; nach jaru, chuqui, cata.

'hut'ka-ña, zurückkommen.
chur'ka-ña, wieder geben.
iqu'ka-ña, wieder einschlafen.
uñ'ka-ña, wieder hinsehen.
ist'ka-ña, wieder zuhören.
'hikat'ka-ña, wieder begegnen.
'hurich'ka-ña, wieder naſs machen.
sar'ka-ña, sar'ja-ña, wieder gehen.
lur'ka-ña, lur'ja-ña, wieder machen.

mist'ka-ña, wieder ausgehen.
yapt'ka-ña, wieder anbinden.
antut'ka-ña, wieder loslassen.
al'ka-ña, al'ja-ña, verkaufen.
'hak'ka-ña, 'hak'ja-ña, wieder zählen.
'his'ka-ña, wieder sagen.
mank'ka-ña, mank'ja-ña, gegessen haben.

Dritte Gruppe.

Intensität der Handlung: chuqui, rpaya, ta, pini (hua, huasi, racha).

§ 132. 18) chuqui.

Bedeutung: Öftere Wiederholung der Handlung, lebhafte Ausführung.

chuqui steht vor si, ta, tata, raqui, raca.

lur·chuqui-ña, ausgelassen lachen.
uñ·chuqui-ña, aufmerksam hinblicken.
'hak·chuqui-ña, mit Steinen nach etwas werfen.
ľus·chuqui-ña, viel umherspucken.
tok·chuqui-ña, mit Schmähungen beschimpfen.

§ 133. 19) rpaya.

Bedeutung: Lebhafte Ausführung der Handlung, um sie zu beendigen, sich ihrer zu entledigen; Nebenbedeutung: verschiedene, hauptsächlich Ausführung der Handlung durch mehrere.

'hisľa-rpaya-ña, heftig öffnen, aufreiſsen.
paqui-rpaya-ña, zerbrechen, zerschlagen.
cuchu-rpaya-ña, zerschneiden.
'haicha-rpaya-ña, durchprügeln.
leke-rpaya-ña, zerschlagen.
ḳapi-rpaya-ña, zerdrücken.
ḥusa-rpaya-ña, wegblasen.
'hala-rpaya-ña, strömen (vom Wasser).
misľu-rpaya-ña, plötzlich herauskommen.
uña-rpaya-ña, rasch und aufmerksam hinsehen.

Erster Teil. Formenlehre.

iqui-rpaya-ña, viele zugleich schlafen.
usu-rpaya-ña, viele zugleich erkranken.
chaka-rpaya-ña, viele sich verirren.
manka-rpaya-ña, viele zusammen essen.
uma-rpaya-ña, viele zusammen trinken.
fajsa-rpaya-ña, viele zusammen waschen.
kari-rpaya-ña, viele Tiere schlachten.
saita-rpaya-ña, viele zusammenstehen.
ala-rpaya-ña, vielerlei kaufen.
tincu-rpaya-ña, viele übereinander fallen.

§ 134. 20) *ta*.

Bedeutung: kurze Dauer der Handlung, plötzliches Beginnen und geringe Lebhaftigkeit.

ta steht vor *si, ni, rapi, raca, noca, ja, tata, sca*.

iqu·ta-ña, ein wenig schlafen.
samc·ta-ña, etwas träumen.
hal·ta-ña, kurze Zeit laufen.
uñ·ta-ña, einen Blick thun.
kap·ta-ña, einen kleinen Druck ausüben.
lek·ta-ña, einige Hammerschläge thun.
mank·ta-ña, etwas essen.
um·ta-ña, einen Schluck trinken.
hunłach·ta-ña, etwas wärmen.
fajs·ta-ña, ein wenig waschen.
al·ta-ña, etwas kaufen.
alj·ta-ña, etwas verkaufen.
pai-ta-ña, ein wenig kochen.
mall·ta-ña, etwas kosten.

kall·ta-ña, anfangen.
hamp·ta-ña, etwas rösten.
canc·ta-ña, etwas braten.
pich·ta-ña, ein wenig reinigen.
punc·ta-ña, ein wenig anschwellen.
yap·ta-ña, etwas festbinden.
hil·ta-ña, ein wenig wachsen.
chur·ta-ña, etwas geben.
fujs·ta-ña, etwas übel riechen.
mach·ta-ña, leicht angetrunken sein.
ap·ta-ña, aufheben.
ir·ta-ña, mit der Hand aufheben.
his·ta-ña, etwas sagen.
kep·ta-ña, eine kleine Strecke zurückbleiben.

§ 135. 21) *pini*.

Bedeutung: Bestehen auf der Handlung, Beharren, Bestätigung.

Diese Partikel kann sowohl zwischen den Verbalstamm und die Endung, als auch nach der Endung und hinter ein anderes Wort des Satzes gestellt werden.

Die Partikeln *hua* (Kürze der Handlung), *huasi* (Unüberlegtheit) und *racha* (übermäfsig lange Dauer) sind gegenwärtig nicht mehr gebräuchlich.

Vierte Gruppe.
Beziehung der Handlung zum Subjekt und zu anderen Personen: *si, rapi, raca, tasi, tapi.*

§ 136. 22) *si.*

Bedeutung: Zurückbeziehung der Handlung auf das Subjekt, Gegenseitigkeit der Handlung, Handlung zu Gunsten oder Vorteil des Subjekts.

si steht immer am Ende des Zeitwortes, nur *sca* kann ihm nachgesetzt werden.

konta-si-ña, sich setzen.
saita-si-ña, sich hinstellen.
chaka-si-na, sich verlieren, verirren.
uña-si-ña, sichtbar werden.
isfa-si-ña, verstehen (verstanden werden).
llanka-si-ña, sich betasten.
hari-si-ña, sich waschen.
tuyu-si-ña, sich baden.
hokocha-si-ña, sich benetzen.
huañara-si-ña, sich abtrocknen.
cuchu-si-ña, sich schneiden.
tanta-si-ña, sich versammeln.
hisfa-si-ña, sich einschliefsen.
hisfara-si-ña, sich öffnen.
kapi-si-ña, sich erzürnen.
llaqui-si-ña, sich bekümmern.
nua-si-ña, sich prügeln.
auka-si-ña, sich bekämpfen.
ajlla-si-ña, sich gegenseitig vorziehen.

minka-si-ña, sich vermieten.
amja-si-ña, sich erinnern.
kespi-si-ña, sich retten.
kanti-si-ña, sich drehen.
nuku-si-ña, sich stofsen.
kichi-si-ña, sich zwicken.
haraka-si-ña, sich lösen.
sisfa-si-ña, sich sättigen.
catati-si-ña, sich schleppen.
imanta-si-ña, sich verbergen.
cusi-si-ña, sich freuen.
hallpa-si-ña, sich belecken.
macha-si-ña, sich betrinken.
muna-si-ña, sich lieben.
penka-si-ña, sich schämen.
kaihui-si-ña, sich wälzen.
taqui-si-ña, sich treten.
kempta-si-ña, sich anlehnen.
pallka-si-ña, sich teilen.
uñta-si-ña, sich kennen.

manka-si-ña, für sich allein essen.
uma-si-ña, allein trinken.
sara-si-ña, für sich gehen.
apara-si-ña, für sich wegtragen.
paya-si-ña, sich etwas kochen.
maita-si-ña, für sich fordern.
ajlla-si-ña, sich etwas aussuchen.

luntatu-si-ña, sich etwas stehlen.
huihua-si-ña, sich ein Tier aufziehen.
haku-si-ña, seine Rechnungen machen.
ala-si-ña, sich etwas kaufen.
alja-si-ña, für seine Rechnung verkaufen.
catu-si-ña, sich etwas nehmen.

144 Erster Teil. Formenlehre.

naca-si-ña, verbrennen.
paqui-si-ña, zerbrechen.
huañara-si-ña, trocknen.
aru-si-ña, reden.
laru-si-ña, lachen.
amja-si-ña, ahnen.
arma-si-ña, vergessen.

kallta-si-ña, anfangen.
punqui-si-ña, anschwellen.
quillpi-si-ña, niederknien.
chojra-si-ña, pissen.
pitui-si-ña, sorgen.
kari-si-ña, lügen.
huaqui-si-ña, nötig haben.

§ 137. 23) *rapi.*

Bedeutung: Handlung zu Gunsten eines anderen.

rapi steht vor *ni, si, ja, sca;* nach *ni, tata, quipa, mucu, noca.*

haca-rapi-ña, für jemanden leben.
hihua-rapi-ña, für jemanden sterben.
ala-rapi-ña, für jemanden kaufen.
apta-rapi-ña, für jemanden etwas aufheben.
sara-rapi-ña, für jemanden einen Gang thun.
hiskara-rapi-ña, jemandem die Thür öffnen.
ajlla-rapi-ña, für jemanden etwas wählen.
paya-rapi-ña, für jemanden kochen.
minka-rapi-ña, für jemanden mieten.
huihua-rapi-ña, für jemanden aufziehen.
irnaca-rapi-ña, für jemanden arbeiten.
huta-rapi-ña, für jemanden kommen.
hausa-rapi-ña, für jemanden rufen.
apa-rapi-ña, für jemanden bringen.
haita-rapi-ña, für jemanden lassen.

§ 138. 24) *raca.*

Bedeutung: Handlung zum Nachteil oder gegen den Willen eines ander

raca steht vor *ni, si, ja, sca.*

manka-raca-ña, auf fremden Weiden fressen.
saita-raca-ña, sich aufstellen, um zu beobachten.
iska-raca-ña, behorchen.
uña-raca-ña, spionieren.
ala-raca-ña, zu anderem Nachteil kaufen.
apa-raca-ña, jemandem etwas wegnehmen.
manu-raca-ña, abborgen.
muna-raca-ña, jemanden gegen seinen Wunsch lieben.

Zehntes Kapitel. Von der Wortbildung.

ajlla-raca-ña, etwas Unpassendes auswählen.
laqui-raca-ña, fremdes Gut verteilen.
sata-raca-ña, auf fremdem Acker säen.
apsu-raca-ña, fremde Sachen hervorholen.
kepi-raca-ña, fremde Waren aufladen.
catu-raca-ña, gegen den Willen nehmen.
irpa-raca-ña, wider Willen führen, begleiten.
catuca-raca-ña, wider Willen annehmen.
huara-raca-ña, verschütten.
lura-raca-ña, zum Nachteil machen.

§ 139. 25) *tasi*.

Bedeutung: In Verbindung mit Wörtern, die ein Kleidungsstück bedeuten, dieses Stück anlegen.

tasi hat blofs *ni*, *ka*, *sca* nach sich.

tanca-tasi-ña, sich den Hut aufsetzen.
llakoll-tasi-ña, den Mantel umhängen.
is-tasi-ña, Kleider anziehen.

§ 140. 26) *tapi, tapta*.

Bedeutung: Personen und Gegenstände zusammenbringen, Wechselseitigkeit der Handlung.

tapi steht vor *si*, *ni*, *rapi*, *raca*, *su*, *ka*, *sca*.

hisc·tapi-ña, nacheinander fragen.
laqu·tapi-ña, untereinander verteilen.
tak·tapi-ña, einander suchen.
arus·tapi-ña, miteinander reden.
lur·tapi-ña, zusammen arbeiten.
chuc·tapi-ña, zusammen nähen.
hik·tapi-ña, einander begegnen.
mank·tapi-ña, zusammen essen.
tant·tapi-ña, zusammenkommen, sich versammeln.

tak·tapi-ña, zusammensuchen.
haich·tapi-ña, sich untereinander prügeln.
pus·tapi-ña, das ausgelöschte Feuer wieder anblasen.
ap·tapi-ña, zusammenbringen.
an·tapi-ña, zusammentreiben.
irp·tapi-ña, zusammenführen.
huar·tapi-ña, zusammengiefsen.
hak·tapi-ña, zusammenzählen.

sar·tapta-ña, viele zusammen abreisen.
hal·tapta-ña, viele zusammen laufen.
uña-tapta-ña, einander ansichtig werden.
catu-tapta-ña, einander anpacken.

146   Erster Teil. Formenlehre.

Fünfte Gruppe.

Partikeln von verschiedener Bedeutung: *ra, jaa, paya, ’hacha, ya, ruru quipa, tahui, qui, raqui, chi.*

§ 141. 27) *ra.*

Bedeutung: 1) Umwandlung der Handlung ins Gegenteil,
2) Beschränkung der Handlung,
3) Ausführung der Handlung an vielen Orten.

ra steht vor *ni, si, ta, ja, rpaya, rapi, raca, sca.*

apa-ra-ña, wegnehmen.
lipi-ra-ña, etwas Angeklebtes ablösen.
pintu-ra-ña, abwickeln.
cuti-ra-ña, wieder zurückkehren.
ḱanti-ra-ña, aufdrehen.

kapu-ra-ña, den gesponnenen Faden auflösen.
’hara-ra-ña, losbinden.
ḱepi-ra-ña, abladen.
’hista-ra-ña, öffnen.

iqui-ra-ña, kurze Zeit schlafen.
manka-ra-ña, nur wenig essen.
uma-ra-ña, einen Schluck trinken.
paqui-ra-ña, zerbrechen.
naca-ra-ña, leicht anbrennen.
’huntu-ra-ña, etwas warm werden.
’hiki-ra-ña, ein wenig herausziehen.

ala-ra-ña, eine Kleinigkeit kaufen.
alja-ra-ña, eine Kleinigkeit verkaufen.
uscu-ra-ña, etwas zur Seite legen.
ajlla-ra-ña, etwas auswählen.
malli-ra-ña, ein wenig kosten.

paya-ra-ña, vielerlei kochen.
pullchi-ra-ña, alles anfüllen.
’hallpa-ra-ña, überall belecken.
catu-ra-ña, von allen Seiten anfassen.
chálla-ra-ña, allenthalben hinspritzen.
uña-ra-ña, überall umherblicken.

hati-ra-ña, alles herauskratzen.
taqui-ra-ña, überall hintreten.
picha-ra-ña, allenthalben fegen, reinigen.
pia-ra-ña, überall Löcher machen.
leḱe-ra-ña, überall klopfen.

§ 142. 28) *jaa, jaya.*

Bedeutung: Die Handlung ausführen helfen.

jaa steht vor *ni, tata, sca.*

ap-jaa-ña, helfen beim tragen.
ḱep-jaa-ña, helfen beim beladen.
tajs-jaa-ña, helfen beim waschen.

huaquich-jaa-ña, helfen beim zubereiten.
apt-jaa-ña, helfen beim aufheben.

Zehntes Kapitel. Von der Wortbildung.

ʼhistʼjaa-ña, helfen beim schliefsen.
ʼhistarjaa-ña, helfen beim öffnen.
pichjaa-ña, helfen beim fegen.
yaptjaa-ña, helfen beim anbinden.

imantjaa-ña, helfen beim begraben.
apsjaa-ña, helfen beim herausholen.
lurjaa-ña, helfen beim machen.
irnacjaa-ña, helfen beim arbeiten.

§ 143. 29) ʼhacha (nacha).

Bedeutung: Neigung, Bedürfnis, die Handlung auszuführen.

ʼhacha, verbindet sich nicht mit anderen Partikeln.

Die nachstehenden Zeitwörter sind unpersönlich.

manka-ʼhacha-ña, Lust haben zu essen.
ʼhacha-ʼhacha-ña, weinerlich zu Mute sein.
iqui-ʼhacha-ña, schläfrig sein.
uma-ʼhacha-ña, Lust haben zu trinken.
macha-ʼhacha-ña, Lust haben sich zu betrinken.
mistu-ʼhacha-ña, Lust haben auszugehen.
laru-ʼhacha-ña, Lust haben zu lachen.
achu-ʼhacha-ña, Lust haben zu beifsen.

Öfter als durch die Partikel ʼhacha wird die Neigung oder das Bedürfnis etwas zu thun durch Wiederholung des Verbalstammes ausgedrückt.

laru-laru-ña, Lust haben zu lachen.
macha-macha-ña, Lust haben sich zu betrinken.
manka-manka-ña, Lust haben zu essen.
uma-uma-ña, Lust haben zu trinken.
malli-malli-ña, Lust haben zu kosten.
uju-uju-ña, Bedürfnis haben zu husten.

§ 144. 30) paya.

Partikel der Keshua-Sprache, welche nur mit wenigen Zeitwörtern verbunden wird und in diesen Fällen einen länger andauernden Zustand anzeigt.

laqui-paya-ña, traurig sein.
ʼkuya-paya-ña, Mitleid haben.
puti-paya-ña, betrübt, reumütig sein.
usu-paya-ña, kränklich sein.
laru-paya-ña, lächerlich zu Mute sein.
sauka-paya-ña, oft verspotten, spottsüchtig sein.

§ 145. 31) *ya (aa)*.

Bedeutung: Befehlen, veranlassen, erlauben, daſs die Handlung ausgeführt wird.

Diese Partikel läſst sich fast mit allen primitiven und zusammengesetzten Zeitwörtern verbinden.

'hihua-ya-ña, töten.
'hihuaya-ya-ña, umbringen lassen.
'haca-ya-ña, wieder beleben.
iqui-ya-ña, einschläfern.
tincu-ya-ña, zu Falle bringen.
amta-ya-ña, jemanden erinnern.

naca-ya-ña, anzünden.
manta-ya-ña, eintreten lassen.
mistu-ya-ña, hinausgehen lassen, hinausweisen.
'hacha-ya-ña, weinen machen.
laru-ya-ña, lachen machen.

§ 146. 32) *ruru-quipa*.

Diese beiden Partikeln werden so gebraucht, daſs der Stamm des Zeitwortes wiederholt wird, wobei *quipa* zwischen und *ruru* hinter den Stamm zu stehen kommt.

Bedeutung: Ausführung der Handlung in verschiedenen Richtungen.

apa-quipa-apa-ruru-ña, hin und her tragen.
irpa-quipa-irpa-ruru-ña, hierhin und dorthin führen.
ťaka-quipa-ťaka-ruru-ña, nach allen Seiten suchen.
uña-quipa-uña-ruru-ña, nach allen Seiten blicken.
ťusa-quipa-ťusa-ruru-ña, überallhin spucken.

§ 147. 33) *qui*.

Diese Partikel zeigt eine Beschränkung an. Sie bildet keine neuen Zeitwörter, sondern kann bei allen vor die Konjugationsendungen gesetzt werden.

Mit dem Optativ verbunden drückt sie lebhaften Wunsch aus. (An Adjektiven und Adverbien angefügt, bildet sie in Interjektionen des Erstaunens, der Bewunderung: 'hihua-qui! wie hübsch; ťacha-qui! wie reizend.)

isapa-qui-ña, bloſs hören.
sa-qui-ña, bloſs sagen.
iqui-qui-ña, nur schlafen.

§ 148. 34) *raqui*.

Auch diese Partikel bildet keine neuen Zeitwörter aus primitiven, sondern besagt nur soviel als „auch, gleichfalls, ebenso", und wird in dieser Bedeutung sowohl in das Verbum vor und hinter den Flexionsendungen eingeschaltet, als auch an andere Redeteile angehängt. *Auqui-nacassa* '*hihuapjana*, '*hihuassa-ja* '*hihua-raqui-tana*, unsere Väter sind gestorben, und so werden wir auch sterben. Ebenso gut könnte in diesem Satze *raqui* mit '*hihuassa* (oder '*hiussa*) zu '*hihuassa-raqui* verbunden werden.

§ 149. 35) *chi*.

Diese Partikel drückt Ungewifsheit und Zweifel aus und wird in dieser Bedeutung teils zwischen Stamm und Endung eingeschaltet, teils an die Verbalformen angefügt. Dafs *chi* zur Bildung eines zweiten Futurums benutzt wird, ist bereits im Kapitel der Konjugation angeführt worden.

'*his·-chi*, vielleicht hat man gesagt.
ist-chi-ta, vielleicht hast du gehört.
mun·chi-ta, vielleicht willst du.
lur·chi-ta, vielleicht hast du es gethan.

§ 150. 36) *tahui*.

Eine Partikel, die nur im Präsens und Präteritum gebraucht wird, wenn etwas erzählt werden soll, was noch nicht bekannt ist. Von dieser Partikel stammt die Endung *-taina (tahui-na)* her, welche für die dritte Person des Präteritums im Singular und Plural öfters statt des einfachen *-na* steht.

§ 151. Aufser diesen Partikeln führt Bertonio in seiner Grammatik noch die folgenden an, welche jedoch gegenwärtig aufser Gebrauch gekommen zu sein scheinen:

1) *cucha*, Bedeutung: Warnung vor der Handlung, welche das Zeitwort besagt.
2) *hua*, Bedeutung: baldige Ausführung.
3) *huasi*, Bedeutung: Ausführung der Handlung ohne Überlegung.
4) *llusunu*, *llusnu*, Bedeutung: das Gegenteil von *tasi*, nämlich, sich eines Kleidungsstückes entledigen.
5) *pu, puta*, Bedeutung: Preisgebung, Verlassen.
6) *racha*, Bedeutung: zu lange Dauer.
7) *rana*, Bedeutung: auf die Handlung des Zeitwortes hinweisen.
8) *staca*, Bedeutung: Entgegenkommen.
9) *uta*, Bedeutung: Aufheben vom Boden.
10) *utalta, talta*, Bedeutung: Anfang der Handlung durch viele gemeinschaftlich.

Zusammengesetzte Partikeln.

§ 152. Einige Partikeln werden oft zusammen angetroffen und bilden gleichsam eine.

1) *ca-ni.*

Bedeutung: Bewegung nach unten.

tincu-cani-ña, hinabfallen.
lanca-cani-ña, hinabstolpern.
suchu-cani-ña, nach unten rutschen.
sara-cani-ña, nach unten gehen.
hala-cani-ña, nach unten laufen.
pusa-cani-ña, unten hineinblasen.
hako-cani-ña, hinabwerfen.
huara-cani-ña, daruntergießen.
nuku-cani-ña, hinunterstoßen.

tusa-cani-ña, hineinspucken.
antut'-cani-ña, nach unten loslassen.
lalu-cani-ña, hinunterkriechen.
huta-cani-ña, nach unten kommen.
puri-cani-ña, nach unten anlangen.
kespi-cani-ña, nach unten entkommen.
kita-cani-ña, nach unten schicken.
apa-cani-ña, herunterbringen.
irpa-cani-ña, nach unten führen.

§ 153. **2) *ya-si.***

Bedeutung: Diejenige beider Partikeln; *ya:* befehlen, erlauben; *si:* Zurückbeziehung auf das Subjekt.

manta-yasi-ña, gehen lassen.
mistu-yasi-ña, ausgehen lassen.
iqui-yasi-ña, schlafen lassen.
uña-yasi-ña, sehen lassen.
ista-yasi-ña, hören lassen.
manka-yasi-ña, essen lassen.
uma-yasi-ña, trinken lassen.

huañara-yasi-ña, trocknen lassen.
ala-yasi-ña, kaufen, bestechen lassen.
tincu-yasi-ña, fallen lassen.
taka-yasi-ña, suchen lassen.
haicha-yasi-ña, prügeln lassen.
komanta-yasi-ña, umarmen lassen.
minka-yasi-ña, mieten lassen.

§ 154. **3) *si-si.***

Bedeutung: Gegenseitigkeit der Handlung.

apa-sisi-ña, einander Sachen tragen.

chura'-sisi-ña, einander geben.
uña-sisi-ña, einander besuchen.
hikata-sisi-ña, sich begegnen.
muna-sisi-ña, sich lieben.
llunku-sisi-ña, sich schmeicheln.
hili-sisi-ña, sich beneiden.
ista-sisi-ña, sich behorchen.
llamka-sisi-ña, sich betasten.

komanta-sisi-ña, sich umarmen.
haicha-sisi-ña, sich schlagen.
taka-sisi-ña, sich suchen.
toke-sisi-ña, sich beschimpfen.
harka-sisi-ña, sich hindern.
kapi-sisi-ña, sich drücken.
irpa-sisi-ña, sich führen.
yanap'-sisi-ña, sich helfen.

Zehntes Kapitel. Von der Wortbildung.

§ 155. 4) *ja-si*.

Bedeutung: Auch diese beiden Partikeln bezeichnen Gegenseitigkeit der Handlung.

yanap·jasi-ña, einander helfen.
llulla jasi-ña, einander betrügen.
lunłat·jasi-ña, sich gegenseitig bestehlen.
llaqui-jasi-ña, einander Kummer bereiten.
chur·jasi-ña, jemandem etwas für seine Rechnung geben.

§ 156. 5) *tat·ja*.

Bedeutung: Die Handlung des Zeitwortes von neuem wieder vornehmen.

'haca-tatja-ña, wieder aufleben.
konta-tatja-ña, sich wieder setzen.
iqui-tatja-ña, wieder einschlafen.
parjta-tatja-ña, wieder aufwachen.
usu-tatja-ña, wieder erkranken.
uña-tatja-ña, wieder sehen.
isła-tatja-ña, wieder hören.
ala-tatja-ña, wieder kaufen.
alja-tatja-ña, wieder verkaufen.
tincu-tatja-ña, wieder fallen.
misłu-tatja-ña, wieder ausgehen.
'hisłar-tatja-ña, wieder öffnen.
łaka-tatja-ña, wieder suchen.
arus·tatja-ña, wieder sagen.

am-tatja-ña, sich wieder erinnern.
yap·-tatja-ña, wieder binden.
antuta-tatja-ña, wieder loslassen.
kari-tatja-ña, wieder ermüden.
sama-tatja-ña, wieder ausruhen.
apac·-tatja-ña, wieder wegnehmen.
aps·-tatja-ña, wieder herausholen.
'haku-tatja-ña, wieder zählen.
'hila-tatja-ña, wieder wachsen.
utja-tatja-ña, sich wieder setzen.
chura-tatja-ña, wieder geben.
kita-tatja-ña, wieder schicken.
apa-tatja-ña, wieder bringen.
poka-tatja-ña, wieder füllen.

§ 157. Aufser den eben angegebenen zusammengesetzten Partikeln können auch viele der anderen miteinander verbunden werden, wenn die Thätigkeit nach ihrer Bedeutung modifiziert werden soll. In diesem Falle werden sie in einer gewissen Ordnung an den Verbalstamm angefügt, wie die weiter unten angeführten Beispiele zeigen. Um Wiederholungen zu vermeiden, beschränken wir uns auf die Zusammensetzungen blofs eines Zeitwortes und wählen dazu die Wurzel *apa*, tragen, als die geeignetste, da sie Zusammensetzungen mit fast allen Partikeln zuläfst. Die einzelnen Partikeln werden in derselben Reihenfolge angeführt wie früher.

1) *ca*.

ca hat nach sich *rapi*, *raca*, *si*, *ni*, *ja*.

apaca-ña, hinuntertragen, wegnehmen.
apaca-rapi-ña, für einen anderen.

apaca-raca-ña, zu seinem Nachteil, gegen jemandes Willen.
apaca-si-ña, für sich.
apaca-ni-ña, sich anschicken.
apac·ja-ña, anfangen, jemandem etwas zu nehmen.

§ 158. 2) *nta*.

nta hat nach sich *ni, si, rapi, raca, ja, sca*.

apanta-ña, hineintragen.
apanta-ni-ña, sich anschicken.
apanta-si-ña, für sich.
apanta-rapi-ña, für andere.
apanta-raca-ña, zum Nachteil anderer.
apant·ja-ña, anfangen.
apanta-sca-ña, im Begriff sein.

§ 159. 3) *su*.

Bedeutung: Richtung nach oben und aufsen.

su steht vor *si, ni, raca, mucu, noca, naca, tata, ja, sca*.

ap·su-ña, hinauftragen, hervorholen.
apsu-ni-ña, gehen, um etwas hervorzuholen.
apsu-si-ña, für sich.
apsu-rapi-ña, für andere.
apsu-raca-ña, zum Nachteil anderer.
apsu-mucu-ña, weit weg.
apsu-noca-ña, von unten herausholen.
apsu-naca-ña, hinaus, nach verschiedenen Seiten.
apsu-tata-ña, anfangen.
aps·ja-ña, im Begriff sein anzufangen, sich anschicken.
apsu-sca-ña, im herausholen begriffen sein.

§ 160. 4) *mucu*.

Bedeutung: Richtung in die Ferne, an ungewöhnliche Orte.

mucu steht vor *ni, si, rapi, raca, tata, rpaya, ja, sca*.

apa-mucu-ña, wegtragen, fortschaffen.
apa-mucu-ni-ña, gehen, um wegzutragen.
apa-mucu-si-ña, für sich.
apa-mucu-rapi-ña, für andere.
apa-mucu-raca-ña, zum Nachteil anderer.

apa-muc·tata-ña, anfangen.
apa-mucu-rpaya-ña, rasch fortschaffen.
apa-muc·ja-ña, sich anschicken.
apa-mucu-sca-ña, im Begriffe sein.

§ 161. 5) *noca*.

Bedeutung: Richtung nach unten; *apa-noca-ña*, herunterbringen, unter etwas legen.

noca steht vor *ni, si, rapi, raca, naca, tata, ja, sca*.

apa-noca-ni-ña, gehen, um herunterzubringen.
apa-noca-si-ña, für sich.
apa-noca-rapi-ña, für andere.
apa-noca-raca-ña, zum Nachteil.
apa-noca-tata-ña, anfangen.
apa-noc·ja-ña, sich anschicken.
apa-noca-sca-ña, im Begriffe sein.

§ 162. 6) *naca*.

Bedeutung: Richtung nach verschiedenen Seiten.

naca steht vor *ni, si, rapi, raca, tata, ja, sca*.

apa-naca-ña, überall hintragen.

apa-naca-ni-ña	*apa-naca-raca-ña*
apa-naca-si-ña	*apa-naca-tata-ña*
apa-naca-rapi-ña	*apa-nac·ja-ña*.

§ 163. 7) *jara*.

Bedeutung: Handlung vieler nach verschiedenen Seiten.

jara steht vor *ca, naca, rapi, raca, si, ni, quipa, su, tata, ta, ja, sca*.

ap·jaraña, nach verschiedenen Seiten tragen, zur Seite schaffen.

ap·jar·ca-ña, herunterschaffen.
ap·jar·naca-ña, überall hinschaffen.
ap·jar·si-ña, für sich.
ap·jara-rapi-ña, für andere.
ap·jara-raca-ña, zum Nachteil.
ap·jara-ni-ña, gehen, um wegzuschaffen.
ap·jar·quipa-ña, um die Ecke schaffen.
ap·jar·su-ña, hinaufschaffen.
ap·jar·ta-ña, wenig, auf kurze Zeit.
ap·jar·tata-ña, anfangen.
ap·jar·ja-ña, sich anschicken.
ap·jara-scana, im Begriffe sein.

§ 164. 8) *jata*.

Bedeutung: Richtung auf oder über etwas hin.

jata steht vor *ni, rapi, raca, si, tata, ja*.

ap·jata-ña, darauf legen, darüber bringen.

ap·jata-ni-ña	*ap·jata-rapi-ña*
ap·jata-si-ña	*ap·jata-raca-ña*
ap·jata-tata-ña	*ap·jat·jaña*.

§ 165. 9) *quipa*.

Bedeutung: Richtung um etwas herum, auf die andere Seite.

quipa steht vor *ni, si, rapi, raca, tata, rpaya, ja, naca, mucu, sca*.

apa-quipa-ña, herumtragen, auf die andere Seite bringen.

apa-quipa-ni-ña	*apa-quipa-tata-ña*
apa-quipa-si-ña	*apa-quip·ta-ña*
apa-quipa-rapi-ña	*apa-quip·ja-ña*
apa-quipa-raca-ña	*apa-quipa-rpaya-ña*
apa-quipa-naca-ña	*apa-quipa-sca-ña*.
apa-quipa-mucu-ña	

§ 166. 10) *cata*.

Bedeutung: In die Nähe, zur Seite, nach drüben.

cata steht vor *ni, si, ta, ja, rapi, raca, sca*.

ap·cata-ña, hinüberbringen.

ap·cata-ni-ña	*ap·cata-raca-ña*
ap·cata-si-ña	*ap·cat·ja-ña*
ap·cata-rapi-ña	*ap·cata·ta-ña*.

§ 167. 11) *tsu*.

Bedeutung: Richtung von innen nach aufsen.

tsu steht vor *ni*.

ap·tsu-ña (zusammengezogen aus *ap·tusnu-ña*), wegbringen, wegziehen.

ap·tsu-ni-ña	*ap·tsu-sca-ña*.

§ 168. 12) *ni*.

Bedeutung: Gehen, sich anschicken, die Handlung auszuführen.

ni steht vor *rapi, raca, ja, sca*; steht nach *si, rapi, raca, mucu, tata, noca, naca, su*.

apani-ña, gehen, um etwas zu bringen.

apani-rapi-ña	*apani-sca-na*
apani-raca-ña	*apan·ja-ña*

Zehntes Kapitel. Von der Wortbildung.

apa-si-ni-ña	*apa-tata-ni-ña*
apa-rapi-ni-ña	*apa-noca-ni-ña*
apa-raca-ni-ña	*apa-naca-ni-ña*
apa-muçu-ni-ña	*ap·su-ni-ña.*

§ 169. 13) *ja.*

Bedeutung: Im Begriffe sein, die Handlung zu beginnen.

ja steht vor *rapi, raca, si, ta, ra, tasi.*

ap·ja-ña, auf dem Punkte stehen, etwas zu bringen.

ap·ja-si-ña	*ap·ja-raca-ña*
ap·ja-rapi-ña	*ap·ja-ta-ña.*

ap·ja-ra-ña, auf dem Punkte stehen, etwas wegzunehmen.

§ 170. 14) *jaru.*

Bedeutung: Dieselbe wie die vorige: auf dem Punkte stehen die Handlung zu beginnen; den Gegenstand der getragen wird, auf sich, auf seine Schultern nehmen.

jaru steht vor *ni, rapi, raca, si, tata, ja, sca.*

ap·jaru-ña, auf dem Rücken tragen.

ap·jaru-ni-ña	*ap·jaru-si-ña*
ap·jaru-rapi-ña	*ap·jarutata-ña*
ap·jaru-raca-ña	*ap·jarja-ña*, wieder tragen.

§ 171. 15) *tata.*

Bedeutung: Anfang der Handlung, Ausstreckung, Ausbreitung am Boden.

tata steht vor *ni, rapi, raca, noca, naca, ja, sca.*

ap·tata-ña, anfangen zu tragen.

ap·tata-ni-ña	*ap·tata-raca-ña*
ap·tata-si-ña	*ap·tata-noca-ña*
ap·tata-rapi-ña	*ap·tat·ja-ña.*

§ 172. 16) *sca.*

Bedeutung: In der Ausführung der Handlung begriffen sein.

Diese Partikel steht stets am Ende aller zusammengesetzten Zeitwörter.

§ 173. 17) *ja*.

Bedeutung: Wiederholung oder auch Beendigung der Handlung.

ja steht vor *si, ni, rapi, raca, quipa, ta, tata*; steht nach *jaru, chuqui, tata*.

ap·ja-ña, wieder tragen, von neuem bringen.

ap·ja-si-ña
ap·ja-rapi-ña
ap·ja-raca-ña
apja-quipa-ña

ap·ja-ni-ña
ap·ja-ta-ña
ap·ja-tata-ña.

§ 174. 18) *chuqui*.

Bedeutung: Angestrengte und wiederholte Handlung.

chuqui steht vor *ni, tata, sca*.

Vom Zeitwort *tokeña*, schmähen, beschimpfen:

tok-chuqui-ña, wiederholt schmähen, schwer beleidigen.

tok-chuqui-ni-ña
tok-chuqui-tata-ña

tok-chuqui-scaña.

§ 175. 19) *rpaya*.

Bedeutung: Lebhaftigkeit der Handlung, um sie zu beendigen, sich ihrer zu entledigen.

rpaya steht vor *ni, si, tata, mucu, noca, naca, quipa, ra*.

apa-rpaya-ña, rasch bringen, alles bringen.

apa-rpaya-ni-ña
apar-rpaya-si-ña
apa-rpaya-rapi-ña
apar·paya-raca-ña
apar·paya-tata-ña

aparpaya-noca-ña
aparpaya-quipa-ña
aparpaya-mucu-ña
aparpaya-ra-ña (alles wegtragen).

§ 176. 20) *ta*.

Bedeutung: Kurze Dauer der Handlung, plötzlicher Anfang, geringe Anstrengung.

ta steht vor *si, ni, rapi, raca, noca, ja, tata, sca*.

ap·ta-ña, etwas kurze Zeit tragen, ein wenig aufheben.

ap·ta-si-ña
apta-rapi-ña
apta-raca-ña
apta-ni-ña
apta-tata-ña

apta-sca-ña
apt·ja-ña
apta-ra-ña, wieder aufheben, wegnehmen, was man gebracht hatte.

§ 177. 21) *pini*.

Wenn *pini* oder *puni* mit einem Zeitwort verbunden wird, so steht es entweder unmittelbar vor oder nach den Konjugationsendungen.

§ 178. 22) *si*.

Bedeutung: Zurückbeziehung der Handlung auf das Subjekt, Handlung zum Vorteil oder zu Gunsten des Subjekts.

si steht in der Regel am Ende der zusammengesetzten Zeitwörter und hat nur *sca* nach sich.

§ 179. 23) *rapi*.

Bedeutung: Handlung zu Gunsten eines anderen.

rapi steht vor *ni*, *ja*, *sca*; steht nach *ni*, *tata*, *quipa*, *mucu*, *noca*, *naca*.

apa-rapi-ña, für jemanden etwas tragen, bringen.

apa-rapi-ni-ña	*apa-noca-rapi-ña*
apa-rap·ja-ña	*apa-quipa-rapi-ña*
apa-rapi-sca-ña	*apa-mucu-rapi-ña*.

§ 180. 24) *raca*.

Bedeutung: Handlung zu eines anderen Nachteil, oder wider seinen Willen.

raca steht vor *ni*, *si*, *ja*, *sca*, *mucu*, *naca*.

apa-raca-ña, jemandem etwas wegnehmen, gegen seinen Willen forttragen.

apa-raca-ni-ña	*aparac·ja-ña*
apa-raca-mucu-ña	*aparaca-si-ña*, etwas für sich gegen
aparaca-naca-ña	jemandes Willen wegnehmen.

25) *tasi*.

Bedeutung: Anlegung eines Kleidungsstückes.

tasi hat *ni*, *ja* und *sca* nach sich.

§ 181. 26) *tapi, tapta*.

Bedeutung: Zusammenbringen oder Zusammenkunft.

tapi, tapta steht vor *si*, *ni*, *rapi*, *raca*, *su*, *ja*, *sca*.

ap·tapi-ña, zusammentragen, zusammenbringen.

aptapi-si-ña	*aptap·su-ña*
aptapi-rapi-ña	*aptap·tata-ña*
aptapi-raca-ña	*aptap·ja-ña*
aptapi-ni-ña	*aptapi-sca-ña*.

§ 182. 27) *ra*.

Bedeutung: Umwandlung der Handlung ins Gegenteil.

ra steht vor *ni*, *si*, *ta*, *tata*, *ja*, *rpaya*, *rapi*, *raca*, *mucu*, *sca*.

apara-ña, wegnehmen statt zu bringen.
apara-ni-ña
apara-si-ña, für sich wegnehmen.
apara-rapi-ña, für einen anderen.
apara-raca-ña, gegen den Willen jemandes.
aparta-ña, eine Kleinigkeit mitnehmen.
apartata-ña, anfangen fortzutragen.
aparja-ña, wieder forttragen.
aparpaya-ña, rasch oder alles wegnehmen.
aparmucu-ña, weit wegtragen.
aparnaca-ña, nach allen Seiten fortschleppen.

§ 183. 28) *jaa*.

Bedeutung: Beihilfe bei der Handlung.

jaa wird nur mit wenigen Partikeln verbunden.

apjaa-ña, tragen helfen.
apjaa-ni-ña, *apjaa-tata-ña*.

29) *'hacha*.

Bedeutung: Neigung zur Ausführung der Handlung.

'hacha wird nicht mit anderen Partikeln verbunden.

30) *paya*.

Bedeutung: Längere Dauer.

Die wenigen mit dieser Partikel gebildeten Zeitwörter verbinden sich zuweilen mit *si* und *ni*.

31) *ya*.

Bedeutung: Befehl, Veranlassung, Erlaubnis der Handlung.

Auch diese Partikel wird mit *si* und *ni* verbunden. Von *ya-si* wurden bereits mehrere Beispiele gegeben.

'hihua-ya-ni, gehen, um zu töten.
apaya-ni, gehen, um etwas holen zu lassen.

§ 184. Gebräuchlichste Zeitwörter der Umgangssprache.

leben, *'hacaña*.	hören, *isapaña*.
sehen, *uñaña*.	riechen, *mukiña*.

schmecken, *malliña*.
fühlen, *llamkaña*.
denken, *amjasiña*.
sich erinnern, *amtaña*.
vergessen, *armaña*.
wissen, *yatiña*.
lehren, *yatichaña*.
sagen, *saña*.
reden, *arusiña*.
erzählen, *atamaña*.
schreien, *kapariña, huarariña*.
weinen, *'hachaña*.
lachen, *laruña*.
sich freuen, *cusisiña*.
traurig sein, *llaquisiña*.
gesund sein, *kumaraña*.
krank sein, *usuña*.
heilen, *'hampiña*.
wohl werden, *hualiptaña*.
schmerzen, *usuña*.
jucken, *'hasiña*.
essen, *mankaña*.
trinken, *umaña*.
hungern, *autjaña*.
dürsten, *huañaña*.
atmen, *samaña*.
husten, *ujuña*.
niefsen, *'hachuña*.
müde sein, *kariña*.
ausruhen, *samaña*.
schlafen, *iquiña*.
träumen, *samcaña*.
wachen, *parjtaña*.
erwecken, *amajsayaña*.
sterben, *'hihuaña*.
begraben, *imantaña*.

gehen, *saraña*.
stehen, *saataña*.
hineingehen, *mantaña*.

kommen, *'hutana*.
ankommen, *puriña*.
ausgehen, *mistuña*.
zurückkehren, *cutiña, macaña*.
sitzen, *ut·taña*.
wohnen, sein, *utjaña*.
sich setzen, *kontasiña*.
aufstehen, *saitaña*.
bleiben, *'keparaña*.
lassen, *'haitaña*.
bewegen, *'haituña, oñjtaña*.
laufen, *halaña*.
fliegen, *lapaña*.
springen, *tiscuña*.
tanzen, *tokoña*.
tragen, *apaña*.

aufheben, *ap·taña*.
zusammenlesen, *pallaña*.
hinstellen, *uscuña*.
sich bücken, *kumptaña*.
sich aufrichten, *chekaptasiña*.
stolpern, *lankaña*.
ausgleiten, *suchuña*.
fallen, *tincuña*.
herunterkommen, *saracaña*.
suchen, *takaña*.
fragen, *hisctaña*.
finden, *'haquisiña*.
antworten, *atamaña*.
fordern, *maitaña*.
bezahlen, *kollke, manu churaña*.
leihen, *manuña*.
empfangen, *catusiña*.
anbieten, *churjasiña*.
geben, *churaña*.
sich erbieten, *churjasiña*.
nehmen, *catuña*.
wegnehmen, *apacaña*.

wählen, *hajllaña*.
verschmähen, *lerkontaña*.
wollen, *munaña*.
lieben, *kuyaña, munaña*.
hassen, *uñisiña*.
verachten, *lerkontaña*.
beleidigen, *tokeña*.
verstofsen, *hakomucuña*.
rufen, *hausaña*.
zurückrufen, *hauisaña*.
helfen, *yanapaña*.
arbeiten, *irnacaña*.
arbeiten (auf dem Felde), *kolliña*.
machen, *luraña*.
bauen, *utachaña*.
mauern, *pirkaña*.
behauen (Holz), *llajllaña*.
behauen (Steine), *chejtaña*.
feilen, *kisuraña, kakoraña*.
glätten, *lipiña*.
spinnen, *capuña*.
weben, *sauña*.
hecheln, *tisaña*.
aufwickeln, *huñiña*.
wägen, *huarcuña*.
spalten, *chiijaña*.
hacken, *kolliña*.
schlagen, *lekeña, nuaña*.
streiten, *aukasiña*.
zanken, *tajtaña*.
fliehen, *sarjataña, patiña*.
sich retten, *kespiña*.
führen, *irpaña*.
sich verirren, *chactaña*.
sich verbergen, *imtaña*.
zudecken, *lluptaña*.
öffnen, *histaraña*.
verschliefsen, *histaña*.
drücken, *kaptaña*.
zusammendrücken, *limptaña*.

ausdrücken, *kapiña*.
benetzen, *hokochaña*.
sich abtrocknen, *huañaraña*.
waschen, *tajsaña*.
sich waschen, *harisiña*.
sich baden, *tuyusiña*.
stechen, *hununa*.
bohren, *piajaña*.
schneiden, *cuchuña*.
zerschneiden, *kariraña*.
nähen, *chucuña*.
säen, *sataña*.
pflanzen, *mallquiña*.
begiefsen, *karpaña, challaña*.

kennen, *uñtaña*.
glauben, *amuyaña*.
erfinden, *hamutaña*.
zählen, *hakuña*.
sich ärgern, *kapisiña*.
leiden, *mutuña*.
sich fürchten, *hajsaraña*.
hoffen, *suitaña*.
argwöhnen, *amuyasiña*.
warten, *suitaña*.
lügen, *karisiña*.
betrügen, *llullaña*.
horchen, *ischuquiña*.
irren, *pantjaña*.
sich verirren, *chactaña*.
erraten, *arujaña, hamusiña*.
anklagen, *chataña*.
sich beklagen, *haicuña*.
verleumden, *ñankachaña*.
untersuchen, *hiskiña, yatjataña*.
richten, *taripaña*.
beneiden, *hitiña*.
stehlen, *luntataña*.
zurückgeben, *cutiquiptayaña*.
verweisen, tadeln, *tajtaña*.

bestrafen, *mutuyaña*.
sich bessern, *huaniña*.
verzeihen, *pampachaña*.
anfangen, *kalltaña*.
aufhören, *t'acuña, t'aniña*.
binden, *k'araña*.
losbinden, *k'araraña*.
teilen, *halj̆aña*.
sich teilen, *pallkaña*.
verteilen, *laquiña, laquiraña*.
kaufen, *alaña*.
verkaufen, *alj̆aña*.
tauschen, *lantiquiptayaña*.
mieten, *minkaña*.
zugeben, *yapj̆ataña*.
übrigbleiben, *puchtaña*.
ähnlich sein, *huinacaña*.
übertreffen, *llalliña*.
füllen, *p'okaña*.
ausleeren, *ch'usaña*.
verschütten, *huaraña*.
zerplatzen, *p'allaña, hut'uña*.
aufschwellen, *p'unquitataña*.
stofsen, *nukuña*.
kratzen, *hat'iña*.
zwicken, *kichiña*.
reiben, *kakoña*.
abwischen, *pichaña*.
messen, *tupuña*.
regnen, *k'alluña*.
abtrocknen, *paj̆saña*.
schneien, *akarapiña*.
hageln, *ch'ijchiña*.
blitzen, *lliju-llij̆uña*.
donnern, *kootaña*.
wehen, *t'ayaña*.
warm sein, *hojsaptaña*.
kalt sein, *t'aitaña*.
reifen, *hui'piña*.
wehen, *t'ayaña*.

brennen, *nacaña*.
versengen, *mukuña*.
rauchen, *k'ek'eña*.
anschüren, *kistuña*.
anblasen, *p'usaña*.
sprühen (Funken), *lli'pi-lli'piña*.
erhitzen, *huntuchaña*.
sieden, *huallakeña*.
kochen, *p'ayaña*.
würzen, *huactayaña*.
auslöschen, *p'ustaña*.
anzünden, *kantayaña*.
leuchten, *kanayaña*.
glänzen, *llipipiña*.
sich verdunkeln, *ch'amactataña*.
sich bewölken, *kenayanchaña*.
keimen, *ch'illch'iña*.
wachsen, *aliña, k'ilaña*.
duften, *mukiña*.
stinken, *ñusaña, t'uj̆saña*.
verfaulen, *k'imtaña*.
kauen, *quistuña, ch'amuña*.
schlucken, *oj̆ontaña*.
sich wälzen, *suntisiña*.
platzen, *hut'uña*.
ausspucken, *t'usaña*.
spielen, *anataña*.
einweihen, *ariña*.
umschnüren, *sipitaña*.
sich schmücken, *sumachasiña*.
mahlen, zerstofsen, *kutuña*.
schlachten, *kariña*.
zerreifsen, *t'akaña*.
zerquetschen, *chaj̆eña*.
murmeln, *k'umiña*.
beschleunigen, *hankachaña*.
aufziehen, *huihuaña*.
mischen, *chajruña*.
herausholen, *apsuña*.
brüten, hätscheln, *ojllaña*.

Stuhlgang haben, *yakarasiña*.
schwitzen, *ḱumpiña*.
harnen, *cḧojrasiña*.
klettern, *lat́aña*.
hinaufklettern, *lat́suña*.
absteigen, *lat́acaña*.
sich hängen, *ḱarcusiña*.
erhängen, *ḱaichcataña*.
ersticken, *ajscataña*.
vorbereiten, *huaquichaña*.
schmücken, *ḱallayaña*.
zeichnen, *seḱentaña*.
malen, *ṕiscuntaña*.
anstreichen, *llusiña*.
bewerfen (mit Lehm), *ñekenchaña*.
beschmutzen, *ḱokonchaña*.
vorgehen, *nairasiña*.
zurückgehen, *cutiña, macaña*.
sich anlehnen, *huinctasiña*.
zu Bette gehen, *iquintasiña*.
sich vermehren, *ḱasatataña*.
sich vermindern, *pisistaña*.
sich verwundern, *musṕaraña*.
erschrecken, *mulljasiña*.
drohen, *akachaña*.
sich fürchten, *ajsartasiña*.
betäuben, *samcartayaña*.
kräftigen, *cḧamachtaña*.
trösten, *cḧuimachaña*.
Rat fragen, *arustasiña*.
befriedigen, *cusichaña*.
erlangen, *ḱiḱataña*.
widersprechen, *ḱan·saña*.
zurechtweisen, *huanichaña*.
schweigen, *amuctaña*.
beruhigen, *t́acuraña*.
bewilligen, *iyausaña*.
beisteuern, *aṕtaña*.
ermahnen, *euj́achaña*.
verscheuchen, *mujuptayaña*.

auflauern, *ajsartaña*.
erreichen, *lactaña*.
taxieren, *chaninchaña*.
kosten, *chaniniña*.
einfordern, *maisiña*.
bestechen, *chilltaña*.
anzeigen, *ircataña*.
beschuldigen, *ḱuchunchaña*.
offenbaren, *kananchaña*.
vorladen, *taripayasiña*.
sich beraten, *unanchanacaña*.
verteidigen, *arj́ataña*.
Lügen strafen, *ḱarinchaña*.
abfertigen, *cacharpayaña*.
wortwechseln, *arupallaña*.
bekannt machen, *taket· uñtayasiña*.
achten, *anch· ḱaḱuña*.
ausrufen, *chacuraña*.
sich einmischen, *arusintaña*.
erfüllen, *ṕokasiña*.
fürsorgen, *uñjasiña*.
klatschen, *aru apaña*.
spotten, *saukasiña*.
behaupten, *sasin· sasiña*.
zögern, *ḱit́ayaña*.
verschieben, *ḱepartayaña*.
belohnen, *hualinchaña*.
vorstellen, *uñjat́ayasiña*.
abweisen, *challmaquiptaña*.
verweigern, *ḱaniu· saña*.
nachäffen, *aroj́ayaña*.
loskaufen, *alaquiptaña*.
zurückgeben, *cutiquiptayaña*.
loben, *asquipaña*.
widerstehen, *cḧurquisiña*.
grüfsen, *aruntaña*.
begrüfsen, *arurapiña*.
behalten, *imaña*.
verschwenden, *mujumucuña*.
sich gewöhnen, *yatcataña*.

umarmen, *komantaña*.
schützen, *halʲataña*.
verlassen, *irpamucuña*.
verzeihen, *yacanchaña*.
achten, *huakaichaña*.
sich zudecken, *haujatasiña*.
erklären, *unanchayaña*.
beleuchten, *kananchaña*.
beherbergen, *korpachaña*.
anfallen, *halʲataña*.
benachrichtigen, *amʲasiyaña*.
bestätigen, *chekanchaña*.
ersparen, *imamucuña*.
festdrücken, *kaptapiña*.
loslassen, *hiskatataña*.
schärfen, *arichaña*.
stumpf machen, *mutuptayaña*.
ebenen, *cuscachaña*.
besänftigen, *llampʼuchaña*.
begehren, *munachasiña*.
sich erbarmen, *kuyapayaña*.
lernen, *yatʲataña*.
billigen, *hualˑsaña*.
sich zu nutze machen, *hualchasiña*.
herausziehen, *hikiña*.
schleppen, *catatiña*.
sich runzeln, *sipʼusiña*.
aufrollen, *kirtaña*.
hindern, *harkaña*.
bestürzt sein, *ipitataña*.
quälen, *lakesiyaña*.
niederwerfen, *lokʲataña*.
schaukeln, *chujuña*.
herrichten, *huaquichaña*.
verzehren, *tucsuña*.
verschütten, *huillimucuña*.
verwahren, *imayasiña*.
schmelzen, *llullutataña*.
gerinnen, *tictaña*.
fliefsen, *pajtaña*.

untertauchen, *pullchiña*.
entschlüpfen, *lluspiña*.
verlassen, *haitamucuña*.
niederreifsen, *tincuyaña*.
zusammenstürzen, *halarantaña*.
verschwinden, *lipjtayaña*.
entlasten, *kumuraña*.
mifstrauen, *kariru catuña*.
sich entschuldigen, *taquicasiña*.
verzichten, *haninchaña*.
enthalten, *kempiraña*.
sich überzeugen, *kananchasiña*.
aufwickeln, *kiruraña*.
entwirren, *kituraña*.
entstellen, *maiquiptaña*.
sich Luft machen, *samarasiña*.
zergehen, *lurantasiña*.
abschneiden, *lluchuraña*.
auflösen, *umachaña*.
ohnmächtig werden, *tucuquiptaña*.
zerkleinern, *lisaraña*.
abstumpfen, *mucharaña*.
sich kleiden, *istasiña*.
sich entkleiden, *isirasiña*.
sich verabschieden, *cacharpayasiña*.
berauben, *aparaña*.
entwöhnen, *lakaraña*.
verschleudern, *apamucuña*.
sich aufhalten, *sailasiña*.
verzögern, *harichaña*.
zähmen, *kehuiraña*, *llampʼuptayaña*.
sich einschiffen, *huampurˑmantaña*.
sich ausschiffen, *huampuṭˑmisluña*.
stumpf werden, *mutuptayaña*.
hineinstopfen, *huinantaña*.
sich aufstemmen, *sailuptaña*.
schwängern, *hualkeptayaña*.
erzeugen, *halasiña*.
einschliefsen, *lahuitaña*.
sich zusammenziehen, *liptapiña*.

antreffen, *hicjataña*.
ausspülen, *huanaraña*.
verrosten, *korarichasiña*.
sich härten, *turuptaña*.
fett werden, *likiptaña*.
sich bereichern, *camiriptaña*.
beschmutzen, *kañuchaña*.
heiser werden, *chajtaptaña*.
lau werden, *llapiptayaña*.
sich abkühlen, *tayarasiña*.
gerührt werden, *hachaquiptaña*.
stärker werden, *chamaniptaña*.
sich verstecken, *imantasiña*.
auslaufen, *chuarayaña*.
scheu werden, *uriptaña*.
abschäumen, *lancaraña*.
ausdehnen, *hanatataña*.
ausstrecken, *hiskatataña*.
vermissen, *maijasiña*.
verengern, *kullcuyaña*.
vergröfsern, *hilanchaña*.
sich üben, *yatinchasiña*.
ermüden, *arkeña, kariña*.
müde werden, *arkesiña*.
begünstigen, *kuyanchaña*.
bürgen, *mantaña*.
sich vorstellen, *unanchasiña*.
feststecken, *sayantayaña*.
blühen, *pankaraña*.
zwingen, *chamanchaña*.
gründen, *tajsiña*.
seufzen, *haisisiña*.
blinzeln, *chipchiña*.
erfreuen, *cusinchaña*.
sich demütigen, *kumunacaña*.
anlocken, *munayaña*.
beunruhigen, *chajmiña*.
lockern, *antutaña*.

zusammenziehen, *kapjtayaña*.
verletzen, *chojrinchaña*.
erlangen, *hikisiña*.
kämpfen, *nuasiña*.
beflecken, *kerarinchaña*.
befehlen, *camachayaña*.
ermorden, *hihuayaña*.
betteln gehen, *tumaicuña*.
hinstellen, *apantaña*.
wechseln, *apaquipaña*.
nennen, *sutinchaña*.
gehorchen, *iyausaña*.
sich beschäftigen, *lurascaña*.
abreisen, *sartaña*.
wohnen, *utjaña*.
schälen, *sillpiraña*.
kneipen, *kichiña*.
fischen, *challhuaña*.
jagen, *chacuña, sipitaña*.
sich kämmen, *sanusiña*.
ausklopfen, *talaraña*.
folgen, *arcaña*.
knien, *quillpisiña*.
bestechen, *altaña*.
ersetzen, *lantiña*.
waten, *macataña*.
rollen, *koromiña*.
widerstehen, *churquisiña*.
sich rächen, *ñankachaña*.
abändern, *cutstaña*.
scheren, *yahuiña*.
drehen, *kehuiña*.
aufdrehen, *kehuiraña*.
erkennen, *uñaquiptaña*.
erneuern, *machactatayaña*.
loskaufen, *alaquiptaña*.
wieder aufleben, *hacatataña*.

Zweiter Teil.
Syntax.

Aus der Darstellung der Formenlehre ist ersichtlich, wie das Aimarà bei aller Eigenartigkeit der grammatischen Elemente doch in der Weise ihrer Bildung und Zusammenfügung mit dem Keshua übereinstimmt. In beiden Sprachen begegnen wir einer reichen Deklination, deren Kasus durch Anfügung von Partikeln an die unveränderte Wurzel bezeichnet werden. Diejenigen Beziehungen der Hauptwörter, zu deren Ausdruck die Kasus nicht ausreichen, werden durch Postpositionen näher bestimmt, welche hinter das Substantiv treten und mit den Kasusendungen verbunden werden. Ebenso verhalten sich die Adjektive in beiden Sprachen in derselben Weise; die Adverbien, besonders die des Ortes, werden zum grofsen Teil aus demonstrativen Fürwörtern gebildet; die possessiven Fürwörter werden mit den Hauptwörtern zu untrennbaren Ausdrücken verbunden und so dekliniert; das persönliche Fürwort der ersten Person bildet einen doppelten Plural, der auch in der Konjugation wiederkehrt; in dieser wird auch im Aimarà das pronominale Objekt mit in die Flexionsformen eingeschlossen; die Bildung der zusammengesetzten Wörter erfolgt nach denselben Regeln, insbesondere die Modifikationen in der Bedeutung der Zeitwörter durch Einschaltung von Partikeln zwischen Verbalstamm und Endungen.

§ 185. Im Folgenden werden wir sehen, dafs auch in der Zusammenfügung der Worte zu Sätzen und in der Verknüpfung der Sätze untereinander beide Sprachen in derselben Weise verfahren. Man trifft *im Aimarà* weniger oft die langen, mit Possessivendungen verbundenen Participialausdrücke, welche im Keshua der Zunge und dem Ohre gleich *lästig* fallen, dagegen macht die erstere Sprache von dem Verbum substantivum und dessen Verbindung mit Deklinationsformen zu Verbalausdrücken einen ausgedehnteren Gebrauch, wie später am geeigneten Orte gezeigt werden wird.

§ 186. Die Syntax zerfällt in zwei Abschnitte, von denen sich der eine mit der Zusammenfügung der einzelnen Redeteile, der andere mit der Zusammenordnung der Sätze beschäftigt.

Jede Indikativform eines bestimmten Zeitwortes, welches als solches Subjekt und Prädikat in sich schliefst, bildet einen einfachen Satz, indem auch im Aimarà das persönliche Fürwort nicht immer genannt zu werden braucht. Da jedoch die Formen der ersten und zweiten Person im Präsens im Grunde gleichlautend sind, so werden die betreffenden Fürwörter im Aimarà öfter beigefügt als im Keshua. Der Einschlufs des pronominalen Objektes in die Konjugation, sowie die Modifikation der Bedeutung des Zeitwortes durch Partikeln erlaubt auch erweiterte Sätze in einen einzigen Ausdruck zusammenzufassen:

mistup·jañani, lafst uns hinausgehen.
lok·catasirin·hua, er pflegte freundlich zu seiu.

§ 187. Das unpersönliche Fürwort „man" wird im Aimarà entweder durch den Plural der dritten Person, oder durch die Reflexivpartikel *si* ausgedrückt:

cun·s· arusip·jc, was sagt man? (sagen sie?)
Pusi huihua maa uyata luntatap·jataina. — Man hat vier Maultiere aus einem Hofe gestohlen.

§ 188. Ehe wir uns zur Betrachtung der einzelnen Redeteile wenden, möge hier noch die Folge derselben im Satze ihren Platz finden.

Die Satzteile, durch welche das Subjekt näher bestimmt wird, also entweder der Genitiv eines anderen Substantivs oder ein Eigenschaftswort werden dem Subjekte vorgesetzt:

'hacha uta, das grofse Haus.
auqui'han· utapa, meines Vaters Haus.

Soll ein Zahlwort mit dem Substantiv verbunden werden, so steht es vor dem Adjektiv:

maa 'hacha uta, ein grofses Haus.

Wird das Subjekt durch einen Genitiv und ein Adjektiv näher bestimmt, so tritt der Genitiv vor das Adjektiv:

auqui'han· 'hacha utapa, das grofse Haus meines Vaters,

und ein etwa vorhandenes, zum Genitiv gehöriges Adjektiv dem ersteren vorgesetzt:

usuri huarmin· ḣiska utapa, das kleine Haus der kranken Frau.

Soll das Subjekt statt eines Adjektivs durch ein Participium näher bestimmt werden, so gehen die von ihm regierten Kasus ihm vor:

maaraqui marcan· utanaca llalliri auquiḣan utapa, das die übrigen Häuser des Ortes überragende Haus meines Vaters.

Auf das Subjekt folgt im Satze das Komplement des Prädikats, also, wenn das Prädikat das Verbum substantivum ist, das Substantiv oder Adjektiv, wodurch dasselbe ergänzt wird:

auquiḣan utapa chekut· kalanahua, das Haus meines Vaters ist aus behauenen Steinen.

Ist das Prädikat ein transitives Zeitwort, so steht dessen Komplement, der von ihm regierte Kasus, ihm vor:

aca ḣake anop· lekena, der Mann schlug seinen Hund.

Die weiteren Erläuterungen dieses Komplements müssen demselben in derselben Weise vorhergehen, wie die des Subjekts:

aca ḣake usuri anop· ḣihuayana, der Mann tötete seinen kranken Hund.
ḣilapan· anopa ḣihuayana, er tötete den Hund seines Bruders.

§ 189. Je nachdem das Adverbium den Ort, die Zeit oder den Hergang der im Satze ausgesagten Handlung oder Begebenheit näher bezeichnet, oder sich auf die Attribute des Subjekts und der Komplemente bezieht, hat es verschiedene Stellung, und es läfst sich darüber keine bestimmte Regel aufstellen. Adverbien der Zeit stehen meist zu Anfang der Sätze.

In den folgenden Beispielen wird die Wortstellung bei zunehmender Erweiterung des Satzes veranschaulicht:

challhuanacaj· tuyupje, die Fische schwimmen.
alloj· challhuanacaj· uman· tuyupje, viele Fische schwimmen im Wasser.
alloj· suma challhuanaca-j· cḣua kota uman· tuyuscapje, viele hübsche Fische schwimmen im klaren Wasser des Sees umher.
huasuru-ja alloj suma challhuanacahua kotan· cḣua umana tuyuscap·jana, gestern schwammen viele hübsche Fische im klaren Wasser des Sees umher.

Der letzte Satz beginnt also mit dem Adverbium der Zeit *huasuru*, gestern; dann folgt das Adjektiv *suma* des Subjekts *challhuanaca*; dann kommt der Genitiv des Komplements *kotana*, das Komplement *chua umana*, und endlich das Zeitwort, welches in der Regel den Satz beschliefst. Die Apposition ist in diesem Satze nicht berücksichtigt worden, da dieselbe überhaupt nur selten zur Anwendung kommt. Sollte dies geschehen, so müfste sie ihren Platz hinter dem Subjekt, zwischen diesem und den Komplementen des Verbums finden.

§ 190. Da der Artikel und der grammatische Unterschied des Geschlechts fehlt, und die das Substantiv begleitenden Adjektive unverändert bleiben, so beschränkt sich die Kongruenz auf die Übereinstimmung des Prädikats mit dem Subjekt hinsichtlich seiner Zahl, und in dieser Beziehung nimmt es das Aimarà etwas genauer als das Keshua, bei welchem sehr oft der Singular den Plural vertreten mufs. Enthält ein Satz mehrere Subjekte, so steht das Verbum im Singular, wenn seine Thätigkeit nur von einem derselben ausgesagt wird, im Plural, wenn es sich auf alle bezieht:

Yapuni yokapampi huilltat pacha irnacapjana.	Der Bauer und sein Sohn arbeiteten vom Morgen an.
Ijma, auqui, taika, 'hilanaca huilamasinacapampi 'hihuiri amaya uta imapjataina.	Die Witwe, der Vater, die Mutter, die Kinder samt den Blutsverwandten legten den Toten ins Grab.

Sind mehrere Subjekte durch disjunktive Konjunktionen getrennt, so kann das Verbum sowohl im Plural als im Singular stehen. Sind die regierenden Personen die erste und zweite, so steht das Verbum im Plural der ersten; wird das Verbum von der zweiten und dritten regiert, so steht der Plural der zweiten.

ERSTER ABSCHNITT.
Syntax der einzelnen Redeteile.
Vom Substantiv.

§ 191. Über den Nominativ ist nichts zu bemerken als was bereits bei der Wortbildung angegeben worden ist. Die Wiederholung des Substantivs hat entweder Pluralbedeutung oder adjektivischen Sinn. Besonders ist dieses letztere der Fall bei Wörtern, die eine aus vielen gleichartigen Teilen zusammengesetzte Substanz bezeichnen und daher fürs gewöhnliche keinen Plural bilden, so von

uma, Wasser: *uma-uma*, wässerig.
challa, Sand: *challa-challa*, sandig.
kollto, Sumpf: *kollto-kollto*, sumpfig.

Doch lassen sich andere Substantive anführen, bei welchen die Wiederholung sowohl Plural- als Adjektivbedeutung haben kann, und in diesen Fällen läfst sich die grammatische Natur des Ausdrucks nur durch die Stellung desselben im Satze erkennen, so von

pia, Loch: *pia-pia*, Löcher und löcherig.
toko, Loch: *toko-toko*, Löcher und löcherig.

§ 192. Aufser der gewöhnlichen Pluralform *naca* ist noch *pura* zu erwähnen, welche nur an solche Substantive angefügt wird, die paarweise vorhanden sind, wie die Sinnesorgane und Glieder des Körpers: *naira-pura*, die Augen; *hinchu-pura*, die Ohren; *nauna-pura*, die Wangen; *ampara-pura*, die Hände; *chara-pura*, die Beine; *cayu-pura*, die Füfse.

§ 193. Sollen die Verhältnisse eines Substantivs in Beziehung auf Ort oder Herkunft durch ein oder auch zwei andere Substantive näher bestimmt werden, so wird das erklärende Wort dem erläuterten im Nominativ vorgesetzt.

kota tuyurinaca-ja mankañahua, die Enten des Sees sind efsbar.
hahuira challhuanaca-ja hiska-chi ukasa mofsahua, die Flufsfische sind zwar klein aber wohlschmeckend.
puku uma taahua, das Quellwasser ist kalt.
kollo ari kunuhua han umapti-ti, der Schnee der Bergspitzen schmilzt nicht.

Das Aimarà verfährt also bei diesen Zusammenstellungen wie das Deutsche, denn in unserer Sprache kann man ja gleichfalls sagen: der Bergspitzenschnee.

§ 194. Soll ausgedrückt werden, dafs ein Gegenstand, von dem die Rede ist, ganz, in seiner Zusammensetzung unverändert ist, so geschieht dies durch Anfügung der Partikel *pacha* (*pachpa, pachpaqui*) sowohl an den Singular als an den Plural:

hake pacha, hak·pacha, der ganze Mensch.
take hake pacha, sämtliche Menschen.
tak·pacha hake, sämtliche Menschen.
marca pacha nacarana, der ganze Ort brannte ab.

Vom Genitiv (2. Kasus, *na*).

§ 195. Ist ein Gegenstand Eigentum, Teil, Inhalt eines anderen, oder bezeichnet er eine Eigenschaft dieses anderen, so steht der Name des letzteren im Genitiv und zuerst; der zweite erhält die Possessivendung der dritten Person *pa*, und wird dem Genitiv nachgesetzt:

yapuni-na uta-pa, das Haus des Bauern.
naira-ña mami-pa, die Pupille des Auges.
marcan· utanacapa, die Häuser des Ortes.
auquihan· chokcyapupa, die Goldmine meines Vaters.

§ 196. Die Person oder der Gegenstand, von welchem die passiv ausgedrückte Handlung des Verbums ausgeht, steht im Genitiv:

Sariri-ja maa lunḷatana ḥihuayatahua.	Der Reisende wurde von einem Räuber getötet.
Yatiquiri yatichiripana muḷuyatahua.	Der Schüler wurde von seinem Lehrer bestraft.
Hahuira iñac·tasina uman· aptatayat·hua.	Als ich den Fluſs passierte, wurde ich vom Wasser fortgerissen.

§ 197. Auch bei den mit der Partikel *aa* oder *ya* zusammengesetzten Zeitwörtern, welche bedeuten, daſs die Handlung des Verbums befohlen, angeraten oder geduldet wird, steht das indirekte Komplement im Genitiv:

Hani llullayasim-ti aca chachan·pi.	Laſs dich nicht von dem Manne betrügen.
Taikaman· lanta churayasim.	Laſs dir von deiner Mutter Brot geben.

§ 198. Bei Zeitwörtern, welche hören, benachrichtigen, erfahren, ordern bedeuten, steht das indirekte Komplement gleichfalls im Genitiv:

Hilahana puriñama yatitahua.	Von meinem Bruder erfahre ich deine Ankunft.
Laripan· kollke mayina.	Er forderte Geld von seinem Onkel.
Auquiman· ḥisc·tam·.	Befrage darüber deinen Vater.

Vom Dativ (3. Kasus, *taqui*).

§ 199. Wie im Keshua die Partikel *-paj*, so entspricht auch *-taqui* nicht ganz unserem Dativ, sondern muſs in den meisten Fällen durch „für, zu Gunsten" übersetzt werden. *Hilaha-taqui churaaḷa*, bedeutet also nicht: ich gab es meinem Bruder, sondern: ich gab es für meinen Bruder. Soll gesagt werden: ich gebe es diesem Manne, so muſs der Illativ stehen: *aca chacharu churt·hua:*

Huihuanaca-taqui k̓achu alam.	Kaufe Futter für das Vieh.
H̓ucaquihua (h̓ucaraquihua) k̓achu maa p̓ajsi-taqui.	Es ist noch Futter für einen Monat da.
Isihuisat·hua hui p̓i pachataqui.	Mir fehlt (ich bin ohne) Kleidung für den Winter.
H̓umataqui lank̓u isi alarapiraquima.	Auch für dich will ich dicke Kleider kaufen.
K̓arurutaqui cutanihua.	Bis (für) morgen werde ich zurückkehren.
Acataqui-ja h̓ani h̓ut·ti.	Dafür bin ich nicht gekommen.
Ni k̓ititaquisa acan·c·ti.	Für niemanden bin ich zu Hause.

§ 200. Einige Adjektive wie *huali, asqui,* gut; *sinti,* kräftig, geeignet, regieren den Dativ:

acataqui hualihua, gut dafür.
cunataquisa sintihua, tauglich zu etwas.
h̓aniu· huali-ti mank̓añataqui, nicht gut zu essen.

Die Zeitwörter, welche besagen: zu etwas bestimmen, ernennen, haben als indirektes Komplement einen Dativ:

marca maikotaqui sataata, zum Ortsvorsteher ernannt.
tatataqui k̓itata, als Priester geschickt.

Vom Accusativ (4. Kasus).

§ 201. Der Kasus des direkten Komplements gleicht im Aimarà dem Nominativ, hat also kein grammatisches Unterscheidungszeichen:

H̓akenaca mantayam.	Laſs die Leute hereinkommen.
Huihuanaca ananucam.	Laſs das Vieh los.
H̓ani utapa h̓islantan·-ti.	Er hat sein Haus nicht verschlossen.
Auquima, taikama uñasim·.	Hüte deinen Vater und deine Mutter.

Gegenwärtig wird sehr oft, besonders wenn sich die Handlung des Zeitwortes auf Personen bezieht, der Illativ statt des Accusativs gebraucht, was aber eine Nachahmung des Spanischen und dem ursprünglichen Sprachgebrauch nicht entsprechend ist.

Vom Illativ (5. Kasus, *ro, ru*).

§ 202. Die Partikel *ro* oder *ru* bedeutet ursprünglich die Richtung nach einem Gegenstande hin.

marca-ro, nach dem Dorfe.
uta-ro, nach dem Hause, in das Haus.
peke-ro, nach dem Kopfe, an den Kopf.
naira-ro, ins Auge.
pirka-ro, gegen die Wand.

Karuru pamparu sarañani.	Morgen gehen wir aufs Land.
Utamaru 'hum· uñiri saraa.	Ich werde nach deinem Hause kommen, um dich zu besuchen.
Han· 'hutam·ti, nayaja 'humanquiri-ro saraa.	Komme nicht, ich werde mich zu dem deinigen begeben.

Die Form *'humanquiri* ist ein Participium aus dem mit dem Genitiv *'humana* verbunden und synkopierten Verbum *cancaña*.

§ 203. Der deutsche Dativ, insofern er das indirekte Komplement ausdrückt, wird im Aimarà durch den Illativ wiedergegeben:

Maitir'haru mamïha cutiyat'hua.	Ich habe meinem Gläubiger meine Schuld bezahlt.
Cullacamaru aca sihui churam.	Gieb diesen Ring deiner Schwester.
Hilamaru-raqui sama.	Sage es auch deinem Bruder.

Vom Ablativ (6. Kasus, *ta*).

§ 204. Die Partikel *-ta* bezeichnet die Richtung von einem Gegenstande weg, Trennung von demselben und wird in diesem Sinne in Beziehung auf Ort und Zeit gebraucht:

Take uru 'haniw utaha-ta mist'c·ti.	Den ganzen Tag bin ich nicht aus dem Hause gegangen.
Chokeyaputa purin·ta.	Ich bin von La Paz angekommen.
Usuri-ja 'hanihua iquiñapata sart·qui-ti.	Der Kranke kann nicht aus dem Bette aufstehen.
Kurita illapa mistuni.	Von dort her kam der Schuss.
Acat· 'hanihua un·kt·ti.	Von hier rühre ich mich nicht.
Hichat· pacha huanihua.	Von jetzt an will ich mich bessern.
Uca pachat'hua aca chacha-ja usut·keparana.	Von jener Zeit an blieb der Mann krank.

§ 205. Die Personen, Dinge und Angelegenheiten, von welchen etwas ausgesagt wird, stehen im Ablativ.

Aca chacha-ja 'humat· ḱamusirihua.	Der Mann pflegt von dir übel zu reden.
Cunat·s· (cunatasa) arosina?	Wovon sprach er?
Sarañapat· atamlana.	Er erzählte von seiner Reise.

Bei Bertonio wird die Partikel *-ta* in dieser Bedeutung aspiriert (*-thà*) geschrieben und trägt den Accent. Gegenwärtig jedoch scheint sich die Aussprache nicht von der gewöhnlichen zu unterscheiden und der Accent liegt auf der vorletzten Silbe, wenn *-ta* nicht synkopiert wird.

§ 206. Das Material, aus welchem ein Gegenstand besteht oder angefertigt wird, steht im Ablativ.

Choketa, aus Gold.	*Laḱata,* aus Erde.
Titita, aus Blei.	*Challata,* aus Sand.

§ 207. Der Ursprung, die Herkunft, die Ursache, der Grund werden durch den Ablativ ausgedrückt.

Chiuchi (callu) ḱaunat· yurihua.	Das Hühnchen entsteht aus dem Ei.
Machirita 'hihuaasina.	Durch Trunksucht (Gewohnheit des Trinkens) brachte er sich um.
Manḱata huiscasirihua.	Aus Hunger (wegen Speise) bettelte er.
Huañañata ḱacuc·ptana.	Vor Durst wurde er ohnmächtig.

§ 208. Die deutschen Präpositionen „hinsichtlich, betreffs", sowie die Redensart „was dies oder das betrifft", werden im Aimarà durch den Ablativ wiedergegeben.

nayata-ja, was mich betrifft, nach meiner Ansicht.
kollke naro churatamata-ja, hinsichtlich des Geldes, welches du mir gegeben hast.
'hakenacata ancha chuimanihua, nach der Meinung der Leute ist er sehr verständig.

§ 209. Bei einigen Zeitbestimmungen entspricht die Partikel *-ta* unserem „nach", wenn dieselbe mit Participien der vergangenen Zeit verbunden wird.

manḱata-ta, nach dem Essen.
'hihuata-ta, nach dem Tode, oder vielmehr nachdem er gestorben.

Vom Terminativ (7. Kasus, *cama*).

§ 210. Die Partikel -*cama* bezeichnet den Endpunkt einer Bewegung, die Grenze eines Ortes oder Zeitabschnittes.

Yapuni-ja cullacapa utap·cama irpana.	Der Bauer begleitete seine Schwester bis zu ihrem Hause.
Nairapachan· Titicaca kota-ja Ilimanin· cayup·cama misk̓una.	In alter Zeit reichte der Titicaca-See bis zum Fuſs des Ilimani.
Aca-camaqui saraa.	Nur bis hierher will ich gehen.
K̓uyu-cama (k̓ayacama) nayampi k̓utam.	Komme mit mir bis dorthin.
K̓auquicamas· k̓ahuiran· umapa purina?	Bis wohin gelangte das Wasser des Flusses?
Cuna pach·camasa k̓halluri?	Wie lange pflegt es zu regnen?
Hupallamai-cama.	Bis zum Monat März.

§ 211. Im übertragenen Sinne wird *cama* gebraucht wie im Deutschen „gemäſs".

ch̓amah̓a-cama, meinen Kräften gemäſs, soweit meine Kräfte reichen.
dios·na camachitapa-cama, nach Gottes Gebot.

Vom Lokativ (8. Kasus, *na*).

§ 212. Der Lokativ oder Inessiv ist der Kasus der Ruhe in Beziehung auf Ort, Zeit und Verhältnisse.

iquiña-na huinc·tata, im Bette liegend.
huata uta-na huisk̓antata, im Kerker eingeschlossen.

Maa uta yapuhana luray·ta.	Ich habe ein Haus auf meinem Gute bauen lassen.
K̓ahuirana ancha uma utji.	Es ist viel Wasser im Flusse.
Huahua taikapa k̓harp̓ipana iquina.	Das Kind schlief auf dem Schoſse der Mutter.
Hihuyiri k̓hihuayatapa k̓hikanipana k̓ep·jarusi.	Der Mörder lud den von ihm Erschlagenen auf seinen Rücken.

umana, am Tage; *arumana*, in der Nacht.

Vom Instrumental (9. Kasus, *na*).

§ 213. Neben der Genitiv- und Lokativbedeutung drückt die mit einem Substantive verbundene Partikel -*na* auch aus, daſs mit dem Gegenstande eine Arbeit ausgeführt werden soll.

Ahuatiri anocarapa maa kalana usuchihua.	Der Hirt traf seinen Hund mit einem Stein.
Luniata-ja sariri tumipana 'hihuyana.	Der Räuber tötete den Wanderer mit seinem Messer.
Chacañana puncu 'hisłam.	Verschliefse die Thür mit einer Querstange.
Maa huiskana cahuallu chin·tam.	Binde das Pferd mit einem Stricke an.
Acan· 'haniu· hualltiqui-ti.	Damit ist es nicht genug.

Vom Sozial (10. Kasus, *mpi*).

§ 214. Gewöhnlich drückt die Partikel *-mpi* nur Begleitung aus; doch hat sie zuweilen auch Instrumentalbedeutung und vertritt die Partikel *-na*.

Yoka-ja auquipampi 'hutana.	Der Sohn kam mit seinem Vater.
Caturi anocarapampi catuna.	Der Jäger jagte mit seinem Hunde.
Maa huarmi sapaqui huahua puchapampi utana 'keparana.	Blofs eine Frau blieb mit ihrem kleinen Kinde im Hause.
Kaya (kuyu) chacha-ja llampu chuimaqui huarmimpi huahuanacapampi utjasqui.	Jener Mann lebt zufrieden mit seiner Frau und seinen Kindern.
'Humampi 'keparaa ukat·sti ni 'kitimpi.	Mit dir will ich bleiben, aber mit niemand anderem.
'Kitimpisa sarjayata?	Mit wem bist du gegangen?

Vom Kausal (11. Kasus, *laicu*).

§ 215. Die Partikel *-laicu* (im Keshua *-raicu*) drückt die Ursache, das Interesse, den Beweggrund aus, weshalb etwas gethan wird.

Llojlla-laicu saririnacan· 'hahuira macatañapa haniu· huaquisi-ti.	Wegen des Regengusses konnten die Reisenden den Flufs nicht passieren.
Taquin· 'haniu· hualitapa-laicu chasqui 'hani purinina.	Wegen des schlechten Zustandes des 'Weges kam der Bote nicht an.
Aca-laico 'hani lur·t·ti.	Deshalb thue ich es nicht.
Cuna-laicu 'han· mun·ta-ti?	Warum willst du nicht?
Sisc·smata ucalaicu.	Aus dem Grunde, den ich dir gesagt habe.
Han· cunalaicu.	Aus keiner Ursache.

Vom Vokativ (12. Kasus, *i*).

§ 216. Die Vokativendung *i* wird an Substantiven angefügt, welche Personen bedeuten; bei Tieren und leblosen Gegenständen wird der Vokativ nur ausnahmsweise gebildet. Es wurde bereits bemerkt, daſs diese Endung wahrscheinlich die dem Keshua entlehnte Possessivpartikel der ersten Person ist. Bei Substantiven, welche auf *i* endigen, wird dieser Vokal im Vokativ in *e* umgewandelt: *auquei* statt *auquii*.

Auquei (tatai) Diosa-laicu 'hani nuista-ti!	Vater, um Gotteswillen schlage mich nicht!
Cullacai 'kauquinc·ta?	Schwester, wo bist du?
Acaru 'hutam·, puchai!	Komm her, Tochter!

Von den Zusammensetzungen von Deklinationspartikeln.

§ 217. Einige derselben können miteinander verbunden werden, z. B. *mpi* mit *ro, ta, na*. Es wurde früher bemerkt, daſs *mpi* auch als Kopulativkonjunktion mit der Bedeutung: „und, auch" gebraucht wird. In diesem Falle wird es nicht hinter die anderen Deklinationspartikel, sondern diesen vorgesetzt; man sagt also:

Naro 'hilahampi-ro churaata, nicht *'hilaharo-mpi*.	Du hast es mir und meinem Bruder gegeben.
Michin· chuqui-mpi-na uturuncu 'hihuayaxjataina.	Mit Pfeilen und Lanzen töteten sie den Tiger.
Lunianaca yanapahuipa-ta 'hake 'hihuayahui-mpi-ta huata utan·chinotaxjataina.	Weil er den Dieben geholfen und einen Menschen getötet, hielt man ihn im Gefängnis gefesselt.

§ 218. Mit *cama* (bis) können die Partikeln *ro* und *na* verbunden werden, in welchen Fällen *cama* öfters bedeutet, was in unserer Sprache „sogar".

Sariri yunca-cama-ru purina.	Der Wanderer gelangte bis in die heiſsen Thäler.
Ancha amputa suni-caman· huarinaca utjapje.	Hoch oben bis auf der Puna leben die Vicuñas.
Lima-camat· alasiñanaca apayasina.	Sogar von Lima lieſs er sich Waren bringen.

§ 219. Die Partikel *ta*, welche für sich allein öfters die Bedeutung von *laico* hat, wird zuweilen mit dieser letzteren verbunden: *Dios-laicu-ta*, um Gotteswillen. Auch mit *na* wird *ta* zusammengestellt, wenn nämlich die letztere Partikel „hinsichtlich, betreffs" bedeutet; *na* wird dabei synkopiert und aus *na-ta* wird *nta*.

nanta (statt *naya-ta, na-ta*), was mich betrifft.
lurahui'hanta, hinsichtlich meiner Arbeit.

Vom Adjektiv.

§ 220. Das Eigenschaftswort, welches als solches das Hauptwort begleitet, steht vor demselben und ist unveränderlich; dient es als Prädikat, so steht es hinter dem Subjekt.

'hacha uta, das grofse Haus.
uta 'hachahua, das Haus ist grofs.
'hacha utanaca, die grofsen Häuser.
utanaca 'hachahua oder *'hachapje*, die Häuser sind grofs.

Steht ein Adjektiv getrennt von dem Substantiv, auf welches es sich bezieht, so kann es dekliniert werden.

'Hacha achunaca uma-umahua, 'hiskanacaja maampi mofsahua.	Die grofsen Früchte sind wässerig, die kleinen sind süfser.
Aca kokanaca-ja challa-challa uraquen· alirihua, 'hurin·sti 'hihuiri.	Diese Bäume wachsen in sandigem Boden, in feuchtem sterben sie ab.

§ 221. Als Komplemente des Adjektivs werden diejenigen Zusätze bezeichnet, durch welche dasselbe, wenn es Prädikat des Subjekts ist, näher bestimmt wird. Diese Komplemente sind entweder Substantive oder Infinitive, deren Beziehungen zum Adjektiv durch Kasus der Deklination ausgedrückt, und welche somit vom Adjektiv regiert werden.

'Taa huaira-ja peke usutaqui hualihua.	Frische Luft ist gut gegen den Kopfschmerz.
Asqui chuimanihua huajchanacataqui.	Er ist wohlwollend gegen die Armen.
Haketaqui llaquipairihua.	Mitleidig mit den Menschen.
Akahua huihuanacataqui.	Sanft gegen die Tiere.
Kala-chuimanihua 'hakemasiparu.	Hartherzig gegen seine Mitmenschen.
Chullke chuimanihua manuparu.	Unnachgiebig gegen seine Schuldner.
Umat· 'hurihua.	Vom Wasser nafs.
'Hallut· sulla.	Schlüpfrig vom Regen.
'Taat· hapu.	Trocken vom Winde.
Choket·sa kollket·sa 'kapacahua.	Reich an Gold und Silber.
Corarit· turuhua.	Vom Roste stumpf.

Aus den obigen Beispielen ergiebt sich, dafs der Dativ, Illativ und Ablativ vorzugsweise als Komplemente der Adjektive gebraucht werden, und zwar dient die Endung *-taqui* zur Bezeichnung des Nützlichen, Vorteilhaften oder Geeigneten, *-ro* des Nachteiligen oder Feindlichen, *-ta* des Grundes, der Ursache. Seltener als diese Kasus kommen der Terminativ, Lokativ und Kausal zur Anwendung:

yunca-cama ĥayahua, fern bis in die heifsen Thäler.
uraquen· manĥahua, tief in der Erde.
ĥari-ĥarilaicu ĥapisita, erzürnt wegen Lügenhaftigkeit.

§ 222. Bei vielen Adjektiven wird das Substantiv, welches ihnen als erläuterndes Komplement dient, denselben ohne alle Kasusendungen vorgesetzt:

ĥusa ĥuka, voll von Chicha.
tonko ĥullchu, ĥullpu, mit Mais angefüllt.
naira usurihua, augenkrank.
chama tucuntahua, erschöpft an Kräften.

Von den Graden des Adjektivs.

§ 223. Wiewohl alle Gradbestimmungen bei den Eigenschaften der Substantive auf Vergleichungen beruhen, so kommen diese doch nicht immer zum Ausdruck. Es wird daher bei den Adjektiven der Ausdehnung, Menge, Gröfse, Dichtigkeit und Stärke ein gewöhnlicher, hoher oder niedriger Grad unterschieden. Der geringere Grad wird bezeichnet durch das Adverbium *pisi*, der höhere durch das Adverbium *ancha*:

ancha hacha, sehr grofs. *ancha yaja*, sehr hart.
ancha suma, sehr schön. *ancha llullu*, sehr zart.
pisi ĥanka, nicht schnell. *pisi malli*, wenig schmackhaft.

§ 224. Ein sehr hoher Grad einer Eigenschaft wird durch Wiederholung des Adjektivs ausgedrückt, wobei das erste Wort in den Genitiv tritt, das zweite die Possessivendung der dritten Person erhält:

ĥiskan· ĥiskapa, das Kleine des Kleinen, das Kleinste.
mojsan· mojsapa, das Süfseste.
sintin· sintipa, der Stärkste.
ĥilan· ĥilapa, sehr viel.

§ 225. Durch Vergleichung der Gegenstände untereinander wird der Grad ihrer Eigenschaften näher bestimmt und es entsteht die Steigerung der Adjektive. Diese wird auf dreierlei Weise ausgedrückt durch die Worte *maampi*, *ĥukampi* und *ĥilampi*. *Maa* ist das Zahlwort für **eins**; mit der Sozialendung *-mpi* verbunden — *maa-mpi* — bedeutet es daher ursprünglich: mit einem.

maampi ʼhacha, grofs mit einem, mit noch etwas.
ʼhuka, wenig; *ʼhukampi*, mit noch ein wenig.
ʼhila, viel; *ʼhilampi*, mit noch mehr.

Von diesen dreien wird *ʼhukampi* gegenwärtig am meisten gebraucht; *ʼhilampi* nur, wenn ein viel höherer Grad bezeichnet werden soll. Die Person oder der Gegenstand, mit welchem die Vergleichung stattfindet, steht im Ablativ, oft mit der Partikel *-sa* verbunden, und wird dem Komparativ vorgesetzt.

Illampu-j Ilimanit ʼhukampi ʼhachahua.	Der Illampu ist höher als der Ilimani.
Chokeyapu marca-ja Chokesakat ʼhukamp ʼhakenihua.	Die Stadt La Paz ist volkreicher als Chuquisaca.
Suni ʼhakenaca-ja yunca ʼhakenacat sa ʼhukampi chamanihua.	Die Bewohner der Puna sind kräftiger als die Bewohner der heifsen Thäler.
Auquiʼha-ja lariʼhata pisi ʼhuquirinihua.	Mein Vater ist weniger reich als mein Onkel.
Aca ʼhahuira ʼhaka huaikun ʼhahuirapata pisi umanihua, pisi ʼhalirinihua.	Dieser Flufs ist im Vergleich zum Flusse des Nachbarthals weniger wasserreich, weniger reifsend.
Uca huaina-ja mainirita ʼhani pisi kapahua.	Dieser junge Mann ist nicht weniger geschickt als der andere.
Cahuallo-ja toruta ʼhani ʼhukampi ʼhanka ʼhallqui-ti.	Das Pferd läuft nicht schneller als der Stier.

§ 226. Der höchste Grad einer Eigenschaft oder Superlativ ergiebt sich aus der Vergleichung eines Gegenstandes mit allen seinesgleichen. Er wird entweder wie der Komparativ ausgedrückt mit Hilfe der Adverbien *maampi*, *ʼhukampi*, *ʼhilampi*, oder in der schon angegebenen Weise durch Wiederholung des Eigenschaftswortes.

Pani cullacanacat sa ʼhilirihua ʼhukampi ʼkachahua.	Von den beiden Schwestern ist die älteste die hübscheste.
Titikaka-ja aca uraquenacan ja taket ʼhacha kotahua.	Der Titicaca ist in diesem Lande der gröfste aller Seen.
Marañona-ja take uraquenacan ʼhahuiranacat ʼhachan ʼhachapahua.	Der Marañon ist unter den Flüssen der Erde der gröfste der grofsen.

§ 227. Einige Worte haben von vornherein komparative Bedeutung, wie ʰila, ʰiliri, der Ältere; sullḱa, der Jüngere; kollana bedeutet das Beste, Vorzüglichste und ist daher gewöhnliches Attribut Gottes, Christi und der Jungfrau Maria.

§ 228. Die Partikel -ĵtara, durch deren Verbindung mit einem Substantiv angedeutet wird, daſs ein Reichtum, eine Fülle desſelben vorhanden ist, bildet mit einigen Adjektiven Superlativbegriffe; so sagt man

    sinti-ĵtara, ein sehr starker Mann.
    ʰisk-ĵtara oder asqui-ĵtara, ein sehr guter Mann.
    amaoʿa-ĵtara, ein sehr weiser Mann.

§ 229. Ergiebt die Vergleichung der Gegenstände, daſs ihre Eigenschaften dieselben oder einander ähnlich sind, so wird dies ausgedrückt durch die Adverbien ʰama oder jama, chica pura oder das Substantiv yanani, der Begleiter, Genosse.

Puma-sa uturuncu-sa chica pura sintiquihua.	Der Löwe und der Tiger sind gleich stark.
Cullacampi chinquimpi chica pura sumahua.	Die ältere und die jüngere Schwester sind gleich schön.
ʰakepa pilinaca-ja huallp·jama ʰacʰanacahua.	Einige Enten sind so groſs wie Hühner.
Aca mula-ja ña cahuall· jama ʰaṭi-hua.	Dieses Maultier ist beinahe so schwer wie ein Pferd.
Utaʰa-ja marcamasiʰan· utapampi yananipahua.	Mein Haus ist ebenso beschaffen wie das Haus meines Nachbars.
Uca chiara karhua-ja chejempi-ja yananipahua.	Das schwarze Lama ist so groſs als das graue.

§ 230. Auch mit den Substantiven tansa, die Gröſse, Höhe; ʰukanca, die Gestalt, Menge, werden Redensarten der Vergleichung gebildet. Die verglichenen Gegenstände werden dabei ohne Deklinationspartikeln nebeneinander gestellt.

    ʰuma tansa, von deiner Gröſse.
    ʰake tansa pirka, eine mannshohe Mauer.
    uta tansa kala, ein Stein so groſs wie ein Haus.
    aca chocollo (umuḱu) amca tans·caquihua, dieser Zwerg ist so groſs wie eine Kartoffel.

Wie chica so kann auch tansa mit pura verbunden werden:

    tansa pura ʰakenaca, Männer von gleicher Höhe.

Während *tansa* besonders bei Vergleichung der Höhe gebraucht wird, bezieht sich *ḣukanca* mehr auf die Breite und Dicke der Gegenstände.

Utama ḱaica ḣukancapi?	Wie groſs ist dein Haus?
Auquiman· utapa ḣukancahua.	Es ist so groſs wie das Haus deines Vaters.

§ 231. Das Wort *ḣucḣa* (welches als unbestimmtes Fürwort alles bedeutet) dient auch zur Vergleichung, indem dabei mit der Hand oder dem Finger die Gröſse oder Form angedeutet wird:

aca ḣucḣa, so groſs, so gestaltet.

Auch das dem Keshua entlehnte *saa* (*sayay*, aufrecht stehen) wird zuweilen wie *tansa* gebraucht.

Durch das Adverbium *ḣuka* werden Vergleichungen angestellt, die sich besonders auf die Menge beziehen.

cḣalla ḣuka, so viele wie Sand.
laḱa ḣuka, wie Erde, Staub.
huara-huara ḣuka, zahlreich wie die Sterne.
quesima ḣuka, so viel wie Ruſsflocken.

Es möge hier noch erwähnt werden, daſs Vergleichungen sich auch durch die Zeitwörter *lalliña*, übertreffen, und *pisiña*, geringer sein, ausdrücken lassen:

ḣani mainisa mainisa llallisi-ti, keiner übertrifft den anderen.
ḣani mainisa mainisa pisi-ti, keiner ist geringer, hat weniger als der andere.

Von den Zahlwörtern.

§ 232. Als Adjektive der Menge sind die Zahlwörter unveränderlich, solange sie ein Substantiv begleiten, werden jedoch deklinierbar, wenn sie allein stehen. Ihr Gebrauch wird durch die nachstehenden Beispiele erläutert.

Chokeyapu marca-ja ḻajsitatainahua ḣachu ṗiska patacani pusi tunca llatuncani mara Jesu Cristo auquissan yuritapata.	Die Stadt La Paz wurde im Jahre 1549 nach der Geburt unseres Herrn Jesus Christus gegründet.
Chokeyaputa Lajaru pakallko tupuhua.	Von La Paz nach Laja sind sieben Leguas.
Aca utan·ja tak·pachanihua ḣank·usuta ḣihuapje, maini sapaquihua ḱespina.	In diesem Hause starben alle an den Blattern, bloſs einer entkam.

Pani-ja mayurunaqui ʼhihuatapje.	Zwei starben an einem Tage.
ʼHila sullk̓aha ʼhihuir· auquipat·ja ʼpiska ʼhachu ʼhuira catucataina.	Mein Vetter erbte von seinem verstorbenen Vater 5000 Thaler.
ʼHupa-ja maa uta alisitaina quimsa ʼhachu ʼpiska patacani ʼhuiraru, ucat·pi pusi ʼhachuru aljasjataina.	Er kaufte sich ein Haus für 3500 Thaler und verkaufte es darauf für 4000.
Maik̓ita quimsa pataca ʼpiskatuncani ʼhuira maa kespi kalani sihuiʼharo.	Leihe mir 350 Thaler auf einen mit Edelsteinen (besetzten) Ring.
Marcamasiʼha-ja utap·jaru paa ʼhachu ʼhuira maitasitaina.	Mein Nachbar borgte sich 2000 Thaler auf sein Haus.
Sapa patacat·ja maa ʼhuira sapa ʼpajsi (alañani) churasqui.	Er bezahlte jeden Monat einen vom Hundert an Zinsen.
ʼKauca alañan·sa sapa patacaro kollke churitata?	Zu wieviel Zinsen vom Hundert willst du mir Geld geben?
Llautunc· ʼhuira alañanimpi sapa mara churama.	Ich will es dir zu neun vom Hundert im Jahre geben.
ʼKaucarusa tuncapaani paltai-ja aljatata?	Zu wieviel verkaufst du das Dutzend Paltas?
Quimsa ral·cama sapacata.	Zu drei Realen je eine.
Ancha ʼhilakhua, piska rala payata churam·.	Das ist teuer, fünf Reale will ich dir für zwei geben.

§ 233. Das Alter wird angegeben durch das Adjektiv *marani* (zusammengesetzt aus *mara*, Jahr, und der besitzanzeigenden Partikel *ni*), jährig, und *pajsini*, Monate alt.

Auquiʼha ʼhihuacana, uca pacha-ja pakallk· tunca maranin·hua.	Als mein Vater starb, war er siebzig Jahre alt.
Taikaʼha-ja paa mara sullk̓apanihua.	Meine Mutter war zwei Jahre jünger als er.

In diesem Falle ist das zu *mara* gehörige *ni* davon getrennt und mit *sullk̓apa* — seine jüngere — verbunden.

Achachilama-ja ʼkauca maranin·sa?	Wie alt ist dein Großvater?
Quimsa kallk· tunca mara ʼpukatanihua.	Er ist volle achtzig Jahre alt.
ʼHilir· ʼhilaʼha-ja paa tunc· ʼpiskan· maranihua, huarmipa-sti tunca quimskallkoni.	Mein älterer Bruder ist fünfundzwanzig und seine Frau achtzehn Jahre.
Maa huahuapa utji quimsa pajsi chicanihua.	Sie haben ein Kind von drei und einem halben Monat.

§ 234. Zur Bezeichnung gebrochener Zahlen verfügt das Aimarà nur über sehr beschränkte Mittel. Das Teil, die Abteilung im allgemeinen heifst *ľaka*, vom Zeitwort *ľakaña*, trennen; auch *huaque*, eine gewisse Menge, die Portion, der Preis. Ein anderes Wort für Teil ist *chica*, welches Wort zugleich die Hälfte bedeutet. Dasselbe gilt von *'paľami* oder *'paľama*, vom Zeitwort *'paľaña*, abschneiden. Es scheint *'paľami* eine verdorbene Aussprache von *'paľahui* zu sein, bedeutet also ein abgeschnittenes Stück, einen Abschnitt. Für weitere Teilzahlen giebt es keine besonderen Ausdrücke, denn das Wort *taru*, Viertel, bezieht sich nur auf geschlachtete Tiere, vierfüfsige oder Vögel, bei welchen man *ampara*, *cayu*, *'hiḱanitaru* (Vorderfufs, Hinterfufs oder Rückenviertel) unterscheidet. Will man genauere Teilzahlen ausdrücken, so bleibt kein anderer Weg, als die Kardinalzahlen mit *chica* oder *'paľami* zu verbinden, wobei diese Worte stets ohne Pluralendung bleiben: *quimsa chica, tunca chica, paa tunca 'piskani 'paľami* (3, 10, 25 Teile). Soll dann gesagt werden, die wievielsten Teile eines Ganzen gemeint sind, so mufs dies umschrieben werden: *patacaro 'hal·jtatat· quimsakallk· 'piskani 'paľami*, von einem in hundert geteilten Gegenstande fünfundachtzig. Dabei kann auch statt des Participiums *'hal·jtata* vom Zeitwort *'halujtaña*, teilen, das Gerundium *'haljtasina* gesetzt werden: *patacaro 'haljtasin·*, in hundert teilend.

§ 235. Wie die Zahlwörter beim gewöhnlichen Rechnen gebraucht werden, zeigen die nachstehenden Beispiele:

Tunca payanimpi llatuncampi-ja paa tunca mayanihua. — Zwölf und neun (macht) einundzwanzig.

'Piskaru sojtampi apjatatat-ja tunca mainihua 'pukasi. — Sechs zu fünf hinzugefügt komplettiert elf.

Das Zeitwort *ap·jata-ña* (von *apaña*) bedeutet: darauflegen; *'pukasiña*, sich anfüllen.

Llaatuncata sojta apacaatu-ja quimsahua 'kepari. — Von neun sechs abgezogen bleibt drei.

'Kepari, vom Zeitwort *'keparaña*, kann auch weggelassen und blofs *quimsahua* gesetzt werden. *Apa-caaña* oder *apacayaña* bedeutet: wegbringen, beseitigen lassen.

Sojtacuti sojta 'hakuata-ja quimsa tunc· sojtaniro 'pokachasi. — Sechs mal sechs macht sechsunddreifsig (wörtlich: sechs mal sechs gezählt macht sechsunddreifsig voll).

Das Wort *cuti*, das Mal, ist dem Keshua entlehnt, ebenso das Wort *mila*, welches eigentlich die Reihenfolge bei der Arbeit bedeutet. Der Aimarà-Ausdruck für Mal ist *huasa*, wird jedoch gegenwärtig weniger gebraucht. Ein anderes noch seltener angewendetes Wort ist *chuta*, eigentlich der Markstein, das Malzeichen für einen Raum oder Wegabschnitt.

Paa tunca piskaru 'haljata-ja pusicamahua huaqu·ti.	Zwanzig durch fünf (in fünf) geteilt giebt vier.
Tunca pusiru 'haljata-ja paya chicaniro huaqu·ti.	Zehn durch vier geteilt giebt zwei und ein halb.
Llaatunca pusiro 'hal·jata-ja paya maa lajlliniruhua huaqu·ti.	Neun durch vier geteilt giebt zwei und einen Bruchteil.

Das letzte Beispiel zeigt, wie sich das Aimarà bei der Bezeichnung gebrochener Zahlen zu helfen sucht. *T'ajlli* ist eigentlich ein ziemlich unbestimmtes Maſs, nämlich die Breite der Handfläche; im vorliegenden Falle bedeutet es überhaupt einen kleinen Maſsteil der Ausdehnung oder Menge. Das mit *pusi* verbundene *-cama* bedeutet: bis zu, d. h. volle vier.

Eine andere Weise, ein Vierteil auszudrücken, zeigt der folgende Satz:

'Hihuirin·'huquirinacapat·ja ijmapa-ja chicata catuque, sapacata huahuanacapa-sti chicatan·chicatapa.	Von dem Vermögen des Verstorbenen erhielt die Witwe die Hälfte und die Kinder jedes ein Viertel.

Hier steht *chicata*, das Participium des Zeitwortes *chicaña* statt *chica*. Es konnte statt dessen ebenso gut *chican·chicapa* gesetzt werden.

Von den Ordnungszahlen.

§ 236. Wie in der Formenlehre angegeben ist, werden die Ordnungszahlen aus den Hauptzahlen auf mehrfache Weise gebildet, nämlich entweder so, daſs an die Hauptzahl die Endung *pi* angefügt wird, oder dadurch, daſs an die vorhergehende Zahl die Partikeln *jaru* oder *'kepa* angehängt werden: *quimsa jaru*, *quimsa 'kepa*, der vierte; *llaatunca jaru*, der zehnte. Nur für die erste Ordnungszahl giebt es ein eigenes Wort, *naira* (das Auge).

Naira huirakocha yuncanacaro puriri-ja chunchunacan·'hihuayatan·hua.	Der erste Spanier (weiſse Mann), der in die heiſsen Thäler kam, wurde von den Wilden getötet.
'Hichuruhua machac· maran· naira urupahua.	Heute ist der erste Tag des neuen Jahres.

Naira-ja ḱahuira iñana, payapi-sti (panipi-sti) arcantana.	Der Erste überschritt den Fluſs, und der Zweite folgte.
Quimsapi aroma horon·c·tan·hua.	Wir sind in der dritten Stunde der Nacht.
Tunca payani incanacahua Tahuantin suyu camachap·jataina, Huascara-ja tunca-payapi, incanacan·ḱepataina.	Zwölf Inkas herrschten über Peru, Huascar war der zwölfte und letzte.
Maijaru mayahua utaru mantana, auquiḱa-ja nairana, paipi lariḱaja quimsapi ḱilaḱa, taket· ḱepa-sti nayayat·hua.	Einer nach dem anderen trat ins Haus, zuerst mein Vater, als zweiter mein Onkel, als dritter mein Bruder, von allen der letzte war ich.

Neben diesen Formen werden auch die einfachen Hauptzahlen zur Angabe der Reihenfolge benutzt. Z. B. liest man im Katechismus:

Diosan· camachita arunacapa-j· tuncahua; naira quimsa-ja Dios cancañapata, ḱepa pakallko-sti ḱakemasissan· asquipata.	Die Gebote Gottes sind zehn; die ersten drei sprechen von der Göttlichkeit, die letzten sieben zum Besten unserer Mitmenschen.

Dann folgt die Aufzählung der Gebote: *naira arun· sihua*, im ersten Gebot spricht er; *paya arun·*, im zweiten Gebot; *quimsa arun·* u. s. f.; statt *paipi arun·, quimsap· arun·*.

Die adverbialen Ordnungszahlen werden durch die Partikel *na* (hier der Lokativ) ausgedrückt:

nairan·, an erster Stelle; *payan·*, an zweiter Stelle.

Von den Distributivzahlen.

§ 237. Soll gesagt werden, daſs Personen oder Gegenstände in Gruppen vereinigt sind, so wird das betreffende Zahlwort wiederholt und mit Ablativendungen versehen.

Huahuanaca-ja iglesiaru sarana panit·panita.	Die Kinder gingen paarweise zur Kirche.
Ḱaucat· ḱaucat·sa sarana?	Wie viele gingen ihrer zusammen?
Tahuaconaca-ja pusit· pusita saranacap·jana.	Die Mädchen spazierten in Gruppen von je vier.
Choke alȷap·jana sojtata, pakallkota, tunca cotata.	Die Kartoffeln verkauften sie in Haufen von je sechs, sieben und zehn.

Soll ausgedrückt werden, daſs bei Verteilung auf jeden eine gewisse Menge kommt, so wird dazu die Partikel *cata* benutzt. *Sapa irnaqueriru maa relacata churam*, gieb jedem Arbeiter einen Real. Die Partikel *cata* kann gleichfalls an *sapa* angehängt werden: *sapacata irnaqueriro*.

§ 238. Auf wie viele Weisen etwas geschieht, wird durch das Substantiv oder Adverbium *'hamu, 'hama* ausgedrückt. Jetzt wird das *'h* gewöhnlich wie *j* ausgesprochen und man sagt statt:

Maya 'hama, may·jama
Paya 'hama, pay·jama
Quimsa 'hama, quims·jama
Pusi 'hama, pus·jama
'Piska 'hama, 'pisk·jama
'Kauc·jamasa, auf wie vielerlei Weise?
may·jama-quihua, bloſs auf eine Art.

Von den Fürwörtern.

§ 239. Die persönlichen Fürwörter können vor den Flexionsformen des Zeitwortes weggelassen werden, jedoch geschieht dies weniger häufig als im Keshuà, da sich die Formen der beiden ersten Personen so wenig voneinander unterscheiden. *Naya*, ich, wird meist zu *naa* zusammengezogen, im Plural zu *nanaca*; *'huma* und *'hupa* werden oft synkopiert als *'hum·, 'hup·*, aber nicht im Plural, welcher stets *'hupanaca, 'humanaca* lautet und nur zuweilen das *a* am Ende verliert. Im Genitiv, Lokativ und Instrumental wird meist die Partikel *na* synkopiert *'humanacan·, 'hupanacan·*.

'Hila'ha maa 'human· kellkama catucana.	Mein Bruder hat einen Brief von dir erhalten.
'Humataqui cun·s· alascap·jta.	Wir sind dabei, etwas für dich zu kaufen.
Nayampi 'hutam·.	Komm mit mir.
'Humalaicu 'haniu· 'hutana-ti.	Wegen dir ist er nicht gekommen.
Naataquihua take luraña, 'hup·taquisti take suma.	Für mich ist alle Arbeit, für ihn der Nutzen.
'Hupa 'hiussampi sarana, mistuna.	Er ging mit uns aus.
Tiupunaca 'humanacataqui apanip·jpan.	Man bringe Sitze für euch.

Von den demonstrativen Fürwörtern.

§ 240. Die hinweisenden Fürwörter sind: *aca*, dieser; *uca*, der da; *'kaya, 'kuyu ('kuu 'kuri)*, jener. In Verbindung mit *hua* werden *aca* und *uca* sehr oft synkopiert: *ac·hua, uc·hua*; auch *'kaya* wird zu *'ka*.

Erster Abschnitt. Syntax der einzelnen Redeteile.

Aca kollo ancha alayahua.	Der Berg ist sehr hoch.
Aca marcan˙ naya yurt˙hua.	In diesem Orte bin ich geboren.
Acalaico acat˙ misŧuni.	Deshalb wird er von hier weggehen.
Uca chacha ancha yankahua.	Jener Mensch ist sehr boshaft.
Uca chachataquihua 'hani cun˙s˙ churasi-ti.	Dem Mann ist an nichts etwas gelegen.
Ka˙(kaya) uta nayanquihua.	Jenes Haus gehört mir.
Kuu sariri 'hiussaro 'huti.	Jener Wanderer kommt auf uns zu.
Kuu tokcta ŧai.	Von jener Seite bläst (der Wind).
Uc˙ pachata.	Von der Zeit an.
Aca tokcta.	Von dieser Seite her.

Von den possessiven Fürwörtern.

§. 241. Die Possessivpartikel sind *'ha*, *ma*, *pa* und die exklusive Pluralendung *-ssa*; *'ha* wird gegenwärtig in La Paz wie *ja* ausgesprochen.

Cayunaca'ha ancha sarata'hata usuchatahua.	Meine Füfse sind vom vielen Gehen schmerzhaft.
Taya-ja ñankan˙hua pankar˙naca'hataqui.	Der Frost hat meinen Blumen geschadet.
Huilamasissa tak˙pachani camiripje.	Unsere Verwandten sind alle reich.
'Hihuassan marcassa 'hiskahua.	Unser Dorf ist klein.
'Hicha mara yankan˙hua marcamasissataqui.	Dieses Jahr ist schlecht für unsere Nachbarn gewesen.
'Huchanacamata 'hihuayasita.	Durch deine Laster wirst du dich umbringen.
Cullaca'ha huarmimampi misŧuna.	Meine Schwester ist mit deiner Frau ausgegangen.
Mallqui-uyumaru sarap˙jana.	Sie gingen nach deinem Garten.
'Humanacan yanca-cancañama mutuyatahua.	Eure Bosheit wird bestraft werden.
Yapunacama-ja chijchin˙ tucusinihua.	Eure Felder werden durch Hagel zerstört werden.
Illapu-ja utanacama nacantayani.	Der Blitz wird eure Häuser anzünden.
Maa uma usuhua huihuanacama 'hihuayani.	Eine Pest wird euer Vieh töten.

ʿHupa-ja chamampi lantapa ʿhaquisi.	Er verdient mit Mühe sein Brot.
Auquipataqui llaquihua taikapa-sti ʿhuchai.	Er ist ein Kummer für seinen Vater und macht seine Mutter weinen.
ʿHuchapalaicu ʿhan· hualiru purina.	Durch seine (eigene) Schuld ist er ins Unglück gekommen.
Huarmipampi ʿhan· huali ʿhacasqui.	Mit seiner Frau lebt er in Unfrieden (schlecht).

Vom reflexiven Fürwort.

§ 242. Das Fürwort *quiqui*, selbst, schließt sich insofern an die possessiven an, als es stets mit denselben verbunden wird: *quiqui-ʿha*, ich selbst; *quiqui-ma*, du selbst; *quiqui-pa*, er selbst; *quiqui-ssa*, wir selbst; *ʿhumanaca quiqui-ma*, ihr selbst; *ʿhupanaca quiqui-pa*, sie selbst.

Naya quiquiʿha laquiri sarahua.	Ich selbst werde gehen, um es (ihn) zu suchen.
ʿHum· quiquimahua sata.	Du selbst hast es gesagt.
ʿHupa quiquipan· ʿhuchahua.	Es ist seine eigene Schuld.
ʿHihuass· quiquissa yankachatap·jta.	Wir selbst sind geschädigt worden.
ʿHupa quiquipanaca ʿhuchanacapa ʿhachap·jani.	Sie selbst werden ihre Fehler bereuen.
Naa quiquiʿhata mait·ta catucap·jana.	Von mir selbst empfingen sie ein Darlehn.
ʿHum· quiquimaru kellka irañahua.	Dir selbst sollte der Brief gebracht werden.
ʿHupa quiquipampi utaparu sarap·jana.	Mit ihm selbst gingen sie nach seinem Hause.
ʿHum· quiquimat·yatiña munap·jc.	Von dir selbst verlangte man zu erfahren.

Von den fragenden Fürwörtern.

§ 243. Die fragenden Fürwörter sind: *ʿkiti*, wer? *cuna*, was? *ʿkauca*, *ʿkaica*, wie viele? *ʿkauquiri*, welcher? was für einer? *camisa*, welche Weise? Beim Gebrauch werden sämtliche Fragwörter mit der Partikel -*sa* verbunden, und diese in der Regel synkopiert: *ʿkitis·*, *cunas·*, *ʿkaucas·*, *ʿkauquiris·*. Werden die Pronomina dekliniert, so tritt die Partikel -*sa* hinter die Kasusendungen: *ʿkilitaqui-sa*, für wen? *cunataqui-sa*, für was? Stehen die Pronomina nicht allein, sondern sind sie mit einem Substantiv verbunden, so wird -*sa* an dieses letztere angefügt: *ʿkiti ʿhake-sa*, welcher Mann? *ʿkauquiri huarmi-sa*, was für eine Frau? *cuna uta-sa*, welches

Haus? *Camisa* kann als adverbiales Fragwort betrachtet werden, ist aber im Grunde adjektivischer Natur, denn es nimmt die Deklinationsendungen *-na, -ta, -ro* an. *'Kauquiri* ist zusammengesetzt aus *'kauca* und der aktiven Participialendung.

In der Grammatik von Bertonio wird den fragenden Fürwörtern statt der Partikel *-sa* gewöhnlich das Füllwort *-pi* angefügt. Der Gebrauch dieser Partikel scheint in diesem Falle, wie auch sonst, gegenwärtig sehr beschränkt zu sein.

'Kitis· 'hutana?	Wer ist gekommen?
'Kitin·s· 'kitatatana?	Von wem ist er geschickt?
'Kititaquisa kellka apani?	Für wen bringst du den Brief?
'Kiti-ja 'takasqui?	Wen sucht er?
'Kitimpisqui?	Mit wem ist er gekommen?

Über die Bildung dieser letzteren Form sind die Paragraphen zu vergleichen, welche von den Verbindungen des Verbum substantivum handeln.

Cun·s· mun·ta?	Was willst du?
Cunat·sa aicus·ta?	Worüber klagst du?
Cunataquisa uca-ja?	Wofür ist dies?
Cunan·s· lur·ta?	Womit hast du es gemacht?
Cunalaicu sarayata?	Warum gingst du fort?
Cuna pachata?	Wann?
Cun· arun·sa?	An welchem Tage?
Cun· pajsin·sa?	In welchem Monat?
Cuna maran·sa?	In welchem Jahre?
Panipat-ja 'kauquiris· 'hiliri?	Welcher von beiden ist der ältere?
'Kauquirit·sa yankachatana?	Von wem (welchem) ist er schlecht behandelt worden?
Panini maat-ja 'kauquiritaquisa churasiña-ja?	Für wen von beiden war das Geschenk?
'Kauquirimpisa sarañ· mun·ta?	Mit wem (welchem) willst du gehen?
'Kauqui pacha?	Wieviel Zeit?
'Kauc· urusa?	Wieviel Tage?
'Kauc· marasa?	Wieviel Jahre?
'Kauc· chasa ('hachasa)?	Wie groſs?
'Kauc· 'hiskasa?	Wie klein?

§ 244. Das Pronomen *'kauca* oder *'kaica* wird auch zur Bildung von anderen quantitativen Fragwörtern benutzt. *'Kauca* allein bezieht sich nur auf Dinge, handelt es sich um Personen, so wird es mit der besitzanzeigenden Partikel -*ni* verbunden: ʼ*kaucani*, wie viele Personen.

ʼ*Kaucanimpisa* ʼ*hutana?*	Mit wie vielen ist er gekommen?
ʼ*Kaucanitaquisa ťanta utji?*	Für wie viele ist Brot da?
ʼ*Kaicanitˑsa sariri ʼhalˑcatatana?*	Von wie vielen wurde der Reisende angefallen?
ʼ*Kauca huihuasa uyamanˑ utji?*	Wieviel Vieh ist auf deinem Hofe?
ʼ*Kaucasˑ takˑpacha-ja?*	Wie viele sind noch da?
ʼ*Kauca maranita-sa?*	Wieviel Jahre bist du alt?
ʼ*Kauca maranisa apachima-ja?*	Wie alt ist dein Großvater?
Haniuˑ yatˑti, ʼ*kauca maranitapˑsa, ña ancha maranihua.*	Ich weiß nicht wie alt er ist; er ist bereits sehr alt.

§ 245. Die Antwort auf ʼ*kauca*, wieviel? ist ʼ*huka*, soviel. Jetzt ist jedoch ʼ*huka* außer Gebrauch gekommen, sowie manche andere von dieser Wurzel abgeleiteten Worte, wie z. B. ʼ*hukaña*, vorhanden sein; ʼ*hukanca*, die Größe, Gestalt. Man sagt gegenwärtig statt ʼ*huka*: *ucˑhua*, auch *acˑhua*; statt ʼ*hukaña*: *utjaña*; statt ʼ*hukanca*: *utjanca*.

Acˑhua ʼ*hakenaca utana utjana* (ʼ*hukana*).	Es waren so viele Leute im Hause.
Marcanˑja acˑhua utanaca utji (ʼ*kuki*).	Im Dorfe sind so viele Häuser.
Halaj-pachanˑ acˑhua huara-huara-hua.	Am Himmel sind so viele Sterne.
Kotanˑja ucˑhua ʼ*hamachinacahua.*	Auf dem See sind so viele Vögel.
Ucˑhua pacha sisma.	Ich habe es dir so viel (Mal) gesagt.
Ucˑtahua yatˑhua.	Von so vielen habe ich gehört.
Ucˑ ʼ*hakenacataquihua mankˑ apanina.*	Für so viele brachte er zu essen.

§ 246. Die fragenden Fürwörter werden oft mit Possessivendungen verbunden:

ʼ*kitiha-sa*, wer von den meinigen?
ʼ*kitima-sa*, wer von den deinen oder euren?
ʼ*kitipa-sa*, wer von den seinen oder ihrigen?
ʼ*kitissa-sa*, wer von uns oder den unsrigen?
cunaha-sa, was von meinen Sachen?
cunama-sa, was von deinen oder euren?
cunapa-sa, was von seinen oder ihren?
cunassa-sa, was von unseren Sachen?

Diese Formen werden in der gewöhnlichen Weise dekliniert:

'Kiti-'hataqui-sa?	Für wen von den meinigen?
'Kiti yananacahataqui-sa?	Für welchen meiner Diener?
'Kitissampi-sa saraña munta?	Mit wem von uns willst du gehen?
'Kiti 'hilamasissa-s· 'hukampi amahuas·ta?	Wen von unseren Verwandten liebst du am meisten?
Cun· cahuallomas· aljata?	Welches von deinen Pferden verkaufst du?
Cunamasa naro churañ· mun·ta?	Was von deinen Sachen willst du mir geben?

Vom Relativpronomen.

§ 247. Eine Relativverbindung der Sätze, wie sie im Deutschen und den anderen europäischen Sprachen stattfindet, fehlt dem Aimarà wie dem Keshua und beide Sprachen bedienen sich verschiedener Wendungen, um· diese Verhältnisse auszudrücken. Auf welche Weise dies im Aimarà geschieht, wird später in den Paragraphen über die Relativsätze noch näher angegeben werden; hier soll nur gezeigt werden, wie diese Sprache die Fragpronomina hierzu benutzt. Zu diesem Ende wird mit *kiti*, *cuna* und *kauca* die Partikel *-ti* verbunden, welche entweder unmittelbar an die Fürwörter angefügt, andere Male von denselben getrennt wird. Bei denjenigen Relativsätzen, die sich in Fragsätze auflösen lassen, tritt *-sa* an die Stelle von *-ti*. In allen Fällen wird der Nachsatz durch die Demonstrativpronomina *uca* oder auch *aca* eingeleitet.

'Kiti-ti taquicasqui, acaraquipi 'huchanchasi.	Wer sich entschuldigt, der beschuldigt sich.
'Kiti-ti 'han· aro catucasiri-ja, ucaraqui 'haniw· ispatapat· llaquisis·cani.	Wer keinen Rat annimmt, der wird bereuen, nicht gehört zu haben.
'Kiti-ti 'hakemasipan· llaquinac·pata 'hani 'kuyapayasiriqui-ja, uca-sti yanka chuimanihua.	Wer mit den Leiden seiner Mitmenschen kein Mitleid fühlt, der hat ein schlechtes Herz.
Cuna 'hake 'hich·cama canquiriqui-ti uca-maraquipi 'hihuañap·cama cancascani.	Was für ein Mensch er bisher gewesen, wird er auch bis zu seinem Tode bleiben.
'Hupa-ja cun·jamaqui-ti uca-maraquipi uñayasi.	Er zeigte sich, wie er war.

Die Formen *'kuyapayasiriqui* und *cun·jamaqui* sind durch Zusammensetzung mit dem synkopierten Verbum substantivum gebildet, stehen also für *'kuyapayasiri canqui* und *cuna jama ('hama) canqui*.

In den folgenden Sätzen steht der Relativsatz statt des Accusativs:

Haniw yat·ti, kitin·sa satap·sa.	Ich weiſs nicht, wer es gesagt hat.
Haniw ist·ti cuna yankanac·sa kepa kejonaca-ja lurap·jataina.	Ich habe nicht gehört, was für Schaden das letzte Gewitter angerichtet hat.

In diesen beiden Fällen ist die Partikel *-ti* durch *-sa* vertreten, da der Relativsatz eine Frage enthält. Im folgenden Satze ist dies nicht der Fall, daher wieder *-ti* steht.

Hani san·ti, kauquiri huaina-ti auquiparu uñtasi.	Er hat nicht gesagt, welcher von den beiden jungen Leuten seinem Vater gleicht.

Genitiv.

Sita, kitin·quisa aca utaja.	Sag' mir, wem dieses Haus gehört (wessen es ist).
Naa amuyast·hua, kitin·ti chatataqui, uc·ja.	Ich vermute, von wem er verleumdet worden ist.

Hier gehört der Schluſs *uc·ja* zum vorgestellten Nach- oder Hauptsatz: *kitin·ti chatataqui uca-ja naya amuyast·hua.*

Dativ.

Ña unanch·t·hua, kititaqui-ti uca apta-ja.	Ich errate schon, für wen dieses Geschenk ist.
Haniw yat·ti, kiti korpataqui-ti aca iquiñ·ja hanłacup·je.	Ich weiſs nicht, für welchen Gast dies Bett zurecht gemacht worden ist.
Sita, kititaqui-sa mank imap·je.	Sag' mir, für wen man Essen aufbewahrt hat.

Illativ.

Hilaha-j· situhua, kiti-kitiru-ti hausasini.	Mein Bruder sagte mir, welche Personen er einladen würde.
Haniw histap·jeta-ti, kitiru-ti kellka apayasi.	Sie sagten uns nicht, an wen man den Brief geschickt habe.
Haniw sañ·jama-ti kauquiri auquiparu-sti uca huaina-ja uñtasi.	Es läſst sich nicht sagen, wem von seinen Eltern dieser junge Mann gleicht.

Ablativ.

'Hiskam, 'kauquiri marcamasipat·sa uca 'hake utapa ali.	Frage, von welchem seiner Nachbarn der Mann sein Haus gekauft hat.
Hanir· yatisi-ti, cunanacat-ti aca 'hihuaña kolla huaquichasi.	Man weifs nicht, aus welchen (Substanzen) dieses Gift bereitet wird.
Sitasma-ti, 'kauqui marcat·sa aca 'hake 'huti?	Kannst du mir sagen, aus welchem Orte dieser Mann kommt?

Instrumental.

Hanihua yat·si-ti, cunan·ti 'hihuayap·jataina.	Man weifs nicht, womit man ihn umgebracht hat.
Hani-ti yatichitasma, cunampi-ti (cunan·ti, camisati) aca puncu 'histarasi.	Kannst du mir nicht zeigen, womit (wie) man diese Thür öffnet.
Amtait·hua, 'kauca kalanacan·ti utapan· puncupa atina.	Er erzählte mir, mit wieviel Steinen er die Thür seines Hauses verrammelt habe.

Sozial.

Take-j· yatipje, 'kiti huarmimpi aca 'hake utjasqui.	Alle wissen, mit welchem Weibe dieser Mann lebt.
Sarir· masi'haja atamit·hua, 'kitimp·ti sarc·ta, uca.	Mein Reisegeführte erzählte mir, mit wem er gereist sei.

Kausal.

Haniña amjasir·ti, cunalaicu-sa uca lurtana.	Er erinnerte sich nicht mehr, weshalb er es gethan hatte.
Yatir·jamat·hua, cunalaicu-ti 'hutana.	Ich glaube zu wissen, warum er gekommen ist.

Von den unbestimmten Fürwörtern.

§ 248. Die fragenden Fürwörter werden auch als unbestimmte gebraucht und gleich diesen mit der Partikel -sa verbunden: 'kitisa, irgend einer; cunasa, irgend etwas; 'hani 'kitisa, niemand; 'han·cunasa, nichts. Der Charakter dieser Pronomina ergiebt sich also nur aus ihrer Stellung im Satze. Aus den nachstehenden Beispielen ist das Nähere über den Gebrauch der unbestimmten Fürwörter zu ersehen.

Take 'hakenacahua 'hihuañahua.	Alle Menschen müssen sterben.
Taketaquihua maya uja uraquen·utji.	Für alle ist Raum auf der Erde.
Taken· uñisita.	Von allen gehaſst.
Take 'patip·jana, mainiqui 'keparana.	Alle flohen, bloſs einer blieb.
Aca maini-ja ainisina.	Dieser eine verteidigte sich.
Mainirinaca 'haltap·jana.	Die anderen liefen weg.
Maininaca kolloro mistup·jana.	Die einen stiegen auf den Berg.
Mainirinaca 'hahuira iñactana.	Andere gingen über den Fluſs.
Yakapanaca-ja marcaparu cutinjap·je.	Einige kehrten nach ihrem Orte zurück.
Yakepanacat·ja 'hani cun·s· yat·si-ti.	Von noch anderen weiſs man nichts.
Aca huajcharo cun·s· churam.	Gieb diesem Armen etwas.
'Hani cun·s· nayan· utji-ti.	Ich besitze nichts.
Cun·sa 'hilamaru maim.	Bitte deinen Bruder um etwas.
Cunasa maima.	Verlange irgend etwas.
Cunampisa cusisita 'keparani.	Mit irgend etwas wird er zufrieden sein.
Tak·pachan· 'kuyata churap·jañapa.	Alle müssen Almosen geben.
Sapacatan· 'huquiritap·cama.	Jeder nach seinem Vermögen.
Ni ('hani) 'kitin·sa 'han·sañapa-ti.	Niemand darf sich weigern (nein sagen).
Alloja aca mara pampa usuta 'hihuarap·je.	Viele sind in diesem Jahre an der Pest gestorben.
Allojaruhua 'hallu anch· yankachana.	Vielen hat der Regen groſsen Schaden gethan.
Alloj· yapunacahua tucusita 'keparana.	Viele Felder wurden zerstört.
'Hukaquihua pokota 'keparana.	Nur wenige blieben unversehrt (kräftig, reif).
Maaquipaqui 'kespiyatana.	Einige wenige wurden verschont.
'Hukallaqui alam.	Kaufe nur wenig.
Aljaña utana 'hukaquihua aljañanacaja utji.	Im Kaufladen sind nur wenig Waren.

§ 249. Wie die fragenden, so können auch viele unbestimmte Fürwörter mit Possessivendungen verbunden werden.

Mainissa kolloru misťunihua.	Einer von uns soll auf den Berg steigen.
Yakapama 'hupampi chica sarap·jata.	Einige von euch werden ihn begleiten.
Paninipa acan· 'keparap·jpan.	Zwei von ihnen mögen hier bleiben.
Aca yapu-ja mainissanquihua.	Dieses Gut gehört einem von uns.
Allojanissa 'hani ťachunipjta-ti.	Viele von uns haben kein Viehfutter.

Vom Zeitwort.

Indikativ.

§ 250. Das Präsens wird oft für das Präteritum gebraucht wie im Keshua. Ferner gleichen sich beide Sprachen darin, dafs sie keine besondere Konjugationsform für das Imperfektum bilden und diesen Mangel auf dieselbe Weise ersetzen. Wie in dem Kapitel von der Wortbildung bemerkt wurde, drückt die in ein primitives oder zusammengesetztes Zeitwort eingeschaltete Partikel -*sca* aus, dafs die Thätigkeit des Verbums eine andauernde ist; z. B. *iquiña*, schlafen, bedeutet nach Verbindung mit -*sca*: *iqui-scaña*, sich im schlafenden Zustande befinden; *luraña*, machen; *lura-scaña*, mit etwas beschäftigt sein. Wird also von diesen Zeitwörtern das Perfektum gebildet, so hat es die Bedeutung des Imperfektums, der nicht abgeschlossenen Handlung:

iqui-scaaťa, ich befand mich schlafend.

lur·scaaťa, ich war beschäftigt.

Nach Bertonio (Gram. p. 301) ist die Partikel -*sca* aus -*si* und -*ca* zusammengesetzt und die letztere bedeutet für sich allein schon eine längere Dauer der Handlung. Bertonio warnt vor der Verwechselung der Partikeln *ca* und *kha*, nach unserer Schreibweise *ť* oder *ja*, welche gewöhnlich mit Zeitwörtern des Tragens, Bringens verbunden werde und anzeige, dafs die Handlung wiederholt werden solle. Von den Aimaristen, die der Verfasser über diesen Punkt befragte, erhielt er den Bescheid, dafs bei den von Bertonio p. 270 angeführten Beispielen die Partikel *ca* wie *ja* ausgesprochen und dabei der Endvokal des Verbalstammes synkopiert werde, also statt

manťacataña, jetzt *manť·jaña*,

statt *iquicataña iqu·jaña*,

statt *misacataña misjaña* gesagt werde.

Wenn die Partikel -*sca* wirklich, wie Bertonio annimmt, aus -*si* und -*ca* gebildet worden ist, so würde dies beweisen, dafs das Keshua dieselbe dem Aimarà entlehnt hat, denn in der Inka-Sprache giebt es keine Verbalpartikel -*si*.

§ 251. Auch für das Plusquamperfektum bildet das Aimarà keine besondere Form, ist also hier ärmer als das Keshua. Soll die längstvergangene Zeit ausgedrückt werden, so muſs es durch das Perfektum mit Vorsetzung der Partikel *ña* (schon, bereits) oder *naira* (vorher, früher) geschehen. Dagegen besitzt das Aimarà ein zweites Futurum. Das gewöhnliche Futurum des Zeitwortes *luraña*, machen, lautet: *Naya lurā (lurāhā) 'hum· lurāta (lurāhata) 'hup· lurani*. Das zweite Futurum wird mit der Partikel *-chi* gebildet:

Naya lur·chi, ich werde machen, könnte wohl machen.
'Huma lur·chita
'Hupa lur·chini
'Hihuassa lur·chiñani
'Humanaca lura·pjchita
'Hupanaca lur·chini.

Die Partikel *-chi* drückt einen Zweifel, eine Vermutung aus, daher *naa lur·chi* eigentlich bedeutet: ich thue es vielleicht, möchte es wohl thun. Wie sich aus den Beispielen in Bertonios Grammatik entnehmen läſst, wurde *-chi* anfangs in die Formen des gewöhnlichen Futurums eingeschaltet. Man sagte also: *lura-chi-'hā, lurachi'hata, lurachini*. Später wurden die Endungen abgestoſsen oder zusammengezogen und die Wurzel synkopiert.

§ 252. Im Aimarà fehlen Zeitwörter, welche „versprechen, beschlieſsen, sich vornehmen" bedeuten, und dieser Mangel wird ausgeglichen durch die Verbindung der ersten Person des Futurums mit dem Zeitwort *saña*, sagen: *lurā 'hist·hua*, oder *lurā sasin sta*, ich werde es thun, sage ich, d. h. ich verspreche zu thun; *churā 'hisma*, ich verspreche es dir zu geben; *sarā sat·hua*, ich habe beschlossen zu reisen; *chura* (oder auch *churam*) *sita*, versprich mir, es mir zu geben.

§ 253. Wegen der fast bei allen Verbalstämmen zur Anwendung gebrachten Synkope zeigen die Konjugationsformen des Aimarà keineswegs die einfache Regelmäſsigkeit, welche das Keshua auszeichnet und sind daher weniger leicht zu handhaben. Um den Leser mit diesen Formen einigermaſsen vertraut zu machen, lassen wir ein aus verschiedenen Zeitwörtern zusammengesetztes Paradigma folgen.

Präsens.

Manta-ña, eintreten.   *Naya mant·ta*, oder *mant·t·hua*
Misłu-ña, hinausgehen.   *'Huma misłta*
Utjaña, sich setzen.   *'Hupa utji*
'Hacaña, leben.   *'Hihuassa 'hac·tan*
Puriña, ankommen.   *'Humanaca purip·jta*
Iquiña, schlafen.   *Takehua iquipje*, alle schlafen.

Präteritum.

Luraña, machen.	Naya luraata, lurayata
Mankaña, essen.	Huma mankata
Umaña, trinken.	Hupa umana
Uñtaña, sehen.	Hihuassa uñtana
Isapaña, hören.	Humanaca ispap·jata
Irnacaña, arbeiten.	Alloj· irnacp·jana.

Futurum.

Hutaña, kommen.	Naya hutä
Saraña, gehen.	Huma saräta
Keparaña, bleiben.	Hupa keparani
Cusisiña, sich freuen.	Hihuassa cusisiñani
Hachaña, weinen.	Humanaca hachap·jata
Quichusiña, bereuen.	Yakepa quichusip·jani.

Vom Konjunktiv.

§ 254. Der Konjunktiv kommt in Konditionalsätzen zur Anwendung und drückt die Bedingung aus, unter welcher etwas geschehen soll, wenn die Erfüllung dieser Bedingung als wahrscheinlich oder möglich gedacht wird. Bedingungen, welche etwas Unmögliches annehmen oder deren Verwirklichung nicht vorausgesetzt wird, werden durch Optativ oder Konditional ausgedrückt. Der Konjunktiv steht nur in solchen Konditionalsätzen, deren Vorder- und Nachsatz von verschiedenen Subjekten regiert werden; ist dagegen das Subjekt in beiden Sätzen dasselbe, so muſs das Gerundium gesetzt werden. Die Formen des Konjunktivs für die ersten beiden Personen, also von *churaña churjana (churihana)* und *churmana (churimana)*, werden nur selten benutzt und durch die Form der dritten Person, *churipana*, ersetzt, welche somit in allen Fällen die beiden anderen vertreten kann. Dasselbe gilt auch für den Plural *churap·jpana*. Da nun das Gerundium, *churasina*, ebenfalls pluralisiert werden kann, indem zwischen Stamm und Endung die Pluralsilbe *pja (piska)* eingeschaltet wird, *churap·jasin*, so ergiebt sich daraus, daſs im Grunde Konjunktiv und Gerundium gleichartige Formen sind.

Naya-j· aca lur·jana ucaja, hum· kapisiüta.	Wenn ich es thue, so wirst du zürnen.
Hilaña hutipan· ucaja, uñascam· sama.	Wenn mein Bruder kommt, so sage ihm, er solle warten.

Aca huajcha huarmiro 'hani 'kuya-payap'jpan· ucaja, mankat· 'hihuani.	Wenn man sich dieser armen Frau nicht erbarmt, so wird sie Hungers sterben.

Vom Optativ.

§ 255. 1) Dieser Modus verdient in der That seinen Namen, da seine Formen ohne weitere Zusätze, wie z. B. in unserer Sprache, „o wenn doch, ich möchte", den Wunsch ausdrücken. Die erste Person des Singulars wird selten gebraucht.

Mutuyasma uc· tuji yacana!	Wenn du doch den widerspenstigen Jungen züchtigtest!
'Hihuaspa aca anocara!	Möchte der Hund krepieren!
Supayu apaspa aca huati samca!	Hole der Teufel den Bösewicht!

Ebenso wird auch der Optativ des Präteritums gebraucht:

Nayaj· satana uc·pacha!	Hätte ich es doch damals gesagt!
'Huma iyausasamana!	Hättest du es nur geglaubt!
'Hupa catusapana!	Hätte er es doch genommen!
'Hihuassa 'harkap·jasana!	Hätten wir ihn doch zurückgehalten!
Maininaca-ja arcap·jasapana!	Wären die übrigen doch gefolgt!

§ 256. 2) Der Optativ steht in Konditionalsätzen, wenn die Bedingung wohl als möglich, aber nicht als wahrscheinlich gedacht wird, oder wenn deren Erfüllung überhaupt unmöglich ist, da sie in der vergangenen Zeit hätte stattfinden müssen. Das Zeitwort des Nachsatzes steht je nach dem Sinne im Indikativ, Imperativ, Optativ oder Konditional und wird durch die Partikel *ucaja* eingeleitet.

Cullacaha mistusp· ucaja, t'ant· apanipa.	Im Falle meine Schwester ausgeht, soll sie Brot mitbringen.
Usuriti naira kollayasisapan· ucaja, 'kespisapana oder *'hacasapan·hua.*	Wenn der Kranke beizeiten sich hätte behandeln lassen, so wäre er gerettet worden (oder, er würde gelebt haben).

Ist der Vordersatz, der die Bedingung enthält, negativ, so steht bloſs *'hani* und die sonst an das Zeitwort angehängte Negativpartikel *-ti* fällt weg.

Culacaha 'hani mistuspa ucaja, memillan· t'anta apaniyapa.	Wenn meine Schwester nicht ausgeht, so soll sie von einer Magd Brot holen lassen.

Das Weitere über die Konditionalsätze findet sich im zweiten Teile der Syntax.

§ 257. 3) In Konzessivsätzen, in welchen etwas Mögliches oder auch Unmögliches eingeräumt wird, und die im Deutschen mit den Worten „wenn auch" eingeführt werden, steht der Optativ und wird dann mit der Partikel *-sa* verbunden, oder diese Partikel wird an ein anderes Wort des Satzes angefügt. Der Optativ steht in der Regel nur, wenn Vorder- und Nachsatz von verschiedenen Subjekten regiert werden, bei gleichen Subjekten wird das Gerundium gesetzt.

Hilaquiquiʼha-sa sitasapana ucasa, ʼhanihua iyasiriscat·ti.	Auch wenn mein eigener Bruder es mir gesagt hätte, so würde ich es nicht geglaubt haben.
Suma uru cancaspa ucasa, ʼhani ʼhichuru kotatoke sarquirist·ti.	Auch wenn das Wasser schön wäre, würde ich heute nicht auf dem See fahren.

§ 258. Eine Warnung drückt der Optativ aus, welcher auf das Adverbium *pajta* folgt:

pajta tinquisma, dafs du nicht fällst, hüte dich zu fallen.

Pajta scheint gegenwärtig aufser Gebrauch gekommen zu sein und der Optativ allein genügt, die Warnung auszudrücken: *tinquisma*, du möchtest fallen:

usurispa, wenn er nur nicht krank wird.

Die negative Fassung dieser deutschen Wendung, welche eigentlich ein Konditionalsatz ist, bei dem der Nachsatz: „dann ist es gut", fehlt, darf im Aimarà nicht angewendet werden, denn *ʼhani usurispa* würde bedeuten: er hüte sich gesund zu bleiben.

Vom Konditional.

§ 259. Dieser Modus kommt im Nachsatz der Bedingungssätze zur Anwendung, in welchen ausgesagt wird, was geschehen sein würde, wenn die im Vordersatz ausgedrückten möglichen oder unmöglichen Bedingungen erfüllt worden wären. Der Konditional bildet wie der Optativ zwei Formen, für die gegenwärtige oder künftige und die vergangene Zeit. Im ganzen wird dieser Modus nicht häufig gebraucht, da er durch den Optativ ersetzt werden kann und dieser ihm oft vorgezogen wird.

Dagegen kann aber auch der Konditional zuweilen die Bedingung ausdrücken.

Naya iquirista sinti sumapini.	Ich würde sehr schön schlafen.
Nau misturist·hua, puncoti 'histarataspa ucaja.	Ich würde ausgehen, wenn die Thür offen wäre.
'Hihuassa-ja uñsnahua (Opt.) *purispa-ja.*	Wir sähen ihn, wenn er käme.
'Hihuassa-ja uñap·jeriscata (Kondit.) *purisapan· ucaja.*	Wir würden ihn gesehen haben, wenn er gekommen wäre.

Vom Imperativ.

§ 260. Durch den Imperativ mit dem Zeitwort *saña*, sagen, können die Verben „befehlen, ermahnen, zuraten, bitten" ausgedrückt werden. *Luram 'histitu* kann bedeuten: er befahl mir, riet mir, ermahnte mich, bat mich, es zu thun, je nach dem Sinn des Satzes; *'hani luram·ti 'histitu* besagt das Gegenteil.

§ 261. Verbunden mit dem Gerundium desselben Zeitwortes drückt der Imperativ aus, dafs es dem Subjekt frei steht zu thun, was das Verbum besagt, oder nicht. Beim Gerundium wird dabei nicht die Endung auf *sina*, sondern auf *sa* benutzt und synkopiert.

luras. luram, wörtlich: thuend thue es, d. h. wenn du es thun kannst oder willst, so magst du es thun.

iquis· iquipa, wenn er will, so mag er schlafen.

§ 262. Bei den Zeitwörtern, welche befehlen, anraten, ermahnen, verurteilen bedeuten: *camachiña, irjaña, patjaña, eujaña, saña*, wird das, was befohlen, angeraten, oder zu was einer verurteilt worden ist, in den Imperativ gesetzt.

'hihuapa sata, zum Tode verurteilt.

'hankaqui saram camachito, er befahl mir sogleich zu gehen.

'hani luram·ti 'huparo eujana, er ermahnte ihn es nicht zu thun.

Vom unbestimmten indefiniten Modus.

§ 263. Der unbestimmte Modus stellt die Thätigkeit des Zeitwortes in abstrakter Weise ohne Berücksichtigung der Personen dar, und zwar auf dreierlei Weise:

1) in substantivischer Form, als Infinitiv im engeren Sinne,
2) in adjektivischer Form, als Participium,
3) in adverbialer Form, als Gerundium.

Erster Abschnitt. Syntax der einzelnen Redeteile.

Vom Infinitiv.

§ 264. Man unterscheidet einen Infinitiv der gegenwärtigen, vergangenen und zukünftigen Zeit, doch verfügt das Aimarà zum Ausdruck derselben nur über zwei Endungen -ña und -ta. Die Endung -ña bezieht sich je nach dem regierenden Zeitworte und dem Sinne des Satzes auf die Gegenwart oder Zukunft, also bedeutet:

luraña, machen und machen werden.
churaña, geben und geben werden.

Die Endung -ña dient aufserdem noch zur Bildung eines passiven Participium des Futurums, wovon später gehandelt wird.

Die Endung -ta kann den Infinitiv der vergangenen Zeit ausdrücken, sowie auch das Participium, welches bei intransitiven Zeitwörtern aktive, bei transitiven passive Bedeutung hat. Demnach also bedeutet:

lurata, gemacht haben oder gemacht.
churata, gegeben haben oder gegeben.
purita, angekommen sein.
iquita, geschlafen haben.

§ 265. Alle Infinitive werden als Substantive behandelt, nehmen Possessivendungen an und werden dekliniert:

*lurañaha, lurañama, lurañapa, lurañassa,
lurataha, luratama, luratapa, luratassa.*

purita-ha, -ma, -pa, -ssa, meine, deine, seine, unsere Ankunft.
puritaha-na, bei meiner Ankunft.
puritama-na, bei deiner Ankunft.
puritapa-na, bei seiner Ankunft.
puritassa-na, bei unserer Ankunft.
puritaha-ro, zu meiner Ankunft.
puritaha-ta, seit meiner Ankunft.
puritaha-cama, bis zu meiner Ankunft.
puritaha-laicu, wegen meiner Ankunft.

§ 266. Ob die mit -ña gebildeten Infinitive die gegenwärtige oder zukünftige Zeit ausdrücken, hängt von dem regierenden Zeitworte ab. So bedeutet:

luraña mun·t·hua, ich will arbeiten.
'hachañapa isap·ta, du hörst ihn weinen.

Dagegen haben von anderen Zeitwörtern regierte Infinitive Futurbedeutung:

'hutañama yat·hua, ich erfahre, weiſs, daſs du kommst, kommen wirst.
lurañapa isap·t·hua, ich höre, daſs er es thun will.

Dasselbe gilt von anderen Zeitwörtern, die eine Wahrnehmung, Vermutung, Befürchtung ausdrücken. Soll in solchen Fällen hervorgehoben werden, daſs nicht die zukünftige, sondern die gegenwärtige Handlung des Verbums gemeint ist, so wird dies durch Einschaltung der Partikel -sca in dasselbe angezeigt:

lurascañapa isap·t·hua, ich höre, daſs er im Begriff ist, es zu thun.
puriscañama yat·hua, ich weiſs, daſs du eben ankommst.

§ 267. Der Infinitiv wird im Aimarà, wie auch im Keshua weit mehr gebraucht als in den europäischen Sprachen. Da eine unserem „daſs" entsprechende Konjunktion fehlt, so werden die im Deutschen durch diese eingeführten Nebensätze durch Infinitiv- oder Participialkonstruktionen wiedergegeben. Ausgenommen sind die Fälle, in welchen der von „daſs" regierte Nebensatz die Worte oder Meinungsäuſserung eines Dritten enthält, wovon später gehandelt wird.

Wird im Deutschen das Komplement eines Zeitwortes durch ein anderes Zeitwort ausgedrückt, so geschieht dies entweder vermittelst eines durch „daſs" mit dem Hauptsatz verbundenen Nebensatzes oder durch einen Relativsatz, oder durch einen Infinitiv mit oder ohne Präposition. Diese letztere Ausdrucksweise wird im Aimarà auch zur Wiedergabe der deutschen Nebensätze benutzt.

luraña munt·hua, ich will arbeiten.
lurañama munt·hua, ich will, daſs du arbeitest.
munañapa oder munatapa munt·hua, ich will, was er will.

Die im letzten Beispiel enthaltene Form munata kann sowohl als Infinitiv des Perfektums oder als Participium aufgefaſst werden: ich will das von ihm gewollte.

'Hichuru luraña kall·ta.	Heute fange ich an zu arbeiten.
Yat·hua 'hupan· acancatapa.	Ich weiſs, daſs er hier ist.
'Hum· 'hanihua yatiña munta-ti.	Du willst nicht lernen.
Mankañ·ti mun·ta, 'hanija umañ·cha mun·ta?	Willst du essen oder trinken?
Mankañ·ch· umañ·ch· munta?	Dasselbe.
Marcaro mantasin· huaruruña irp·tan.	Als wir in den Ort kamen, hörten wir singen.

Erster Abschnitt. Syntax der einzelnen Redeteile.

Huasaip̃u huainanacan· tokoña uñj·tan.	Gestern Abend sahen wir die jungen Leute tanzen.
Is·paata 'hilahana puriñapa.	Ich hörte, daſs mein Bruder kommen werde.
Amtasit·hua 'human· suyatama.	Ich erinnerte mich, daſs du mich erwartetest.
'Hani armasim·ti kellkaña.	Vergiſs nicht zu schreiben.
Huassuruhua yat·la auquiman· 'hihuatapa.	Gestern erfuhr ich, daſs dein Vater gestorben sei.
'Haniu· amtast·ti sataha.	Ich entsinne mich nicht, es gesagt zu haben.
Puncu 'hiskataha unanchaata, ucat·pi sap·jetana 'hisfarata 'haitataha.	Ich glaubte, ich habe die Thür verschlossen, allein man sagte mir, ich habe sie offen gelassen.
'Hani unanchcam·ti 'hupan· luratap·ja.	Glaube nicht, daſs er es gethan hat.
'Hilahaja amtasihua kollkepa utapan· 'haitasitapa.	Meinem Bruder fiel ein, daſs er sein Geld zu Hause gelassen habe.

Infinitiv des Futurums.

Yapuni unanchasihua 'hichaip̃u 'halluña-ja.	Der Bauer glaubt, daſs es heute Abend regnen werde.
'Hilahana karuru puriñap· suit·la.	Ich hoffe, daſs mein Bruder morgen kommen wird.
Sapjeto, 'kepa uruna larihan utapana tokoña utjañapa.	Man sagte mir, am folgenden Tage solle ein Tanz im Hause meines Onkels stattfinden.
Huassuru suyat·hua 'haip̃u tokeru nayaru uñantiri 'hutañama.	Gestern hoffte ich, du würdest abends kommen, mich zu besuchen.

§ 268. In den obigen Beispielen ist der Infinitiv direktes Komplement transitiver Zeitwörter und steht daher im Accusativ. Er kann aber auch in andere Kasus treten, entweder als Komplement intransitiver oder reflexiver Zeitwörter, oder als indirektes Komplement der transitiven.

Im Dativ steht der Infinitiv, wenn er den Zweck der durch das regierende Zeitwort ausgesagten Thätigkeit ausdrückt.

'Hutap·jan·hua uta uñañataqui.	Sie kommen, um das Haus anzusehen.
'Hupa-ja utat· misluna 'hani nayaru aruntañataqui.	Er ging aus dem Hause, um mich nicht zu begrüſsen.

Hupa-j hantacu-jaru uljatatasihua samarañataqui.	Er setzte sich auf die Bank, um auszuruhen.

§ 269. Der Dativ des Infinitivs steht auch als Komplement von Adjektiven, welche besagen, daſs etwas gut, passend, nützlich oder nachteilig ist.

Aca achu-ja sumahua mankañataqui.	Diese Frucht ist gut zu essen.
Yanapiri-ja suti chamaninhua kepi aptañataqui.	Der Knecht hatte Kräfte genug, um den Ballen aufzuheben.

§ 270. Auch der Ablativ und Kausal kommt nicht selten zur Anwendung.

Hake hihuayatapataico hihuapa satataina; oder auch *hihuañaro irjatataina.*	Weil er einen Menschen ermordet hatte, wurde er zum Tode verurteilt.
Machatapat tinquinacana.	Weil er betrunken war, fiel er.
Ancha sarnacañahata carijito.	Vom vielen Umhergehen bin ich müde geworden.

Von den Participien.

§ 271. Von den adjektivischen Formen des Infinitivs bildet das Aimarà vier Formen, das aktive Participium der gegenwärtigen Zeit mit der Endung *-ri,* zwei Participien der vergangenen Zeit mit den Endungen *-ta* und *-hui,* und ein mit dem Infinitiv gleichlautendes Participium des Futurums mit der Endung *-ña.*

Vom Participium activum.

Soll sich dieses Participium auf eine andere Zeit als die Gegenwart beziehen, so muſs dies durch Vorsetzung von Adverbien (*ña* und *hanira*) angezeigt werden.

ña sariri, schon gehend, oder schon gegangen seiend.
hanira sariri, noch nicht gehend, aber gehen werdend.

§ 272. In Verbindung mit dem Verbum *cancaña,* oder blofs mit dessen Endungen bedeutet es, gewohnheitsmäſsig das zu thun, was das Zeitwort besagt:

alaña, kaufen; *aliri,* kaufend, einer der kauft.
al'jaña, verkaufen; *aljiri,* einer der verkauft.
aliri cancata, ich bin kaufend, pflege zu kaufen.

Erster Abschnitt. Syntax der einzelnen Redeteile.

Durch Synkopierung des Zeitwortes *cancaña* **entstehen die folgenden Formen:**

Naya aliri-ta oder *aliri-t'hua*, ich pflege zu kaufen.
Huma aliri-ta, alir·ta
Hupa aliri-hua
Hihuassa aliri-pj·t'hua, alirpjt'hua
Humanaca aliri-pjta, alirpjta
Hupanaca aliri-pje, alirpje.

Die Pluralkonsonanten *pj* (die synkopierte Silbe *piska*) **können aber auch zwischen den Verbalstamm** *ala* **und die Endung** -*ri* **eingeschaltet werden, und die Formen lauten dann wie folgt:**

Alte Formen:	Gegenwärtige Formen:
ala-piska-ritana	*ala-pj-iritana*
ala-piska-rita	*ala-pj-irita*
ala-pisqui-ri.	*ala-pj-iri.*

Hihuassa iquintasirpjt'hua inti halantata.	Wir sind gewohnt, uns nach Sonnenuntergang schlafen zu legen.
Auqui'ha-ja inti 'halsumpi sartirihua.	Mein Vater pflegt mit Sonnenaufgang aufzustehen.

§ 273. **Bei Zeitwörtern der Bewegung wie** *'hutaña*, kommen; *puriña*, ankommen; *mistuña*, ausgehen; *mantaña*, eintreten, **wird die Absicht, der Zweck, den man beim Ausführen der Handlung hat, durch das aktive Participium ausgedrückt.**

uñiri 'hut·hua, ich komme als ein Sehender, d. h. um zu sehen.
takiri mistuna, er ging aus um zu suchen (ihn, sie, es).
cuns· acan· mun·ta-ti? was willst du hier?
luntatiri 'huta-ti? kommst du, um zu stehlen?

Im Plural bleibt das Participium unverändert:

uñiri 'hut·tan, wir kommen, um zu sehen.

Bezieht sich die Handlung des Participiums auf die erste und zweite Person, so wird dies durch kombinierte Formen des regierenden Zeitwortes ausgedrückt:

uñiri 'hut·sma, ich komme, um dich zu sehen, zu besuchen.
uñiri 'hutista, du kommst, um mich zu sehen.
uñiri 'hutito, er kommt, um mich zu sehen.

In diesem Punkte weicht der Sprachgebrauch im Aimarà vom Keshua ab; denn in der letzteren Sprache werden diese Verhältnisse durch Anfügung von Possessivpartikeln an das Participium ausgedrückt:

ñoka ricuj-ñiyqui hamuni, ich komme dich zu sehen.
kan ricuj-ñiy hamunqui, du kommst mich zu sehen.

Die alten Grammatiker haben das aktive Participium in den eben besprochenen Fällen als Supinum bezeichnet, da im Lateinischen unter gleichen Umständen das auf *-um* endigende Supinum gebraucht wird.

Von den passiven Participien.

§ 274. Die passiven Participien, deren eines auf *-ta*, das zweite auf *-hui* endigt, haben zwar gleichen Sinn, doch wird je nach manchen Verhältnissen bald dem einen, bald dem anderen der Vorzug gegeben. Bei der passiven Konjugation bedient man sich gewöhnlich des Participiums auf *-ta:*

alisnacata canc·t·hua, ich werde verfolgt.

Sollen jedoch transitive Formen gebildet werden, so tritt gewöhnlich die Form auf *-hui* an die Stelle der auf *-ta*.

alisnacahuima canc·t·hua, ich werde von dir verfolgt.
alisnacahuipa canqui, er wird von ihm verfolgt.

Statt dieser nicht gebräuchlichen Formen, die hier nur der Deutlichkeit halber angeführt sind, werden die synkopierten benutzt:

alisnacahuipat·hua, ich werde von ihm verfolgt.
arc·nacatahuip·ta, du wirst von ihm verfolgt.

In dem Kapitel über die Wortbildung wurde bereits bemerkt, daſs durch die Participialendung *-hui* Substantive gebildet werden, welche den Ort bezeichnen, an welchem die Handlung des Zeitwortes stattfindet.

§ 275. Das passive Participium des Futurums ist gleichlautend mit dem aktiven Infinitiv. Genau genommen läſst sich dasselbe nicht als ein Participium im gewöhnlichen Sinne bezeichnen, denn z. B. *luraña* oder *churaña* bedeutet nicht etwas, was gemacht oder gegeben werden wird, sondern gemacht oder gegeben werden soll, zu machen, zu geben ist. Die handelnde Person steht dabei im Genitiv und das Vorhandensein dieses Kasus ist oft das einzige Zeichen, durch welches der grammatikalische Charakter der in Rede stehenden Formen zu entscheiden ist, ob es sich nämlich dabei um einen aktiven Infinitiv oder ein passives Participium handelt. Die Vorschriften des Katechismus liefern hierzu Belege.

Iyausaña aronaca acahua, die Glaubensartikel, oder wörtlich: die Gebote, welche geglaubt werden müssen, sind folgende. In diesem Falle ist *iyausaña* und durch Beifügung eines Genitivs würde der passive Charakter desselben noch deutlicher: *'hakenacan· iyausaña aronaca*, die Worte, die von den Menschen geglaubt oder befolgt werden müssen. Anstatt *'hakenacan·* kann bei der Anrede *'humanacan·* oder *'human·* gesetzt werden.

In der Fassung der zehn Gebote kann die Form des Zeitwortes entweder als Infinitiv oder als Participium gedeutet werden:

Pusi arun· sihua: auquima taikam·sa yupaichaña.	Im vierten Gebote sagt er, dein Vater und deine Mutter sollen geehrt werden.

Yupaichaña kann dabei passivisch oder aktivisch gedacht werden, denn entweder bedeutet das Wort etwas, was verehrt werden soll, oder es ist aktiver Imperativ, welcher als Imperativ gebraucht wird, wie es ja auch im Deutschen geschieht, wenn der Befehl etwas barsch ausgesprochen wird. Das Italienische drückt ja den negativen Imperativ stets durch den Infinitiv aus. In anderen Geboten kann die Form des Zeitwortes nur als Infinitiv aufgefaßt werden.

Piska arun· sihua, 'hani 'hihuayaña.	Im fünften Gebot sagt er: nicht töten.
Pakallko arun· sihua, 'hani luntataña.	Im siebenten Gebot sagt er: nicht stehlen.

§ 276. Die Participien des Futurums können Possessivpartikel annehmen und dekliniert werden:

Maa uta 'human· lurañamahua.	Du mußt dir ein Haus bauen.
Yoka-ja tatapan· yatichiñapahua.	Der Sohn muß von seinem Vater unterrichtet werden.
Uca-ja naru uñachayañapahua.	Das muß er mir zeigen (wörtlich: das muß mir von ihm gezeigt werden).
'Hakenaca tatan· yatichañapahua.	Die Indianer müssen vom Priester belehrt werden.

Von den passiven Participialformen mit aktiver Bedeutung.

§ 277. Die eben besprochenen Formen können auch aus intransitiven Zeitwörtern gebildet werden und haben dann aktiven Sinn, also von ʼhutaña, kommen; mantaña, eintreten; misťuña, ausgehen; puriña, ankommen; iquiña, schlafen; ʼhihuaña, sterben, werden die Participien ʼhutata, mantata, misťuta, purita, iquita, ʼhihuata gebraucht und mit dem synkopierten Verbum substantivum verbunden. Als Participien nehmen diese dann keine Possessivendungen an, geschieht dies, so müssen sie als Infinitive aufgefafst werden:

ʼhutata-ʼha, ʼhutatama, ʼhutatapa, meine, deine, seine Ankunft.

Auch das Participium des Futurums (der Infinitiv) kann bei intransitiven Zeitwörtern passiv konstruiert werden:

utamaru sarañamahua, du mufst nach Hause gehen.
acaťʼhayastañapahua, er mufs sich von hier entfernen.

Im Deutschen werden zuweilen ähnliche Redewendungen gebraucht: es mufs gegangen, geschlafen werden.

Vom Gerundium.

§ 278. Die adverbiale Form des Infinitivs hat zwei Endungen, auf -sina und -sa. Beide sind gleichbedeutend, doch wird die erstere öfter gebraucht und gewöhnlich synkopiert: lurasinʼ, machend, beim Thun: churasinʼ, gebend; iquisinʼ, schlafend, im Schlaf. Das Gerundium bleibt in der Regel unverändert, nimmt auch keine Possessivpartikel an, wie dies im Keshua der Fall ist, doch kann ihm, wenn das Subjekt in der Mehrzahl steht, die synkopierte Pluralpartikel piska eingeschaltet werden:

lura-pj-asin, chura-pj-asin, iqui-pj-asin.

§ 279. Das Gerundium ist dem Konjunktiv nahe verwandt und steht in den Konditionalsätzen, in welchen dieser zur Anwendung zu kommen pflegt, stets da, wo Vorder- und Nachsatz von demselben Subjekte regiert werden:

Taquina ancha ʼhayapachasinʼ uta-ʼhan puncupa ʼhisťantata ʼhekatātaʼ (oder ʼhakitāta).	Wenn du dich auf dem Wege zu lange aufhältst, so wirst du die Thür meines Hauses verschlossen finden.
Urumpi cutinisin nayampi mankachīta.	Wenn du bei Tage zurückkommst, kannst du mit mir essen.
Taquita sarahuactasinʼ chactapjañani.	Wenn wir uns vom Wege entfernen, werden wir uns verirren.

§ 280. Das Gerundium steht in Nebensätzen, welche eine Zeitbestimmung enthalten.

Inti ḣalsusin· urpu cḣeketayana.	Als die Sonne aufging, verscheuchte sie den Nebel.
Hallu mir·tasin· uraque ap·quipatana.	Als der Regen zunahm, riſs er das Land fort.
Kellkahuitam· catucasin· ḣamḳaqui aro apaajsmana.	Als ich deinen Brief empfing, schickte ich dir sogleich Antwort.

§ 281. In Nebensätzen, welche den Grund, die Ursache, die Gelegenheit dessen enthalten, was der Hauptsatz aussagt, wird dies bei Gleichheit der Subjekte durch das Gerundium ausgedrückt.

Acan·casin·-ja ḣumampi manḳeri ḳeparā.	Da ich hier bin, werde ich bleiben, um mit dir zu speisen.
Utani-ja ḣihua iquisin· luntatanacan· mantat·pa ḣani isapanahua.	Da der Hausherr fest schlief, so hörte er den Einbruch der Diebe nicht.

§ 282. Auch wenn ein Nebensatz eine Einräumung, einen erschwerenden Umstand ausdrückt, so geschieht dies bei Gleichheit der Subjekte durch das Gerundium, an welches in diesem Falle die Partikel *-sa* angefügt wird.

Yokalla-ja ancha sarasin·sa ḣani cacharo-ja ḣac·jatana.	So schnell der Junge ging, holte er den Boten nicht ein.
Ḳaucas· ḳaucasin·sa pisihua, oder: *ḣani ḣuḳataquiqui-ti.*	Soviel es auch ist, so ist es zu wenig, oder: so ist es nicht hinreichend.

Wenn jedoch der Nebensatz nicht vom gleichen Subjekte regiert wird, wie der Hauptsatz, so muſs der Konjunktiv stehen:

Ancha arus·man·sa, ḣani chekahua sirisma-ti.	Soviel du auch sprichst, so kann ich dir doch nicht glauben.

Von der Konjugation mit Einschluſs des pronominalen Objekts.

§ 283. Die Formen der kombinierten Konjugation sind im Aimarà weniger regelmäſsig gebildet und auch nicht so vollständig wie im Keshua. Bei den Participien, dem Gerundium und dem Infinitiv findet überhaupt kein Einschluſs des pronominalen Objekts statt, die Beziehungen zur ersten und zweiten Person müssen durch Kasus der betreffenden Fürwörter ausgedrückt werden. Beim Infinitiv geschieht dies durch kombinierte Formen des regierenden Zeitwortes, wiewohl auch in diesem Falle oft das Pronomen zu Hilfe genommen wird. So sagt man:

churaña mun·sma, ich will es dir geben.
churaña mun·tam, er will es dir geben.
churaña munista, du willst es mir geben.
churañ· munito, er will es mir geben.

Aber man kann auch sagen:

'*humaro churaña mun·t·hua*
'*humaro churaña munihua*
naro churaña munta
naro churaña munihua.

§ 284. Wie schon bemerkt, nehmen die Infinitive Possessivendungen an und werden dekliniert.

'*hutaña'ha, -ma, -pa, -ssa*, meine, deine, seine, unsere gegenwärtige oder zukünftige Ankunft.
'*hutata'ha, -ma, -pa, -ssa*, meine, deine, seine, unsere erfolgte Ankunft.

Dasſelbe gilt bei den mit dem Infinitiv gleichlautenden passiven Participien:

churata'ha, -ma, -pa, -ssa, von mir, dir, ihm, uns gegeben.

§ 285. In den kombinierten Formen ist nicht blofs das direkte Komplement des Verbums, also der Accusativ der Pronomina mit einbegriffen, sondern auch das indirekte, durch den Illativ oder Dativ ausgedrückte. In dem Ausdruck: *uñcatita*, sieh mich an, ist der Accusativ des Fürworts *naya* mit enthalten; dagegen in dem Satze: *ťanta churita*, gieb mir Brot, ist das indirekte Komplement *nayaru* mit ausgedrückt. Wird *ťanta* weggelassen, so enthält *churita* zugleich das direkte und indirekte Komplement: Gieb es mir.

§ 286. Die nachstehenden Beispiele erläutern den Gebrauch der kombinierten Formen.

Ťanta loc·tita.	Reich mir das Brot.
Puncu 'hisťarita.	Öffne mir die Thür.
Isťarac·sma (isparac·sma) 'hanisti uñarac·sma-ti.	Ich höre dich, aber ich sehe dich nicht.
Llanc·tayasita.	Lafs mich dich betasten.
K'an·pacha sisma ('hisma) cun·ti munc·ťa uca.	Ich sage dir deutlich was ich will.
Koka kokan· sarnacasca'hana maa asiru achjito.	Als ich im Walde spazierte, bifs mich eine Schlange.

Erster Abschnitt. Syntax der einzelnen Redeteile.

ˊKauquinˑsˑ achjˑtam?	Wo bifs sie dich?
Charaˊharu ˊtiscatito, ˊtusu lipˊichi ˊhatirito.	Sie sprang mir ans Bein und ritzte die Haut der Wade.
Cuna kollˑsa churapˑjtama?	Welches Mittel wendete man bei dir an?
Maya apachihua kollito.	Eine alte Frau verband mich.
Chojrichata paapacha amparampi kapˑtapito.	Sie drückte mir die Wunde mit beiden Händen zusammen.
Ucatˑsa huilaˊha ˊhucharito (chamsuto).	Darauf sog sie mir das Blut aus.
Maa mallquinˑ umanˑ ˊhariquito,	Wusch mich mit dem Saft einer Pflanze,
Chajsuta lapi-ta lastˊjatasito.	und legte zerquetschte Blätter darauf.
Maya aru ˊhiscˑtama.	Ich will dich etwas fragen.
ˊHumˑ kanpacha sitāma.	Du wirst mir klar antworten.
ˊHilaˊha istaraquitamˑhua.	Mein Bruder wird dich auch hören.
Nanaca ˊhakurapita sapˑjama tucuntatamˑ kollketahua.	Wir werden dir Rechenschaft abverlangen (sagen, gieb uns Rechnung) über das von dir ausgegebene Geld.
ˊHum cutiyapˑjetata ˊhanˑ ˊhumanquiri.	Du wirst uns zurückerstatten, was dir nicht gehört.
Maya taripirˑ uñtani.	Ein Richter soll (unsere Sache) untersuchen.
Yokalla, ˊhuntu uma apanirapita.	Bursche, bring mir heifses Wasser.
Korpachiri mankˑ apayanitˑpa.	Der Wirt soll mir zu essen schicken.
ˊIlicˊha iquiri ˊhaitita.	Jetzt lafs mich schlafen.
ˊKaruru huillitatˑta parjˑtayapˑjetpa.	Morgen früh soll man mich wecken.
Acatˑ mistupˑjañani.	Lafst uns von hier aufbrechen.
ˊTaquiru uscusiñani.	Wir wollen uns auf den Weg machen.
Acˑ ˊhahuira ˊhakana kaṫpacha sayatasiñani.	Bei diesem Flusse lafst uns etwas halten.
Umaña churita.	Gebt mir zu trinken.
ˊHilama-ja anchalaqui siriscatam!	Wenn dein Bruder es mir doch beizeiten gesagt hätte!

Utaharu irpahasapana.	Hätte man dich doch nach meinem Hause gebracht.
Chekapacha arusitamana.	Hättest du mir die Wahrheit gesagt.
Churitaspa manupa.	Wenn er mir doch seine Schuld bezahlte.
Apacap·jeristam aptatama.	Nähme man dir doch, was du fortgetragen hast.

Vom Passivum.

§ 287. In der Formenlehre wurde bemerkt, daſs die ursprünglich durch Verbindung des Verbum substantivum *cancaña* mit dem Participium passivum gebildeten Formen fast nie gebraucht und statt derselben nur die Konjugationsendungen angewendet werden. Es entsteht dadurch in der That eine passive Konjugation, welche ganz in derselben Weise in allen Formen durchgeführt wird wie die aktive, von der sie sich nur durch die an den Verbalstamm angefügte Silbe -*ta* unterscheidet:

lura-ña, machen; *lura-ta-ña*, gemacht werden, sein.

Auch in den Formen, in welchen das *a* am Ende des Verbalstamms in *i* umgewandelt wird, erleidet dasselbe in der passiven Konjugation dieselbe Veränderung.

Der Konjunktiv lautet:	*lurati-hana*
	lurati-mana
	lurati-pana
Der Konditional:	*lurati-rista*
Der zweite Konditional:	*lurati-riscata*.

Es ist übrigens zu bemerken, daſs in diesen Formen auch oft das *a* nicht in *i* abgewandelt wird und es erlaubt ist zu sagen: *lurata-hana*, *lurata-rista*, *lurata-riscata*.

Im Präsens wird in der dritten Person des Singulars das *a* immer beibehalten, indem diese Form mit Zuhilfenahme der Füllpartikel -*hua* gebildet wird; sie lautet daher *lurata-hua*, es ist gemacht, niemals *lurati*. Auch ein Participium des Präsens, welches *luratiri* lauten würde, wird nicht gebildet.

§ 288. Das Substantiv, durch welches ein anderes etwas erleidet, steht bei der passiven Konjugation im Genitiv.

Yanapiri-ja yapunin· minkatahua.	Der Arbeiter ist vom Gutsherrn gemietet.

Nanaca ʽhumanacan·ja atipatatan·hua.	Wir sind von euch besiegt.
ʽHum· taken· pacha ajllitatahua.	Du bist von allen gewählt.
ʽHum· taket· pacha ajllitatahua.	Du bist aus allen erwählt.
Alloj· marcan utanacapa-ja nacantap·je, oder *nacantahua.*	Viele Häuser des Dorfes sind verbrannt.
Naya maa anocaran· achjatayat·hua.	Ich wurde von einem Hunde gebissen.
Yokalla yatichiripan· nuatataina.	Der Junge wurde von seinem Lehrer geschlagen.
Nanaca-j· marcamasinacan· aruntataatan·hua.	Wir wurden von den Nachbarn begrüſst.
Saririnaca hual· korpachatap·jatanahua.	Die Reisenden wurden gut beherbergt.
ʽHumanaca alisnucutap·jtahua.	Ihr wurdet zurückgewiesen.

Vom Verbum substantivum *cancaña*.

§ 289. Von der Benutzung dieses Zeitwortes zur Bildung der passiven Konjugation ist bereits wiederholt gehandelt worden. In gleicher Weise, wie bei dieser die Wurzel *canca* weggelassen und nur die Endungen mit dem Participium verbunden werden, verfährt die Sprache auch bei den Adjektiven. Nehmen wir als Beispiel das Eigenschaftswort *camiri*, reich, so erhalten wir aus demselben folgende Formen:

Präsens:	*camirit·hua,* ich bin reich.
	camiri-ta, du bist reich.
	camiri-hua, er ist reich.
	camirip·j·t·hua, wir sind reich.
	camarip·j·ta, ihr seid reich.
	camarip·je, sie sind reich.
Präteritum:	*camiri-yat·hua,* ich war reich.
Futurum:	*camiri-yähua,* ich werde reich sein.
Konjunktiv:	*camiri-ʽhana,* wenn ich reich wäre.
1. Optativ:	*camiri-sna,* ich möchte reich sein.
2. Optativ:	*camari-sana,* ich möchte reich gewesen sein.
1. Konditional:	*camiri-rista,* ich würde reich sein.
2. Konditional:	*camiri-riscata,* ich würde reich gewesen sein.
Gerundium:	*camiri-sina,* als ich reich war.
Infinitiv:	*camiri-ña,* reich sein.

Die Participialendung -*ri* wird nicht selten an Adjektive angefügt, und wenn diese auf *a* endigen, so wird dasselbe in *i* umgelautet: ʼ*hacha*, grofs, ʼ*hachiri*, der grofs Seiende; ʼ*hiska*, klein, ʼ*hiskiri*, der Kleine.

§ 290. Auch der Nominativ der Substantive kann mit Verbalendungen verbunden werden:

naya-j marca maikotʼhua, ich bin Ortsvorsteher.

Doch steht in diesem Falle lieber die volle Form des Verbums:

naya-ja marca maiko cancʼtʼhua.

Dagegen wird es in Verbindung mit den Kasusendungen des Substantivs stets synkopiert.

Bei den Kasus, welche gemeinschaftlich die Endung -*na* haben, dem Genitiv und Lokativ (der Instrumental kommt hier nicht in Betracht), wird von *na* das *a* synkopiert und von der Wurzel *canca* die erste Silbe *can* weggelassen. Es wird also:

naya utana cancaʼa, ich bin zu Hause,

zusammengezogen zu:

naya utanʼcʼthua
ʼ*huma utanʼcʼta*
ʼ*hupa utanʼqui*.

Ebenso können die mit Possessivendungen versehenen Substantive behandelt werden.

naya utamanʼcʼthua, ich bin in deinem Hause.
ʼ*huma utaʼhanʼcʼta*, du bist in meinem Hause.
ʼ*hupa utapanʼqui*, er ist in seinem Hause.
ʼ*humanaca utassanʼcapʼjta*, ihr seid in unserem Hause.
ʼ*hakenaca utassanʼcapʼje*, die Leute sind in unserem Hause.
utanʼcaathua, ich war im Hause.
utanʼcā, ich werde im Hause sein.
utanʼhana, wenn ich im Hause wäre.
utanʼsna, ich möchte im Hause sein.
utanʼsana, ich möchte im Hause gewesen sein.
utanʼcarisʼta, ich würde zu Hause sein.
utanʼcariscaʼta, ich würde zu Hause gewesen sein.
utanʼcasina, als ich zu Hause war.
utan-caña, im Hause sein.
utaʼhanʼcañama, deine Anwesenheit in meinem Hause.
utamanʼcañaʼha, mein Verweilen in deinem Hause.
utapanʼcañassa, unsere Anwesenheit in seinem Hause.

§ 291. Beim Dativ, Ablativ und Sozial fällt die ganze Wurzel *canca* **weg** und es werden nur die Endungen angefügt. Also wird aus

naya łantataqui cancała, ich brauche Brot,
naya łantatac·t·hua
'huma łantatac·ta
hupa łantataqui-hua
łantataquip·jta, wir brauchen Brot.
łantataquip·je, sie brauchen Brot.

Ähnlich verhält sich der Ablativ. Es wird

naya aca marcata cancała, zu

nau ac· marcat·hua, ich bin aus diesem Ort.
'hum· uca marcat·ta, du bist aus jenem Ort.
'hupa 'haya marcat-qui, er ist aus einem fernen Ort.

Der Sozial unterscheidet sich vom Ablativ dadurch, dafs die dritte Person des Präsens wie im Dativ durch *-hua* gebildet wird, nicht durch *-qui*, da die Endungen *-taqui* und *-mpi* in diesem Falle nicht synkopiert werden,

statt *auqui'hampi cancała*
auqui'hampit·hua, ich bin mit meinem Vater.
auquimampita, du bist mit deinem Vater.
auquipampihua, er ist mit seinem Vater.

§ 292. Auch mit Adverbien kann *cancaña* oder dessen Endungen verbunden werden, z. B. mit *'hama, jama*, so oder wie: *'hamaqui*, so ist es.

In einem Gebete heifst es:

Kollana Jesu Cristo, noyaro chura-sista cun·jamactatis.   Erhabener Jesus Christus, du hast dich uns gegeben so wie du bist.

Das Verbum würde ohne Synkopierung lauten: *cuna jamacata-ti-sa*. Die Endpartikel *-sa* gehört zu *cuna: cuna-sa*. Das Verbum ist *jama-ña*; *ca* steht statt *sca*, Partikel, welche die Dauer der Handlung oder eines Zustandes andeutet; *ti* ist Relativpartikel. Aus dem Adverbium *uqui*, so, werden mit Flexionsendungen folgende Formen gebildet:

uqui-pana, da dem so ist; *uqui-sa, uc·-sa*
uqui-spa, wenn es so wäre; *uc·sapa*, so sei es.

Manche Formen der fragenden Fürwörter erklären sich gleichfalls aus den Verbindungen derselben mit Verbalendungen, so *'kauquiri*, Participialform von *'kauca* oder *'kauqui, kitiri* von *'kiti*:

ʼkauquir·s· (ʼkauquirisa) mun·ta, welches willst du?
ʼhacħiri mun·t·hua, ich will das grofse (den grofsen).

Die Partikel *-sa*, welche an alle fragenden Fürwörter angefügt wird: *ʼkiti-sa*, *ʼkauqui-sa*, *cuna-sa*, *camisa-sa*, ist vielleicht aufzufassen als Gerundialendung.

§ 293. Durch die Verbindung des Genitivs mit *cancaña* wird ausgedrückt, dafs das im Genitiv stehende Substantiv etwas besitzt:

aca yapu-ja nayanquihua, dieses Gut gehört mir.
aca utaja ʼhumanqui-ti, gehört das Haus dir?
naya ʼhumanc·t·hua, ich gehöre dir, zu dir.
aca huihuanaca-ja nayancap·je, diese Tiere sind mein.

§ 294. Der Dativ mit dem Verbum substantivum drückt aus, dafs man des besagten Gegenstandes bedarf und dafs er fehlt.

Isitac·t·hua.	Ich habe Kleider nötig.
Sarañap·taqui-ja maa mulataquiraquihua.	Zu seiner Reise brauchte er noch ein Maultier.
Maa utataquip·j·thua.	Wir brauchen ein Haus.

Der Preis einer Sache wird dadurch bezeichnet, dafs man den Dativ desselben mit dem Verbum substantivum verbindet.

Aca maran·ja tonco maya huancara tunca juirataquihua.	Dieses Jahr kostet der Mais zehn Thaler der Scheffel.
Mimara-ja sojta juirataquihua.	Im vergangenen Jahre war er zu sechs Thalern.

§ 295. Die Verbindung des Verbum substantivum mit der besitzanzeigenden Partikel *-ni* ist eine der Wendungen, durch welche das Aimarà das fehlende Zeitwort „haben" ersetzt.

kollke, Geld; *kollkeni*, Geld besitzend.
kollkenit·hua, kollken·t·hua, ich habe Geld.
kollkeni-hua, er hat Geld.

Die Partikel *-ni* kann auch an die Possessivpartikeln angefügt werden.

kollkemanit·hua, kollkeman·t·hua.	Ich habe dein Geld.
Auquipan· take kollkepanihua.	Er hat das ganze Geld seines Vaters.
Nana kollkehanihua.	Er hat mein Geld.

Erster Abschnitt. Syntax der einzelnen Redeteile.

Vom Zeitwort *utjaña*.

§ 296. In früherer Zeit (Bertonio) wurde statt dieses Zeitwortes gewöhnlich 'hucaña oder 'hukaña gesagt, jedoch scheint dies gegenwärtig ganz aufser Gebrauch gekommen zu sein. Es bedeutet dasein, vorhanden sein; weiterhin in sitzendem Zustande sein, wohnen. Die Verbindung dieses Zeitwortes mit Substantiven, an welche Possessivpronomina angefügt sind, ist die am meisten angewendete Weise unsere Zeitwörter „besitzen, haben" auszudrücken. Das Zeitwort *utjaña* steht dabei stets in der dritten Person: *utji*, es ist; *utjana*, es war; *utjani*, es wird sein u. s. w.

tanta'ha utjihua, ich habe Brot (wörtlich: mein Brot ist vorhanden).
tantama utji, du hast Brot.
tantapa utji, er hat Brot.
tantassa utji, wir haben Brot.
'human' ancha suma utama utji, du hast ein sehr schönes Haus.

Stehen die besessenen Gegenstände im Plural, so kann beim Verbum auch der Plural der dritten Person gesetzt werden, oder es kann auch der Singular bleiben.

'Hupan' quimsa cullanacapa utjapje oder *utji*.	Er hat drei Schwestern.
Nayan·alloj· huihuanaca'ha uyu'han· utjihua.	Ich habe viele Tiere auf meinem Hofe.
'Hilamanja naya'hat·sa 'hukampi utjiraquihua.	Dein Bruder hat noch mehr als ich.

Von den Zeitwörtern *huaquisiña* und *yatisiña*.

§ 297. Das Verbum *huaquiña* bedeutet mit jemandem übereinkommen, sich ins Einvernehmen setzen, sich anpassen, gebühren, zugeben. Mit der Partikel -*si* verbunden wird es reflexiv, bedeutet also: sich passen, zuträglich, angemessen sein. In dieser Form wird es mit Infinitiven verbunden, an welche Possessivendungen angefügt sind, und dies ist eine der Wendungen, durch welche im Aimarà die fehlenden Zeitwörter „können, dürfen" ersetzt werden. Wie bei *utjaña*, so steht auch hier das Zeitwort in der dritten Person.

saraña'ha huaquisihua, es ist angemessen, passend, zuträglich, dafs ich gehe; ich darf, kann gehen.
sarañama huaquisi, du darfst gehen.

sarañapa huaquisi, er kann gehen.

'hilahan mistuñapa 'han· huaquisi-ti, mein Bruder kann oder darf nicht ausgehen.

§ 298. In ähnlicher Weise wird auch das Zeitwort *yatisiña* gebraucht. *Yatiña* bedeutet: wissen, verstehen, können. Mit der Partikel *-si* verbunden: sich verstehen, verstanden, gewufst, gekannt werden, an etwas gewohnt sein, sich dabei wohl befinden. In dieser Bedeutung wird auch die Wiederholungspartikel *ja (ka)* zuweilen noch eingeschaltet: *yatijasiña.* Aus der Grundbedeutung der beiden Zeitwörter *huaquiña* und *yatiña* ergiebt sich also, dafs mit *huaquisiña* mehr der Begriff des Passenden, Erlaubten verknüpft ist, mit *yatisiña* der des Imstandeseins, des Vermögens.

Kellkañaha yatisi.	Ich verstehe, kann schreiben.
Aca yokallan· inacaquiñapa 'han· yatisi-ti.	Dieser Junge kann nicht ruhig sein.
Amucañapa han· yatisi-ti.	Er kann nicht schweigen.
Achachinacan· utapan· 'keparañapa yatisihua.	Alte Leute können zu Hause bleiben.

Soll jedoch gesagt werden, dafs alte Leute sich zu Hause wohl fühlen und daher lieber bleiben, so mufs das Zeitwort im Plural stehen.

achachinacaj· utapan· yatisipje, alte Leute behagen sich zu Hause.

Auch kann statt des Lokativs der Illativ gesetzt werden:

utaparu yatisipje, sie sind an ihr Haus gewöhnt.

§ 299. Wird in den Zeitwörtern *huaquisiña* und *yatisiña* die Partikel *a* oder *ya* eingeschaltet, welche andeutet, dafs die Thätigkeit des Verbums befohlen, hervorgerufen oder erlaubt wird, so werden die so gebildeten Zeitwörter *huaquisiyaña* und *yatisiyaña* nicht mehr in der dritten Person gesetzt, sondern je nach dem Sinne des Satzes in allen übrigen Personalendungen.

sarañaha huaquisiyat·hua, ich mache es mir passend oder gestattet zu gehen; ich darf, kann gehen.

kellkañama yatisiyata, du weifst zu schreiben, kannst schreiben.

Wie die Zeitwörter „können, dürfen" durch den Optativ und Konditional ausgedrückt werden, ist in den betreffenden Paragraphen bereits angegeben worden.

Vom Zeitwort ʼhamachaña.

§ 300. Dieses Zeitwort ist zusammengesetzt aus dem Substantiv ʼhama, die Art und Weise, welches zugleich Adverbium ist und als solches „so" bedeutet, und der Verbalpartikel -cha, welche mit Substantiven, Adjektiven und Adverbien Zeitwörter bildet, die besagen, daſs das gethan werden soll, was das Grundwort bedeutet; also: ʼhamachaña, oder nach der gegenwärtigen Aussprache jamachaña, bedeutet: so machen. Weiterhin drückt dieses Zeitwort aus: sich etwas in solcher Weise vorstellen, denken, annehmen, und in dieser Bedeutung wird es zu einer eigentümlichen Redensart benutzt, welche dem Deutschen „es scheint, hat den Anschein" entspricht. Die Konstruktion von ʼhamachaña ist dabei umgekehrt wie bei huaquisiña und yatisiña, denn während bei diesen durch eine unpersönliche Form die im Deutschen persönlichen wiedergegeben werden, so treten bei ʼhamachaña persönliche an die Stelle der deutschen unpersönlichen. Das, was sich jemand vorstellt, steht dabei entweder im Gerundium, wenn die Subjekte der Sätze dieselben sind, oder im Konjunktiv, wenn die Haupt- und Nebensätze von verschiedenen Subjekten regiert werden.

ʼHichaipu ʼhilama ʼhutʼpana ʼhamachʼta-ti?	Scheint es dir, glaubst du, daſs dein Bruder heute Abend kommen wird? wörtlich: stellst du dir es so vor, als ob dein Bruder heute Abend käme?
ʼHanʼ ʼhutapan ʼhamachʼtʼhua.	Es scheint mir, daſs er nicht kommt.
ʼKespisinʼ ʼhamachanʼhua, ucatʼsti catulanʼhua (ʼhuparo catupʼjanʼhua).	Er glaubte, er könne entschlüpfen, aber er wurde gefangen genommen.

§ 301. Sowohl das Gerundium als der Konjunktiv werden dabei synkopiert und bei dem ersteren nicht selten die zweite Silbe des Verbalstammes weggelassen, wie die nachstehenden Beispiele zeigen. So wird

churasiña ʼhamachaẗa, ich glaube gegeben zu haben,

zusammengezogen zu

churasinʼ oder churasʼ oder churʼ ʼhamachʼtʼhua sarʼ ʼhamachʼtʼhua, oder sarʼ jamachʼtʼhua, es scheint, ich gehe.
lurʼ jamachi, es scheint, er thut es.
ʼhisʼ jamachana (sasina, ʼhisina), es scheint, er hat es gesagt.
sarʼ jamachapʼjanhua, es scheint, sie sind weggegangen.

Der Konjunktiv wird in diesen Redensarten zwar auch synkopiert, aber doch nicht in solchem Maſse wie das Gerundium.

ic·pan· jamachayata, es schien mir, daſs er schliefe.
samc·man jamach·t·hua, ich glaube, du träumst.

§ 302. Das Zeitwort *hamachaña* kann je nach dem Sinne des Satzes Formen der kombinierten Konjugation annehmen, das von demselben abhängige Zeitwort jedoch nicht, da weder in dem Gerundium noch im Konjunktiv das pronominale Objekt mit eingeschlossen wird. *Hamachaña* bedeutet in diesem Falle: jemanden für etwas halten, etwas von ihm glauben.

Huiñaya hum· chuimanitaman· hamach·sma.	Immer habe ich dich für verständig gehalten.
Chamanitahan hamachista.	Du hältst mich für kräftig.
Hupa-ja chamahuisahan· hamachito.	Er glaubt, ich sei kraftlos.
Humaro churasin hamach·sma.	Es kommt mir vor, als habe ich es dir gegeben.
Naro churipan· hamach·ta.	Du glaubst, er habe es mir gegeben.
Cun· hamach·tamsa uca sauta-ja?	Wie scheint dir dieses Gewebe?

§ 303. Neben dem Zeitwort *hamachaña* giebt es auch noch andere mit *hama* gebildete Redewendungen, welche ähnliche Bedeutung haben.

Hama-ña, zusammengesetzt aus dem Adverbium mit Konjugationsendungen, bedeutet in Verbindung mit dem aktiven Participium: den Anschein haben, als ob das, was das Particip besagt, geschehen würde.

Aca anocara-ja iquir· jamahua, ullinaquesti.	Der Hund scheint zu schlafen, ist aber wach.
Hallur· jaman·hua, lakampu-sti kanar·t·jan·hua.	Es schien, als wolle es regnen, allein der Himmel klärte sich auf.
Marcan· keparañassa hual·jama huaquisi.	Es schien uns das Beste, im Orte zu bleiben.

§ 304. Die Partikel *ja* allein oder mit Flexionsendungen kann zu ähnlichen Redensarten benutzt werden.

Unanch·ta-ti hilaman· hutañap·ja hichaipu?	Glaubst du, daſs die Ankunft deines Bruders heute Abend wahrscheinlich ist?
Cun·jamach·tam-ti uca sauta-ja?	Wie scheint dir dieses Zeug (Gewebe)?
Kach·jatam-ti, hanichä?	Scheint es dir hübsch, oder nicht?

Erster Abschnitt. Syntax der einzelnen Redeteile.

Vom Zeitwort *saña*, sagen.

§ 305. Dieses Zeitwort, das einzige mit einsilbiger Wurzel, von dessen unregelmäfsigen Formen bereits im ersten Teile gehandelt wurde, hat neben seiner ursprünglichen Bedeutung, sagen, noch mehrere abgeleitete, nämlich: denken, vermuten, sich vornehmen, beschliefsen, versprechen, ernennen, verurteilen. Je nachdem es im Sinne einer dieser Bedeutungen steht, wird es verschieden konstruiert.

§ 306. Es wurde bereits früher erwähnt, dafs das Aimarà für die Zeitwörter, durch welche andere Sprachen ausdrücken, dafs ein Beschlufs, Vorsatz oder Plan gefafst werden soll, kein gleichbedeutendes Wort besitzt. Es ersetzt diesen Mangel durch Verbindung des Verbums *saña* mit der ersten Person des Futurums irgend eines Zeitwortes, welches besagt, was gethan werden soll.

naa lurā 'hist·hua, ich denke, nehme mir vor, fasse den Plan, beschliefse es zu thun.

Auch wenn andere Personen als die erste ihre Entschlüsse oder Vorsätze aussprechen, steht das Futurum in der ersten.

'hum· lurā 'hista, du hast beschlossen es zu thun.
'hupa lurā sihua, er gedenkt es zu thun.

Handelt es sich um mehrere Personen, so kann das Futurum in den Plural treten, oder auch in diesem Falle im Singular bleiben.

'hihuassa lurañani sap·jthua, wir sind entschlossen es zu thun,

oder auch:

'hihuassa lurā sapjthua, dasselbe.

Lurā sata, der Beschlufs, kann mit Possessivendungen verbunden werden: *lurā sata'ha, lurā satama, -pa, -ssa*, mein, dein, sein, unser Beschlufs.

lurā 'saña, ein zu fassender Beschlufs oder Vorsatz.

§ 307. Soll ein Versprechen ausgedrückt werden, so stehen, wenn es sich um die erste oder zweite Person handelt, kombinierte Formen des Verbums *saña*, das Futurum steht zuweilen in kombinierter, öfters jedoch in einfacher Form.

churā 'hisma, ich werde es geben, sage ich dir.
churā sista, ich werde es geben, sagst du mir.
churā sito, ich werde es geben, sagt er mir.

Bezieht sich das Versprechen auf die angeredete Person, so kann das Futurum kombinierte Form annehmen, und behält dann unverändert diejenige, welche das Verhältnis von der ersten zur zweiten Person ausdrückt.

churām· 'hisma, ich will es dir geben, sage ich dir.
churam 'histam, ich will es dir geben, sagt er dir.
churam sista, ich will es dir geben, sagst du mir.
churam sito, ich will es dir geben, sagt er mir.

In derselben Weise werden alle Formen behandelt, wobei überall die Regel gilt, dafs immer das, was gedacht, beschlossen oder versprochen wird, in direkter Weise gesagt werden mufs. Gewöhnlich, und bei längeren Sätzen ohne Ausnahme, wird der gröfseren Deutlichkeit halber und um dem Gesagten mehr Nachdruck zu geben, der kombinierten Form des Verbums *saña* noch das Gerundium *sasina* vorgesetzt.

Auqui'ha maa cahuallu churam sasin· 'histam.	Mein Vater verspricht, sagt, er wolle dir ein Pferd schenken.
Ahuatiri-ja saririro laqui yatichām sasin san·hua.	Der Hirt versprach dem Wanderer, ihm den Weg zu zeigen.
Utama-ja pirkarapiām 'histista.	Du hast mir versprochen, mir ein Haus zu bauen.

§ 308. Das Zeitwort *saña* dient zum Ausspruch eines richterlichen Urteils, wobei der Inhalt der Entscheidung oder Verurteilung entweder durch einen Imperativ oder durch den Dativ und Illativ eines Infinitivs ausgedrückt wird. Der Satz: der Dieb ist zu Strafe verurteilt, kann daher auf dreierlei Weise wiedergegeben werden:

luntata-ja mutuñaro satahua, oder
mutuñataqui satahua, oder
mut·pa satahua.

Taripiri-ja yapuniro aparata huihua marcamasiparo cutaajpa san·hua.	Der Richter entschied, dafs der Gutsbesitzer seinem Nachbar das genommene Maultier zurückbringe.

Statt des Imperativs der dritten Person *cutaajpa* kann hier auch die zweite stehen: der Richter sprach zum Gutsbesitzer:

Marca masimaro aparata huihua cutaajam san·hua.	Bringe das genommene Maultier deinem Nachbar zurück.

§ 309. Die Ernennung zu einem Amte, einer Würde geschieht durch das Zeitwort *saña*, wobei das, wozu jemand ernannt wird, gewöhnlich im Dativ, zuweilen im Illativ steht.

Taripiritaqui satahua.	Zum Richter ernannt.
Yapuni-ja aca yokalla caurapa ahuatiriro san'hua.	Der Bauer hat diesen Jungen als Hüter seiner Lamas angestellt.
Aca achachi marca masinacan mallkotaqui satahua.	Dieser alte Mann ist von den Ortsnachbarn zum Ortsvorsteher ernannt worden.
Mallkolantiro 'hilapa-ja sap'jatana.	Zum stellvertretenden Vorsteher ernannten sie seinen Bruder.

§ 310. Als Participium futuri bedeutet *saña* etwas, was zu sagen ist, gesagt werden soll oder muſs. Als solches kann es mit Possessiv- und Deklinationsendungen verbunden werden.

Hual· yatima yokamaro sañamahua.	Du muſst deinem Sohne sagen, er solle brav lernen.
Yapunin· yanapiriparo sañapahua, 'han· cauranacpa maini 'hakenacan· yapuro irpayapa.	Der Bauer muſs seinem Knechte sagen, er solle nicht seine Lamas auf fremde Felder treiben.

Auch kann der Befehl in direkter Weise ausgesprochen werden, was vielleicht richtiger ist:

'Han· cauranaca'ha maini 'hakenacan yapuro irpayam.	Treibe meine Lamas nicht auf anderer Leute Felder.

§ 311. Soll die Meinung eines anderen, eine Erzählung mitgeteilt, oder ein Befehl, eine Ermahnung oder Bitte ausgesprochen werden, so geschieht dies im Deutschen entweder durch einen von der Konjunktion „daſs" regierten Nebensatz, oder auch durch den Konjunktiv allein. Das Aimará kennt diese indirekte Darstellung nicht, denn es fehlt ihm eine dem „daſs" entsprechende Konjunktion und der Konjunktiv dieser Sprache gleicht in seinem Gebrauche nicht dem unsrigen. Es werden daher alle im Deutschen indirekt ausgedrückte Reden in direkter Weise ausgesagt, unter Hinzufügung des Gerundiums des Zeitwortes *saña*, *sasina*, welches meist am Ende des Satzes steht.

Cacharo eujatan'hua, han· laquita sarahuactam-ti, sasin·, 'hanichā sunina c'hakāta, sasin·.	Er warnte den Boten, er solle sich nicht vom Wege entfernen, sonst würde er sich auf der Puna verirren.

Wörtlich: er warnte den Boten, entferne dich nicht vom Wege, sagend; wo nicht, so wirst du dich auf der Puna verirren, sagend.

Auqui'haro atamp·jataina 'han· saram·ti tantasiri, aukanacama-ja tini takap·jatam, sasin.	Man benachrichtigte meinen Vater, er möge nicht zur Versammlung gehen, denn seine Feinde würden Streit mit ihm suchen.
U'ka cutihua 'hisman· 'han· aca 'hakempi sarnacam·ti, sasin.	Ich habe dir so oft gesagt, du sollest nicht mit diesem Menschen umgehen.
'Huma-j· sista, 'hanipinihua huasitata lurca-ti, sasin.	Du hast mir versprochen, du wollest es gewifs nicht wieder thun.
Naya-j· 'hismana, cusitayahua 'hum· arumampi pokata ucaja sasin.	Ich habe dir geantwortet, ich würde zufrieden sein, wenn du dein Versprechen erfülltest.

§ 312. Schliefslich erwähnen wir noch eine eigentümliche Redensart des Zeitwortes *saña*, welche von einer Sitte der Indianer herrührt. Ein Reisender, der während des Tages mit anderen zusammengewesen ist, oder in einem Hause um ein Unterkommen bittet, wird abends gefragt, wer er sei. Daher wird die Zeit, zu welcher dies geschieht, *kitisa sasin· pacha* genannt:

'Kitisa sasin· pachana marcaro purip·jatana.	Sie gelangten zum Dorfe zur Zeit der Frage, wer bist du?

Von den fragenden Zeitwörtern.

§ 313. Das gebräuchlichste der interrogativen Verben ist *camachaña* oder *camichaña*, gebildet aus der adverbialen Wurzel *cami*, wie, und der Verbalpartikel *cha*: wie machen, wie anfangen, was thun?

Manuha ansujañataqui camicha?	Wie soll ich es anfangen, um meine Schuld zu bezahlen?
Machahuipa huaniñataqui camachi?	Was wird er thun, um sich von seiner Trunksucht zu befreien.

Wird *camachaña* im negativen Sinne gebraucht, so verliert es den fragenden Charakter und drückt eine Warnung oder ein Verbot aus.

Hani camachata-ti.	Mache es nicht so.
Han· camachañani-ti.	Wir wollen es lieber nicht so machen.

Das Participium *camachiri* wird als Fragadverbium gebraucht in der Bedeutung: wofür, weshalb.

Erster Abschnitt. Syntax der einzelnen Redeteile.

§ 314. Aus den fragenden Fürwörtern werden vier Zeitwörter gebildet:

1) 'kitijaña, wem ähnlich sein?
'kitijata, wem sehe ich ähnlich?
'kitijata, wem siehst du ähnlich?
'kitija, wem sieht er ähnlich?

In der letzten Form wird das *a* am Ende nicht in *i* umgewandelt, da ja die Partikel *ja*, welche wie 'hama, jama, Ähnlichkeit bedeutet, nicht verändert werden kann, ohne ihren Sinn einzubüfsen. Auch dieses Zeitwort kann durch Vorsetzung des Negativadverbiums den fragenden Charakter verlieren.

'han· kitijata-ti, du gleichst niemandem.

2) 'Kauquincaña, wo sein? ist zusammengesetzt aus dem Lokativ von 'kauqui, 'kauquina, wo, mit dem synkopierten Verbum *cancaña*.

'kauquin·c·thua, wo bin ich?
'kauquinc·ta, wo bist du?
'kauquinqui, wo ist er?

Davon das Participium 'kauquiri, wo befindlich?

3) 'Kauquinchaña, etwas wo holen, wo hernehmen? aus dem Lokativ 'kauquina mit der Partikel *cha*.

4) 'Kauquirochaña, wohin legen, wohin stellen?

Auch diese Zeitwörter verlieren durch Negation ihren fragenden Sinn.

'han· 'kauquinqui-ti, er, sie, es ist nirgends.
'han· 'kauquinch·ta-ti, ich habe es nirgends geholt.
'han. 'kauquiroch·jama-ti, es scheint, er hat es nirgends hingestellt.

Vom Gebrauch der Adverbien.

§ 315. Man unterscheidet Adverbien des Ortes, der Zeit, der Art und der Menge; ferner bestätigende, verneinende, zweifelnde und fragende. Sie bestehen teils aus einfachen Wurzelwörtern, teils sind sie aus anderen Redeteilen, als Substantiven, Adjektiven, Fürwörtern und Verbalformen zusammengesetzte Ausdrücke. Die einfachen Adverbien unterscheiden sich durch keine Endung oder sonstiges grammatisches Zeichen von den Adjektiven, denn während beim Keshua die aus Adjektiven gebildeten Adverbien die Accusativendung haben, so fällt im Aimarà dieser Unterschied weg, da hier der Accusativ gleich dem Nominativ lautet. Die Adverbien werden in derselben Weise wie die Adjektive mit dem Verbum substantivum *cancaña* oder dessen Endungen verbunden.

§ 316. **Adverbien des Ortes.**

Marca-ja uma catan· manka toquenqui.	Der Ort liegt nach abwärts' im Thal.
Utanacaja ainachanquihua.	Die Häuser liegen unten.
Iclesia-ja 'halayanquihua.	Die Kirche ist oben.
Ut·tañanaca mankanquihua.	Die Sitze befinden sich innen.
'Hanfacu ankanquihua.	Die Bank ist draufsen.
Taqui-ja chekaro sari.	Der Weg geht nach rechts.
'Hahuira cupin· kcpari.	Der Flufs bleibt links.
Mallqui uyu-ja kepanquihua.	Der Obstgarten liegt hinten.
Uyu-ja nairacatanhua.	Der Hof ist vorn.
Acana hualip·j·thua.	Hier sitzen wir gut.
Acan· kontasim.	Hier setze dich nieder.
Acat· 'han· unc·ta-ti.	Von hier rühre ich mich nicht.
Acacama 'hani arc·nip·jatani-ti.	Bis hierher werden sie mich nicht verfolgen.
Kayana maa uma halsu utji.	Dort ist eine Quelle.
Kaya toquero laqui sari.	Dorthin geht der Weg.
Uca toqueta laya pustasqui.	Von dorther weht der Wind.
Ucat· misfum.	Gehe hinaus von hier.
Yaka toqueru saram.	Gehe anderswohin.
Kauquinsa huali uñasta.	Überall befinde ich mich wohl.
Yuncanacan· toque toquena koka koka utji.	In den heifsen Thälern ist allenthalben Wald.
Aca uraquena 'hani kauquinsa kokanaca ali-ti.	In dieser Gegend wachsen nirgends Bäume.
Utaha aca 'hakanquihua.	Mein Haus ist hier nahebei.
Korpa uta-ja acat· 'hayanquira-ti?	Ist die Herberge noch weit von hier?
'Haniw·, hankanqui-pinihua.	Nein, sie ist ganz nahe.

§ 317. **Adverbien der Zeit.**

'Hicha sarā.	Jetzt werde ich gehen.
'Hicha 'hichaqui misfuā.	Jetzt gleich will ich ausgehen.
'Hicha-ja 'han· inaquit·ti.	Jetzt habe ich keine Zeit (bin ich nicht unbeschäftigt).
'Hichat· pacha luraña kalltañani.	Von jetzt an werden wir anfangen zu arbeiten.
Aca pachataqui manka-ja apañahua.	Zu dieser Zeit sollte man uns zu essen bringen.

Anch·ich·cama (ancha 'hicha cama) 'haniu· mankeri 'hausatatasa 'hutqui-ti.	Bis zu diesem Augenblick ist keiner der Eingeladenen gekommen.
'Hichuruta maa yokalla minkāta.	Von heute ab habe ich einen Burschen gemietet.
'Hichurutaqui sapata luriri sapatunacam· aparanirap·sma sasin·sito.	Für heute hatte mir der Schuster versprochen, meine Schuhe zu bringen.
Karuru huasita uñasiñani.	Morgen werden wir uns wiedersehen.
Karurutaqui tutumpi uyu uñasiri pankaranaca apayanchini.	Für morgen wird der Gärtner (Gartenaufseher) wohl Blumen schicken.
'Hurpuru-ja chasqui Tacnata purinini.	Übermorgen wird der Postbote von Tacna kommen.
Huassuru lari'hampi mankāta.	Gestern habe ich mit meinem Onkel gegessen.
Huasurut·pacha machaca utapana utjasc·ta.	Seit gestern wohne ich in meinem neuen Hause.
Huasur·cama 'haniu· cunas· 'hupata yatiscatana-ti.	Bis gestern wufste man nichts von ihm.
Hualuru maa muchu'hahuiran· ajscatataina.	Vorgestern ertrank ein Knabe im Flufs.
Kuri hualuru maa uta nacan·ti.	Vor drei Tagen brannte ein Haus ab.
Ña pusuruhua isinaca'ha t'ajsañataqui chur·ta,'hichacama-sti 'haniu· apanirapip·jta-ti.	Vor vier Tagen habe ich meine Kleider zu waschen gegeben, allein bis jetzt hat man sie mir nicht gebracht.
Mayuru-ja maa kolliri 'hausap·je, acasti maaqui 'hutana.	Vor einigen Tagen rief man einen Arzt und dieser kam auch sogleich.
U·kaja usuri ña 'hani hualtan·ti.	Damals war der Kranke bereits in üblem Zustande.
U·kamasa hualiptasapanahua.	Allein noch hätte er wieder besser werden können.
Anchalaquihua kolla apayanip·jana.	Man schickte sogleich nach einem Heilmittel.
Chasqui-ja 'haipuquihua cutinina.	Der Bote kam jedoch erst am Abend wieder.
Chasqui ancha 'hayapachatana, usuristi ña 'hihuatana.	Der Bote hatte zu lange gezögert und der Kranke war schon gestorben.

Haiputoqueru ŧaya ŧacuna.	Gegen Abend hörte der Wind auf.
Inti ʰalantaru ʰkunu kollonaca llijtap·jana.	Bei Sonnenuntergang glänzten die Schneeberge.
Inti ʰalantata ʰkunu chutunaca chupicaptap·jana.	Nach Sonnenuntergang röteten sich die Spitzen der Berge.
Kepacatata pajsi misʰuna.	Später ging der Mond auf.
Chica arumaru lakampu urpuntuna.	Gegen Mitternacht bewölkte sich der Himmel.
Chic· arum· kepata urpunaca pich·c·ti huara huaranaca-sti uñ·s·tana.	Nach Mitternacht verzogen sich die Wolken und die Sterne wurden sichtbar.
K·antatiro lakampu ʰomacaquije.	Gegen Tagesanbruch war der Himmel wieder rein.
Hanira lupi misʰutata ancha ŧaya utjana.	Ehe die Sonne aufging, war es sehr kalt.
Inti ʰalsuru uraque-ja huipijatatanahua.	Bei Sonnenaufgang war die Erde bereift.
Halsutata inti-ja urpu keparu imantasi.	Nach dem Aufgang verbarg sich die Sonne hinter Wolken.
Chic·uru sinti pacha huaira sarti.	Um Mittag erhob sich ein starker Wind.
Chic·uru kepata halluña kalltana.	Nach Mittag fing es an zu regnen.
K·alltaro chijchina.	Anfangs hagelte es.
Haipuna alloja lliju-lliju kejo-kejonacampi utjana.	Abends blitzte es stark mit vielen Donnerschlägen.
Pajsi ʰalsuna kana ʰpusap·jana.	Nach Aufgang des Mondes blies man das Licht aus.
Pajsi ʰalantatata ʰacha nacataña ʰpich·tap·jana.	Nach Untergang des Mondes zündete man ein grofses Feuer an.
Intimpi misʰuri pajsina ʰallurihua.	Bei abnehmendem (mit der Sonne ausgehendem) Monde pflegt es zu regnen.
Pajsi mirasin· pacha hualihua.	Bei zunehmendem Monde ist gutes Wetter.
Aca maran ʰallunaca-ja nair·tihua.	Dieses Jahr hat der Regen früh angefangen.
Ña sapur·jama ʰallusqui.	Es regnet beinahe alle Tage.
Mimara ancha huañanahua.	Im vergangenen Jahre ist es sehr trocken gewesen.

Erster Abschnitt. Syntax der einzelnen Redeteile.

Take mara (sapa mara) maa pajsi pampa utana utjap·jta.	Jedes Jahr bringen wir einen Monat in einem Landhause zu.
Kalltaroja aca yanapirihua huali lurana.	Anfangs arbeitete der Tagelöhner gut.
Keparu-sti 'hairaquiptana.	Aber später wurde er träge.
'Huka pachahua lurañapa arcana.	Eine kurze Zeitlang setzte er seine Arbeit fort.
Acat·jamata utat· mistuna, 'hanisti cutinina-ti.	Plötzlich verliefs er das Haus und kehrte nicht wieder zurück.
Aca 'hakero yakep· uru mink̄·t·hua.	Diesen Menschen habe ich schon andere Male beschäftigt.
Alloj· cuti lurañapan· allkasina.	Er hat oftmals bei der Arbeit gefehlt.
Maapita mistuyañamahua.	Du solltest ihn sogleich gehen lassen.
Utachañaja niachihua.	Der Hausbau ist beinahe vollendet.
'Hankaquihua tucuri kala uscusini.	Bald wird der letzte Stein gelegt.
Maapita uscup·jpan.	Man lege ihn lieber gleich.

§ 318. Adverbien der Art und Weise.

Muchu-ja huali yatike.	Der Knabe lernt fleifsig.
'Huma 'haniw· hual· lurta-ti.	Du hast es nicht gut gemacht.
Hual·t· ic·ta?	Hast du gut geschlafen?
'Haniw·, 'hani hual· ict·ti.	Nein, ich habe nicht gut geschlafen.
Perkiri aca pirka 'hani hual· luri-ti.	Der Maurer hat die Wand nicht gut gemacht.
Kalanaca-j· 'hani hual· chekuta-ti.	Die Steine sind nicht gut behauen.
Mamani 'hamka 'halasqui.	Der Falke fliegt schnell.
Sikimari callu unukti.	Die Ameise bewegt sich flink.
'Hamka 'haltam.	Laufe geschwind.
K'achjata sarnacam.	Gehe langsam.
Sinti taiti.	(Der Wind) weht stark.
Kana arusim.	Sprich deutlich.
'Hupahua 'kanka arusi.	Er spricht näselnd.
Achachi-ja ancha 'hinchuhuisahua.	Der Alte ist sehr taub (ohrenlos).
Taipi arusiriqui isapi.	Er hört nur halb was gesprochen wird (den Sprechenden).
'Harita isapi.	Er hört kaum.
Ña (ñaña) 'hani cun·s· isap·ti.	Er hört beinahe nichts.
Ancha 'hari sarasqui.	Er geht mit Mühe.

Aca uru-ja karipinihua.	Die Nachricht ist durchaus falsch (lügenhaft).
Pantata-pinihua.	Du bist ganz im Irrtum.
Hiliri hilaha-ja huallka arusi.	Mein älterer Bruder spricht wenig.
Sullkiri-ja hukampi pisi arusi.	Der jüngere redet noch weniger.
Ñaña cunas· mank·ta.	Du hast kaum etwas gegessen.
Hanipinihua, maa cutit·sa mankatu.	Im Gegenteil, ich habe mehr als andere Male gegessen.
Ancha mankaña-ja usuriyasihua.	Viel essen macht krank.

§ 319. Fragende Adverbien.

Kauquin·sa aca uraquena suma uma hikatasi?	Wo findet sich gutes Wasser in dieser Gegend?
Kauquin·sa hichaipu tantasip·jani?	Wo wird man sich heute Abend versammeln?
Kauquirus· luntata saramuc·taina?	Wohin ist der Dieb geflohen?
Kauqui tok·sa utaru mantana?	Auf welcher Seite war er ins Haus gekommen?
Cuna pachas· chasqui-ja purini?	Wann wird der Postbote ankommen?
Cuna pachat·sa aca utan· utjasc·ta?	Seit wann wohnst du in diesem Hause?
Cuna pach·camasa aca marcan keparäta?	Wie lange willst du in diesem Orte bleiben?
Cuna pachataquisa tantaro haus·p·jana?	Für wann ist die Versammlung zusammengerufen worden?
Camisaqui?	Wie geht's?
Camisasc·ta-sa?	Wie befindest du dich?
Camisasa uca hake-ja utjana, camisaquisa hihuana?	Wie hat der Mensch gelebt und wie ist er gestorben?
Camisat·sa (cun·jamat·sa) uca uta-ja lurasin·ja?	Auf welche Weise ist dieses Haus gebaut worden?

ZWEITER ABSCHNITT.
Syntax der Sätze.

§ 320. In den Vorbemerkungen zur Syntax der einzelnen Redeteile wurde bereits von der Wortfolge im einfachen Satze gehandelt und dabei gesagt, dafs das Zeitwort gewöhnlich am Ende des Satzes steht. Dies ist jedoch nicht eine feste Regel, sondern wenn die Deutlichkeit es wünschenswert macht, so können die Komplemente des Verbums diesem auch nachgesetzt werden.

Hinsichtlich der Apposition ist zu erwähnen, dafs dieselbe in der in den europäischen Sprachen gebräuchlichen Form nicht angewendet wird. Da jede Apposition einen Relativsatz enthält, so sucht sich das Aimarà dabei zu behelfen wie bei den letzteren.

Alloj· hakenaca huarminacampi huahuanacampi, takenisa marcamasipura, 'kepa pampa usuta 'hihuarap·jana.

Viele Männer, Frauen und Kinder, alle Bewohner eines Ortes, starben an der letzten Seuche.

Hier ist die Partikel *sa* in *takenisa* Gerundialendung: alle seiend.

Sorata marca Illampu 'kunu kollona cayupanquihua, uca-ja American· taket· sipana 'hacha 'kunu kollohua.

Die Stadt Sorata liegt am Fufse des Schneeberges Illampu, des höchsten aller Schneeberge Amerikas.

Hier ist die Apposition durch einen koordinierten Satz ausgedrückt, der durch *ucaja* eingeführt wird. Der Ausdruck *taket· sipana* ist entstanden aus *taketa-sa ipana*. Das letztere ist Konjunktivendung, vielleicht mit der Dubitativpartikel *chi*: *taket· chipana*, würde also zu übersetzen sein: wohl von allen.

Titikaka kota-ja utjasquihua maa uraquena, nairat·pacha kolla sutini, uca uraque-sti ancha aputa pamparaqui ťayaraquihua.

Der Titicaca-See liegt in einer ehemals Colla genannten Gegend, ein sehr hohes, plattes und kaltes Land.

Auch hier ist die Apposition durch einen besonderen koordinierten Satz ausgedrückt.

§ 321. Der Inhalt eines einfachen Satzes ist entweder eine Aussage oder Erzählung, oder eine Verneinung, oder ein Zweifel, eine Vermutung, eine Frage, oder endlich eine Bitte, ein Wunsch, ein Befehl oder Verbot.

Von der Verneinung in der Konjugation wurde bereits in der Formenlehre gehandelt. Sie wird ausgedrückt durch ein Adverbium, ʼ*hani*, und eine Partikel, *ti*, von denen das erste zu Anfang des Satzes steht, die zweite gewöhnlich dem Zeitwort angefügt wird. An ʼ*hani* wird sehr oft die Füllsilbe -*hua* angehängt: ʼ*hanihua*, und dieses Wort zu ʼ*haniu·* zusammengezogen. Von der Füllpartikel -*hua* wurde früher bemerkt, daſs sie in Sätzen, in welchen das Prädikat durch das Verbum substantivum mit einem Adjektiv oder Substantiv ausgedrückt wird, die dritte Person des Singulars ersetzt:

aca uta ʼhacha-hua, dies Haus ist groſs.

Wird ein solcher Satz verneint, so wird -*hua* weggelassen und -*ti* tritt an dessen Stelle:

aca uta-ja ʼhani ʼhacha-ti, dies Haus ist nicht groſs.

Ebenso kann unter gleichen Umständen -*ti* mit einem Substantiv verbunden werden:

aca ʼhake ʼhani ʼhupan· auquipa-ti, der Mann ist nicht dessen Vater.

Wird ʼ*hani* zur Bildung negativer Adjektive oder Adverbien benutzt, so fällt -*ti* weg:

ʼhani chuimani, unverständig.
ʼhani yatiri, unwissend.
ʼhani chamani, kraftlos.
ʼhani pantiri, unfehlbar.
ʼhani huali, nicht gut, schlecht.

Auch wenn die im Vordersatze eines Konditionalsatzes enthaltene Bedingung negativ ist, wird die Partikel -*ti* nicht gesetzt, mag nun das Zeitwort im Indikativ, Konjunktiv, Optativ oder Gerundium stehen.

ʼhani luri ucaja mutuatanihua, wenn er es nicht thut, so wird er bestraft werden.
ʼhani lurana ucaja, wenn er es nicht gethan hat.
ʼhani lurani ucaja, wenn er es nicht thun wird.
ʼhani luraspa, wenn er es doch nicht thäte.
ʼhani lurasapana, wenn er es doch nicht gethan hätte.
ʼhani luripana, wenn er es nicht thäte.
ʼhani lurisina, wenn er es nicht thut.

Im negativen Nachsatz dagegen darf -*ti* nicht fehlen:

ʼHani ilaqui ʼhut·ta ucaja, ʼhanihua manka huaquisini-ti. Wenn du nicht zur rechten Zeit kommst, kannst du nichts zu essen bekommen.

§ 322. Um Ungewifsheit oder Zweifel auszudrücken, bedient sich das Aimarà zweier Partikeln: *ja* und *chi*. Die erstere wird immer an das Ende der Worte angehängt, die letztere wird eingeschaltet. Das Adverbium *inaja*, vielleicht, ist zusammengesetzt aus dem Worte *ina*, welches als Substantiv etwas Gewöhnliches, Alltägliches bedeutet, und der Partikel *ja*. Die Partikel *ja* kann aber schon allein dieselbe Bedeutung haben:

usuri inaja 'hicharuma 'hihuini, der Kranke wird vielleicht in dieser Nacht sterben.

Dasselbe besagt der Satz: *usuri 'hicharuma-ja 'hihuini*. Die Partikel *chi* wird in der Regel in das Verbum eingeschaltet und oft in demselben Satze mit *ja*:

usuri 'hicharumaja 'hihua-chi-ni
Chokeyapu sar·chi-ja, vielleicht gehe ich nach La Paz.

Wie aus dem letzten Beispiel ersichtlich ist, kann *chi* mit *ja* sogar in demselben Worte verbunden werden:

usuri 'hihua-chi-ja, vielleicht ist der Kranke schon gestorben.

§ 323. Mit fragenden Fürwörtern bilden *chi* und *ja* Ausdrücke, in welchen der ursprüngliche Charakter des Pronomens verloren geht:

'kiti-ja, 'kiti-chi-ja, ich weifs nicht wer.
cuna-ja, cuna-chi-ja, ich weifs nicht was.
'kauca-ja, 'kauca-chi-ja, ich weifs nicht wieviel.
camisa-ja, camisa-chi-ja, ich weifs nicht wie.

Stehen diese Ausdrücke in einem Satze, so bleibt *ja* mit dem Pronomen verbunden, während *chi* in das Verbum eingeschaltet wird:

cuna-ja lur·chi-ta, ich weifs nicht, was du thust.
'kiti-ja 'hut·chi, ich weifs nicht, wer kommt.
Diosa-ja yatichi, Gott mag es wohl wissen.

Diese Bedeutung von *chi* hat zur Bildung des zweiten Futurums geführt, dessen Paradigma in der Formenlehre gegeben worden ist.

§ 324. Die Finalpartikel *ja*, welche, wie sich aus dem eben Gesagten ergiebt, ursprünglich Zweifel und Ungewifsheit andeutet, ist eines der beliebtesten Füllwörter geworden, welches gleich *hua* in keinem Satze fehlt und nicht selten an mehr als ein Wort angefügt wird. Obgleich in den meisten Fällen damit kein Zweifel mehr ausgedrückt werden soll, so entspricht der Gebrauch desselben doch ganz dem scheuen und mifstrauischen Charakter des Indianers. Der rauhe Kehllaut des *j* in diesem so oft gebrauchten Worte trägt wesentlich dazu bei, dem Aimarà seinen für das Ohr so harten Klang zu geben.

§ 325. Fragesätze werden entweder durch fragende Für- und Beiwörter eingeführt, oder es wird der fragende Sinn des Satzes durch die Partikel -*ti* angedeutet, welche an den Satzteil angefügt wird, der besonders betont werden soll.

Fragewörter sind:

ʼkiti-sa, kitiri (na, ro, ta, taqui), wer?
cuna-sa, cuniri (na, ro, ta, taqui, laico), was?
ʼkauca-sa, ʼkauquiri, mit denselben Deklinationsendungen, welcher?
camisa, gleichfalls deklinationsfähig, wie?
ʼkauqui-sa (na, ro, ta, cama), wo, wohin, woher?

Ferner die fragenden Zeitwörter:

camachaña, wie, was machen? Davon das Particip
camachiri, camichiri, weshalb?
camachipana, der Konjunktiv mit gleicher Bedeutung.
camista, aus *camisa* verbunden mit *saña*: was sagst du da?
camista, aus *camisa* und Konjugationsendungen: wie geht es dir?
ʼkauquincaña, wo sein?
ʼkauquinchaña, wo holen?
ʼkauquirochaña, wohin legen?

Wenn nicht auf einen einzelnen Redeteil im Satze besonderer Nachdruck gelegt werden soll, so wird die Fragpartikel -*ti* an das Zeitwort angefügt:

aca marcan utj·ta-ti? wohnst du in diesem Orte?
acan·ti utj·ta? hier lebst du?
ʼkauc· utan·sa ic·ta? in welchem Hause hast du geschlafen?
hual·t· ic·ta? hast du gut geschlafen?

§ 326. Der Wunsch wird durch den Optativ ausgedrückt, ein Befehl oder Verbot durch den Imperativ oder auch zuweilen durch den Optativ, wenn es gemildert werden soll. Für die Verbote oder Warnungen giebt es kein besonderes negatives Adverbium wie im Keshua, sondern nur *ʼhani* mit seinen Zusammensetzungen: *ʼhanihua, ʼhanira*, noch nicht; *ʼhanipinihua*, durchaus nicht.

Für „bitten" besitzt das Aimarà ein eigenes Zeitwort: *cachicaña*, welches im Keshua nicht vorhanden ist. Dagegen fehlen dem Aimarà die besonderen Verbalpartikeln, durch welche das Keshua eine Bitte in schmeichelnder und dringender Weise vorträgt.

Von den zusammengesetzten Sätzen.
Koordinierte Sätze.

§ 327. Zwischen kopulativen und adversativen Sätzen macht das Aimarà keinen genauen Unterschied, da die Konjunktionen „und, aber" meist durch dasselbe Wort — *sti* — wiedergegeben werden, dessen Bedeutung je nach dem Sinne des Satzes wechselt.

Huasaipu-ja ancha 'halluna, 'hich' arumanti-sti 'hahuira 'pokon'hua.	Gestern Abend hatte es stark geregnet und heute Morgen war der Fluſs angeschwollen.
Urpi-ja anch' 'hali mamani-sti atipi.	Die Taube fliegt schnell, aber der Falke übertrifft sie.
Choseca-j' chamacan' uñji, urun' kanapa-sti huikuchi.	Die Eule sieht im Dunkeln, aber das Tageslicht blendet sie.
Nina-ja 'hihuatan'hua 'kella man'kan·sti sansa-j' utjana.	Das Feuer war erloschen, aber unter der Asche waren glühende Kohlen.

§ 328. Auch bei den disjunktiven Sätzen, welche im Deutschen durch die Konjunktionen „entweder — oder, wo nicht — sonst" voneinander getrennt werden, kommt im Aimarà zuweilen die Partikel *-sti* zur Anwendung.

'Huma nanacampi saráta, 'hanisti sapa 'keparáta.	Du wirst mit uns gehen, wo nicht, so bleibst du allein.
'Hicha uscuta alinaca-ja karpaña huaquisi, 'han' ucasti malarinihua.	Die frisch gesetzten Pflanzen müssen begossen werden, sonst verwelken sie.
Nina tucuyam, 'han' ucasti uta-ja nacani.	Lösche das Feuer aus, sonst brennt das Haus an.

Diese adversativen Sätze bilden eigentlich nur eine besondere Form der Konditionalsätze. Soll bloſs ausgedrückt werden, daſs bald die eine, bald die andere Handlung stattfindet, so wird dies durch die Partikel *-sa* angedeutet.

Aca huarmi 'hani-piniu' inaqui-ti, 'payasqui-sa capusqui-sa, huahuanacaparu-sa 'harcasqui sanusqui-sa.	Diese Frau ist nie müſsig; entweder kocht sie, oder spinnt sie, oder sie wäscht und kämmt ihre Kinder.

§ 329. An diese letztere Gattung der Adversativsätze schlieſsen sich die distributiven, welche im Deutschen durch die Konjunktionen:

„teils — teils, bald — bald", im Aimarà durch *ña — ña* eingeführt werden.

Aca chacha-ja 'haniu· inactiri-ti, ña-hua huarmipa huahuanacapampi tokesqui, ñahua marcamasipampi ainisisqui.	Der Mann kann nicht ruhig sein, bald schilt er seine Frau und seine Kinder, bald streitet er sich mit seinen Nachbarn.

§ 330. Die Kausalsätze, welche im Deutschen von den Konjunktionen: „denn, weil, da" regiert werden, drückt das Aimarà durch Participialkonstruktionen aus, daher dieselben nicht als zusammengesetzte, sondern als einfache Sätze zu betrachten sind.

Huihua-ja koromitaina taqui man-kajaru taquintatap·laicu.	Das Maultier stürzte, da es auf dem Wege falsch getreten hatte.
Kollur· misłusin· taken· karip·jana amputa kollatap·laicu.	Beim Besteigen des Berges wurden alle müde, denn der Berg war hoch.
Tahuaco-ja 'haniu· tokori sarcan·ti, 'hani machaca isinitapata.	Das Mädchen ging nicht zum Tanze, weil sie kein neues Kleid hatte.

Subordinierte Sätze.

§ 331. Wie bei allen wenig entwickelten Sprachen, so werden auch im Aimarà die subordinierten Sätze verhältnismäßig selten angewendet. Es fehlt der Sprache an Konjunktionen, welche das Verhältnis der Sätze zueinander genau bezeichnen, vorzüglich an solchen, die durch ihre Stellung am Anfang des Satzes dessen Beziehung zu einem anderen von vornherein andeuten. Die Verbindung der Sätze ist infolgedessen eine losere und zeigt mehr einen koordinierten als einen subordinierten Charakter. Was der Bildung von Nebensätzen besonders hinderlich ist und das ganze Satzgefüge schwerfällig macht, ist das Fehlen des relativen Fürwortes und einer Konjunktion, welche unserem „daſs" entspricht. In Folgendem wird gezeigt werden, wie das Aimarà diesen Mangel zu ersetzen sucht und die Satzverhältnisse behandelt, bei denen im Deutschen das Relativpronomen und die Konjunktion „daſs" angewendet werden.

§ 332. Im Deutschen kann das Subjekt eines Satzes sowie das Komplement des Verbums durch einen von daſs regierten Nebensatz ausgedrückt werden. In dem Satze: es ist zu bedauern, daſs der Mann gestorben ist, vertritt der durch daſs regierte Satz das Subjekt, und man kann statt dessen ein Substantiv setzen: der Tod dieses Mannes ist zu bedauern. Ebenso verfährt das Aimarà: die durch daſs eingeführten

Substantivsätze werden entweder durch ein Hauptwort oder einen Infinitiv ausgedrückt.

Aca ʼhaken· ʼhihuañapa taket· kichuñahua.	Daſs dieser Mann gestorben, muſs von allen bedauert werden.
ʼHupan· luratapa-ja ʼhaniw· paunacaña-ti.	Es ist nicht zu bezweifeln, daſs er es gethan hat.
Uca ʼhakero chamapata paillaña-ja huaquisihua.	Es gebührt sich, daſs dem Manne seine Arbeit bezahlt werde.

§ 333. Enthält ein von daſs regierter Nebensatz das Komplement des Verbums, wie dies nach Zeitwörtern, welche eine Sinnes- oder Geistesthätigkeit ausdrücken, der Fall ist, so wird ein solcher Satz im Aimarà durch einen Infinitiv wiedergegeben. Dergleichen Zeitwörter sind: *uñaña*, sehen; *isapaña*, hören; *unanchaña*, urteilen; *amjasiña*, sich erinnern; *yatiña*, wissen; *munaña*, wollen.

Auquiman· ʼhihuatapa isapāta.	Ich habe gehört, daſs dein Vater gestorben sei.
ʼHupan· naro uñiñapa yat·hua.	Ich weiſs, daſs er mich haſst.
ʼHuparo-ja amjasayam· ʼhichaipu ʼhutā satapa.	Erinnere ihn daran, daſs er versprochen hat, heute Abend zu kommen.
Cusiscañama mun·t·hua.	Ich will, daſs du zufrieden bist.
ʼHuman· ʼhani amuyatam·ja uñ·t·hua.	Ich sehe, daſs du es nicht glaubst.

Von den Relativsätzen.

§ 334. Im ersten Abschnitt der Syntax wurde bemerkt, daſs die fragenden Fürwörter *ʼkiti, cuna* und *ʼkauca* durch Verbindung mit der Partikel *-ti* relative Bedeutung annehmen, wobei der Haupt- oder Nachsatz durch *uca* oder *aca* eingeleitet wird.

ʼKiti-ti taquicasqui, aca-raquipi ʼhuchanchasi.	Wer sich entschuldigt, der beschuldigt sich.
ʼKiti-ti ʼhakemasipan· llaquinac·pata ʼhani ʼkuyapayasiriqui-ja, ucasti yanka chuimanihua.	Wer mit den Leiden seiner Mitmenschen kein Erbarmen hat, der hat ein schlechtes Herz.
Cuna ʼhake ʼhichcama canquiriqui-ti ucamaraquipi ʼhihuañap·cama cancascani.	Was für ein Mensch er bisher gewesen, wird er auch bis zu seinem Tode bleiben.

Genitiv.

'Huchaninaca-ja cunan·ti cusiyata cancapjanja mutuata cancani.	Die Sünder werden durch das, was ihnen Genuſs bereitet hat, auch bestraft werden.

Dativ.

Cuna cahuallotaqui-ti aca tonco huararapitata-ja, ucahua sum·sari.	Das Pferd, dem du den Mais vorgeschüttet hast, hat einen guten Paſs.

Illativ (Accusativ).

'Kiti 'hakeru-ti mai· urunaca inata chakta-ja, ucapi 'humaru lac·t·ma 'hihuayañataqui.	Der Mann, den du neulich ohne Grund geschlagen hast, sucht dich, um dich zu ermorden.

Sozial.

'Kiti huarmimpi-ti casarasiña mun·c·ta-ja, ucasti apañama-spa.	Die Frau, mit der du dich verheiraten willst, ist vielleicht mit dir verwandt.

§ 335. In den oben angeführten Beispielen werden die fragenden Fürwörter in ähnlicher Weise zur Bildung relativer Sätze verwendet wie in den europäischen Sprachen. In anderen Fällen werden keine Fürwörter gebraucht, sondern die Beziehung eines Satzes auf einen anderen wird durch die Partikel *ja* angedeutet, welche in das Verbum eingeschaltet wird und unmittelbar vor den Konjugationspartikeln, also nach allen anderen Verbalpartikeln zu stehen kommt, falls das Zeitwort ein zusammengesetztes ist. Bei dem Verbum *luraña* lauten diese Formen wie folgt:

lurja-ta, was ich mache.
lurja-ta, was du machst.
lurje, was er macht.
lurjapjatana, was wir thun.
lurjapjata, was ihr thut.
lurjapje oder
lurjapjataina, was sie thun.

Die Partikel *ja* kann auch zweimal in demselben Worte angebracht werden: *lurje-ja, lurjata-ja*; andere Male, und zwar ist dies das Gewöhnlichere, wird die Partikel *ja* nicht in das Verbum eingeschaltet, sondern man begnügt sich mit der Anhängung derselben an die Verbalform.

Massuru aca marcaru purj·t·ja (purijataja) uca sariritˑhua.	Der Reisende, welcher gestern in diesem Orte ankam, bin ich.
Anocara ʼhihuayanˑja uca uturuncu ancha tallamihua.	Der Tiger, der den Hund totbiſs, war sehr wütend.

§ 336. In den Fällen, wo ein Relativsatz das Subjekt vertritt, wird derselbe nicht immer durch *kiti-ti* oder *cuna-ti* eingeführt, sondern kann auch bloſs durch Verbindung der Partikeln *qui* und *ja* mit einem Substantiv oder Participium ausgedrückt werden.

Ancha achachi-quija uca ʼharita sarasqui oder *sarˑsquihua.*	Wer sehr alt ist, geht langsam (mit Mühe).
ʼHichuru aca marcana eujeri tatˑquija, uca ancha yatirihua.	Der Priester, der heute im Orte gepredigt hat, ist sehr gelehrt.

§ 337. Die Relativsätze, welche im Deutschen zur Erläuterung des Subjekts dienen, also das Adjektiv oder die Apposition vertreten, werden im Aimarà durch Participien ausgedrückt, welche vor dem Subjekt stehen, während an dieses die Partikel *ja* angefügt wird.

Nominativ.

Tainanacampi ʼpokeri ʼhake-ja, takenacanˑ ajsaratahua.	Der Mann, der seine Pflichten erfüllt, wird von allen geschätzt.
ʼHamachinacatˑja taketˑ sipana ancha amputa ʼhaliri ʼhamachi-ja, cunturihua.	Der Vogel, der von allen am höchsten fliegt, ist der Kondor.

§ 338. Vertreten die relativen Adjektivsätze andere Kasus als den Nominativ, so verfährt das Aimarà wie die nachfolgenden Beispiele zeigen:

Aca ʼpuyu-ja ʼhamachinquihua, uca chiara ʼhankompi allka-allkahua.	Der Vogel, von welchem (dessen) diese Feder ist, ist schwarz und weiſs gestreift.
Chupica pankara arusˑkˑta (arusija-ta) uca cantutahua.	Die Blume, von welcher du sprichst, ist die Cantuta.

Aus diesen Beispielen ist ersichtlich, wie das Aimarà die Relativsätze in koordinierte verwandelt. Der erste Satz lautet wörtlich übersetzt:

Diese welche Feder von einem Vogel ist, dieser ist abwechselnd schwarz und weiſs.

Dativ.

Usuri tahuacotaqui-ja maa kolliri ṭakeri sarapˑjataina, uca arumˑpachanˑ ʼhihui.	Das kranke Mädchen, für welches man einen Arzt suchen ging, starb in der Nacht.

Auquihataqui taikama manka apaijataina, aca ña sarjataina.	Mein Vater, für den meine Mutter zu essen geschickt hatte, war schon fortgegangen.

Accusativ.

Aca yokallan ñikutapa cuchurapjana, ucaja hachanhua.	Die Haare, die man dem Jungen abgeschnitten, waren sehr lang.

Ablativ.

Aca hahuira kotat misturiqui, ucaja hiskaqui ucasa ancha mankahua.	Der See, aus welchem dieser Fluſs austritt, ist klein, aber sehr tief.
Uma puſut misturi larcaja, aca hakanquihua.	Die Quelle, von welcher der Wassergraben herkommt, ist nahebei.

Illativ.

Ninaro lahua apantata-quija, uca ancha choſñahua, hanihua nacanti.	Das Holz, welches man auf das Feuer warf, war sehr grün und brannte nicht.
Aca taqui marcaro sariri-ja, uca Laja sutinihua.	Der Ort, nach welchem dieser Weg führt, heiſst Laja.
Chuaro manka lihuapjan·sa, ucaja kollketanhua.	Die Schüssel, auf die man die Speisen legte, war von Silber.

Lokativ.

Cacallincan iquipjta ucaja ancha chamacanhua.	Die Höhle, in welcher wir schliefen, war sehr dunkel.
Pukuna manka payapjataina-ja, uca kestichatanhua.	Der Topf, in welchem man die Speisen kochte, war voll Ruſs.

Instrumental.

Utanaca hichun chipiripje-ja, ucaja sunina alarihua.	Das Stroh, mit welchem man die Häuser deckt, wächst auf der Puna.

Sozial.

Hilahampi huahua hutiri-quija, aca iñuhua.	Das Kind, welches mit meinem Bruder kam, ist eine Waise.

Terminativ.

Kauqui marcacama-ti hichuru sarcañani, ucaja hayasquihua.	Der Ort, bis wohin wir heute gehen, ist noch weit entfernt.

Uraquecama saririmpi irpasipˑjtanucaja ˈhanihua acatˑ pachaja uñasqui-ti.	Die Stelle, bis wohin wir den Reisenden begleiteten, läfst sich von hier nicht sehen.

§ 339. Nebensätze mit Ortsbestimmungen.

Maa achachi ˈhakequi yatihua, ˈkauquinqui-ti koya pia, uca.	Nur ein alter Mann weifs, wo sich die Öffnung der Mine befindet.
Sitasma-ti, ˈkauquiru-sa ˈhilahaja sarjataina?	Kannst du mir sagen, wohin mein Bruder gegangen ist?
Ni (ˈhani) ˈkitisa yatˑqui-ti, ˈkauquitˑsa aca ˈhake ˈhutanˑja.	Niemand weifs, woher dieser Mann gekommen ist.
Ahuatiri-ja ˈhaniuˑ saña yatitana-ti, ˈkauqui tokˑsa ťaqui-jˑ sarana.	Der Hirte wufste nicht zu sagen, in welcher Richtung der Weg führte.

§ 340. Nebensätze mit Zeitbestimmungen.

Chasqui ˈhaniuˑ yatˑcˑti, cuna pacha cutininˑsa.	Der Bote weifs nicht, wann er wiederkehren wird.
Auqui ˈhacˑquipanˑ huahuanacapˑja yupaichana.	Solange der Vater lebte, ehrten ihn seine Kinder.
ˈHallˑquipan ťaquinacaja ñajonˑ (ñajohua).	Während es regnet, sind die Wege schlecht.
Huarmi ˈhihuatata chupapa machaña ˈkalltana.	Nachdem die Frau gestorben war, fing der Witwer an sich zu betrinken.
ˈHanirara huirakochanaca aca suyunacaru ˈhutapˑjanˑja ucaja, ˈhakenaca-ja karhuata ˈhukampˑja ˈhaniu huihuanaca uñtapˑjan-ti.	Ehe die Spanier in diese Länder kamen, kannten die Indianer aufser den Lamas keine anderen Haustiere.

§ 341. Nebensätze mit Bestimmungen der Art und Weise (Adverbialsätze).

Yatichita, camisa-sa aca lurasi.	Zeige mir, wie dies gemacht wird.
Atamitohua, camisti chijita ˈkespˑjataina, uca.	Er erzählte mir, wie er der Gefahr entronnen sei.
ˈHaniu churtasquito-ti, camisasa luraña-ja, lurasinˑ luraspa-ja.	Es kommt mir nicht darauf an, wie es gemacht wird, wenn er es nur macht.

Korrelative Sätze.

§ 342. Bei diesen Sätzen beziehen sich Vorder- und Nachsatz derart aufeinander, daſs auch der letztere oder Hauptsatz ohne den Nebensatz keinen abgeschlossenen Sinn ausdrückt. Die Konjunktionen, welche solche Wechselbeziehungen andeuten, nämlich: „wie — so, wieviel — soviel, wie oft — so oft, welcher Art — solcher Art, je mehr — desto mehr", werden im Aimarà ausgedrückt durch *ac·hua — ac·hua (acahua*, zusammengesetzt aus dem Pronomen demonstrativum mit dem Füllwort *-hua*) und *cun·jama-ti — uc·jama-taqui-hua*, auf welche Weise — auf solche Weise; ferner durch *ucasa — 'hukampi*, obgleich so — so doch.

Ac·hua catuȷ́ta, ac·hua cutiyāta.	Soviel du erhalten hast, soviel muſst du zurückgeben.
Ac·hua churama, 'han· 'kitiro cun·s· maiñ·mataqui.	Ich werde dir soviel geben, daſs du niemanden um etwas zu bitten brauchst.
Cun·jama-ti masinacama uñcata-ja uc·jamaraquihua 'humaro uñap·jata.	Wie du deine Mitmenschen behandelst, so werden sie auch dich behandeln.
Cun·jamatiȷ́a 'hahuiranaca 'hallu pachan 'hiltap·je-ja, uc·jamaraquihua auti pachan·ja 'parantap·je.	So wie die Flüsse in der Regenzeit anschwellen, so vertrocknen sie im Sommer.
Chunchunacan chuimaparo puriscapan· ucasa, 'hukampi uriptap·jana.	Je mehr sie die Wilden zu gewinnen suchten, desto scheuer wurden diese.
Marca mallko 'hakenacaro chuimanchañataqui chamachtascana ucasa, tur·quiptap·jana.	So sehr der Ortsvorsteher sich bemühte, die Menschen zu beruhigen, desto aufgeregter wurden sie.

Von den Konditionalsätzen.

§ 343. Die Verwirklichung einer Bedingung, von welcher etwas, was geschehen soll, abhängt, läſst sich entweder als möglich und wahrscheinlich, oder als in der Vergangenheit liegend, als unmöglich darstellen. Der Inhalt des Hauptsatzes kann je nach dem Sinne die Form einer einfachen Aussage, eines Wunsches, Befehls oder einer Bitte annehmen. Für die Einführung des Vordersatzes, welche im Deutschen durch die Konjunktionen: „wenn, falls" erfolgt, besitzt das Aimarà kein besonderes Wort. Zur Verbindung des Vorder- und Nachsatzes dient bloſs der Ausdruck *ucaja*, welcher gewöhnlich zwischen beiden, zuweilen auch am Ende des Hauptsatzes steht. *Ucaja* ist zusammengesetzt aus dem Demonstrativpronomen *uca*, dies, jenes, und der Relativpartikel *ja ('ka)*, bedeutet also eigentlich: was dies betrifft. Neben dem Verbindungswort *ucaja* wird auch die Partikel *-ti* zuweilen an ein Wort des Vordersatzes angehängt, welche in diesem Falle Relativbedeutung hat. Bei Vorhandensein der Partikel *-ti* wird *ucaja* öfters weggelassen.

§ 344. Wird die Bedingung als möglich und wahrscheinlich dargestellt, so steht das Verbum des Vordersatzes im Indikativ oder auch im Konjunktiv, im Nachsatz gleichfalls im Indikativ oder je nach dem Sinne des Satzes im Imperativ, seltener im Optativ.

Ist die Bedingung blofs eine hypothetische Annahme oder ist ihre Verwirklichung als der Vergangenheit angehörig unmöglich, so steht im Vorder- und Nachsatz der Optativ oder der Konditional.

Wird Vorder- und Nachsatz von demselben Subjekte regiert, so steht das Verbum im ersteren statt im Indikativ oder Optativ im Gerundium. In diesem Falle fällt das Verbindungswort *ucaja* weg und blofs die Partikel *ja* wird an das synkopierte Gerundium angehängt.

Karuru 'halluni-ja, (ucaja) 'hanihua iaqui sarañataqui misica-ti.	Wenn es morgen regnet, so werde ich nicht zu meiner Reise aufbrechen.
— *'hani utamat· misium-ti.*	— so gehe nicht aus deinem Hause.
— *utahan· keparaña munasna.*	— so möchte ich zu Hause bleiben.
Aca huajcha huarmiro 'hani 'kuyapayap·jan· ucaja, mankat· 'hihuani.	Wenn man sich dieser armen Frau nicht erbarmt, so wird sie Hungers sterben.
Hilaha 'hutasp· ucaja suyitpa.	Im Falle mein Bruder kommt, soll er auf mich warten.
Yatiriscat·ja naro uñiri 'hutañama, 'haniu misiquiriscat·-ti.	Wenn ich gewufst hätte, dafs du kommen würdest, mich zu besuchen, so wäre ich nicht ausgegangen.
Chokeyapu-ti-ja laka karkatispa, utanacap·ja mai-'hama lurap·jaspa.	Wenn in La Paz Erdbeben wären (die Erde zitterte), so würde man die Häuser anders bauen.
Usuri-ti naira kollayasisapan· ucaja, kespisapana.	Hätte sich der Kranke eher kurieren lassen, so wäre er gerettet worden.
Auqui'ha utaro sarjasin·ja ilaqui manka mun·chini.	Wenn mein Vater nach Hause kommt, wird er wohl gleich essen wollen.

ʼHichaipu ʼkaya marcaru purisinʼja, ʼhamkaqui iquinocā.	Wenn ich heute Abend in jenem Dorfe ankomme, lege ich mich sogleich schlafen.

Von den Konzessivsätzen.

§ 345. Die Einräumungs- oder Konzessivsätze, welche im Deutschen durch die Konjunktionen: „wenn auch, obgleich, wiewohl, trotzdem", eingeführt werden, behandelt das Aimarà in ähnlicher Weise wie die Bedingungssätze. Der Vordersatz wird mit dem Haupt- oder Nachsatz durch das Wort *uca-sa* verbunden. Das Verbum steht im Vordersatz gewöhnlich im Optativ oder Konditional, nach dem Sinne des auszudrückenden Gedanken zuweilen auch im Indikativ. Bei Gleichheit der Subjekte im Haupt- und Nebensatz steht das Zeitwort im letzteren im Gerundium, an welches statt des Ausdrucks *ucasa* blofs die Partikel *-sa* angehängt wird.

Aca ʼhakeja achiquito ucasa, ʼhaniu kollke churā-ti.	Auch wenn der Mann mich bittet, werde ich ihm das Geld nicht geben.
ʼHumaro achicʼtam ucasa, ʼhani churam-ti.	Auch wenn er dich bittet, so gieb ihm doch nichts.

Besser würde in diesen Sätzen der Konditional oder Optativ stehen.

Aca ʼhake achiquitaspa.	Wenn er mich bäte.
Aca ʼhake achiquiritaspa.	Wenn er mich bitten würde.
Suma uru cancanʼ (cancaspa) ucasa ʼhani ʼhichʼuruja kota-toke sarcayaí-ti.	Wiewohl das Wetter schön war, so fuhr ich doch nicht auf den See hinaus.
Suma uru cancaspa-sa ʼhani ʼhichuru kota-toke sarqueristʼ-ti.	Auch wenn das Wetter schön wäre, würde ich heute nicht auf dem See fahren.
ʼHila quiquiʼha-sa sitasapana ucasa, ʼhanihua taripquiririscatʼti.	Auch wenn mein eigener Bruder es mir gesagt hätte, würde ich es nicht geglaubt haben.

In diesem Satze steht aufser dem Verbindungswort *ucasa* noch die Partikel *-sa* zur stärkeren Betonung an *quiquiʼha* angehängt.

Iquiscasinʼsa arusitanacapa isʼpʼtana.	Wiewohl er schlief, hörte er, was man sagte.

Aca ꞌhakeja yatꞌcasinꞌsa aukanacapanꞌ ꞌlaquinꞌ kamiyaspatapa, marcaparo cutiñꞌpini munana.	Obgleich der Mann wußte, daß seine Feinde ihm auf dem Wege auflauerten, wollte er doch nach seinem Orte zurückkehren.

Das Gerundium braucht aber nicht immer bei Gleichheit der Subjekte im Vorder- und Nachsatz zu stehen, wie die nachfolgenden Beispiele zeigen.

Kꞌumarꞌ ꞌhaqueriquirisꞌta ucasa ꞌhaniuꞌ ꞌhupanacampi mankꞌquerist-ti.	Auch wenn ich mich wohl befände, würde ich nicht mit ihnen essen.
Usuricana (usuripana) ucasa, iquiñatꞌ sarꞌtana.	Wiewohl er krank war, stand er vom Bette auf.

Hier kann der Einräumungssatz auch durch eine Infinitivkonstruktion ausgedrückt werden:

Usuri cancañapampi-sa utatꞌ misꞌtuna.	Trotzdem er krank war (mit seinem Kranksein), ging er aus dem Hause.

Von der indirekten Redeweise.

§ 346. In dem Paragraphen, welcher von dem Zeitwort *saña* handelt, wurde bereits erwähnt, daß dieses zum Ausdruck der indirekten Rede benutzt wird, mag dieselbe Ausrichtung von Botschaften, Befehlen und Bitten, oder bloß Mitteilung von Meinungen enthalten. Im Deutschen wird die indirekte Rede entweder durch einen von daß regierten Satz ausgedrückt, in welchem das Zeitwort im Konjunktiv steht, oder die Konjunktion wird weggelassen und der Konjunktiv allein genügt. Da das Aimarà weder eine der unsrigen entsprechende Konjunktion besitzt, noch einen Konjunktiv, dessen Gebrauch dem Deutschen ähnlich ist, noch die Infinitivkonstruktion, deren sich die lateinische Sprache bedient, so giebt es im Aimarà keine indirekte Rede in unserem Sinne, sondern alles, was erzählt, befohlen oder angeraten wird, wird in direkter Form gesagt, je nach dem Sinne des Inhalts im Indikativ, Optativ oder Imperativ mit Hinzufügung des Gerundiums des Zeitworts *saña, sasina,* oder synkopiert *sasinꞌ,* welches sich auf die Person bezieht, deren Rede oder Meinung mitgeteilt wird.

ꞌHistapꞌjeto ꞌhahuira-ja ꞌhanihua macañꞌjamaquiti, sasinꞌ, chacanꞌ tincuntalapata, sasinꞌ.	Man erzählte uns, der Fluß sei nicht zu passieren gewesen, da die Brücke eingestürzt gewesen sei.

ʼHiláharo sama, ʼhupa-ja (ʼhilama) utaman· puncupa ʼhisťata uñana, sasin·, ucat·hua tampuna ʼhaipuñapataqui-hua, sasin.	Sage meinem Bruder, daſs ich die Thür seines Hauses verschlossen gefunden habe, und daher genötigt gewesen sei, in der Herberge zu übernachten.
Mallko-ja marcaʼhakenacaro camachitaina, tak·pacha ʼhicʼha chic·uru plasancap·jam, sasin.	Der Ortsvorsteher befahl den Nachbarn, alle sollten sich heute Mittag auf dem Platz einfinden.

Plasancap·jam· ist eine aus dem spanischen Substantiv *plaza*, der Platz, mit dem Verbum substantivum gebildeter Ausdruck: *plazana*, auf dem Platz; *plazancaña*, auf dem Platze sein.

Bei negativen Aussagen und indirekten Fragen kann das Gerundium *sasin·* zuweilen wegfallen.

ʼHisctap·jataina, ʼhaipuru-ti cutinini.	Sie fragten ihn, ob er heute Abend zurückkehren würde.

Dies ist aber eine Annäherung an unsere indirekte Rede, welche sich unter dem Einflusse des Spanischen eingebürgert zu haben scheint. Eigentlich müſste gesagt werden:

ʼHisctap·jataina, ʼhaipuru-ti cutináta, sasin.	Sie fragten ihn: Kommst du heute Abend zurück, sagend.
ʼHani nanacaru saña munan·-ti ke-partani-ti, ʼhanichá.	Er wollte uns nicht sagen, ob er bleiben werde oder nicht.
ʼHanihua yatiñ· jamaqui-ti, ʼhallu pachan· anch· ʼhalluni-ti, ʼhanichá.	Man kann nicht wissen, ob es in der Regenzeit viel regnen wird oder nicht.

§ 347. Soll ausgedrückt werden, daſs eine Mitteilung auf einem Gerüchte beruht, oder daſs der Erzähler seiner Sache nicht gewiſs ist, sondern was er sagt, nur vermutet, so wird dies durch die Partikel *mna* ausgedrückt, welche auch bloſs *na* ausgesprochen wird.

Mallko mna ʼhihui.	Man sagt, der Vorsteher sei tot.
ʼHupa mna maa cahuallu lunťati.	Er soll ein Pferd gestohlen haben.
Yapuni misťun ucaja lunťata mna utapancan·hua.	Als der Hausbesitzer ausging, soll der Dieb schon in seinem Hause gewesen sein.

Steht ein Zeitwort, welches: erzählen oder sagen bedeutet, im Satze, so wird *mna* gewöhnlich nach dem Gerundium *sasin·* gesetzt.

Yapuni misťun ucaja lunťata utanpancana sasin· mna san·hua.	Man sagte, der Dieb sei schon im Hause gewesen, als der Besitzer ausging.

Als Leseproben lassen wir nachstehend noch eine Anzahl kurzer Gespräche, sowie einige Abschnitte aus dem Katechismus folgen. Da der Leser sich nunmehr mit den synkopierten Formen vertraut gemacht haben wird, so sind von jetzt an die Punkte, durch welche bisher die ausgestofsenen Vokale angedeutet wurden, zum grofsen Teil weggelassen worden.

Am Schlusse des Werkes findet sich ein Verzeichnis der Wörter, die sich das Aimarà und Keshua gegenseitig entlehnt haben.

Gespräche.

Punc˙ lckesinipje; uñanim ꞌkitisa lekeni.	Man pocht an die Thür; sieh zu wer da ist.
Maa huirakochahua ꞌhumar uñaña muntam.	Ein Herr wünscht dich zu sehen.
Hisctam, ꞌkitisa ꞌhupaja, cuns muni.	Frage ihn, wer er ist und was er will.
Mantayanim.	Laſs ihn hereinkommen.
Ñahua misłunija, sama.	Sag' ihm, ich werde sogleich kommen.
Diusa asqui uru churātam, tatai!	Gott gebe dir einen guten Tag, Herr!
Cuns˙ munascta?	Was begehrst du?
ꞌHumaru aruntirihua hut˙ia.	Ich bin gekommen, dich zu begrüſsen.
Sintiu cusisła ꞌhuma uñasin, kontasim.	Ich freue mich sehr dich zu sehen, setze dich.
ꞌKauquit ꞌhut˙ta?	Wo kommst du her?
Yapuꞌhat˙ ꞌhut˙ia.	Ich komme von meinem Gute.
ꞌKauquinquisa yapumaja?	Wo liegt denn dein Gut?
Aca ꞌhakanquihua.	Es liegt ganz nahe.
Cuna pachasa utamat misłunta?	Wann bist du von Hause weggegangen?
Chaarmanti misłunła.	Diesen Morgen ging ich fort.
ꞌHayan ꞌhani uñsma-ti.	Ich habe dich lange nicht gesehen.
Chustasta-ti, marcanctachā?	Bist du verreist gewesen oder warst du in der Stadt?
Maa lariꞌhan uraquepan cancascłua.	Ich war auf dem Gute meines Onkels.
ꞌKauquinquisa aca uraquej˙?	Wo liegt dieses Gut?
ꞌHahuira ainachanquihua, sojta tupu sarañanquihua.	Fluſsabwärts, sechs Leguas zu gehen.
Ullijtat˙ misłusin-ja, chica uru puriñahua.	Wenn man morgens aufbricht, so kommt man mittags an.

Cunas uca yapunja irnacasi-ja?	Was wird auf diesem Gute gebaut?
Ainach· tokenja huirump· toncompi alisqui, 'hukampi alayanja tricump· chokempi utji.	In der unteren Gegend wächst Zuckerrohr und Mais, weiter oben Weizen und Kartoffeln.
Lariman uyupanja 'kauca huihuapasa utji?	Wieviel Vieh hat dein Onkel auf seinem Hofe?
Uyunja 'hukaquihua, pampansti allojahua.	Auf dem Hofe ist nur wenig, aber auf den Feldern ist viel.
'Kaucas tak·pachaja?	Wieviel im ganzen?
Huasuruhua 'hactapjta.	Gestern haben wir es gezählt.
Paa tunca 'piskanihua utjana.	Es waren fünfundzwanzig Stück.
'Hachanac· camaqui-ti?	Alle grofs?
Tunca 'piskani 'hachanaca tuncaraqui puitanaca.	Fünfzehn grofse und zehn Stück Jungvieh.
'Kauca 'hayasa ucana 'keparta-j?	Wie lange bist du dort geblieben?
Paa tunc· uruhua ucancta.	Ich bin zwanzig Tage dort gewesen.
Cuna pachat· pachasa cutincta-ja?	Seit wann bist du zurück?
Hualuru 'haipjatihua cutincta.	Vorgestern Abend bin ich zurückgekehrt.
Sapaqui-ti 'hut·ta, 'kitimpi irpanitacha?	Bist du allein gekommen oder in Begleitung?
Lari'hampi maa irnaquerimpihua 'hut·ta, ucaja maa mula 'kumuhua 'hicasincana.	Ich kam mit meinem Onkel und einem Knecht, welcher ein Lasttier trieb.
'Hickuru ancha saranacta, caritat·hua.	Ich bin heute viel gegangen und bin müde.
Yokalla, cunasa sutimaja?	Bursche, wie ist dein Name?
Manuelo sutinithua.	Ich heifse Manuel.
'Kauca maranita-sa?	Wie alt bist du?
Tunca mayani maranithua.	Ich bin elf Jahre alt.
'Kauquinsa utjta?	Wo wohnst du?
Auquinacahan utapana utjascta.	Ich wohne im Hause meiner Eltern.
'Hilanacanita-ti?	Hast du Geschwister?
Maa 'hiliri cullacaha utji maa sull'karaqu· utji.	Ich habe eine ältere Schwester und einen jüngeren Bruder.
'Kiti 'hukampis utamanja utji?	Wer wohnt sonst in eurem Hause?
Cullacahan chachapa apachîhampi utjapje.	Der Mann meiner Schwester und meine Grofsmutter.
'Kauca maranisa apachimaja?	Wie alt ist deine Grofsmutter?

Haniu yat·ti k͡auca maranitapsa, ña ancha maranihua.	Ich weiſs nicht, wie alt sie ist, sie ist schon sehr bejahrt.
Hac͡hascta-ti? Cunat·piniqui?	Du weinst? Warum denn?
Han ꞌhuk͡amp· ꞌhacham-ti.	Weine nicht mehr.
Sita, cunats ꞌhachascta?	Sag' mir, warum du weinst?
Hac͡hat arusim, ꞌhanihua istsma-ti.	Sprich lauter, ich höre dich nicht.
K͡achjata arusim, ꞌhaniu isapsma-ti.	Sprich langsam, sonst verstehe ich dich nicht.
Auquiꞌhaj ꞌhihuanhua, taicaꞌhasti usutahua.	Mein Vater ist gestorben und meine Mutter ist krank.
Huasuruhua auquiꞌha imantapje.	Gestern haben sie meinen Vater begraben.
Cuna usunisa taicamaja?	Was für eine Krankheit hat deine Mutter?
Hac͡ha usunihua.	Eine Brustentzündung (die groſse Krankheit).
Ajsarthua ꞌhuparaqui ꞌhiuchispa.	Ich fürchte, sie wird auch sterben.
Cuna pachat· usurija?	Seit wann ist sie krank?
Piska uruhua iquiñancatapaja.	Fünf Tage liegt sie zu Bett.
Ancha ninanacantasirinihua, ꞌhaniu· k͡itirus uñi-ti.	Sie hat sehr starkes Fieber und kennt niemanden.
Hanit kolliri ꞌhausapjta?	Habt ihr keinen Arzt gerufen?
K͡itapjthua ꞌhausiri, yatiristi ꞌhaniu ꞌhuti-ti.	Wir haben einen Boten geschickt, allein der Arzt ist nicht gekommen.
Acat· ꞌhayan utji.	Er wohnt weit von hier.
Kellkañ· yat·ta-ti?	Kannst du schreiben?
Haniu kellkañ· yat·ti.	Nein, ich kann nicht schreiben.
Leyeña yat·ta-ti?	Kannst du lesen?
Maa ꞌhuk͡aqui leyirita, tatai.	Ich lese ein wenig, Herr.
Aca papela leitasma-ti?	Kannst du dieses Papier lesen?
Yat·ta-ti satapa?	Verstehst du, was es besagt?
Haniu yat·ti, tatai.	Nein, ich verstehe es nicht, Herr.
Huaquisihua ꞌhumana leyeñampi kellkañampi yatecañama-ja.	Du muſst lesen und schreiben lernen.
Uc͡hama munirista, ucasti k͡itiraqui yatichitani?	So möchte ich, aber wer soll mich lehren?
Maa yatichiri churama ꞌhuma yatichiñataqui.	Ich werde dir einen Lehrer geben, der dich unterweisen soll.

Gespräche.

Sapa uruhua 'hutāta kellkatama uñachayanataqui, ucat·sti leyerapitāta yatecatama.	Jeden Tag kommst du und zeigst mir, was du geschrieben hast, und dann liest du, was du geschrieben hast.
Diosa pagaratam, tatai, sap· uruhua 'hutā-ja, nayasti chuimama 'pokayā.	Gott vergelte es dir, Herr, ich werde alle Tage kommen und deinen Wunsch erfüllen.
Maa uta kollkempi iñachasirispa.	Ich möchte ein Haus mieten.
Aca utaja iñachasispa-ti?	Ist dies Haus zu vermieten?
'Haniu, tata, utjirinihua.	Nein Herr, es ist bewohnt.
Cuna pachas inachapjani?	Wann wird man es räumen?
Uca utan utjiri huirakochaja maa 'pajsitaquihua iñachasi.	Der Herr, der es bewohnt, hat es für einen Monat gemietet.
Acanja chusa utanacaja 'hanit utji?	Sind hier keine leeren Häuser?
Aca 'haka callin·ja maa 'hiska uta utji.	In einer Strafse nahebei ist ein kleines Haus frei.
'Kaucarus iñachasi aca utaja?	Zu welchem Preis wird dieses Haus vermietet?
Tunca payani 'huiraru sapa 'pajsi.	Zu zwölf Thaler den Monat.
'Hanka-ti iñachirist·ja?	Könnte ich es sogleich mieten?
'His, tata 'hankasquihua.	Jawohl, Herr, sogleich.
'Hichpacha pichayā, 'haipu tokero 'hutasma.	Ich lasse es sofort ausfegen und gegen Abend kannst du kommen.
'Hislaram puncu, uta uñachaita.	Öffne die Thür und lafs mich das Haus sehen.
'Han puncuna sayanacam-ti.	Bleib' nicht in der Thür stehen.
Chamactaistahua.	Du verdunkelst sie.
'Hilectam ucata.	Tritt von hier zur Seite.
'Hani hual uñ-ti.	Ich sehe nicht deutlich.
Aca utaja ancha chamacahua.	Das Haus ist sehr dunkel.
Uca huentana 'hislaram 'hukamp·kanañapataqui.	Öffne das Fenster, um es zu erhellen.
'Hanihua aca utaja munt-ti.	Das Haus gefällt mir nicht.
Pampaj 'hurihua.	Der Boden ist feucht.
Konuñanacaja kañuhua.	Die Bänke sind schmutzig.
Pircanacaj p'ianacanihua.	Die Wände haben Löcher.
Utapatatja 'layahua manti.	Vom Dache weht Wind herein.
Tujsihua.	Es ist ein übler Geruch hier.
Acan 'haniu keparirist-ti.	Hier könnte ich nicht bleiben.

Hanit maa uta utji?	Giebt es kein anderes Haus?
Uñañ· munt·ta.	Ich will es ansehen.
Punc· hisťarata haitam lupiripana.	Laſs die Thür offen, wenn die Sonne scheint.
Lupi hunťuja uraque huañayani.	Die Sonnenwärme wird den Boden austrocknen.
Punc· hisťcatam inti halanta.	Schlieſse die Thür nach Sonnenuntergang.
Aca puncu haniu hisťasi-ti.	Diese Thür schlieſst nicht.
Maa lahua apanim chacañataqui.	Bringe ein Stück Holz, um sie zu verlegen.
Hanit acan lunťatanacaja utji?	Giebt es hier keine Diebe?
Utjihua, tata, acarusti haniu mantapje-ti.	Es giebt deren, aber hierher kommen sie nicht.
Huihuanaca pampanacanja lunťatapje, marcan·sti hanihua lunťatapje-ti.	Sie stehlen das Vieh auf den Weiden, aber im Orte stehlen sie nichts.
Maa yanapiri utjaspa-ti?	Kann ich einen Diener bekommen?
Utjiu, tata.	Es ist einer da, Herr.
Ancha caritat·hua, iquiñtasin·jahua.	Ich bin sehr müde, ich will mich zu Bette legen.
Iquiñaja ancha lahuahua.	Das Bett ist sehr hart.
Take hanchinacahua usutu.	Der ganze Körper thut mir wehe.
Taijituhua, huťamp· iquiña apanirapita.	Mich friert, bring mir mehr Decken.
Iquiña hanťactaña yanapita.	Hilf mir das Bett aufzuschlagen.
Chusinaca hanatatam.	Breite die Decken aus.
Chijmaña uscum.	Lege das Kissen darauf.
Karuru parjtaitata, huilljtata sartañataqui.	Wecke mich morgen, um früh aufzustehen.
Camisas iqu·ta?	Wie hast du geschlafen?
Hualiqui iqu·ta.	Ich habe gut geschlafen.
Hani hual iqu·t-ti.	Ich habe nicht gut geschlafen.
Sapa cutihua parjt·ta.	Alle Augenblicke bin ich aufgewacht.
Anonacaja huajasinhua.	Die Hunde bellten.
Haťa utanja huairurupjana, ojopjaraquina.	Im Nachbarhause war Gesang und Lärm.
Hanirar sartca-ti.	Ich will noch nicht aufstehen.
Yokalla, maa chusi kunuñ· jaru hanjatam, kontasihua.	Bursche, breite eine Decke über die Lehmbank, ich will mich setzen.

Gespräche.

Mesa ʽhitcatayam.	Rücke einen Tisch herbei.
Naira catajar uscum.	Stelle ihn vor mich hin.
Umat ʽparjitu, uma huarsurapita umañaru.	Ich bin durstig, giefse mir Wasser in den Becher.
Aca uma konchoraqui, laṕiraquihua, ḱoma uma apanirapita.	Dies Wasser ist trübe und lauwarm, bringe mir reines Wasser.
Umañ· aitsun.	Spüle den Becher aus.
ʽHani ḱañu huarirampi huañsuyamti, ḱomampi.	Trockne es nicht mit einem schmutzigen Lappen, sondern mit einem reinen.
Cuchillu kacsum, cuchar·sti ʽharecam.	Reinige die Messer und wasche die Löffel.
Ña manḱaña apanirapita, autjituhua.	Nun bring mir zu essen, ich bin hungrig.
Aca aicha ʽhani manḱaquirist-ti.	Dies Fleisch kann ich nicht essen.
ʽHimtatahua, ṭujsihua.	Es ist verfault, riecht übel.
Ña muchinihua.	Es hat schon Würmer.
Ucsipan chalon· manḱā.	Lieber esse ich trockenes Fleisch.
ʽHay·pacha ṕayama, ʽhuchaptañapataqui.	Koche es lange, damit es weich wird.
Ninaja ʽhani huali naqui-ti.	Das Feuer brennt nicht gut.
Lahua ʽhiska-ʽhiska ṕaquinocam.	Brich das Holz in kleine Stücke.
Nin pichcatam.	Schüre das Feuer an.
Chamampi ṕuscatam.	Blase kräftig.
Nina ʽhiutasquihua.	Das Feuer ist im Verlöschen.
Huasitat· nactayam.	Zünde es von neuem an.
Nina sansanaca ḱellampi huarjatam ʽhani ʽhiutañapataqui.	Bedecke die Kohlen mit Asche, damit sie nicht verlöschen.
Cafeya ʽhampim.	Röste den Kaffee.
ʽHan ancha ʽhaya ninapatancayamti, ʽhanucasti nacantanihua.	Lafs ihn nicht zu lange über dem Feuer, sonst verbrennt er.
Nacat cafeyaja ʽhani huali-ti.	Verbrannter Kaffee taugt nichts.
Pekañjaru cafeya huarjatam, ucat ḱijam.	Schütte den Kaffee auf den Stein und zerreibe ihn.
Cosinar saram, uma ʽhunṭucham.	Gehe in die Küche und koche das Wasser.
ʽHanirarahua huallaquesqui-ti.	Es siedet noch nicht.
ʽHuḱamṕ·camaʽpuku ninapatancayam.	Lafs den Topf länger am Feuer.
ʽHichacucha ṕuku apacam, umahua ṕurmusqui.	Jetzt nimm den Topf weg, das Wasser läuft über.

Cafejaru uma huarjatam.	Gieſs das Wasser auf den Kaffee.
Han· huaram-ti.	Verschütte es nicht.
Amparaha nacaitata.	Du wirst mir die Hand verbrennen.
Hichaj café iyam.	Jetzt seihe den Kaffee durch.
Tanta pachjam, hiska hiska cuchunocam.	Brich das Brot, zerschneide es in kleine Stücke.
Suma uma apanirapita.	Bring mir reines Wasser.
Nina muquiñahataqui karanim.	Hole mir Feuer zum Rauchen (des Tabaks).
Yokalla, kauquincascata-sa?	Junge, wo bist du gewesen?
Acancasct·hua.	Hier bin ich gewesen.
Haniu misf-ti.	Ich bin nicht weggegangen.
Karistahua, take tokét hausma, huma-sti hani istista-ti.	Du lügst, ich habe dich überall gerufen und du hast nicht gehört.
Han karisim-ti, humaj haniu llullquitasma-ti.	Du sollst nicht lügen, du hintergehst mich nicht.
Kanaqui arsuta, hanucasti mutuyamau.	Sprich immer die Wahrheit, sonst muſs ich dich strafen.
Dios asqui uru churatam.	Gott gebe dir einen guten Tag.
Camisata? Camista?	Wie geht es dir?
Asquiquita-ti?	Geht es dir gut?
Hichaqui-ti iquiñát sart·ta?	Erst jetzt bist du aufgestanden?
Cunatsa ac·hua uruja sart·ta?	Warum stehst du so spät auf?
Nayaja haiptipan ucsahua iquiñtasirita, inti halsupi sartirita.	Ich gehe immer früh zu Bett und stehe mit Sonnenaufgang auf.
Nayaja huilli-huilliraquihua sartirita, hichuru-sti usunacat·jamahua amuyasta.	Ich pflege auch früh aufzustehen, aber heute fühlte ich mich etwas unwohl.
Cuns churtam?	Was ist dir geschehen?
Taquinja hallupjctuhua, charanaca hurichasisinhua taisuyasta.	Es regnete auf dem Wege und da mir die Beine naſs wurden, habe ich mich erkältet.
Huasuruja kantiyat·ta take hanchinác· millkuta.	Gestern Morgen schmerzten mich alle Glieder.
Konkorinacaja anch· usutana han sartañ·cama.	Die Knie thaten mir so weh, daſs ich nicht gehen konnte.
Hichurusti hualiptataajta-ti?	Und heute fühlst du dich wieder wohler?

'Hisa, ña hualiptataajeta, ucasa 'hanihua kumarpachäc·ti.	Ja, ich fühle mich besser, aber ich bin noch nicht ganz wieder wohl.
Cuns arusipje?	Was sagt man Neues?
Cuna arusa utji marcanja?	Was erzählt man im Orte?
Cuna arunac·sa chasquij apanitaina?	Was für Nachrichten hat der Postbote gebracht?
Quimsa luniata 'haka marcata irpanipjataina.	Man hat drei Räuber von dem Nachbarorte gebracht.
Cuns luniatapjataina?	Was haben sie denn geraubt?
Pusi huihua maa uyata luniatapjataina.	Sie haben drei Maultiere aus einem Hof gestohlen.
Kitis catutaina?	Wer hat sie gefangen genommen?
Marca'hakenaca.	Die Ortsnachbarn.
'Haniu catuyasiña munapjan-ti.	Sie wollten sich nicht nehmen lassen.
Chachtapjan-hua.	Sie verteidigten sich.
Mainiru 'hihuayapjana, maininacarusti ñachantapjan-hua.	Sie töteten einen und fesselten die übrigen.
Marca 'haket-sti mainija chojrinchata misturaquihua.	Einer vom Orte wurde auch ernstlich verwundet.
'Kauquirusa 'hichaj sarascaata-ja?	Wohin wolltest du eben jetzt gehen?
Plasaru sarascaata, suma achunacäch· utji uñiri.	Ich ging nach dem Markte, um zu sehen, ob schöne Früchte da wären.
'Han saram-ti, nayaj ucát 'hut·ia, 'hanihua cuna hualisa uñ·ti.	Gehe nicht, ich komme von dort und habe nichts Gutes gesehen.
Aca maraja achunacaja 'kepti-hua 'pokoñanja, ancha tayaapana.	Dieses Jahr reifen die Früchte spät, denn es ist sehr kalt gewesen.
Utár 'hutam, nayampi mankasiñataqui.	Komm mit mir nach Hause, um mit mir zu essen.
Ancha 'hakusma, Dios pacaratam, 'hanirarahua mankát autjito-ti.	Ich bin dir erkenntlich, Gott vergelte es dir, allein noch habe ich keinen Appetit zum essen.
Uesipán·ja 'haipuru 'hutäta nayampi mankasiri.	Wenn dem so ist, so komme heute Abend mit mir zu speisen.
Suyapinimahua.	Ich erwarte dich gewifs.
Larimaru irpaniraquita-hua.	Du bringst auch deinen Onkel mit.
'Hallá-hallá! hualiscasin·ja 'hanirac 'hallupanja 'hutähua.	Gut! Wenn ich wohl bin und es nicht regnet, so werde ich kommen.

ʼHutapinˑta-ti?	Bist du wirklich gekommen?
ʼHanichū ʼhutcani, sascatˑhua.	Ich dachte schon, du würdest nicht kommen.
Camis nayatˑja amuyasisamanˑja ʼhan ʼhutañaja!	Wie hast du von mir denken können, daſs ich nicht käme!
Nayaj iyausasinja mayaqui, arsuriła.	Wenn ich ja gesagt habe, so halte ich mein Wort.
ʼHani ʼhutañapanja, aroja ʼkitaniriscasamana.	Hätte ich nicht kommen können, so hätte ich dir Nachricht geschickt.
Hualiquihua, mantanim.	Es ist schon gut, komm herein.
ʼKauquinsa larimaru ʼkepajtaita?	Wo hast du deinen Onkel gelassen?
ʼHanit ʼhista nayán suyataha?	Hast du ihm nicht gesagt, daſs ich ihn erwarte?
ʼHallā, ʼhistˑhua, ʼhupasti llaquisinhua ʼhan ʼhutañapan huaquisiñapatˑja, maa toketpi ʼhausayapjataina.	Allerdings, ich habe es ihm gesagt, aber bedauerte, daſs er nicht kommen könne, da man ihn schon anderswo eingeladen hatte.
Maampit manʼkasiñani.	Laſs uns denn sogleich speisen.
Nincarata manʼkaja uscutasqui.	Schon seit lange ist das Essen aufgetragen.
ʼHakáharu kontasim.	Setz dich hier an meine Seite.
Cʼhoi, ʼhilata, chupe apanim.	Heda, Bursche, bring die Suppe.
Huirakochataqui maa cʼhua uscum.	Gieb dem Herrn einen Teller.
Chupi-ti ʼhani huali ʼpayatachija, aca ʼhayumpi iata huaiʼkampi.	Wenn die Suppe nicht gut gewürzt ist, so ist hier Salz und gemahlener Pfeffer.
Suma ʼpayatahua, ʼhanihua cuna pisiiquisa.	Sie ist gut gekocht und es fehlt nichts.
Chupˑjaruja maa yapuʼhan alita chojllopa manʼkaata ancha llullusqui ucasa.	Nach der Suppe sollst du einige auf meinen Feldern gewachsene Maiskolben essen, die sehr zart sind.
Cunaraqui ʼhanija?	Warum nicht?
Chojllonacaja munataʼhapinihua.	Die Maiskolben liebe ich sehr.
Cuns ʼhichaj manʼkañ munta? cancˑti, huaiʼkanchá?	Was willst du nun essen? den Braten oder das Eingemachte?
Maa ʼhiska canca manʼkaja.	Ich werde ein kleines Stück Braten nehmen.

Gespräche.

Huaikanja haniu mankā-ti ucaja nayaru usuirihua.	Mit Pfeffer Eingemachtes will ich nicht essen, denn das würde mich krank machen.
Nairacata maa kero kusa umtam.	Zuerst trinke einen Becher Chicha.
Cuna hukamp‧sa mankāñ munasma?	Was sonst möchtest du essen?
Acanja apichu utji.	Hier sind süfse Kartoffeln.
Choke cancatasa, apillasa, chuñusa, muti utjiraqui.	Gebratene Kartoffeln, *oka*, gefrorene Kartoffeln, auch gekochter Mais.
Haniu hukampi mankā-ti.	Ich will nichts mehr essen.
Hukac‧jamaqui mank‧ta.	Du hast fast nichts gegessen.
Alloj pach‧jama mankāta.	Ich habe sehr viel gegessen.
Sart‧jañani.	Lafs uns aufstehen.
Utaharu cutiñahahua, ucán suyasipjeto.	Ich mufs nach meinem Hause zurückkehren, dort erwarten sie mich.
Hanirara sarcasma-ti.	Gehe noch nicht fort.
Maa uca huallkampi kepartam arusin‧sataqui.	Bleib' noch ein Weilchen, um zusammen zu plaudern.
Mayurutaquichini-ja.	Auf ein anderes Mal.
Diosampiqui, Diosa asqui haipu churatam; Mayur‧cama.	Gott befohlen; Gott gebe dir einen guten Abend. Bis auf einen anderen Tag.
Cunurús taquimaruja saráta?	Wann wirst du dich aufmachen zu deiner Reise?
Ñahua mistuñataqui-squipana; lurañahahua utjito; karurúj mist‧chi.	Ich sollte schon aufgebrochen sein; ich hatte noch ein Geschäft; morgen werde ich wohl abreisen.
Chui hilata, kumurír sama uñiri hutitpan, sasin.	Bursche, sage dem Maultiertreiber, er solle kommen mich zu besuchen.
Ña kumurija huti, tata.	Der Treiber ist gekommen, Herr.
Maa huihuanaca sarañataqui takatama yat‧ta.	Ich weifs, dafs du Maultiere für deine Reise suchst.
Suma huihuanacahan utjito maa suma saririmpi humamp‧ chica sarañataqui.	Ich habe gute Tiere und einen guten Läufer, um mit dir zu reisen.
Kaucsa huihuanacmata maista?	Wieviel verlangst du für deine Tiere?
Paa huir‧cama sapa uruta.	Zwei Thaler für den Tag.
Uñiri sarañani.	Lafs uns gehen und sie besehen.

Karuruja hanirar inti halsquipana huihuanaca hikanita.	Morgen vor Sonnenaufgang bringe mir die Tiere.
Satamaja luratanihua, tata, kantati huihuanacaha uyuncanihua.	Ich werde thun, was du befiehlst, Herr, bei Tagesanbruch werden meine Tiere im Hofe sein.
Kauquinsa hichcamaja keparta?	Wo bist du bis jetzt geblieben?
Hayajehua lupin misfutapaja, ucapi hichaqui unstanta.	Schon lange ist die Sonne aufgegangen, und jetzt erst kommst du zum Vorschein.
Tatai, naya hanihua huchanicti; maa mulahua huasaipu uput mistusin chakataina.	Herr, ich bin nicht daran schuld; ein Maultier lief in der Nacht aus dem Hof und verlor sich.
Hayacama sarañahahua huaquisina takañataqui.	Ich mufste weit gehen, um es zu suchen.
Hichaquihua kollu parquina hikatta.	Soeben erst habe ich es am Bergabhang gefunden.
Hani hukampi arusim-ti.	Sage nichts weiter.
Huihuaha silltarapita, maini huihuajaru-sti kumtarapita.	Sattle mein Maultier und lade das Gepäck auf ein anderes.
Sinchanacaja pisa-pisahua, hitam sinchanaca.	Die Sattelgurte sind lose, ziehe sie fester.
Estripunaca hiskahua, hititatayam.	Die Steigbügel hängen zu kurz, verlängere sie.
Huihuaha hanit uriqui? mañanichā?	Ist mein Maultier zahm? oder hat hat es Fehler?
Mul cattam frenuta naya lafjatañataqui, hanucaja muitanihua.	Halte das Tier beim Zaum, wenn ich aufsteige, sonst dreht es sich.
Kumu hual hitam, han suchuñapataqui.	Binde das Gepäck fest, damit es nicht rutscht.
Cheka toketa hukamp hati, maa kalampi irantam kumu chanipañataqui.	Auf der linken Seite ist es schwerer, lege einen Stein auf die rechte, um das Gewicht gleich zu machen.
Kauqui toks misfunani?	Wohinaus reiten wir?
Aca kullcu toke, tata.	Durch diese Gasse, Herr.
Ucat hahuira macatañani kucata misfsuñani.	Nachher gehen wir über den Flufs und steigen den Berg hinauf.
Kucata-sti haya-ti?	Ist der Aufstieg lang?
Hanihua ancha hayaqui-ti.	Er ist nicht sehr lang.
Taqui-st camisasa?	Und wie ist der Weg?

Gespräche.

Taquija 'huka kala-kalaqui ucasa, 'haniu ancha saitataqui-ti.	Der Weg ist zwar etwas steinig, aber nicht sehr steil.
Nairacát sarcam kumu mulampi, nayasti 'kepacatamata 'hutā.	Gehe du voran mit dem Lasttier, ich folge hinter dir.
'Hahuiráj man'ka-ti?	Ist der Fluſs tief?
Kauquicamasa umaja puri?	Bis wohin reicht das Wasser?
'Hanihua huihuan puracapcama purqui-ti.	Es reicht nicht bis zum Bauch der Tiere.
Ancha 'halirini-ti?	Ist er sehr reiſsend?
Aca pachanja 'hahuira 'huka 'halirinihua.	In dieser Jahreszeit ist der Fluſs nicht reiſsend.
Na kollu patanctan-hua, 'hichat-ja ïaquij pampaquihua.	Wir sind bereits auf dem Gipfel des Berges; von jetzt an ist der Weg eben.
Acat-ja ïaquij pallke.	Hier teilt sich der Weg.
Kauqueir ïaqu·sa sarañani?	Welchen von beiden schlagen wir ein?
Cupi tokeja 'hukampi yuraca ucamaraqui 'hukampi sarnacata.	Der zur Rechten ist etwas breiter und auch mehr betreten.
Unanch ast'hua, tata, 'hihuassán cheka tokero sarañas·ja.	Ich glaube, Herr, wir müssen uns nach der linken Seite wenden.
Acancasquihua maa yokalla, uca hausam.	Dort ist ein Junge, rufe ihn.
Haniu istitu-ti, tata.	Er hört mich nicht, Herr.
Maa huarmihua 'hutasqui, ucaru-sti esclam.	Da kommt eine Frau, frage sie.
Chui 'huarmi, kauquirusa aca ïaquij sari?	Heda, Frau, wohin führt dieser Weg?
Aca ïaquija 'yapunác· tokeruhua sari, tata.	Der Weg führt in die Felder, Herr.
Aquirija aca marc·tok· sari, ucasti nairacatamanquihua.	Dieser hier führt nach dem Orte, den du vor dir siehst.
Hani-ti pantañ· jamaqui ïaqui-sti?	Und auf dem Wege kann man sich nicht verirren?
Haniu, tata, ïaquija 'kepa tup·camaja checapau sari, ucat-sti cupi tokeru kenti.	Nein, Herr, der Weg geht gerade bis zum letzten Meilenstein, und von dort wendet er sich zur rechten Seite.
Maa 'hahuira macataña utji-ti?	Ist ein Fluſs zu überschreiten?
Hisa, ucasti 'huk umaniquihua.	Ja, aber er hat wenig Wasser.

Marcarusti ʼhayasqui-ti?	Und nach dem Orte ist es noch weit?
Kʼacha sarasin-ja ʼhanirár inti ʼhalantʼquipana purita.	Wenn du langsam gehst, so kommst du gegen Sonnenuntergang dort an.
ʼHisctam, ʼkauqui tokenquisa tampuja.	Frage, wo die Herberge ist.
Palasacama sarasin-ja, cupi toke calle mantam.	Wenn du bis zum Platze geritten bist, so wende dich in die Strafse rechter Hand.
Tampu puncuja callina nairacatapanquihua.	Die Thür der Herberge ist der Strafse gegenüber.
Utani, cʼhijima utji-ti huihuanacaʼhataqui?	Wirt, hast du Futter für meine Tiere?
ʼHaniu utji-ti cʼhiji-ja, tata, huaña ʼhichuquihua utji.	Es giebt kein frisches Futter, nur trockenes Gras.
Saram, cʼhiji ʼakanim marca utanacata, sarahuimat-sti pacaramán.	Gehe, suche mir Futter in den Häusern des Dorfes, ich werde dich für den Gang bezahlen.
ʼKauquinsa iquĩ-ja?	Wo werde ich schlafen?
Uta uñastaita.	Zeige mir das Haus.
Utáj ʼkañuhua.	Das Haus ist schmutzig.
Takehua laʼka ʼpoka.	Alles ist voll Staub.
Maa yokalla ʼkitanita pampa pichañataqui.	Schicke mir einen Jungen, um den Boden zu fegen.
Yokalla, ʼhichu aptam pampata.	Junge, trage das Stroh vom Boden weg.
Lipichinaca ʼhanʼacut aptam, esteranacpi ʼalsum.	Nimm die Felle von der Bank und schüttle die Strohmatten aus.
Mamái, cuna mankañás utjito?	Mutter, was giebt es für mich zu essen?
ʼHicha karita aichamáj utji-ti?	Hast du frischgeschlachtetes Fleisch?
ʼHaniu, tata, chalonaquihua utji.	Nein, Herr, es ist nur trockenes Fleisch da.
ʼKauna utjtan-ti?	Sind Eier da?
ʼHīsʼ utjiu, tata.	Ja, die sind da.
Maa chalonani chupi lurarapita.	Mache mir eine Suppe von trockenem Fleisch.
Quimsa ʼkauna ʼpayarapita.	Koche mir drei Eier.
Huahuamár sama, suma uma apanirapitpan, sasin.	Sage deiner Tochter, sie solle mir frisches Wasser bringen.
Imilla, aca umaja konchuhua, ʼkoma uma apanirapita.	Mädchen, das Wasser ist trübe, bringe mir reines Wasser.

Gespräche.

Maa 'huka suitasim, tata, 'puku uma apayanirapima.	Warte ein wenig, Herr, ich will dir Brunnenwasser bringen lassen.
Puncuja 'haniu 'histcatasi-ti.	Die Thür schliefst nicht.
Maa lahua apanim chacañataqui.	Bringe mir ein Holzstück, um sie zu verlegen.
K'umuri huihuanaca uyúr anantam, puncpi chactam, 'han mistsuñapataqui.	Treiber, treibe die Tiere in den Hof und verschliefse die Thür, damit sie nicht hinauslaufen.
Mamái, 'karuruja 'hanirár sarcasin cuns mankáñ munt'hua.	Mutter, morgen, ehe ich weiterreise, möchte ich etwas geniefsen.
Maya chupe 'payarapina tata.	Ich will dir eine Suppe kochen, Herr.
'Hichuru chupe churquista, ucaju 'hani sumacan-ti, 'hekcquipatanhua.	Die Suppe, die du mir heute gegeben hast, war nicht gut, sie roch nach Rauch.
'Hanihua chalonán chupi munt-ti.	Ich will keine Suppe von trockenem Fleisch.
Cuns payarapima, tata?	Was soll ich dir kochen, Herr?
Huallpamáj 'haniti utji?	Hast du keine Hühner?
Utjihua, tata, ancutanajaja utjaranihua.	Es sind welche da, Herr, auch junge Hühnchen.
Kaucarús huallpanacama aljta?	Wie teuer verkaufst du deine Hühner?
Chajlacamahua, tata.	Zu vier Realen, Herr.
Anchapinihua. Paa ral' cama churama.	Das ist zu viel, zwei Reale will ich dir geben.
Quimsa ral'j churchitata, huirakocha.	Drei Reale giebst du mir wohl, Herr.
Hualiquihua. Maa huallpa 'hihuayarap ita 'hichaipu, aichapa 'hukampi 'hasañapataqui.	Es ist gut. Ein Huhn schlachte mir diesen Abend, damit das Fleisch etwas weich wird.
Hualiquiu, uc'ham luraa, tata.	Gut, ich werde es so machen, Herr.
Nayán iquiñaja utan-ja pirkanacapaja ancha p'ia-p'iáu.	Die Wände des Hauses, wo ich schlafen soll, haben viele Löcher.
Ancha tayahua mantani; huariranaca apanirapita p'ianaca lluptañataqui.	Es kommt sehr kalt herein, bringe mir Lappen, um die Löcher zu verstopfen.
'Hanihua huariranacaja utjitu-ti; 'hichu apanirapima.	Ich habe keine Lappen für dich, ich will dir Stroh bringen.

ʼHichu apanitamaja pistihua, ʼhukámpʻ apanim.	Das Stroh, welches du gebracht hast, reicht nicht aus, bringe mehr.
Acáj ʼhichuja.	Hier ist das Stroh.
Diusa asqui ʼhaipu churatam!	Gott gebe dir eine gute Nacht!
Karuru huilljtata ʼhunt' uma aparapitata.	Morgen früh bringe mir heifses Wasser.
Apanirapimahua, tata.	Ich werde es bringen, Herr.
Kʻumuri, huihuanacáj hualti manke?	Treiber, haben die Tiere gut gefressen?
ʼHaniu, tata, pisi chijihua utjana.	Nein, Herr, es war zu wenig Futter da.
Utaniru sama, ʼhukámpʻ chiji apanim, sasin.	Sage dem Wirt, er solle mehr Futter bringen.
Tata, kumu mulaja cruseruta usuchjatahua.	Herr, das Lasttier ist auf dem Rücken wund.
Cuns huaquisi kollañataquija?	Was mufs geschehen, um es zu verbinden?
Lipichi uscuñahua huaquisi, ʼhani ʼhukampi usuchasiñapataqui.	Es müssen Felle aufgelegt werden, damit es nicht noch mehr wund wird.
Utaniru ʼhisctam, lipichi utjan-ti, sasin.	Frage den Wirt, ob er Felle hat.
Utjiu, tata.	Er hat welche, Herr.
Kaucacamsa aljáñ muni?	Wie teuer will er sie verkaufen?
Maa ʼhuiracama maìsi.	Einen Thaler fordert er.
Sojta ral churam.	Gieb ihm sechs Reale.
Mamái, chupija ʼhanirár-ti katitūqui?	Ist die Suppe noch nicht fertig, Mutter?
Ñanihua, tata.	Beinahe, Herr.
Pucum uñaìta, kumpiña apacam.	Lafs mich deinen Topf sehen, nimm den Deckel ab.
ʼHani cosinaru mantanim-ti, anchahua ʼhekesqui.	Komme nicht in die Küche, es raucht sehr stark.
Hankachtasim, ña intij lupihua, mistuñahahua utjitu.	Beeile dich, die Sonne brennt schon, ich mufs aufbrechen.
Kaucás manumat-ja korpachahuimat-ja?	Wieviel schulde ich dir für deine Beherbergung?
Chijinacat-ja ʼhaniu yat·ti ʼkauca manutam-sa, chachaharu ʼhisctani.	Wieviel du für das Futter schuldest, weifs ich nicht, ich will meinen Mann fragen.

Gespräche.

Hank hausam, arusiñahahua utji.	Rufe ihn sogleich, ich habe mit ihm zu reden.
Suitasim, tata.	Warte ein wenig, Herr.
Uta kepaja uyuncasquihua.	Er ist im Hofe hinter dem Hause.
Utani, uñtata-ti kuri marcaru taqui sarir-ja?	Wirt, kennst du den Weg nach jenem Orte?
His, tata, uñt-hua.	Ja, Herr, den kenne ich.
Camisasa uca taquija? Hikatañjama-ti, hanichá?	Wie ist der Weg? Leicht zu finden oder nicht?
Nairacatapaja sumahua, hacha tupuhua pamparaquihua.	Der erste Teil ist gut, breite Landstrafse und eben.
Paa tup sarasin-ja maa hahuirahua purita, ucasti cayucama macatañaquihua.	Wenn du zwei Leguas gegangen bist, gelangst du zu einem Flusse, welcher durchwatet werden mufs.
Hani-ti chaca utji?	Ist keine Brücke da?
Chaca utjiri-ja, hahuira apasje.	Es war eine Brücke da, allein der Flufs hat sie weggerissen.
Hanihua kachachañjama-ti, hanirara hahuira halarquipana.	Es ist nicht möglich, sie wieder herzustellen, ehe der Flufs gefallen ist.
Kauc-jasa hahuir macataja?	Wo ist die Furt des Flusses?
Chacata hahuir huk amputahua.	Von der Brücke etwas thalaufwärts.
Hahuir kucatan-ja maa mikayo utji.	Auf der anderen Seite des Flusses ist sumpfiges Land.
Ucarujaquihua ñajo taquija.	Dort ist der Weg schlecht.
Taquija hani uñsti-ti.	Der Weg ist nicht zu sehen.
Sapacatana taqui takañahua.	Jeder mufs sich den Weg suchen.
Maa taqui uñtiri irpā.	Ich werde einen Wegweiser mitnehmen.
Marcan takarapita maa taqui uñtiri yokalla.	Suche mir im Orte einen Jungen, der mir den Weg zeigt.
Tata, yokahámp sarapjam, kapa huainahua, hahuir macat-sti hual uñtirihua, uca maraqui mikayquipa taqu-sti yatiraquihua.	Herr, ich werde dich von meinem Sohne begleiten lassen, ein flinker Bursche, der die Furt gut kennt, sowie auch den Weg durch den Sumpf.
Hualiquihua, huahuama hank hutpan, sama.	Gut, sage deinem Sohne, er solle sogleich kommen.
Yokalla, nayampi saraña munta-ti? Taqui hual uñtata-ti?	Junge, willst du mit mir gehen, kennst du den Weg gut?

Cuna pachasa hahuirámp mikayompja macata-ja?	Wann bist du durch den Flufs und den Sumpf gegangen?
Hualuruquihua.	Erst vorgestern.
Huihuaha-ja hahuir macataspa-ti? Hani-ti kumuja hurichascáspa?	Kann mein Maultier den Flufs passieren? Wird das Gepäck nicht nafs werden?
Haniu, tata, nayaja hahuira asnuhampihua macata, uca pacha-sti hahuiraja kukampi mantatan-hua, hualurút pachasti hanihua hallu purje-ti.	Nein, Herr, ich bin auf meinem Esel durch den Flufs geritten, und damals war der Flufs noch höher, denn seit vorgestern ist kein Regen mehr gefallen.
Sarañani.	Dann lafs uns gehen.
Acán hahuiraja.	Hier ist der Flufs.
Tata, han uca tok mantan-ti, mantañasti llusłahua, kuriujtatjamoja hualiu mantañamaja.	Herr, gehe nicht dort hinunter, der Abstieg ist schlüpfrig, auf jener Seite kannst du gut hinunterkommen.
Naya hahuir mantā, nairacát sarca, huma kepáhata hulúta.	Ich will in den Flufs gehen und vorausreiten, du wirst hinter mir nachfolgen.
Hanit kalanacaja hahuirán utjqui?	Sind keine Steine im Flufs?
Hanihua, taipija mikayahua.	Nein, der Grund ist schlammig.
Hukata mikayaru puriñani.	Eine kurze Strecke weiter werden wir zum Sumpf kommen.
Acanaqui latacasma, tata, hanucasti huihuahua chactjaspa.	Hier möchtest du lieber absteigen, Herr, sonst könnte das Maultier einsinken.
Na mikay-ja pasjtanhua, tata, ña latjatasjasma.	Nun haben wir den Sumpf passiert, du kannst nun wieder aufsteigen.
Cuna sutinisa uca cupi tokenquisa hiska marcaja?	Wie heifst das kleine Dorf auf der rechten Seite?
Hani marcaquiti, tata, estanciaquihua.	Es ist kein Dorf, Herr, nur ein Gehöft.
Kayu marcanquiri iclesia uñstiquija, ucán utanacapahua.	Zu jenem Dorfe, dessen Kirche sichtbar ist, gehören diese Häuser.
Kayunquiri kolloja sutini-ti?	Hat der Berg dort einen Namen?
Hanihua yat-ti, tata, chiár kollo sutinjahua.	Ich weifs es nicht, Herr, ich glaube er heifst der schwarze Berg.

Gespräche.

'Kuyu 'hacha 'kunu kolloja cuna sutinisa?	Wie heifst der grofse Schneeberg?
Illampu sutinihua, kota 'kucatanquihua.	Das ist der Illampu, er liegt auf der anderen Seite des Sees.
'Kauca 'hayasa 'kuyu nairacatasanquisa uca marca-ja?	Wie weit ist der Ort entfernt, der vor uns liegt?
Paa tupuhua, ucana iquiñani ('haipuñani).	Zwei Leguas, dort werden wir schlafen (die Nacht bleiben).
'Kuyu kollunacan-ja huiskackanaca sipitapje-ti?	Werden in jenen Bergen dort Viskachas gefangen?
Haniu, tata, 'kullunacaquihua utji.	Nein, es giebt da nur Rebhühner.
Tarujanacaja utjaspa-ti?	Ob es wohl Rehe giebt?
'Hukahua, yakep cutija anonacampihua catuyapje.	Wenige, zuweilen jagt man sie mit Hunden.
Sunin-ja huarinacaja utjihua.	Auf der Puna giebt es Vicuñas.
Tama-tamán sarnacapje, ancha urinacapje-hua.	Sie wandern in Rudeln und sind sehr scheu.
Kota ttyurinacaja mankaña-ti?	Sind die Wasservögel efsbar?
Yakepaja mankañahua, mauinacasti 'hani huali-ti mankañataqui.	Einige sind efsbar, andere jedoch sind nicht gut zum essen.
Aichapa turuhua, 'hoko-hoko tujsirihua.	Ihr Fleisch ist hart und riecht nach Schlamm.
Challhuanacaja 'hiskanacachi ucusa mojsahua.	Die Fische sind zwar klein, aber schmackhaft.
Kayan catupjchua.	Man fängt sie in Netzen.
Cuna pajsinsa aca uraquenja satapje?	In welchem Monat wird in dieser Gegend gesäet?
Hanirara 'hallupachapinihua satapje.	Man säet vor der eigentlichen Regenzeit.
Satatanacaja ña chillchinacasquihua.	Bereits sind überall die Saaten aufgegangen.
Hupa alinacaja ña 'hillatahua.	Die Quinoapflanzen sind schon gut gewachsen.
Cuna pachasa nairatata choqueja lamayusi?	Wann werden die ersten Kartoffeln geerntet?
Cuna pachasa chojllonaca aptapipje?	Wann werden die Maiskolben gesammelt?
Sunin-ja toncohuirunacaja 'hiskaquihua, achunacapasti 'hiskaraquihua.	Auf der Puna sind die Maisstengel klein und die Ähren sind ebenfalls klein.

'Huntu kerhuanacan-ja toncón huirunacapaja 'hachahua, chojllopasti 'hackaraquihua.
Sunin-ja huaira tayaraqui huañaraqui.
Ucan-ja hanihua 'humpisi-ti.
Yuncanacan-ja tayaja 'hunturaqui 'huriraqui, kauquihua 'humpiña.

Sunin-ja lanko taura isinacampi llaunocasiñahua ('harjatasiñahua).

'Huntu kerhuanacan-ja 'kca isinacampihua istasipje.

K'umuri saitam, kumuhua suchoke.
Latcasin kachachtam.
Uc'hamaja 'hanihua kachachaña-ti, huiska pisarayañahua.

Lasu pisarayam.
Suitam, latata, 'humaru yanapañataqui.
Lasu acı tokét catü, kumuraqui ituni.
'Hickasti 'hitam.
Paltaja pisáu, unuquesquihua.

Palta mai huiskampi chintam.

Huihuaja umát parji.
Freno apacam umtayañataqui.

Ucamaqui umtpan, tata.
Haniu frinanija hual umtcuspa-ti, cun-ti naya 'hisma, ne turam.

Hallur-jamahua.

In den heifsen Thälern ist das Rohr der Maispflanze hoch und die Kolben sind gleichfalls grofs.
Auf der Puna ist die Luft kalt und trocken.
Dort schwitzt man nicht.
In den tiefen Thälern ist die Luft heifs und feucht, und man schwitzt stark.
In der Puna mufs man sich mit dicken wollenen Kleidern verwahren.
In den heifsen Thälern kleidet man sich in Baumwollenzeug.

Treiber, halte an, das Gepäck ist zur Seite gerutscht.
Steig ab und richte es gerade.
So kannst du es nicht gerade richten, der Strick mufs erst gelöst werden.
Löse den Riemen.
Warte, ich will absteigen, um dir zu helfen.
Ich will den Strick von dieser Seite herziehen und den Ballen heben.
Jetzt ziehe an.
Was oben aufliegt ist lose und bewegt sich.
Schnüre das Bündel mit einem anderen Strick.
Mein Maultier ist durstig.
Nimm den Zaum ab, um es trinken zu lassen.
Es mag saufen, so wie es ist.
Es kann mit dem Zaum nicht gut saufen, thue wie ich dir gesagt habe.
Es scheint, es wird regnen.

Llakota apsurapita alforjata.	Hole meinen Mantel aus der Satteltasche.
Llakota loktita maampi uscusiñatuqui.	Reich mir den Mantel, um ihn gleich umzuthun.
Huihua catum, uriptaraquispa.	Halte das Maultier, es könnte scheu werden.
Aca huihuaja urihua 'hakontatanihua.	Das Maultier ist tückisch und wird mich abwerfen.
'Han ajsartam-ti, huihuáj ancha huihuallahua.	Sei nicht bange, das Maultier ist ganz zahm.
'Pajsi 'hilahua 'han sarnacatapa-ja, naira urusti mau 'huka tiscunaquerihua.	Seit einem Monat ist es nicht geritten worden, und am ersten Tage springt es etwas umher.
Pay urut·sti uñatahua llampu sartatapa.	Nach ein paar Tagen wirst du sehen, wie sanft es geht.
'Turuhua, 'han kaririraqui.	Es ist stark und wird nicht müde.
Ñahua marcaru puriñani.	Bereits werden wir zum Orte gelangen.
Tampuna huihuanác uñam, nayasti tata curaru uñantirihua sarā.	Hüte die Tiere in der Herberge, ich werde gehen, den Herrn Pfarrer zu besuchen.
Yokalla, 'humaja tata curán utapa uñta-ti?	Bursche, kennst du das Haus des Herrn Pfarrers?
'His, tata, uñthua.	Ja, Herr, ich kenne es.
Acát 'hayanqui-ti?	Ist es weit von hier?
'Haniu, tata, 'hakanquihua.	Nein, es ist nahe.
Taipi calli sarañanquihua.	Nur eine halbe Strafsenlänge zu gehen.
Ucaru irpita, uta uñastayita.	Führe mich hin und zeig mir das Haus.
Acáj utaja, tata.	Dies ist das Haus, Herr.
Puncu 'histata-hua.	Die Thür ist verschlossen.
Punc lektam.	Klopfe an die Thür.
'Haniu 'kitisa istasqui-ti.	Niemand hört es.
'Hanjahua tata curaja acanqui-ti.	Es scheint, dafs der Herr Pfarrer nicht hier ist.
Lekjatam.	Klopfe noch einmal.
'Kitisa?	Wer ist da?
Nayathua, punc 'histaram.	Ich bin's, öffne die Thür.
'Hanihua 'kitisa utanqui-ti.	Es ist niemand zu Hause.

Hisłaram puncu, 'ḣismáu.	Öffne die Thür, sage ich dir.
Hanḱa, 'hallusquihua.	Rasch, es regnet.
Tata curáj 'hanit utapanqui?	Ist der Herr Pfarrer nicht zu Hause?
'Haniu, tata, misłua.	Nein, er ist ausgegangen.
Cunapachás cutinjani?	Wann kommt er zurück?
'Hanihua yat-ti, tata, ina 'haipu arumasa cutinchini.	Ich weifs es nicht, Herr, vielleicht kommt er spät in der Nacht.
'Kauquirús sarina?	Wohin ist er gegangen?
Maa usuri uñirihua sari.	Er ist gegangen, um einen Kranken zu besuchen.
'Han hualihua sihua, huasurusti auqus· aparapi.	Er sagt, es gehe ihm nicht gut, gestern hat er ihm die Sakramente gebracht.
'Kitís usuristi?	Und wer ist der Kranke?
Alcalde yokapa, tata.	Der Sohn des Alkalden.
Tata curáj 'kurín 'keparani 'hihuañapcama pampachairi.	Der Pfarrer wird dort bleiben bis zu seinem Tode, um ihn zu begraben.
Hualiquihua. Tata curár sala cutinipana, maa huirakochahua 'humaru uñantiri 'huti, sasin, 'karuruu cutinihua, sihua.	Gut, sage dem Herrn Pfarrer, wenn er zurückkehrt, dafs ein Herr gekommen ist, ihn zu besuchen, und dafs derselbe morgen wiederkommen wird.
Sáhua, tata, cunás sutimaja?	Ich will es ihm sagen, wie heifst du?
Aca papela churesma-ja ucán kellkantahua sutihaja, uca papelpi tata curaru churáta.	Hier, dies Papier gebe ich dir, auf diesem Papier ist mein Name geschrieben, und dies giebst du dem Herrn Pfarrer.
Churáhua, tata.	Ich werde es ihm geben.
'Hani armtasim-ti, chakayaraquisma!	Vergifs es nicht, dafs du es nicht verlierst!
Tampuru cutjanani.	Wir wollen zur Herberge zurückkehren.
'Kauquinquisa kumurihaja?	Wo ist mein Treiber?
'Haniu yat-ti, tata; 'hayajchua mistutapaja.	Ich weifs es nicht, Herr, es ist lange her, dafs er ausgegangen.
Huihuanaca manḱa łihuapje-ti?	Hat man die Tiere gefüttert?
'Haniu tata, ḱumurija 'hani cuns sisquitu-ti.	Nein, Herr, der Treiber hat mir nichts gesagt.

Huihuanacáj uyu mankancasquihua, silltata.	Die Maultiere stehen im Hofe gesattelt.
Haniraquihua kumu huihuát apajqui-ti.	Auch das Gepäck hat er nicht heruntergenommen.
Kumurir lactanim, 'hichpacha 'hutpan, sama.	Suche den Treiber und sage ihm, er solle sogleich kommen.
Tata, huahunhaja uñatainahua bolichina machata.	Herr, mein Sohn hat ihn in der Schenke betrunken gesehen.
Irptanim, pekepatarusti uma challjatam.	Führe ihn her, giefse ihm Wasser auf den Kopf.
Huihuanác sillaram, kumusti hararam.	Sattle die Tiere ab und nimm das Gepäck herunter.

Leseproben

aus dem „Manual de la Doctrina cristiana en Aimarà"
vom P. Fr. Fernando de M. Sanjinès.

Das Vaterunser.

Nanacan auquissa, alajpachana cancta, sutima 'hampatitapa, 'kapaj cancañama nanacaru 'hutpana, munañama luratapana, camisa alajpachan uk'hamaraqui acapachansa. Sapuru tantassa 'hich'uru churapjeta, 'huchanacsti pampacharapita, camisa nanacassa nanacaru 'huchachasirinacarús pampachapjta uk'hama; haniraqui huatekaru tincuyapjestati, ñank'ata 'kespiyapjaraquita.

Unser Vater, du bist im Himmel, dein Name werde verehrt, dein Reichtum möge zu uns kommen, dein Wille möge geschehen, wie im Himmel, also auch auf der Erde. Das Brot aller Tage gieb uns heute, vergieb uns unsere Fehltritte, sowie wir denen, die gegen uns gefehlt haben, auch verzeihen; laſs uns auch nicht dem Versucher begegnen, sondern befreie uns von dem Schlechten.

Das Glaubensbekenntnis.

Iyausthua Dios auquin, take atipiri alajpacha acapacha luriri, Jesu Cristonsa 'hupán sapa yokapa, 'hakeru tucuna. Virgen Santa Marian puracapata yurina, Poncio Pilaton arupata mutuna; maya crusaru chacatata 'hihuana, mank'a pachanacaru mantana, quimsa uru 'hihuatapata 'hihuatanacan taipipata 'hacatatjana, alajpacharu

Ich glaube an Gott den Vater, den allmächtigen Schöpfer des Himmels und der Erde, an Jesus Christus, seinen alleinigen Sohn, der Mensch wurde, aus dem Leibe der heiligen Jungfrau Maria geboren, auf Befehl des Pontius Pilatus gelitten hat, ans Kreuz geschlagen starb, in die untere Welt eintrat, drei Tage nachdem

misftuna, ucanhua take atipiri Dios auquin cupipan uljasqui; ucatpachahua 'haquirinacsa 'hihuirinacsa taripiri 'hutani. Iyausthua Espiritu Santon, Santa-Iglesia catolicán, Santonacán mayachasiñapa, 'huchanacan pampachasiñapa, aichana 'hactatañapa, huiñaya 'hacañsa.

er gestorben, aus der Mitte der Toten wieder auflebte und zum Himmel aufstieg, und dort zur Rechten des allmächtigen Gottes des Vaters sitzt, von dort wird er kommen, die Lebenden und die Toten zu richten. Ich glaube an den heiligen Geist, die heilige katholische Kirche, die Gemeinschaft der Heiligen, die Vergebung der Sünden, die Wiederbelebung des Fleisches und das ewige Leben.

Katechismus.

'Kitis nanacaru huihuisto?
Wer hat uns geschaffen?

Apu Dios, alajpacha acapacha luririhua.
Gott der Herr, des Himmels und der Erde Schöpfer.

Cunalaicús 'hihuassaruja huihuisistu?
Wozu hat er uns geschaffen?

'Huparu munañataqui, chupichañataqui aca pachan, ucatsti alajpachan huiñayan huiñayapataqui cusisiri Diosaru uñcatañataqui.
Um ihn zu lieben und zu verehren auf dieser Erde, und dann im Himmel ewig froh zu sein und ihn anzuschauen.

'Humasti, cristianota-ti?
Und bist du ein Christ?

'Hallā, Diosan graciapalaicu.
Ja, durch die Gnade Gottes.

'Kitis cristianusti?
Und wer ist ein Christ?

'Kititija pautismo catoke, Diosán camachita arunacapa huakaichi.
Wer die Taufe empfangen hat und Gottes Gebote hält.

'Kauquiris cristianón unanchapaja?
Welches ist das Zeichen des Christen?

Santa crusahua.
Das heilige Kreuz.

Cunalaicu?
Warum?

Cuna laicutija 'hihuassa uca crusan 'kespiyistu-ja.
Weil er uns durch dieses Kreuz errettet hat.

Cunhamasa crus unachaj lurañaja?
Wie muſs das Kreuz gemacht werden?

Quimsa crusa lurasin cupi ampara 'hacha lukanampi, mayaj parán, payaj lacán, quimsaj chuimán, sasa: Santa crus.
Indem man mit dem Daumen der rechten Hand drei Kreuze macht, eins auf der Stirn, eins auf dem Mund und das dritte auf dem Herzen und sagt: „Heiliges Kreuz".

Cunataquiraqui parana?
Take yanka lupiñanaca 'hihuassan kespiyañataqui.
Cunataquiraqui lacansti?
Take atipiri Dios yanka arunacata kespiyañataqui.
Cunataqui chuimansti?
Take atipiri Dios yanka lurañata, munañata 'hihuassa kespiyañapataqui.
Cunhamsa maya sekesiñaja?
Maya crusa lurasa, cupi amparampi parata chuimacama, cheka callachita cupi callachicama, akhama sasa: Dios Auquin, Dios Yokán, Dios Espiritu Santón sutipán.

Cuna pachás aca crusja unanchasiñanisti?
Kauqui pachansa, cuna chijinsa, mankasiñataqui, iquiñata sartasinsa, utata misfusinsa, iglesiaru mantasinsa, cuna lurana kalltasinsa.

Cunaraqui cristianonacasti lurapjani alajpacharu sarañataqui?
Diosán camachita arunacapa, Santa Iglesia taicassán satapa 'pokachaña.
Kauka yanacás huaquisi cristianon yatiñapaja nia pakallko maranisin?
Pusi yanaca.
Yatiña cuns iyausani, cuns mayini, cuns lurani, cuns catokani uca.

Cunhams yatini iyausañaja?

Take iyausaña cancaña yatisa.

Weshalb auf der Stirn?
Damit er uns von schlechten Gedanken befreit.
Und weshalb auf dem Munde?
Damit der allmächtige Gott uns vor schlechten Reden behütet.
Und wozu auf dem Herzen?
Damit der allmächtige Gott uns vor schlechten Handlungen und Wünschen bewahrt.
Wie bekreuzt man sich einmal?
Indem man ein Kreuz macht mit der rechten Hand von der Stirn bis zur Brust, von der linken zur rechten Schulter, und also spricht: Im Namen Gottes des Vaters, des Sohnes und des heiligen Geistes.
Und wann sollen wir das Zeichen des Kreuzes machen?
Zu jeder Zeit, bei jeder Gefahr, beim Essen, beim Aufstehen aus dem Bette, beim Ausgehen aus dem Hause, beim Eintritt in die Kirche, beim Anfang einer Arbeit.
Und was sollen die Christen thun, um in den Himmel einzugehen?
Gottes Gebote und die Vorschriften unserer Mutter, der Kirche, erfüllen.
Welche Dinge ziemt es dem Christen zu wissen, wenn er sieben Jahre alt ist?
Vier Dinge.
Wissen, was er glauben soll, was er bitten soll, was er thut und zu empfangen hat.
Wie wird er wissen, was er zu glauben hat?
Indem er alle Glaubensgebote kennt.

Cunhams mayitapa yatini?	Wie wird er wissen, um was er bitten soll?
Nanacan auquissa yatisa take iglesián cunhams mayitapa yatisaraqui.	Indem er das „Vaterunser" weiſs und alle Gebete der Kirche kennt.
Cunhamsa luratapja yatini?	Wie wird er wissen, was er zu thun hat?
Diosán camachita arupa Santa Iglesia taicassans yatisa, ukhamaraqui hakemasiparu kuyapayaña asqui luraña yatisa.	Indem er Gottes Gebote und die der Mutter Kirche kennt, und auch die seinen Mitmenschen zu erweisenden Wohlthaten kennt.
Cunhamsa catokañapa?	Wie, was er zu empfangen hat?
Santa Iglesia taicassan Sacramentonacapa yatisa.	Indem er die Sakramente unserer Mutter, der Kirche kennt.
Kitis Nanacán Auquissa yatichistu?	Wer hat uns das Vaterunser gelehrt?
Jesu Cristo auquissahua hihuassaru mayiña yatichañataqui.	Unser Herr Jesus Christus, um uns beten zu lehren.
Kitis si: iyausthua, sasaja?	Wer sagte: ich glaube?
Apostolonacahua.	Die Apostel.
Cunataqui?	Weshalb?
Maya sapa doctrina yatichañataqui take acapachán.	Um einen Glauben auf der ganzen Erde zu lehren.
Cunalaicus: iyausthua, sapjtasti?	Und warum sagt ihr: ich glaube?
Iyausaña confessañataqui huali chamachata take chuima.	Um den Glauben zu bekennen, der unser ganzes Herz erfüllt.
Kauca partinisa iyausañoja?	Wieviel Teile hat der Glaube?
Tunca payanihua, camisatija tunca payaniphana apostolonacaja.	Zwölf, so wie der Apostel zwölf waren.
Kaucás Diosán camachita arunacapaja?	Wie viele sind der Gebote Gottes?
Tuncahua. Naira quimsaja Dios cancañapata arusi, kepa pakallkosti hake masissán asquipata.	Es sind zehn. Die ersten drei sprechen von Gottes Wesen, die sieben folgenden vom Wohle unserer Mitmenschen.
Naira arún sihua: Diosaru take cunjaru, take chuima munaña.	Im ersten Gebot sagt er: Gott über alles mit ganzem Herzen lieben.
Paya arún sihua: Hani Diosán kapaj sutipa inapampa aitasiña.	Im zweiten Gebot sagt er: Gottes heiligen Namen nicht leichtfertig brauchen.
Quimsa arún sihua: Domingonaca, fiestanaca samata.	Im dritten sagt er: du sollst an Sonn- und Festtagen ruhen.

Pusi arún sihua: auquimsa taicamsa yupaichata.
Piska arún sihua: ʼhani ʼhihuayaña.
Sojta arún sihua: ʼhani huachoj ʼhucharu puriña.
Pakallko arún sihua: ʼhani lunṭataña.
Quimsakallko arún sihua: ʼhani inapampa tumpaña, ʼhani ḱarisiña.
Llatunca arún sihua: ʼhani ʼhake masimán huarmipa munapayaña.
Tunca arún sihua: ʼhani ʼhake masimán asquipsa, cuna ʼkauquipsa munapayaña.
Aca Diosán tunca camachita arupaja payaruquihua tucu: Diosaru take cunjaru munaña; ʼhake masimarusti ʼhuma quiquimaruʼhama.
ʼKiḉiruraqui aca tunca camachita arunaca churansti?
Maa amauṭaru Moisés sutini may kollo patán.
Diosán camachita arunacapasti huaquisi-ti huakaichañasaja ʼkespiñataqui?
ʼHallá, huaquisihua.
Maya camachita aru ʼhani huakaichasa-sti ʼkespini-ti?
ʼHanihua, cunalaiculi-ja take tunca ʼpokachañahua huaquisi.
ʼHani huakaichirinacataqui-sti cuna llaquis, cuna mutuñás suyi?
Manḱapachán ʼhan tucusiri ninapahua.
Cunás manḱapacha-sti?
Maya mutuña carselahua nina ʼpoka supayonacán utjata, ucanhua mutupje ʼhuchunacapar·cama take ʼhacʼha ʼhuchán ʼhihuirinaca.

Cunás misasti?

Im vierten sagt er: du sollst **Vater** und Mutter ehren.
Im fünften sagt er: nicht töten.
Im sechsten sagt er: nicht die Sünde des Ehebruchs begehen.
Im siebenten sagt er: nicht stehlen.
Im achten sagt er: nicht fälschlich beschuldigen, nicht lügen.
Im neunten sagt er: nicht deines Nächsten Weib begehren.
Im zehnten sagt er: nicht deines Nächsten Güter begehren.

Diese zehn Gebote Gottes sind in nur zwei enthalten: Gott über alles lieben und deinen Nächsten wie dich selbst.
Und wem gab er diese zehn Gebote?
Einem Weisen Namens Moses auf dem Gipfel eines Berges.
Und Gottes Gebote müssen gehalten werden, um uns zu retten?

Ja, das müssen sie.
Und wer eines dieser Gebote nicht hält, kann gerettet werden?
Nein, weil alle zehn erfüllt werden müssen.
Und die sie nicht erfüllen, welcher Nachteil, welches Leid trifft sie?
Das nicht erlöschende Feuer der Hölle.
Und was ist die Hölle?
Ein Leidensgefängnis, voll Feuer und von Teufeln bewohnt; dort leiden je nach dem Mafse ihrer Sünden alle die mit Schuld beladen sterben.
Was ist die Messe?

Maya kana unanchahua take kollana Jesu Cristu Auquissán mututapa, 'hihuatapa.	Ein deutliches Bild des ganzen Leidens und Todes unseres erhabenen Herrn Jesus Christus.
Cuns lurasini asqui misa isťañataqui?	Was muſs man thun, um die Messe richtig anzuhören?
Kallaratata tucuyañacama take chuima Diosaru catuyasisin kollana Maria taicapampiru.	Sich von Anfang an bis zu Ende von ganzem Herzen Gott und seiner erhabenen Mutter Maria empfehlen.
'Kitinacáns misa isťañapaj huaquisi?	Wem geziemt es, der Messe beizuwohnen?
Take cristianonacán, nia pakallko marata-pacha.	Allen Christen vom siebenten Jahre an.
Cuna urunacáns misa isťañaj huaquisi?	An welchen Tagen sind sie verpflichtet, die Messe zu hören?
Domingonacán 'hacha fiestanacan.	An Sonntagen und hohen Festtagen.
'Hani misa isťiristi, 'huchanchasi-ti?	Und wer nicht die Messe hört, der versündigt sich?
'Hisa, 'huchanchasihua.	Ja, der sündigt.
Auquinacás, taicanacas 'hani misa isťayaña muniri huahuanacaparu, 'huchanchasiraquipjeti?	Und die Väter und Mütter, die ihre Kinder nicht die Messe hören lassen wollen, sündigen die auch?
Hallá, 'huchanchasiraquihua.	Allerdings, sie sündigen auch.
Cuns 'hukampi domingonacan fiestanacan luraña huaquisi?	Was sonst ist man verpflichtet an Sonn- und Festtagen zu thun?
'Hani uca urunacán irnakaña.	Nichts am Tage zu arbeiten.
Yapunacapán kollirinacasti aca 'hacha urunacán, 'hacha 'hucharu puriraqui-ti?	Und die auf ihren Feldern arbeiten, begehen die eine groſse Sünde?
'Hallá, cunalaicutija acaja 'hani huaquisqui-ti.	Freilich, denn das ist nicht erlaubt.
Cuna pachás huaquisi confesasiñaja?	Wann sind wir verpflichtet zu beichten?
Maran'hama mayacuti cuaresmán, 'hihuañaru purirjamipansa.	Einmal im Jahre in der Fastenzeit, und wenn jemand dem Tode zu nahen scheint.
Cuns lurañani confesasiñataqui-sti?	Und was thun wir, um zu beichten?
Doctrina cristiana asqui yatekaña, 'huchanacassa amťapisiña, Diosán	Die christliche Lehre gut lernen, uns unserer Sünden erinnern,

yanapañapa mayiña, take chuima kichusisa.	Gottes Hilfe erbitten, indem wir sie von ganzem Herzen bereuen.
Ucat-sti?	Und darauf?
Confesoraru hakachsiña: „Naya huchanihua confesasta" resasa, kana aru take huchanaca confesasa.	Uns dem Beichtiger nähern, indem wir beten: „Ich bekenne ein Sünder zu sein", und mit deutlichem Wort alle Sünden beichten.
Kititi ajsarasin cuna huchsa amucti, suma confesion luraspa-ti?	Wer aus Furcht eine Sünde verschweigt, hat der auch genügend gebeichtet?
Hacha hucharu puri.	Er begeht eine große Sünde.
Ucat-sti?	Und dann?
Confesorán cujatapa istaña: „Apu kollana Jesucristo" resaña take chuima kichusisa take huchanchasisata, penitencia luraña.	Die Ermahnung des Beichtigers anhören, beten: „Erhabener Herr Jesus Christus", aufrichtig alle Fehltritte bereuen, und Buße thun.
Hani cuaresmán confesasiri-sti huchanchasi-ti hacha huchana?	Und wer nicht in der Fastenzeit beichtet, begeht der eine große Sünde?
Iyá, tatai.	Ja, Vater.
Hihuaña pachan-sti cunsa luraña-ni?	Und zur Zeit des Todes, was müssen wir dann thun?
Confesasiña munaña, tata curaru hausaña anchila-anchila.	Zu beichten verlangen und den Herrn Pfarrer eiligst herbeirufen.
Utanquirinaca hani confesoraru hausayasin-sti uca pachasti hausayañjamipan, hucharu puripje-ti?	Und die Hausgenossen, die den Beichtvater nicht rufen lassen, obwohl sie es gekonnt, begehen die eine Sünde?
Hisa, tatai.	Ja, Vater.
Cuns hukampi huaquisi luranasa?	Zu was sonst sind wir verpflichtet?
Cuaresmán ayunaña.	Die Fastenzeit zu halten.
Cunhams ayunaña-sti?	Wie sollen wir fasten?
Hani cun mankasa maa chica arumata pacha kepa chica arumcama.	Indem wir nichts essen von einer Mitternacht zur anderen Mitternacht.
Cuna urasasa mankañani-sti?	Um welche Zeit sollen wir essen?
Taipi urún; huaquisiraquihua haipuchipan má cuna huka mankaña.	Zu Mittag; auch ist es erlaubt, in der Nacht ein wenig zu genießen.

Cuns lurasihua bautismona?	Was geschieht in der Taufe?
Cristiano luratahua ḱeparapjta, Diosan huahuanacapa lurata, Santa Iglesia taicassansa ukhamaraqui ḱomachi take huchanaca.	Wir werden zu Christen gemacht, zu Kindern Gottes und unserer Mutter, der Kirche, und dies reinigt alle Sünden.
Cuñham sasa?	Wie sagt man?
Nayahua sutiisma Dios Auquin, Dios Yokán, Dios Espiritu Santon sutipana.	Ich taufe dich im Namen Gottes des Vaters, des Sohnes und des heiligen Geistes.
Ḱitis aca arunacsti sani?	Und wer spricht diese Worte?
Ḱititi bautisqui, cuna pachatija uma huareja huahán ṕekeparu.	Der welcher tauft zur Zeit, da er das Wasser auf den Kopf des Kindes gießt.
Hani maa sacerdote ḣekatasin-sti sutiyañataqui uca pachasti cuns lurañani?	Und wenn kein Priester sich findet, um zu taufen, was sollen wir dann thun?
Ḱiti ḣakés sutiyaquinihua, huahua ḣihuirjamipans.	Irgend jemand kann taufen, wenn das Kind zu sterben scheint.

Dankgebet nach dem Abendmahl.

(Dr. Isaac Escobari.)

Kollana Apu Jesu Cristo, cheka Diosa, cheka ḣakeraqui, naru huihuiri ḱespiiri: ḣichan uñt-ta ḣumán nán cheka auquiḣatama. Han huchanaká ḣakusin, han pantatanacá[1] uñjasin nayaru churasista cunjamactatis ukhampacha; han chuimáj ajsarasin, aca supayán utjahuip utaru mantanta, huiñaya nayaru munahuimalaicu; huajcha almáharu kana churiri, almá turuchiri, suyañá ḣactatayiri. Cunsa churama, Tatai, naya han cuna ḣuquirinija aca	Erhabener Herr Jesus Christus, wahrhaftiger Gott und zugleich Mensch, unser Pfleger und Erlöser: Jetzt habe ich erkannt, daß du wirklich mein Vater bist. Ohne meine Sünden zu zählen, ohne meiner Fehltritte zu achten, hast du dich mir gegeben, ganz so wie du bist; ohne Abscheu vor meinem Herzen bist du in diese Wohnung des Teufels eingezogen, um deiner ewigen Liebe willen, um meiner armen Seele Licht zu bringen, meine Seele zu

---

[1] Der Accent auf der letzten Silbe bedeutet hier wie an anderen Stellen dieses Gebets, daß die Possessivpartikel der ersten Person weggefallen ist, steht also statt *pantatanaca-ha*.

ʼhacha ʼkuyirima-laicuja? Yat-hua ʼhacha chuimanitama, aca chuimamasti sinti ʼkuyapayiri! aca mundun ʼhan yanacapa munasin, cusista chuimán ʼhachapampi, almán ʼhicjtayir llaquipampi, camachita aruma tuquipahuip-laicu. Ucalaicuhua, Tatai, take chuimaʼhampi llacłasisin, ʼhikun-ʼhikun ʼhachłasisin ʼhisma: Alajpách Auquiá, niaquitija naya ʼhan yaja[1] laḱoru ʼkuyapayasin, almaʼhampi, ʼhanchiʼhampi, huilaʼhampi mayachasiri sarakanta, chuimaʼhán ñajo cancañapa sumaptayam, ʼhumaru huiñaya munañataqui, chaca tucusiñacama ʼhumaru sirhuiñataqui. Ipi cancañanja ʼhanihua unanchasiñ yatcti cuntija luraña huaquisi ʼhumaru łacuyañataqui! Hichaja, chuimaʼhuncasinja, chuimaʼharu yaticham suma huiñaya ʼhacayiri arunacama; almaʼhan chamacanacapa apjtayam; chuimachita suma chuimamampi, curusama ʼkchuiñataqui, huila chcllktam łakesihuim łaqui arcañataqui.

Kuna asqu-sa lurt-ja, Tatai, nairacatamanja, nayaru ʼkuyapayasin

stärken, und meine Hoffnung zu beleben. Was kann ich dir geben, Vater, ich, der ich nichts besitze für diese deine große Barmherzigkeit? Ich erkenne deine Großmut und dieses dein so erbarmungsvolles Herz, welches die Schätze der Welt nicht liebt, sondern sich freut über die Thränen eines Herzens und den Kummer einer Seele darüber, daß sie deine Gebote übertreten hat. Deshalb, Vater, von ganzem Herzen betrübt und bitterlich weinend, spreche ich also: Mein Vater im Himmel, da du dich doch über mich schwachen Wurm erbarmt hast, und herabgestiegen bist, um dich mit meiner Seele, meinem Leibe und meinem Blute zu vermischen, bessere die Schlechtigkeit meines Herzens, damit ich dich immerdar liebe und dir diene, so lange meine Gebeine dauern. In meinem Unverstand weiß ich nicht, was ich thun soll, um deinen Unwillen zu besänftigen; aber jetzt, da du in mein Herz eingekehrt bist, lehre mich deine Gebote, die zu einem frommen Leben führen; ziehe meine Seele aus der Finsternis, stärke mein Herz mit deiner Stärke, um dein Kreuz auf mich zu nehmen, und deinem mit Blut benetztem Pfade zu folgen.

Vater, was habe ich Gutes vor dir vollbracht, daß du dich meiner

---

[1] yaja, hart; ʼhan yaja, weich, schwach.

*kayachata huahuamar'hama, an- | erbarmend, mir wie deinen Kin-
gelanacán mankapa mankayista, | dern die Speise der Engel ge-
ajllita huahuanacaman mesaparu | niefsen läfst und mich an den
ut-tayasin?* | Tisch deiner auserwählten Kinder
 | setzest?

*Uca suma cancañamalaicuhua chui- | Um dieser deiner Güte willen ver-
ma'haja 'porok'asisin yupaichtam, | ehrt dich mein klopfendes Herz,
santo sutima 'hump'atisin, huiñaya | deinen heiligen Namen anbetend,
'human cusikell'puman 'hacañata- | auf dafs ich ewig in deiner Selig-
qui.* | keit leben möge.
Uk'hamapan. | So möge es geschehen.

Einige Lieder, welche am Wallfahrtsort Copacabana zum Preise der Jungfrau Maria gesungen werden.

I.

Llip'ip'iri huara-huara, | Ein leuchtender Stern,
Aca ojen chamac kotan | An den dunklen Wogen dieses Sees,
'Humahua kantiri pata | Bist du auf schimmernder Höhe,
'Humahua 'hacaña mojsa! | Du, mein süfses Leben!

5 *Isapitu, suma taica,* | Höre mich, schöne Mutter,
Camarina isapañman; | An deinem heiligen Schrein,
Llaquiña isapasasti, | Und wenn du meinen Kummer ver-
 | nommen,
Kuyapayaquita, mama! | So habe Mitleid mit mir.

Ancha mojsa arumpihua | Mit liebenden Worten
10 *Take 'hake yupaichap'tam,* | Verehren dich alle Menschen,
Asqui kollana taicapa, | Zu seiner guten erhabenen Mutter
Take marca uñjalap'tam. | Blickt das ganze Land empor.

---

4 *'hacaña* steht für *'hacaha* oder *'hacañaha,* mein Leben. Die Partikel *ña* ist in diesen Gedichten auch an anderen Stellen statt der Possessivpartikel der ersten Person, *'ha,* gebraucht.

6 *camarina,* das spanische Wort *camarin,* die Altarnische oder Schrank, wo Heiligenbilder aufgestellt werden. Das *camarin* der Kirche von Copacabana, in welchem sich ein sehr altes, aus Spanien dahin gebrachtes Marienbild befindet, ist berühmt wegen seines reichen Schmuckes. *Isapaña* bedeutet einen Ort, an welchem etwas gehört wird, also hier die Kapelle, in welcher die Pilger ihre Gebete verrichten.

Kuyañama kollanaja   Daſs du dein erhabenes Wohl-
                               wollen
Nayaru koktayañmataqui,   Mir als Speise reichest,
15 *Uca laic·hua maisma*   Darum bitte ich dich,
   Huajchama ʼkuyañmataqui.   Und daſs du dich des Armen er-
                               barmst.

Amparaman catum, taica,   In deine Hand nimm, o Mutter,
Chuimaña ʼhacañampi,   Mein Herz und mein Leben,
ʼHihuaña puripansti,   Und kommt der Tod,
20 *Gloriaru naya irpasita.*   So führe mich zur Seligkeit.

II.

Alajpachanquiri rosa,   Rose, die du im Himmel wohnst,
Kollana Maria,   Erhabene Maria,
Huajchanacataqui koka   Für die Armen ein Baum,
Chihuirtasiñpa.   Um sie zu beschirmen.

5 *Chojña kala esmeralda*   Wie ein grüner Smaragd
   Diosan ajllapa,   Glänzt die Auserwählte Gottes
   Inti pajsi kanchiri   Gleich Sonne und Mond,
   Chihuinquirina.   Wenn auch (von Wolken) verhüllt.

Usun llaquin taipipatsa   Von Krankheit und Kummer
10 *ʼKespiyaquiʼa,*   Befreie uns,
   Sapa taicaña ukama   Und wie eine gute Mutter
   ʼKuyapayita.   Erbarme dich unser.

---

14 *kok·tayañ·mataqui*; *koko*, die Speise, der Mundvorrat für eine Reise; *kokoña*, essen; *kokotayaña* oder auch *kokojaña*, zu essen geben.

18 *chuimaña* und *ʼhacaña* statt *chuimaha* und *ʼhacaha*.

20 *Gloriaru*, das spanische Wort *gloria*, der Himmel der Engel und Auserwählten.

4 *chihuirtasiñpa*; diese Form ist nicht klar und scheint nicht grammatisch richtig zu sein. *Chihui* bedeutet Schatten; die Partikel *tasi* bildet mit den Namen von Kleidungsstücken Zeitwörter, welche bedeuten: das Kleidungsstück anlegen. Demnach würde *chihuitasiña* (nicht *chihuirtasiña*) ausdrücken: sich mit Schatten bedecken.

8 *chihuinquiri*, im Schatten befindlich.

11 *sapa*, mit *p*, ist ein Aimarà-Wort und bedeutet gut, vorzüglich, wird aber jetzt selten gebraucht; *sapa* ist dem Keshua entlehnt und bedeutet: allein, einzig. In der „Antologia sagrada", welcher diese Verse entnommen sind, ist das Wort mit einfachem *p* geschrieben.

ʼHihualatsa ʼkuyañmanpi	Und dem Tode durch deine Liebe
Irpsuyaquita,	Entreiſse mich,
15 Suma kolliri amparanpi,	Mit deiner sanft heilenden Hand
ʼHuma kollita.	Heile mich.
ʼHumaraqui taicañama	Dich und deine Mütterlichkeit
ʼHallayasita,	Laſs mich festhalten, und mit
Cayumana ʼhachasquiri	Dem zu deinen Füſsen Weinenden
20 ʼKuyapayita.	Habe Mitleid.
ʼHacaña ʼhihuañaraqui	Im Leben und im Tode
Isapaquita,	Gehorche ich dir,
Suma bendicionamasti	Darum laſs deinen Segen
Churarapita.	Mir zu teil werden.

III.

ʼHuman licenciamampi munta	Mit deiner Erlaubnis will ich
Cayumaru quillpʼasiña,	Zu deinen Füſsen niederknien,
Chuimaʼharu churañmataqui	Auf daſs du meinem Herzen
Alajpacha cusisiña.	Die himmlischen Freuden verleihest.
5 Uca cʼhamac ʼhacañanja	In diesem dunkeln Leben
Anchapinihua suyasta	Hoffe ich fest, daſs mein Herz,
Nairaman kanapa uñjasa	Aufblickend zum Lichte deiner Augen,
Chuimaʼha kanaptayaña.	Erleuchtet werden wird.
Cusisthua ʼhuma uñjasa,	Wie freue ich mich, wenn ich dich erblicke,
10 Kʼanchiri Intin taicapa	O Mutter der glänzenden Sonne,
Nayataqui kantatihua	Und daſs für mich nun anbricht
Uru acʼhua huanquetaña.	Der so lange erwartete Tag.

---

18 ʼhallayasita; ʼhalaña bedeutet fliegen, laufen; ʼhalataña, im Laufe aufhalten, zurückhalten; ʼhala-ta-ya-si-ña: sich aufhalten lassen.

21 Hacaña ʼhihuañaraqui steht statt hacaʼha ʼhihuaʼharaqui, also wörtlich übersetzt: Mein Leben und mein Tod gehorcht dir.

23 bendicionamasti, das spanische Wort bendicion.

1 licencia, spanisches Wort.

Nairaman quillpḱasa *Cusita chuimaḱa ḱalti,* 15 *Almaḱa ḱuma uñjtasa* *Ḱukampi ḱumaru ḱaḱasi.*	Indem ich vor dir knie, Klopft freudig mein Herz, Und meine Seele bei deinem Anblick Erhebt sich empor zu dir.
Niyaqui puriyanista *Uca munata utamaru,* *Ḱuma, taicai, irpasjeta* 20 *Alajpacha marcamaru.*	Da du mich also zugelassen Zu diesem, deinem geliebten Hause, So führe mich auch, o Mutter, Zu deiner himmlischen Wohnung.

IV.

Ḱoma chuimani taicai, *Ai, mojsa Maria!* *Chuimaḱa amjasayam* *Llaquima churita!*	Reinherzige Mutter, Ach, sanfte Maria, Wecke mein Herz Und laſs mich dein Leid tragen.
5 *Ai, cuna chuimaqui* *Yokama uñjatjata* *Crusan ḱakesquiri* *Crusan c̕hanc̕katata!*	Ach, wie war dir zu Mute, Als du deinen Sohn wiedersahst, Am Kreuze leidend, Ans Kreuz gefesselt.
Ḱapaja huilapa 10 *Huarasinquipanja* *Huarascaraquinhua* *Ḱuman ḱachamaja.*	Während sein kostbares Blut Vergossen ward, Da flossen auch Deine Thränen.
Suma nairamasca *Ai, c̕hamactatanhua,* 15 *Kesa chuimamasti* *Llaquin poktatanhua.*	Und deine schönen Augen, Ach, wurden dunkel, Und dein armes Herz War voll von Kummer.
Umata huañjito *Sipan ḱakesisa,* *Ḱachaḱa churama,* 20 *Sata ḱachasisa.*	Mich durstet, Sagte er schmerzvoll; Meine Thränen gebe ich dir, Sagtest du weinend.
Lonjino chuquimpi *Ḱaljipan chuimapa,*	Und als Longinus mit der Lanze Seine Brust durchstieſs,

---

14 *ḱalti*, gleichfalls von *ḱalaña*, laufen, fliegen, abgeleitet: *ḱalataña* wird von der Bewegung des Herzens gesagt; *ḱalataña* bedeutet: aufhalten.

ʿHaljasiraquinhua	Da durchbohrte er zugleich auch
Muniri chuimama.	Dein liebendes Herz.
25 ʿHachata kasasa	Und als tief seufzend
Jesus ʿhihuipanja,	Jesus verschied,
ʿHihuaraquinhua	Da starb mit ihm
ʿHuman chuimama.	Auch dein Herz.
Inti chamactipan	Und als die Sonne sich verdunkelte,
30 Aruma ukama,	Als sei es Nacht,
Chamactaraquinhua	Da wurde es auch dunkel
ʿHuman nairama.	In deinen Augen.
Crusan ʿhakapanhua	So wie du ans Kreuz gelehnt
Takesta llaquita,	In Trauer leidest,
35 Chuimaha unuctayam	So laſs auch mein Herz gerührt werden
Llaquima churita.	Und deinen Kummer tragen.
Alajpacharusti	Und hinauf zum Himmel
ʿHumaraqui irpita,	Führe auch mich,
Jesus yokamampi	Und laſs durch deinen Sohn
40 Gloria churayita.	Mir die Seligkeit verleihen.

V. Abschied.

1 Diosampi, kollana Maria,	Leb' wohl, erhabene Maria,
Diosampi suma pankara!	Leb' wohl, schöne Blume!
Cuna chuimaqui sarca	Wie ist mir zu Mute,
Uca suma nairamata!	Da ich aus deiner holden Nähe scheide?
5 Yurithata ʿhichacama	Von meiner Geburt an bis heute
ʿHuman nairaman ʿhilasta	Bin ich vor deinen Augen groſs geworden,
Naya huajcha huihuasquista	Du hast mich Armen erzogen,
ʿHuchanacaha ʿhani uñjasa.	Hast mir meine Fehltritte nachgesehen.

---

1 *Diosampi*, Abschiedsgruſs: mit Gott! wie das *Diosllahuan* im Keshua aus dem spanischen *Adios* gebildet.

Cuna chuimaqui nayaja	Wie ist mir zu Mute, da ich jetzt
10 Huajcha uta'haru sarcā!	Nach meinem armen Hause zurück-
	kehre!
Ai, 'kitiqui 'kuyasquitani	Ach, wer wird sich meiner erbarmen,
Ump'u huajcha uñjasa?	Wenn er mich arm und krank sieht?
'Humaquihua taica'hata!	Du allein bist meine Mutter!
Bendicionama churita,	Gieb mir deinen Segen,
15 Kollana Jesus yokamampi	Und durch Jesus, deinen Sohn,
'Hucha'hu pampachayita.	Laſs mir meine Sünden vergeben.

12 *ump'u*, Wort der Keshua-Sprache, ursprünglich von Vögeln gesagt, die, wenn sie krank sind, die Flügel hängen lassen.

Verzeichnis der Wörter,

welche im Aimarà und Keshua gleichlauten oder aus verwandten Wurzeln gebildet werden.

In dem nachstehenden Verzeichnis sind die Worte, deren Wurzeln dem Aimarà angehören, und aus diesem in das Keshua übergegangen sind, in der Aimarà-Rubrik mit einem Sternchen bezeichnet. Wurzeln, die entweder beiden Sprachen gemeinschaftlich sind, oder bei denen der Ursprung unsicher ist, sind sowohl unter der Aimarà- als unter der Keshua-Rubrik bezeichnet. Alle nicht bezeichneten Worte gehören dem Keshua an.

Substantive:

Aimarà.	Keshua.	
*Akarapi	Akarapi	Schneeflocken.
*achihua	achihua	Sonnenschirm.
*achupalla	*achupalla	Agave.
*allkamari	*allkamari	Wasservogel.
*allpaca	*allpaca	Lamaschaf.
*allu	*ullu	männliches Glied.
*amankaya	*ʰamankai	Berglilie.
*amaoťa	ʰamauťa	Weise, Gelehrte.
*ana	*ana	Leberfleck.
antalupi	antarupi	Abendrot.
*añuťaa	*añas	Stinkfuchs.
apu	apu	Herr.
aquilla	aquilla	Trinkgefäfs.
auka	auka	der Feind.
aicha	aicha	Fleisch.
aillu	aillu	Sippschaft, Stamm.

Verzeichnis der im Aimarà und Keshua gleichlautenden Wörter.

Aimarà.	Keshua.	
aimura (Sack)	aimura	Ernte.
cacha	cacha	Bote.
cantuta	cantuj	rote Blume.
ǩapa	ǩapa	die Spanne.
ǩaracha	ǩaracha	die Krätze.
carpa	carpa	das Zelt.
*cama	cama	die Sünde.
*ǩana	*ǩanay	das Licht.
ǩapaca	ǩapaj	reich, mächtig.
ǩatu	ǩatu	der Markt.
ǩauchi	ǩauchi	großes Thongeschirr.
conturi	cuntur	der Kondor.
coca, der Baum	*cuca	der Cocastrauch.
coto	coto	der Haufen, Kropf.
*kollka	*kollka	der Speicher.
*kollo, der Berg	kolla	das Hochland.
*kollke	*kollke	Silber.
kollpa	kollpa	Salpeter.
koncho	koncho	Bodensatz.
konkuru	konkor	das Knie.
kora	kora	das Gras, Kraut.
korpa	korpa	der Gast.
*kota	*kocha	der See.
koya, Frau von Stande	koya	Königin.
cullcutaa	cullcu	Turteltaube.
cumpa	cumpa	großer Steinblock.
cunca	cunca	Hals, Stimme.
cusi-cusi	cusi-cusi	kleine Spinne.
cusi	cusisiña	die Freude.
cuti	cuti	das Mal.
ǩullu	ǩullu	das Rebhuhn.
ǩumu, die Last	ǩumu	gebückt.
ǩullu	ǩullu	Baumstamm, Klotz.
chaca	chaca	die Brücke.
chacu	chacu	Treibjagd.
challa	challa	Maisstroh.
*champi	*champi	die Axt.
chamillcu	chamillcu	kleiner Topf.
chani	chani	der Preis.

Verzeichnis der im Aimarà und Keshua gleichlautenden Wörter. 287

Aimarà.	Keshua.	
*chapa	chapa	der Späher.
chasqui	chasqui	der Postbote.
challhua	challhua	der Fisch.
chahuara	chahuar	der Hanf, Pflanzenbast.
champa	champa	der Rasen.
cheka	cheka	die Wahrheit.
chihuanco	chihuaco	die Drossel.
chimpu	chimpu	wollener Faden, Zeichen.
*chinchilla	*chinchilla	kleines Nagetier.
*chipana	chipana	Armband.
chiuchi	chiuchi	junges Vögelchen.
chillca	chillca	dorniger Strauch.
*chia	*chiñi	Nisse.
*chiji	chiqui	Unglück, Gefahr.
chijchi	chijchi	der Hagel.
chichi, kleiner Fisch	chichi	kleiner Krebs.
chipa	chipa	Strohkorb.
chojllo	chojllo	Maiskolben.
chujchu	chujchu	Fieberfrost.
chujlla	chujlla	Hütte.
chusi	chusi	wollene Decke.
chuqui	chuqui	die Lanze.
chulu	churu	Schneckenhaus.
chunchu	chunchu	der wilde Indianer.
chupu	chupu	der Blutschwären.
*chusica	*chosej	die Eule.
erke	'erke	Bube.
'hajllu	'hajllu	der Stotternde.
*'hama	'hamu	die Art, Weise.
'hamcha	'hamcha	Kleie.
*'hampatu	*'hampatu	die Kröte.
'hampi	'hampi	die Arznei.
*'hichu	*'hichu	das Punagras.
*'hijma	ijma	die Witwe.
'hillu	'hillu	der Näscher.
'hilli	'hilli	der Saft, die Brühe.
'hipi	'hipi	die Spreu, Hülsen.
huaaca	huayaca	der Beutel, Sack.

Verzeichnis der im Aimarà und Keshua gleichlautenden Wörter.

Aimarà.	Keshua.	
huachi, der Speer	huachi	der Pfeil.
huahua	huahua	das Kind.
huaƙa	huaƙa	Götzenbild.
huajcha	huajcha	der Arme.
huajra	huajra	das Horn.
huallata	huallata	die Punagans.
*huampu	huampu	das Faſs, das Schiff.
*huanacu	*huanacu	das wilde Lama.
huanca	huanca	der Steinblock.
huanƫi	huanƫi	der Bube.
huanu	huanu	der Vogelmist.
huarcu	huarcu	das Gewicht.
huauke, der Freund	huauke	der Bruder.
huailla	huailla	die Wiese.
huaina	huaina	junger Mann.
huaiñu	huaiñu	Musik und Tanz.
huaira	huaira	Luft, Wind.
huaita	huaita	Blume, Federbusch.
*'hucumari	*ucumari	der Bär.
'hucha	'hucha	die Sünde.
*'humihua	'humihua	kleiner Krug.
*'hunu, zehntausend	*'hunu	ungeheure Menge.
'huƭu	'huƭu	zerfressener Mais.
illa	illa	der Bezoarstein.
illapa, der Blitz	illapa	Blitz und Donner.
inti	inti	die Sonne.
ipa	ipa	die Tante.
iru	iru	hartes Gras.
isilla	isilla	Wundflüssigkeit.
lanti	ranti	Stellvertreter.
laƥi	raƥi	Baumblatt.
laika	laika	Zauberer.
lirpu	rirpu	Spiegel.
lihui	lihui	Wurfseil mit 3 Kugeln.
lucuma	rujma	eine mehlige Frucht.
luƙana	ruƙana	die Finger.
lupi, Sonnenstrahl	rupay	Hitze.
llausa	llausa	Speichel, Geifer.
llica	llica	Netz.

Verzeichnis der im Aimarà und Keshua gleichlautenden Wörter.

Aimarà.	Keshua.	
llilli	llilli	Nesselausschlag.
llojlla	llojlla	Regenbach.
llojllo	llujllu	flüssiges Fett.
llucu	llucu	Netz zum Fangen von Tieren.
*llujta	*lipta	Asche der Quinoa.
majma	majma	großes Thongefäß.
majta	majta	junger Mensch bis zu 18 Jahren.
mallqui	mallqui	Pflanze.
*mama kota	*mama kocha	das Meer.
manu	manu	der Schuldner.
marka	marka	ein Arm voll.
*marmi	*huarmi	die Frau.
masa	masa	das Paar.
mapa	mapa	Bienenwachs.
mirca	mirca	die Sommersprossen.
mita	mita	das Mal, die Jahreszeit.
mitma	mitma	der Kolonist.
moko	moko	das Gelenk.
moti	moti	der gekochte Mais.
mullu	mullu	die Koralle, rote Farbe.
muthca	muthca	der Mörser.
*mutu	mutu	Hut mit breiter Krempe.
muya	muya	Baumgarten.
muyu	muyu	Kreis, rundes Brett.
*nina	*nina	Feuer.
*ñuñu	*ñuñu	die Brüste, die Milch.
*orco	*orko	das Männchen der Tiere.
*paca	paca	der Adler.
pacaya	pacay	Fruchtschote.
*pacha	*pacha	Zeit, Welt, und in den übrigen Bedeutungen.
pallta	pallta	das Übergewicht, die Zugabe.
*pampa	*pampa	die Ebene.
*pata	*pata	die Stufe, der Rand.
pata-pata	pata pata	die Treppe.

290 Verzeichnis der im Aimarà und Keshua gleichlautenden Wörter.

Aimarà.	Keshua.	
pajcha	pajcha	der Wasserstrahl, Brunnen.
*pajsi	pajsi	der Mond.
palta	palta	eine saftige Frucht.
peca	peka huiñopu	gekeimter Mais zur Bereitung der Chicha.
pillu	pillu	Kranz.
pincha	pincha	der Wassergraben.
pincullu	pincullu	die Flöte.
*pirka	*pirka	die Wand.
*pisaka	*pisaka	das Rebhuhn.
*piske	piske	weifse Quinoa.
*puncu	*puncu	die Thür.
potonko	poyonco	Grube.
poronco	puruncu	thönernes Gefäfs.
pucara	pucara	Festung.
puchu	puchu	der Überrest.
*puma	*puma	der Löwe.
puku	puku	Schüssel, Teller.
pujru	pujru	Grube, irdenes Gefäfs.
puju	pujyu	Quelle.
puñu	puiñu	Krug.
pusko, die Hefen	posko	sauer.
pusu-pusu	pusullu	Nesseln, Quaddeln.
putu-putu, die Flöte	pututu	die Trompete.
quellaya	killay	Eisen.
quellca	kellka	die Schrift, der Brief.
queri	kiri	Wunde.
quero	kero	Trinkgefäfs.
quespi	quespi	Glas, Krystall.
quesa	kesa	elend, verachtet.
kepi	kepi	das Gepäck, der Ballen.
kero	kero	Holzstück, Balken.
quirquinchu	quirquinchu	Gürteltier.
quitu	quitu	kleine Taube.
killi-killi	killi-killi	der Sperber.
*killima	*killimsa	die Holzkohle.
killpa	killpa	der Saum des Mantels.
kintu, Zweige mit Laub	kintu	Zweig mit Früchten.

Verzeichnis der im Aimarà und Keshua gleichlautenden Wörter.

Aimarà.	Keshua.	
saa, Höhe	sayay	stehen.
sami	sami	Glück, Zufriedenheit.
sanco	sancu	Brei von Quinoa.
sanampa	sanampa	das Zeichen.
sansa	sansa	glühende Kohlen.
sañu	sañu	irdenes Geschirr.
sapa	sapi	die Wurzel.
sauca	sauka	der Scherz, der Spott.
saihua	saihua	der Grenzstein.
sihui	sihui	der Ring.
sillhui	sillhui	der Maiswurm.
simpa	simp'a	das geflochtene Tau.
sincarpu	scnkapa	die Halfter.
sincu	sincu	die Kugel.
siki	siki	das Frettchen.
sipasi	sipas	die erwachsene Dirne.
sirka	sirka	die Ader.
*suchi	suchi	ein Fisch, der im Schlamm sich aufhält.
supayo	supai	der Teufel.
*suri	suri	der Strauſs.
suti	suti	der Name.
suu	suyu	das Land, die Provinz.
tacarpu	tacarpu	der Pfahl.
tacu	tacu	Ocker.
taparacu	taparacu	Schmetterling.
*taruja	*taruka	das Reh.
*tata	*taita	der Vater.
tallto	tallto	der Geifer.
*tanta	*tanta	das Brot.
tiaña	tiyana	der Sitz.
tica	tica	der Luftziegel.
tinri	tinri	der Zwerg.
tiu	tiu	der Sand.
tojo	toko	Loch, Fenster.
tumi	tumi	Messer.
tunqui	tunqui	Vogel mit rotem Gefieder.

Verzeichnis der im Aimarà und Keshua gleichlautenden Wörter.

Aimarà.	Keshua.	
tupu	tupu	Maſs, Meile.
*uju	*uju	der Husten.
umiña	umiña	Smaragd, Edelstein.
unancha	unancha	das Abzeichen.
umu	umu	der Zauberer.
uncu	uncu	hemdartiges Kleid.
upi	upi	Most der Chicha.
*urpi	*urpi	die Taube.
urpu	urpu	Krug.

Adjektive und Adverbien:

alaya	ȟanaj	oben.
alajpacha	ȟanaj-pacha	der Himmel.
allka	allka	zweifarbig.
amu	amu	stumm.
ancha	ancha	viel, sehr.
*cama	*cama	bis, zu.
kasi	kasi	ruhig, friedlich.
ǩaira	ǩaira	kahnig, fade, verdorben.
ǩapaca	ǩapaj	reich, mächtig.
ǩacha, flink	ǩacha	elegant.
ǩapchi	ǩapchi	schmuck, hübsch.
ǩara	ǩara	kahl.
ǩarcu	ǩarcu	sauer, herb.
ǩellu	ǩellu	gelb.
ǩenko	ǩenko	gedreht, gewunden.
ǩisqui	ǩisqui	dicht, gedrängt.
*kollana	kollana	vorzüglich, erhaben.
*kopa	kopa	grün.
koiru	koiru	weiſslich, grauweiſs.
ǩoñi	ǩoñi	heiſs.
cusca	cusca	gleich.
cuipa	cuipa	rotbraun.
ǩumu	ǩumu	gebückt, buckelig.
ǩusu	ǩusu	kraus.
chica	chica	gleichviel, soviel.
chojri	chojri	gequetscht, verwundet.
chua	chuya	klar, rein.

Verzeichnis der im Aimarà und Keshua gleichlautenden Wörter. 293

Aimarà.	Keshua.	
čhulla	*čhulla*	einzeln.
čhusa	*čhusa*	leer.
ḣanko	*ḣanko*	lahm.
ḣoko	*ḣoko*	nafs.
*laicu	*raicu	deshalb.
llajlla	*llajlla*	feig, kitzelig.
llamṗu	*llamṗu*	weich.
llumpaca	*llumpaj*	glatt, glänzend.
lluška	*lluška*	glatt.
llusła	*llusła*	schlüpferig.
mačhi	*mačhi*	wohlschmeckend.
mallta	*mallta*	von mittlerer Gröfse.
mičha	*mičha*	geizig.
miḱi	*miḱi*	feucht.
misḱi	*misḱi*	süfs.
ñuḋu, weich	*ñuḋu*	fein zermahlen.
oke, braun	*oke*	grau.
pajta	*pajta*	gleich, gleichmäfsig.
pallka	*pallka*	geteilt, verzweigt.
paraka tonco	*paraka sara*	weifser Mais.
ṗako	*ṗako*	blond.
ṗajlla	*ṗajlla*	glatt, eben.
*pini	*puni	Affirmativpartikel.
*pisi	*pisi	wenig.
puca	*puca*	rot.
*pura	*pura	unter mehreren.
*puruma	*purun	ödes Feld.
ḣullchu	*ḣullchi*	runzelig.
quesa	*ḱesa*	elend, verächtlich.
*quipa, ḱepa	*ḱepa	nachher, später.
sallka	*sallka*	wild, ungezähmt.
samṗa	*samṗa*	faul.
sarṗu	*sarṗu*	kurzsichtig, blöde.
saitu	*saitu, suitu*	lang.
sinti	*sinchi*	stark.
sujsu	*sujsu*	gelähmt.
*sullka	*sullka	der Jüngere.
sullullu	*sullull*	treu, ehrlich.
*suma	*sumaj	schön, grofs.

294 Verzeichnis der im Aimarà und Keshua gleichlautenden Wörter.

Aimarà.	Keshua.	
ťantahualla	ťanta	zerlumpt.
ťuji, stolz, störrisch	ťuqui	mutwillig, ungezogen.
tullpa	tumpa	verstellt, unter Vorwand.
huiñaya	huiñai	immer.
yanka, schlecht	yanka, gewöhnlich	gemein.
yana	yana	schwarz.
yupa	yupa	geschätzt.

Zahlwörter:

*quimsa	*quimsa	drei.
ꞌpiska	piska	fünf.
*chojta, sojta	*sojta	sechs.
*tunca	*chunca	zehn.
*patuca	*pachaj	hundert.

Fürwörter:

*quiqui	*quiqui	selbst.
sapa	sapa	jeder.
cama	cama (als Endung)	alle.

Zeitwörter:

amijaña	amiy	Ekel empfinden.
*apaña	*apay	tragen.
ariña	ariy	einweihen.
atiña	atiy	besiegen.
ainisiña	ainiy	für andere arbeiten.
cacuña	ꞌkakoy	reiben, schaben.
cahuaña	cahuay	im Kreise tanzen.
callaña	kallay	der erste sein.
callchaña	callchay	Mais schneiden.
camaña	camay	erschaffen, befehlen.
*cancaña	*cay	sein.
cancaña	cancay	braten.
capariña	kapariy	schreien.
carcuña	karkoy	verbannen.
ꞌkanchaña	ꞌkanchay	leuchten.

Verzeichnis der im Aimarà und Keshua gleichlautenden Wörter.

Aimarà.	Keshua.	
ḱantaña	ḱentiy	einen Faden drehen.
ḱaspaña	ḱaspay	versengen.
collaña	kolliy	das Feuer mit Asche bedecken.
colluña	kolluy	aufhören.
collmuña	kollmuy	ohne Zähne kauen.
compiña	kompiy	fein weben.
coraña	koray	ausjäten.
ḱochuña, singen	ḱochucuy	sich ergötzen.
cuchuña	cuchuy	schneiden.
cumpaña	cumpay	Steine herabwälzen.
cusisiña	cusiy	sich freuen.
cutiña	cutiy	zurückkehren.
ḱuyaña	ḱuyay	sich erbarmen, lieben.
chacaña	chacay	kreuzen.
c̆hajruña	c̆hajruy	mischen.
c̆hallaña	c̆hallay	bespritzen.
c̆hataña	c̆hatay	anklagen, verleumden.
c̆hejuna	c̆hckoy	Steine behauen.
c̆hejeña	c̆hekcy	sich zerstreuen.
chimpuña	chimpuy	bezeichnen.
*churaña, geben	*churay	legen, stellen.
ḣahuariña	yarahuiy	Fabeln erzählen, dichten.
ḣajllaña	ajllay	auswählen.
ḣallpaña	ḣallpay	Coca kauen, lecken.
ḣampiña	ḣampiy	heilen.
*ḣamut̆aña	ḣamut̆ay	denken, erfinden.
ḣarḱaña	ḣarḱay	aufhalten.
ḣikiña	ḣikiy	Schluchzen haben.
ḣokoña	ḣokoy	nass machen.
huajlliña	huajlliy	verderben.
huallpaña	huallpay	vorbereiten, zurüsten.
huaniña	huanay	sich bessern.
huaquiña	huaquiy	zusammen arbeiten, übereinkommen.
huarcuña	huarcuy	hängen.
huatckaña	hatekay	verführen, versuchen.
huailluña	huailluy	zärtlich lieben.

Verzeichnis der im Aimarà und Keshua gleichlautenden Wörter.

Aimarà.	Keshua.	
huihuaña	huihuay	aufziehen, züchten.
'humpiña	'humpiy	schwitzen.
laquiña	raquiy	verteilen.
*lupiña, Sonne scheinen	*rupay	brennen.
*luraña	*ruray	machen.
llajllaña, feig sein	llajllay	kitzlig sein.
llalliña	llalliy	übertreffen.
llaquiña	llaquiy	betrübt sein.
llipipiña	llipipipiy	glänzen, leuchten..
lluchiña	lluchiy	anstreichen.
lluchuña	lluchuy	schinden.
llullaña	llullay	hintergehen.
llunkuña	llunkuy	polieren.
*machaña	*machay	sich betrinken.
malliña	malliy	versuchen.
mallquiña	mallquiy	pflanzen.
manuña	manuy	leihen.
markaña	markay	im Arme tragen.
maihuaña	maihuay	liebkosen.
maillaña	maillay	waschen.
maituña	maituy	einwickeln.
minkaña	minkay	mieten.
miticaña	miticay	fliehen.
*munaña	*munay	wollen, lieben.
mus'paña	mus'pay	betäubt sein.
ñacaña	ñacay	verwünschen.
*ñuñuña	*ñuñuy	säugen.
pakariña	pakariy	geboren werden, entstehen.
pallaña	pallay	sammeln, auflesen.
palltaña	palltay	obenauf legen.
pampachaña	pampachay	ebenen.
pantaña	pantay	irren.
paquiña	paquiy	zerbrechen.
p'aspaña	p'aspay	bersten, aufspringen.
pichaña	pichay	fegen, abwischen.
*pituiña	pituiy	sorgen.
punquiña	punquiy	aufschwellen.
*puriña, ankommen	*puriy	gehen.

Verzeichnis der im Aimarà und Keshua gleichlautenden Wörter.

Aimarà.	Keshua.	
putiña	putiy	sich grämen.
kellkaña	kellkay	schreiben.
kerichaña	kirichay	verwunden.
kespiña	kespiy	sich retten, entkommen.
quirpaña	kirpay	zudecken.
samaña	samay	atmen, ausruhen.
*saraña, gehen	*saruy	auftreten.
sasiña	sasiy	fasten.
sekeña	sekey	Linien ziehen.
siraña	seray	nähen.
sulluña	sulluy	fehl gebären.
suntuña	suntuy	aufhäufen.
surumpiña	surumpiy	schneeblind werden.
susuña	suisuy	durchseihen.
talliña	talliy	ausschütten.
tantaña	tantay	sich versammeln.
taquiña, tanzen mit Gesang	taquiy	singen.
taripaña	taripay	untersuchen, richten.
tahuiña	tautiy	schwatzen.
taniña	taniy	aufhören.
tallmiña	tallmiy	hinten ausschlagen.
takaña	takay	abreifsen, trennen.
tajsaña	tajsay	waschen.
tajtaña	tajtay	treten, ebenen, unterwerfen.
tincuña	tincuy	begegnen.
tijraña	tijray	umstürzen.
tucuña	tucuy	zu Ende gehen.
tumaña	tumay	im Kreise gehen.
tumpaña	tumpay	anklagen, verleumden.
tupuña	tupuy	messen.
tuniña	tuniy	einstürzen.
tupaña	tupay	schaben, glätten.
yanapaña	yanapay	helfen.
yapaña	yapay	hinzufügen.
*yuriña	yuriy	geboren werden, entstehen.

Gleichlautende Worte mit verschiedener Bedeutung im Aimarà und Keshua.

Aimarà.	Keshua.
a'ka, sanft.	a'ka, Maisbier, Chicha.
alli, frühreif.	alli, gut.
amaru, hart.	amaru, große Schlange.
ari, spitz.	ari, ja.
armaña, vergessen.	armay, baden.
auqui, Vater.	auqui, Fürst, Prinz.
aya, Spindel.	aya, Leichnam.
aimura, Sack.	aimura, Ernte.
cachi, Viehhof.	cachi, Salz.
cahuaña, Erde um die Pflanzen anhäufen.	'kahuay, blicken.
callu, das Lamm; die Hälfte.	kallu, die Zunge.
callpa, Kartoffelfeld.	callpa, die Kraft.
kaka, das Gespenst.	kaka, der Felsen.
katiña, gar sein.	katiy, folgen.
kata, die Kniekehle.	kata, der Bergabhang.
kacha, scharf, flink.	kacha, schmuck, elegant.
kana, Haarbüschel.	kana, verächtlicher Mensch.
kari, lügenhaft.	'kari, der Mann.
kea, Baumwolle.	kea, Eiter.
koya, die Mine.	koya, die Königin, Prinzessin.
culli, mutwillig.	culli, rotbraun.
chajhua, vorspringender Stein in der Mauer.	chajhua, Lärm.
chahuaña, mit dem Kopfe nicken.	chahuay, ausdrücken.
chia, die Spanne.	chia, Nisse.
china, die Dienerin.	china, Weibchen der Tiere.
chila, zerbrechlich, spröde.	chila, Aji-Samen.
churi, der Dieb, als Adjektiv verblaßtes Gelb.	churi, der Sohn.
churu, Furche, Beet.	churu, das Schneckenhaus.
'haichaña, streiten.	'haichay, bei der Ernte singen.
'hina, wohlan, gehen wir!	'hina, so.
huachu, adv. oftmals.	huachu, Furche, Beet.
huaranka, zehntausend.	huaranka, tausend.
huaihuaña, wirbeln.	huaihuay, sich vermindern.

Verzeichnis der im Aimarà und Keshua gleichlautenden Wörter.

Aimarà.	Keshua.
lahua, Brennholz.	*lahua*, Brei.
llaca, Schwungfeder.	*llaca*, grüne Maisblätter.
mallko, der Häuptling.	*mallko*, junges Vögelchen.
marca, die Ortschaft.	*marca*, der Oberstock des Hauses.
maillu, Bildsäule.	*maillu*, Bündel, Garbe.
muchu, das Siebengestirn.	*muchu*, der Hinterkopf.
muru, gestutzt.	*muru*, gefleckt.
ñaña, beinahe; genesender Kranke.	*ñaña*, Schwester der Frau.
pai, die Wüste.	*pai*, pron. er.
paya, zwei.	*paya*, alte Frau.
para, die Stirn.	*para*, der Regen.
parpa, Mark, Kraft.	*parpa*, der Flügel.
pahuaña, säen.	*pahuay*, fliegen, laufen.
paka, die Falle.	*paka*, die Weichen.
pitu, goldgelb.	*pitu*, das Paar.
puriña, ankommen.	*puriy*, gehen.
puti, die Kiste, Lade.	*puti*, das Vorhängeschloſs.
sajra, mager.	*sajra*, schlecht, teufelisch.
salla, die Klippe.	*salla*, Freund, Geliebter.
sanka, Hasenscharte.	*sanka*, der Gaumen.
sara, Gewicht, Unze.	*sara*, der Mais.
sillcu, der Saum.	*sillcu*, der vierte Teil.
silla, das Rohr.	*silla*, der Kies.
sipi, Federbusch, Hausgiebel.	*sipi*, Band, Schnur.
sisaña, sich voll essen.	*sisay*, blühen.
sonko, der Herzbeutel.	*sonko*, das Herz, der Magen.
suca, die Furche.	*suka*, Salpeter.
suni, Einöde.	*suni*, lang.
sulli, der Erdfloh.	*sulli*, klar, deutlich.
tanca, Hut.	*tanca*, gespreizte Beine.
tancaña, beunruhigen.	*tankay*, stoſsen, schuppen.
taquiña, auftreten, tanzen.	*taquiy*, singen.
tauka, Agave.	*tauka*, der Haufen.
tarpuña, aufhören.	*tarpuy*, säen.
titi, wilde Katze.	*titi*, Blei.
tica, der Strohteller.	*tica*, die Blume.
tinti, dicht, dick.	*tinti*, die Heuschrecke.
titu, schön gearbeitet.	*titu*, schwierig.
tojto, der Schimmel.	*tojto*, die Biene.

Verzeichnis der im Aimarà und Keshua gleichlautenden Wörter.

Aimarà.	Keshua.
tusuña, lassen.	*tusuy*, tanzen.
uma, Wasser.	*uma*, der Kopf.
usuña, krank sein.	*usuy*, verloren gehen lassen.
huillca, die Sonne, der heilige Ort.	*huillca*, ein grofser Baum.
yapu, das Landgut.	*yapu*, der Pflug.
yauri, Kupfer.	*yauri*, die Nadel.
yupuña, Fackeln anzünden.	*yupay*, zählen, rechnen.

Alphabetisches Namen- und Sachregister.

A.

aa, ya, Verbalpartikel 148.
Ablativ 172.
Abstrakte Hauptwörter 122.
Accent 50.
Accusativ 171.
Acopia 12.
Addition 183.
Adjektiv 63. 123. 177.
— Verzeichnis 64.
Adverbialsätze 241.
Adverbien, einfache 107.
— zusammengesetzte 109.
— der Art und Weise 109. 229.
— des Ortes 108. 226.
— der Zeit 108. 226.
— der Vergleichung 179.
— affirmative 110.
— interrogative 111. 230.
— negative 110.
— Stellung im Satze 167.
Adversative Konjunktionen 113.
Aimarà, Bevölkerung 1.
— Provinz 14.
— Name 33.
Alphabet 45.
Alter, Angabe des 182.
Apposition 168. 231. 239.
Arequipa 8.
Arica 9.
Artikel 51.
Aspirierte Konsonanten 48.
Atiquipa 9.
Aullagas-See 7.
Auxiliarverbum 83.
Ayahuiri 11. 15.

B.

Bauweise der Inkas 25.
Bedingungssätze 199.
Bedürfen, fehlendes Zeitwort 216.
Bertonio 41.
Beschliefsen, fehlendes Zeitwort 221.
Besitzen, fehlendes Zeitwort 216. 217.
Bindewörter 113.
Bruchzahlen 183.
Buchstaben, Aussprache 46.

C.

c, Aussprache 48.
ca, Verbalpartikel 129. 131. 151.
Cailloma, Provinz 1.
Cajamarca 16.
cama, Endung des Terminativs 52.
camana, Substantivpartikel 121.
Camanà, Provinz 1.
cancaña, Verbum substantivum 213.
Carangas, Provinz 2.
cata, Postposition 106.
cata, Verbalpartikel 130. 137.
catati, Substantivpartikel 123.
ch, Aussprache 49.
cha, Disjunktivkonjunktion 113.
cha, Verbalpartikel 126. 128.
Chachapoyas 16.
Chavin 22.
chi, Dubitativpartikel 149.

china, Postposition 105.
Chosica 15.
chuqui, Verbalpartikel 130. 141.
Chuqui, Ortsnamen auf 14.
Cobija 9.
Colcampata 13.
Collas 10.
Cuelap, Festung 16.
Cundinamarca 17.

D.

Dativ 170.
Deklination 51. 52.
Demonstrative Pronomina 72.
Dentale Konsonanten 49.
Diphthonge 47.
Distributivzahlen 70.
Drohung 199.
Dualform 122. 169.
Dubitative Partikel 196. 233.

E.

e, Aussprache 47.
Einräumende Konjunktionen 114.
Exklusiver Plural 71. 78.

F.

Finalpartikeln 115.
Formenlehre 45.
Fragende Adverbien 111. 234.
Fragende Fürwörter 72. 234.
Fragende Zeitwörter 224.
Fragepartikel 91.
Fürwörter 186.
Futurum 78. 221.

G.

Gaumenlaute 47.
Gegenwärtige Zeit 78.
Genitiv 170.
Genus passivum 83.
Gerundium 83. 125. 208.
Geschlecht der Hauptwörter 54.

Gespräche 248.
Grundzahlen 67.
Gutturale Konsonanten 48.

H.

h, ħ, Aussprache 48.
ħa, Pronomen possessivum 74.
haben, fehlendes Zeitwort, Ersatz desselben 216. 217.
ħacha, Verbalpartikel 131. 147.
ħaka, Postposition 104.
ħalai, Postposition 105.
Halbvokale 47.
ħama, Vergleichungspartikel 180.
ħamachaña 219.
ħani, negatives Adverbium 110.
ħanisti, Konjunktion 113.
ħanka, Postposition 105.
ħanucasti, Konjunktion 113.
Hauptwörter, Verzeichnis 53.
ħaya, Postposition 105.
Hilfszeitwort 83.
Holguin 41.
hua, Füllwort 7. 117.
huaquisiña 217.
Huari 15.
huasi, obsolete Verbalpartikel 149.
ħucaña, s. utjaña.
Huillcanota 11.
huisa, Substantivpartikel 123.

I.

i, Aussprache 47.
Illativ 172.
Imperativ 82. 200.
Imperfektum 195.
Indikativ 78. 195.
Indirekte Rede 245.
Infinitiv 82. 201.
Inklusiver Plural 71.
Instrumental 174.
Interjektionen 117.
Interrogative Adverbien 111. 230.
— Partikeln 91.
— Pronomina 72.

Interrogative Zeitwörter 72. 224.
Iquique 9.

J.

j, j̆, Aussprache 48.
ja, Relativpartikel 238.
— Füllwort 116.
jaa, Verbalpartikel 131. 146.
jara, Verbalpartikel 130. 135.
jaru, Postposition 106.
— Verbalpartikel 130. 139.
jata, Verbalpartikel 130. 136.
jta, Substantivpartikel 123.
jtara, Substantivpartikel 123.

K.

k, k̆, k̄, Aussprache 48.
k̆a, Verbalpartikel 130. 141.
Kardinalzahlen 67.
k̆aru, Postposition 106.
Kasus der Deklination 51. 52.
k̆ata, jata, Postposition 106.
Kausalkasus 175.
Kausalkonjunktion 114.
Kausalpartikel 131. 148.
Kausalsatz 236.
Kehllaute 48.
k̆epa, Postposition 105.
Keshua-Sprache 33.
Komparativ 64. 179.
Komplement 167. 177.
Konditional 81. 199.
Konditionalsatz 242.
Kongruenz 168.
Konjugation, einfache 77.
— kombinierte 86. 209.
— passive 83.
Konjunktionen, adversative 113.
— affixe 111.
— kausale 114.
— konditionale 115.
— kontinuative 112.
— konzessive 114.
— kopulative 112.
Konjunktiv 80. 197.

Konsonanten 47.
Konzessivsätze 244.
Koordinierte Sätze 235.
Korrelativsätze 242.

L.

Labialkonsonanten 49.
laicu, Kausalendung 175.
lanti, Postposition 107.
Lautlehre 45.
Linguale Konsonanten 47.
Lippenlaute 49.
Lokativ 174.

M.

maa, Adjektivpartikel 123.
Malca, la 16.
man̆ka, Postposition 105.
Männliches Geschlecht 51.
Männliche Substantive 53.
michca, Konjunktion 113.
mna, Partikel 246.
mpi, Sozialendung 175.
— Konjunktion 112.
mtaa, Adjektivpartikel 123.
mucu, Verbalpartikel 129. 133.
muita, muyu, Postposition 107.
Multiplikation 183.

N.

naca, Verbalpartikel 130. 134.
naira, Postposition 105.
ncalla, ncati, Substantivpartikel 122.
ncha, Verbalpartikel 126.
Nebensätze 241.
Negation 91.
Negatives Adverbium 110.
— Pronomen 174.
ni, Possessivpartikel 123.
— Verbalpartikel 130. 138.
noca, Verbalpartikel 130. 134.
Nominativsätze 239.
nta, Verbalpartikel 129. 132.

Ñ.

ña, Substantivpartikel 123.
ñahua-ñahua, Konjunktion 113. 236.
ñahui, Substantivpartikel 123.

O.

o, Aussprache 47.
Optativ 80. 198.
Oratio obliqua 245.
Ordnungszahlen 68. 69.
Ortsadverbien 108.

P.

p, ṗ, p̓, dreifache Aussprache 49.
pacha, Postposition 107.
Participium activum 82. 204.
— passivum 83. 206.
Passive Konjugation 83. 207.
pata, Postposition 106.
paya, Verbalpartikel 131. 147.
Perfektum 79.
Persönliche Fürwörter 71.
pi, Konjunktion 113.
pilla, Finalpartikel 117.
pini, affirmative Partikel 142.
Plural 53.
— exklusiver 71. 78.
— inklusiver 71. 78.
poja, Finalpartikel 117.
Possessivendungen 74.
Possessivpartikel *ni* 123.
Postpositionen 103.
Prädikat 167.
Präsens 78.
Präteritum 79.
Pronomen, demonstrative 72. 186.
— indefinite 73. 193.
— interrogative 72. 188.
— persönliche 71.
— possessive 74. 187.
— quantitative 189.
— reflexive 75. 188.
— relatives 191.
pura, Dualpartikel 122. 169.
— Postposition 106.

Q.

Quechuas, Gebiet der 35.
qui, Partikel der Beschränkung 131.
quipa, Verbalpartikel 130. 136.
quiqui, pronomen reflexivum 75.
Quiquijana 13.

R.

ra, Verbalpartikel 131. 146.
raca, Verbalpartikel 130. 144.
rapi, Verbalpartikel 130. 144.
raqui, Verbalpartikel 148.
— Kopulative Konjunktionen 112.
Raya-Pafs 11.
Reciproke Zeitwörter 143.
Reflexive Zeitwörter 143.
Relativpartikeln 237.
Relativsätze 237.
rpaya, Verbalpartikel 130. 141.
ruru-quipa, Verbalpartikel 131.

S.

sa, Konjunktion 113.
saña, sagen 92. 221.
Satz, einfacher 166.
— Konditional- 242.
— Konzessiv- 244.
— Neben- 241.
— Verbindung 236.
— koordinierte 235.
— relative 237.
— subordinierte 236.
sca, Verbalpartikel 138.
— Konjunktion 112.
si, Verbalpartikel 130. 143.
Sibilanten 49.
Sillustani 27.
Sozial 175.
squi, Konjunktion 111.
Steigerung 64. 178.
sti, Konjunktion 112.
su, Verbalpartikel 129. 132.
Subjekt 167.
Substantiv 51. 168.

Substantive (Wortbildung) 118.
— Verzeichnis 53.
Subtraktion 183.
Superlativ 179.
Supinum 83.
Synkope 50.
Syntax der Redeteile 168.
— der Sätze 50.

T.

t, ĭ, ṯ, dreifache Aussprache 49.
ta, Verbalpartikel 130. 142.
tahui, Verbalpartikel 131. 149.
taipi, Postposition 106.
tapi, *tapta*, Verbalpartikel 131. 145.
Tarapacà 9.
tasi, Verbalpartikel 131. 145.
tata, Verbalpartikel 130. 140.
tatja, Verbalpartikel 151.
Tempora 78.
Terminativ 174.
Tiahuanacu 25.
toke, Postposition 106.
Torres Rubio 42.
Transitive Konjugation 209.
tsu, Verbalpartikel 130. 138.

U.

ucaja, Konjunktion 113.
ucasa, Konjunktion 113.
ucatsa, Konjunktion 113.
Unbestimmte Art 82.
Unpersönliche Zeitwörter 90.
utjaña 217.

V.

Verbum, s. Zeitwort.
— substantivum *cancaña* 213.
— Synkopierung desselben 213.
— mit Adjektiven 213.
— mit dem Dativ 215.
— mit Genitiv und Lokativ 214.
— mit dem Sozial 215.
— mit der Possessivpartikel *ni* 216.

Vergangene Zeit 79.
Vergleichung 178.
Vergleichungssätze 180.
Versprechen 221.
Verzeichnis, vergleichendes der gleichlautenden Aimarà- und Keshua-Worte 285.
Vokale 47.
Vokativ 176.

W.

Warnung 199.
Weibliches Geschlecht 53.
Wiederholung der Substantive als Plural 125.
— als Adjektive 169.
Wortbildung 118.
Wortfolge 167.

Y.

ya, Verbalpartikel 148.
yatisiña 217.

Z.

Zahladverbien 69.
Zahlwörter 67. 181.
— distributive 70. 185.
— Grund- 67. 183.
— Ordnungs- 68. 69. 184.
Zahnlaute 49.
Zeitadverbien 108. 226.
Zeitformen 78.
Zeitwörter 76. 224.
— abgeleitete 76.
— adjektivische 127.
— adverbiale 128.
— primitive 94.
— reciproke 143.
— reflexive 143.
— zusammengesetzte mit Partikeln 129.
— — mit *chi* 131. 149.
— — — *chuqui* 130. 141.
— — — *cu* 129. 131.
— — — *cata* 130. 137.

Zeitwörter, zusammengesetzte mit Partikeln *hacha* 131. 147.
— — — *jara* 130. 135.
— — — *jata* 130. 136.
— — — *ja* 130. 139.
— — — *jaa, jaya* 131. 146.
— — — *jaru* 130. 139.
— — — *ka* 130. 141.
— — — *mucu* 129. 133.
— — — *naca* 130. 134.
— — — *ni* 130. 138.
— — — *noca* 130. 134.
— — — *nta* 129. 132.
— — — *paya* 131. 147.
— — — *pini* 130. 142.
— — — *qui* 131. 148.
— — — *quipa* 130. 136.
— — — *ra* 131. 146.
— — — *raca* 130. 144.
— — — *rapi* 130. 144.

Zeitwörter, zusammengesetzte mit Partikeln *raqui* 131. 148.
— — — *rpaya* 130. 141.
— — — *ruru-quipa* 131. 148.
— — — *sca* 130. 140.
— — — *si* 130. 143.
— — — *su* 129. 132.
— — — *ta* 130. 142.
— — — *tahui* 131. 149.
— — — *tapi* 131. 145.
— — — *tapta* 131. 145.
— — — *tasi* 131. 145.
— — — *tata* 130. 138.
— — — *tsu* 130. 138.
— — — *ya* 131. 148.
— Verzeichnis der primitiven 94.
— — der gebräuchlichsten 158.
Zischlaute 49.
Zungenlaute 47.

CPSIA information can be obtained
at www.ICGtesting.com
Printed in the USA
LVOW02s1352280817
546670LV00018BA/383/P